La place de l'homme dans la nature et autres essais

Thomas Henry Huxley

Writat

Cette édition parue en 2023

ISBN : 9789359253671

Publié par
Writat
email : info@writat.com

Contenu

INTRODUCTION

Il y a quarante ans , la position des études scientifiques n'était pas aussi solidement établie qu'aujourd'hui, et un conflit était nécessaire pour assurer leur reconnaissance générale. Les forces de l'obscurantisme et du dogmatisme libre et facile se sont déployées contre eux ; et, tout comme au cours des siècles passés, l'astronomie et, plus récemment, la géologie, de même, au cours de notre vie, la biologie a dû offrir un front dur et combatif, de peur que son progrès ne soit entravé par l'hostilité née d'opinions préconçues et par l'intolérance. de gardiens autoproclamés des opinions conservatrices.

L'homme qui a probablement fait autant que quiconque pour mener la bataille de la science au XIXe siècle et assurer la victoire de la libre enquête et du savoir progressif est Thomas Henry Huxley ; et il est intéressant de noter que déjà le laps de temps permet de porter ses écrits sous une forme bon marché à la connaissance d'une multitude de lecteurs intéressés. Mais l'attitude pugnace qui était appropriée il y a quarante ans est devenue un peu antique aujourd'hui ; le conflit n'est en effet pas terminé, mais soit il a totalement changé de terrain, soit il se poursuit sur l'ancien champ de bataille principalement par les survivants et par quelques membres de la jeune génération qui ont été élevés dans l'ancien esprit.

Les vérités du matérialisme courent désormais peu de risques d'être niées ou ignorées ; elles courent peut-être le risque d'être exagérées. Brillamment vrais et prospères sur leur propre territoire, ils sont parfois poussés par des disciples enthousiastes au-delà de la frontière, dans des régions où ils ne peuvent que s'effondrer. Comme si des passionnés d'automobile, fiers de leurs performances sur les bonnes routes de France, devaient les emmener au Sahara ou les essayer à une expédition polaire.

Cela représente l'erreur que commettent, à l'époque moderne, des penseurs imprudents. Ils ont tendance à insister sur les déclarations matérialistes et les doctrines scientifiques d'un grand homme comme Huxley, comme si elles faisaient partie intégrante de toute existence. Il ne s'agit pas vraiment d'un élargissement de l'aspect matérialiste des choses, c'est d'un rétrécissement de tout le reste ; c'est une tentative de limiter l'univers à l'un de ses aspects.

Mais l'erreur n'est pas commise uniquement, ni même principalement, par ces disciples avides qui poursuivent les lueurs trompeuses d'une philosophie matérialiste – pour eux il y a de l' espoir – , tenter est un exercice sain, et ils découvriront leur erreur avec le temps. ; mais l'erreur est également commise par ceux qui sont particulièrement impressionnés par le côté spirituel des choses, qui se réjouissent tellement de voir partout direction et gestion, qu'ils souhaitent fermer les yeux sur le mécanisme même par lequel cela s'accomplit. Ils pensent que ceux qui signalent et étudient sérieusement le mécanisme sapent les fondements de la foi. Rien de la sorte. Un voyageur dans la cabine pontée d'un paquebot de l'Atlantique préférera peut-être ignorer les machines et les pompiers, ainsi que toutes les machines et le labeur qui le poussent luxueusement à avancer sur les vagues au soleil ; il peut essayer d'imaginer qu'il se trouve sur un voilier propulsé uniquement par l'air libre du ciel ; mais il y a autant d'utilisation des forces naturelles à un but désiré dans un cas de navigation que dans l'autre, et chaque détail du bateau à vapeur, jusqu'à la dernière goutte de sueur du corps crasseux d'un pompier, est une réalité indéniable.

Il y a des gens qui sont encore mécontents des conclusions de la biologie quant à la place de l'homme dans la nature et qui tentent de les contrecarrer ; mais, comme le disait feu le professeur Ritchie (« Philosophical Studies », page 24) :

« C'est une erreur, qui a été constamment commise dans le passé par ceux qui sont soucieux des intérêts spirituels de l'homme, d'interférer avec les changements qui se produisent dans les conceptions scientifiques. Une telle ingérence a toujours abouti à la défaite des partisans des doctrines quasi scientifiques que la science croissante de l'époque a rejetées. La théologie s'est mêlée à Galilée et n'a finalement rien gagné à son ingérence. L'astronomie, la géologie, la biologie, l'anthropologie, la critique historique ont, à différentes époques, alarmé ceux qui redoutent une vision matérialiste de la nature de l'homme ; et avec les meilleures intentions, ils ont essayé de combattre l'ennemi présumé sur son propre terrain, accueillant avec empressement, par exemple, tout signe de désaccord entre darwiniens et lamarckiens , ou toute dispute entre différentes écoles de critiques historiques, comme si le bien-être spirituel L'être humain était lié aux croyances scientifiques du XVIIe siècle, ou même d'avant, comme si, par *exemple* , cela faisait toute la différence dans la nature spirituelle de l'homme, qu'il soit créé directement à partir de poussière inorganique ou qu'il s'élève lentement à partir de formes organiques inférieures. Ce sont des questions qui doivent être réglées par des spécialistes. D'un autre côté, la critique philosophique est en place lorsque le spécialiste scientifique commence à dogmatiser sur l'univers dans son ensemble, lorsqu'il parle par exemple comme s'il s'agissait d'un récit précis des différentes étapes par lesquelles les formes de vie inférieures sont passées aux formes supérieures. était pour nous une explication suffisante du mystère de l'existence.

Il faut donc comprendre que la science est une chose, et la philosophie une autre : que la science s'intéresse plus particulièrement à la matière et au mouvement, et qu'elle réduit les phénomènes, autant qu'elle le peut, à des mécanismes. Plus il y parvient, plus il atteint sa fin et son but ; mais lorsque, fort de cette réussite, il cherche à s'épanouir en une philosophie, lorsqu'il s'efforce de conclure que sa portée est complète et inclusive, que rien n'existe dans l'univers que le mécanisme, et que l'aspect des choses d'un point de vue le point de vue scientifique est leur seul aspect ; alors il devient étroit et sectaire et mérite d'être réprimandé. Telle réprimande qu'il a reçue de Huxley, telle réprimande qu'il recevra toujours de la part des hommes scientifiques qui réalisent correctement l'ampleur de l'existence et les vastes potentialités de l'univers.

Nos possibilités d'exploration sont bonnes dans la mesure où elles vont, mais elles ne sont pas étendues ; nous vivons comme dans le mortier d'une des pierres de la cathédrale Saint-Paul ; et pourtant nous avons si assidûment cultivé nos facultés que nous pouvons retracer quelque peu les grandes lignes de l'ensemble du projet et avons commencé à réaliser le plan du bâtiment — un exploit surprenant pour des insectes aux facultés limitées. Et, poursuivant la parabole, deux écoles de pensée sont apparues : l'une disant qu'il a été conçu dans l'esprit d'un architecte et dessiné et construit entièrement par lui, l'autre disant qu'il a été assemblé pierre par pierre conformément aux lois de l'art. mécanique et physique. Les deux affirmations sont vraies, et ceux qui mettent l'accent sur la dernière ne nient pas pour autant l'existence de Christopher Wren, même si, aux yeux des enthousiastes imprudents du côté du design, ils peuvent sembler le faire. Chaque camp affirme une vérité, et aucun des deux camps ne déclare toute la vérité. Il ne nous sera pas non plus facile, malgré tous nos efforts, d'énoncer toute la vérité de manière exhaustive, même sur une chose comme celle-là. Ceux qui nient un aspect quelconque de la vérité sont dans cette mesure des incroyants, et Huxley était à juste titre indigné contre ces bigots myopes qui blasphémaient contre cet aspect de la vérité divine qui lui avait été spécialement révélé. C'est pour cela qu'il a vécu et il y a été fidèle jusqu'au bout.

Qu'on le considère comme un adepte de la vérité et un étudiant du côté le plus matérialiste des choses, mais qu'on ne le considère jamais comme un matérialiste philosophique ou comme quelqu'un qui abondait en négations à bas prix.

L'objection qu'il faut exprimer à propos du matérialisme comme système complet repose non sur ses affirmations mais sur ses négations. Dans la mesure où il formule des affirmations positives, incarnant le résultat d'une découverte scientifique et même d'une spéculation scientifique basée sur celle-ci, il n'y a aucun défaut à lui reprocher ; mais quand, sur la base de cela, elle s'érige en philosophie de l'univers - tout compris, donc, et excluant un certain nombre de vérités autrement perçues, ou qui font appel à d'autres facultés, ou qui sont également vraies et ne le sont pas. Si elle est vraiment contradictoire avec des affirmations légitimement matérialistes, c'est alors qu'il faut en montrer l'insuffisance et l'étroitesse. Comme le dit le professeur

Ritchie : « Le « matérialisme légitime des sciences » signifie simplement une abstraction temporaire et commode des conditions cognitives dans lesquelles existent pour nous des « faits » ou des « objets » ; c'est du « matérialisme dogmatique » qui est une mauvaise métaphysique.

Il serait probablement instructif, et peut-être suffisant, si je montrais que deux grands dirigeants de la pensée scientifique (l'un des plus grands hommes de science qui aient jamais vécu), bien que parfaitement conscients de tout ce qu'on pourrait dire de positif sur le plan matérialiste et très disposés à admettre ou même à étendre jusqu'au bout le domaine de la science ou de la connaissance exacte, ils étaient pourtant très loin d'être des matérialistes philosophiques ou d'imaginer que d'autres modes de conception de l'univers étaient ainsi exclus.

En fait, les grands dirigeants de la pensée ne sont pas habitués à adopter une vision étroite de l'existence, ni à supposer qu'une seule manière de la considérer, ou qu'un seul ensemble de formules l'exprimant, puisse être suffisant et complet. Même une feuille de papier a deux faces : un globe terrestre présente différents aspects selon différents points de vue ; un cristal a une variété de facettes ; et il est peu probable que la totalité de l'existence soit plus simple que n'importe lequel de ces éléments, qu'elle soit facilement exprimable sous quelque forme de mots que ce soit, ou qu'elle soit complètement concevable par un esprit humain.

Il est peut-être bon de se rappeler que Sir Isaac Newton était un théiste aux convictions les plus prononcées et les plus approfondies, bien qu'il ait beaucoup à voir avec la réduction du Cosmos majeur à la mécanique, *c'est-à-dire* avec son explication par la machinerie élaborée de simples concepts. les forces; et il concevait la possibilité que, dans le progrès de la science, ce processus de réduction à la mécanique se poursuive jusqu'à embrasser presque tous les phénomènes de la nature. (Voir extrait ci-dessous.) C'est en effet l'effort de la science depuis lors, et c'est là que réside la base légitime des déclarations matérialistes, mais pas d'une philosophie matérialiste.

Les remarques judicieuses suivantes concernant Newton sont tirées de « Hume » de Huxley, p. 246 :—

« Newton démontra que toute l'armée du ciel n'était que les éléments d'un vaste mécanisme, réglé par les mêmes lois que celles qui expriment la chute d'une pierre à terre. Il y a un passage dans la préface de la première édition des Principia qui montre que Newton était pénétré, aussi complètement que Descartes, de la conviction que tous les phénomènes de la nature peuvent être exprimés en termes de matière et de mouvement :

« Soudrait-il que le reste des phénomènes de la nature puisse être déduit par un raisonnement similaire à partir de principes mécaniques ? » Car bien des circonstances me portent à soupçonner que tous ces phénomènes peuvent dépendre de certaines forces en vertu desquelles les particules des corps, par des causes inconnues encore, sont soit poussées mutuellement les unes contre les autres, et se coordonnent en figures régulières, soit se repoussent et reculent. l'un de l'autre; ces forces étant inconnues, les philosophes ont encore exploré la nature en vain. Mais j'espère que, soit par cette méthode de philosopher, soit par une autre meilleure, les principes énoncés ici pourront jeter quelque lumière sur la question.

Voici une véritable anticipation d'une présentation intelligible de l'Univers en termes de matière et de force – la base substantielle de ce que les hommes plus petits appellent le matérialisme et se développe vers ce qu'ils considèrent comme une philosophie matérialiste. Mais un tel projet n'est pas nécessaire ; et le professeur Huxley lui-même, dont les gens à moitié informés parlent communément comme s'il était un matérialiste philosophique, n'était en réalité rien de tel ; car bien que, comme Newton, pleinement imprégné de la doctrine mécanique, et bien sûr bien mieux informé des départements biologiques de la nature et des découvertes qui ont été faites au siècle dernier, et bien qu'il considérait à juste titre comme sa mission de faire le point de vue scientifique clair pour ses contemporains ignorants, et plein d'enthousiasme pour les faits sur lesquels les matérialistes prennent position, il voyait clairement que ceux-ci à eux seuls étaient insuffisants pour une philosophie. Les extraits suivants du volume de Hume montreront qu'il répudiait entièrement le matérialisme en tant que système philosophique satisfaisant ou complet, et qu'il était particulièrement sévère à l'égard des dénégations gratuites appliquées à des provinces hors de notre portée :

« Bien que connaître les limites de nos facultés soit le sommet de la sagesse humaine, il peut être sage de se rappeler que nous n'avons pas plus le droit de nier que d'émettre des affirmations sur ce qui se trouve au-delà de cette limite. Que l'esprit ou la matière ait ou non une « substance » est un problème que nous ne sommes pas compétents pour discuter : et il est tout aussi probable que les notions courantes sur le sujet soient correctes comme n'importe quelle autre. qui, à première vue, conduisent au scepticisme , poussés jusqu'à un certain point, ramènent les hommes au bon sens » (p. 282).

« De plus, les formes ultimes d'existence que nous distinguons dans notre petit point de l'univers ne sont, peut-être, que deux variétés d'existence parmi une infinité, non seulement analogues à la matière et analogues à l'esprit, mais d'espèces que nous ne connaissons pas suffisamment. au point de concevoir, au milieu duquel, en effet, nous pourrions être déposés, sans plus aucune idée de ce qui nous entoure, que le ver dans un pot de fleur, sur un balcon de Londres, n'en a de la vie des gens. grande ville." (p.286)

Et encore aux pages 251 et 279 : -

"Cela vaut la peine de se donner la peine de... connaître par sa propre connaissance la grande vérité... selon laquelle le suivi honnête et rigoureux de l'argumentation qui nous conduit au "matérialisme" nous entraîne inévitablement au-delà de celui-ci."

"Pour résumer. Si le matérialiste affirme que l'univers et tous ses phénomènes peuvent être résolus en matière et en mouvement, Berkeley répond : Vrai ; mais ce que vous appelez matière et mouvement ne nous sont connus que comme formes de conscience ; leur être doit être conçu ou connu ; et l'existence d'un état de conscience indépendant d'un esprit pensant est une contradiction dans les termes.

«Je conçois que ce raisonnement est irréfragable. Et donc, si j'étais obligé de choisir entre le matérialisme absolu et l'idéalisme absolu, je me sentirais obligé d'accepter cette dernière alternative.

Que le matérialiste amateur jubilatoire mais non instruit et relativement ignorant se méfie donc et réfléchisse à deux ou même trois fois avant de concevoir qu'il comprend l'univers et qu'il est compétent pour mépriser les intuitions et les perceptions des grands hommes dans ce qui peut lui être des régions étrangères. de pensée et d'expérience.

Laissez-le expliquer, s'il le peut, ce qu'il entend par sa propre identité, ou l'identité de tout être pensant ou vivant, qui, à différents moments, consiste en un ensemble totalement différent de particules matérielles. Il y a là clairement quelque chose qui confère une identité personnelle et constitue un individu : c'est une propriété caractéristique de toute forme de vie, même la plus humble ; mais cela n'est pas encore expliqué ou compris, et ce n'est pas une réponse que d'affirmer gratuitement qu'il existe une substance fondamentale ou une base matérielle dont dépend cette identité, pas plus que ce n'est une explication de dire qu'elle dépend d'une âme. Ce sont toutes des formes de mots. Comme le dit Hume, cité par Huxley avec approbation, dans l'ouvrage déjà cité, p. 194 :—

« Il est impossible d'attacher une signification précise au mot « substance », lorsqu'il est employé pour le substrat hypothétique de l'âme et de la matière... Si l'on dit que notre identité personnelle exige l'hypothèse d'une substance qui reste la même tandis que le accidents de déplacement et de changement de perception, la question se pose : qu'entend-on par identité personnelle ?... Une plante ou un animal, au cours de son existence, depuis l'état d'œuf ou de graine jusqu'à la fin de sa vie, reste le même. ni dans la forme, ni dans la structure, ni dans la matière qui la compose : tous les attributs qu'elle possède changent constamment, et pourtant nous disons qu'elle est toujours un seul et même individu » (p. 194).

Et dans sa propre préface au volume de Hume, Huxley s'exprime avec force ainsi - tout aussi antagoniste que son habitude à la fois envers l'ami ostensible et l'ennemi ostensible, dès qu'ils s'écartaient de ce qu'il considérait comme le droit chemin : -

« Ce qu'il serait peut-être bon que nous n'oubliions pas, c'est que le premier meurtre judiciaire d'un penseur scientifique [Socrate] a été commis et commis, non pas par un despote, ni par des prêtres, mais a été provoqué par des démagogues éloquents. ... Une connaissance claire de ce que l'on ne sait pas est tout aussi importante que de savoir ce que l'on sait....

« Le développement d'une connaissance naturelle exacte dans toute sa vaste gamme, depuis la physique jusqu'à l'histoire et la critique, est la conséquence de l'élaboration, dans ce domaine, de la résolution de « ne rien prendre pour vérité sans savoir clairement qu'elle l'est » ; considérer toutes les croyances critiquables ; considérer la valeur de l'autorité comme ni plus grande ni moins, que dans la mesure où elle peut prouver sa valeur. L'esprit moderne n'est pas l'esprit « qui nie toujours », ne se réjouissant que de la destruction ; il est encore moins celui qui bâtit des châteaux dans les airs plutôt que de ne pas les construire ; c'est cet esprit qui travaille et travaillera « sans hâte et sans repos », rassemblant moisson après moisson de vérité dans ses granges et dévorant l'erreur avec un feu inextinguible » (p. viii).

La récolte de la vérité est une opération assez sûre, car si quelque mensonge est récolté par inadvertance avec le grain , nous pouvons espérer que, ayant une nature moins robuste et moins rustique, il sera bientôt détecté par son odeur de pourriture ; mais déraciner et dévorer l'erreur avec un feu inextinguible est une entreprise plus dangereuse, dans la mesure où les flammes sont susceptibles de se propager hors de notre contrôle ; et le manque d'infaillibilité dans le choix de l'erreur peut devenir douloureusement évident pour les générations futures.

L'expression représente cependant une bonne humeur énergique et saine, et dans un monde susceptible d'être envahi par les mauvaises herbes et étouffé par les détritus, le travail de nettoyage d'un tison peut de temps en temps être une nécessité, afin que le vent libre du ciel et le la lumière du soleil peut à nouveau atteindre le sol fertile.

Mais il est injuste de considérer Huxley, même lorsqu'il était jeune, comme un tison, même s'il est vrai qu'il était dans une certaine mesure un homme de guerre, et bien que l'humeur féroce et dévorante soit plutôt plus marquée dans ses premiers écrits que dans ses travaux ultérieurs. .

Il y a quarante ans, une attitude combative était inévitable, car les vérités de la biologie étaient alors accueillies avec hostilité et la science et la philosophie libres d'une époque ultérieure semblaient avoir peu de chances de survivre.

Mais le monde a changé ou est en train de changer, les influences salutaires du feu ont fait leur œuvre, et ce serait un anachronisme plutôt barbare d'appliquer la même action parmi les jeunes pousses vertes d'un apprentissage sain qui poussent dans le sol défriché.

LOGE D'OLIVIER.

1906.

Parmi les travaux publiés antérieurement de TH Huxley (1825-1895) et parmi les essais contenus dans ce volume : « The Darwinian Hypothesis » paru pour la première fois dans le *Times*, 26 décembre 1859 ; « Sur la valeur pédagogique des sciences d'histoire naturelle » (discours prononcé à St. Martin's Hall), a été publié en 1854 ; « Time and Life » (*Macmillan's Magazine*), décembre 1859 ; « L'origine des espèces » (*Westminster Review*), avril 1860 ; « Un homard : ou, l'étude de la zoologie », 1861. « Contemporanéité géologique et types de vie persistants » (Adresse à la société géologique), 1862, a été republié dans « Lay Sermons », vol. VIII.; «Six conférences aux travailleurs sur les phénomènes de la nature organique», 1863, dans «Collected Essays», vol. vii. « Evidence as to Man's Place in Nature », 1863. Parmi ses autres ouvrages, la traduction par Huxley et Busk du « Kölliker's Manual of Human Histology » parut en 1853. « Lectures on the Elements of Comparative Anatomy », « Elementary Atlas of Ostéologie comparée » ; deux conférences scientifiques, « La circulation du sang » et « Coraux et récifs coralliens » et « Leçons de physiologie élémentaire », en 1866. « Introduction à la classification des animaux », 1869. « Sermons laïcs, essais et critiques, » 1870. « Critiques et adresses », 1873. « Sur la levure : une conférence », 1872. « Un manuel d'anatomie des animaux vertébrés », 1871. « Manuel d'anatomie des animaux invertébrés », 1877. « Adresses américaines, » 1877. « Physiographie », 1877. « Hume » dans « English Men of Letters », 1878. « L'écrevisse : une introduction à l'étude de la zoologie », 1880. « Science et culture, et autres essais », 1881. « Essais sur quelques questions controversées », 1892. « Évolution et éthique » (la conférence Romanes), 1893. Huxley a également contribué à l'édition de la série de Science Primers publiée par MM. Macmillan et a contribué lui-même au volume d'introduction. Les « Essais rassemblés », en neuf volumes, contenant tout ce qu'il tenait à préserver, 1893. « Les Mémoires scientifiques de TH Huxley », édités par le professeur Michael Foster et le professeur E. Ray Lankester , en cinq volumes, 1898-1903 . Sa « Vie et lettres », éditée par son fils, Leonard Huxley, a été publiée en 1900.

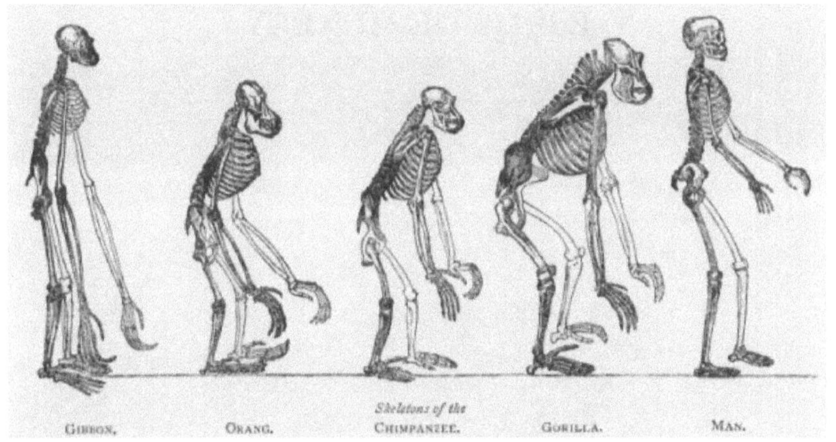

Photographié réduit à partir de diagrammes de taille naturelle (sauf celui du Gibbon, qui était deux fois plus grand que la nature), dessinés par M. Waterhouse Hawkins à partir de spécimens du Musée du Royal College of Surgeons .

ESSAIS DE HUXLEY

I

SUR L'HISTOIRE NATURELLE DES SINGES HOMMES.

Les traditions anciennes, lorsqu'elles sont mises à l'épreuve par les processus sévères de l'investigation moderne, se transforment assez souvent en simples rêves : mais il est singulier de constater combien souvent le rêve s'avère avoir été un rêve à moitié éveillé, présageant une réalité. Ovide préfigurait les découvertes du géologue : l'Atlantide était une imagination, mais Colomb a trouvé un monde occidental : et bien que les formes étranges des Centaures et des Satyres n'aient d'existence que dans le domaine de l'art, les créatures se rapprochent plus de l'homme qu'elles ne le sont dans leur structure essentielle. , et pourtant aussi brutales que la moitié de la chèvre ou du cheval de l'enceinte mythique, sont maintenant non seulement connues, mais notoires.

Je n'ai rencontré aucune mention d'un de ces SINGES RESSEMBLANT À DES HOMMES, d'une date antérieure à celle contenue dans la « Description du Royaume du Congo » de Pigafetta [1], rédigée à partir des notes d'un marin portugais, Eduardo Lopez, et publiée. en 1598. Le dixième chapitre de cet ouvrage est intitulé « De Animalibus quæ dans la province de hac reperiuntur », et contient un bref passage selon lequel « dans le pays Songan , sur les rives du Zaïre, il existe une multitude de singes qui font le plus grand plaisir aux nobles en imitant les gestes humains ». Comme cela pouvait s'appliquer à presque toutes les espèces de singes, je n'y aurais pas prêté attention si les frères De Bry , dont les gravures illustrent l'ouvrage, n'avaient pas cru bon, dans leur onzième « Argumentum », de figurer deux de ces « Simiæ magnatum » . délices . Une grande partie de la plaque contenant ces singes est fidèlement copiée dans la gravure sur bois (Fig. 1), et on observera qu'ils sont sans queue, avec de longs bras et de grandes oreilles ; et à peu près de la taille des chimpanzés. Il se peut que ces singes soient autant le fruit de l'imagination des frères ingénieux que le dragon ailé à deux pattes et à tête de crocodile qui orne la même assiette ; ou bien, d'un autre côté, il se peut que les artistes aient construit leurs dessins à partir d'une description essentiellement fidèle d'un gorille ou d'un chimpanzé. Et, dans les deux cas, bien que ces chiffres méritent une attention passagère, les récits les plus anciens, fiables et précis, concernant un animal de cette espèce datent du XVIIe siècle et sont dus à un Anglais.

1.— Simiæ magnatum delicæ .— De Bry , 1598.

La première édition de ce vieux livre très amusant, « Purchas his Pilgrimage », a été publiée en 1613, et on y trouve de nombreuses références aux déclarations de celui que Purchas appelle « Andrew Battell (mon ancien voisin , habitant à Leigh dans l'Essex) qui a servi sous Manuel Silvera Perera , gouverneur sous le roi d' Espagne , dans sa ville de Saint-Paul, et avec lui se rendit loin dans le pays d'Angola » ; et encore, « mon ami Andrew Battle, qui a vécu de nombreuses années dans le royaume du Congo », et qui, « à la suite d'une querelle entre les Portugal (parmi lesquels il était sergent d'une bande) et lui, a vécu huit ou neuf mois. dans les bois . » De la bouche de ce vieux soldat battu par les intempéries, Purchas fut étonné d'entendre « parler d'une sorte de grands singes, si on peut les appeler ainsi, de la taille d'un homme, mais deux fois plus gros par les caractéristiques de leurs membres , avec une force proportionnée, poilue » . partout, sinon tout à fait semblables aux hommes et aux femmes dans toute leur forme corporelle. [2] Ils se nourrissaient des fruits sauvages que produisaient les arbres et les bois, et dormaient la nuit sur les arbres.

Cet extrait est cependant moins détaillé et moins clair dans ses énoncés qu'un passage du troisième chapitre de la deuxième partie d'un autre ouvrage — « Achète ses pèlerins », publié en 1625, par le même auteur — qui a été souvent, mais à peine toujours à juste titre, cité. Le chapitre est intitulé « Les étranges aventures d'Andrew Battell , de Leigh dans l'Essex, envoyé par le prisonnier portugais en Angola, qui vivait là-bas et dans les régions voisines plus proches . dix-huit ouais . Et la sixième section de ce chapitre s'intitule — « Des Provinces de Bongo, Calongo , Mayombe , Manikesocke , Motimbas : du Singe Monstre Pongo, leur chasse : Idolâtries ; et diverses autres observations.

«Cette province (Calongo) à l'est est limitrophe de Bongo, et au nord du Mayombe , qui est à dix-neuf lieues de Longo le long de la côte.

« Cette province du Mayombe est entièrement constituée de bois et de bosquets, si envahis par la végétation qu'un homme peut travailler vingt jours à l'ombre sans soleil ni chaleur. Il n'y a ici aucune sorte de maïs ni de grain, pour que le peuple vive uniquement sur les plantanes et les racines de diverses sortes, très bonnes ; et des noix; ni aucune sorte de bétail domestique , ni de poules.

« Mais ils ont une grande réserve de chair d'éléphant, qu'ils estiment grandement , et de nombreuses espèces de bêtes sauvages ; et une grande réserve de poisson. Voici une grande baie sablonneuse, à deux lieues au nord du cap Nègre, [3] qui est le port du Mayombe . Parfois les Portugais chargent du bois de rondin dans cette baie. Voici une grande rivière, appelée Banna : en hiver elle n'a pas de barre, parce que les vents généraux provoquent une grande mer. Mais quand le soleil a sa déclinaison sud, alors un bateau peut y entrer ; car alors il fait doux à cause de la pluie . Ce fleuve est très grand et abrite de nombreuses îles et de nombreux habitants. Les bois sont tellement couverts de babouins , de singes , de singes et de perroquets, qu'il sera effrayant pour quiconque d' y travailler seul. Voici aussi deux espèces de monstres, communs dans ces bois, et très dangereux.

« Le plus grand de ces deux monstres s'appelle Pongo dans leur langue, et le moindre s'appelle Engeco . Ce Pongo ressemble en toutes proportions à un homme ; mais qu'il ressemble plus à un géant qu'à un homme ; car il est très grand et a un visage d'homme, aux yeux creux, avec de longs cheveux sur les sourcils . Son visage et ses oreilles sont dépourvus de poils , ainsi que ses mains. Son corps est plein de poils , mais peu épais ; et c'est d'un brun couleur .

« Il ne diffère d'un homme que par ses jambes ; car ils n'ont pas de veau . Hé va toujours sur ses jambes, et il porte ses mains jointes sur la nuque lorsqu'il marche sur le sol. Ils dorment dans les arbres et construisent des abris pour la pluie . Ils se nourrissent de fruits qu'ils trouvent dans les bois et de noix, car ils ne mangent aucune espèce de chair. Ils ne peuvent pas parler et n'ont pas plus d'intelligence qu'une bête. Les gens du pays , lorsqu'ils travaillent dans les bois, allument des feux là où ils dorment la nuit ; et le matin, quand ils seront partis, les Pongoes viendront s'asseoir autour du feu jusqu'à ce qu'il s'éteigne ; car ils n'ont aucune intelligence pour assembler le bois. Ils se réunissent en grand nombre et tuent de nombreux nègres qui travaillent dans les bois. Bien des fois , ils se jettent sur les éléphants qui viennent se nourrir là où ils sont, et les frappent ainsi avec leurs poings matraqués et des morceaux de bois, pour qu'ils s'enfuient en rugissant. Ces Pongos ne sont jamais pris vivants parce qu'ils sont si forts que dix hommes ne peuvent en tenir un ; mais pourtant ils prennent beaucoup de leurs petits avec des flèches empoisonnées .

« Le jeune Pongo est pendu au ventre de sa mère, les mains serrées autour d'elle, de sorte que lorsque les gens du pays tuent une femelle, ils prennent le petit, qui s'accroche fermement à sa mère.

"Quand ils meurent entre eux, ils couvrent les morts de grands tas de branches et de bois, qu'on trouve communément dans la forêt." [4]

Il ne semble pas difficile d'identifier la région exacte dont parle Battell . Longo est sans doute le nom du lieu habituellement orthographié Loango sur nos cartes. Le Mayombe se trouve encore à dix-neuf lieues au nord de Loango , le long de la côte ; et Cilongo ou Kilonga , Manikesocke et Motimbas sont encore enregistrés par les géographes. Le Cap Nègre de Battell , cependant, ne peut pas être le Cap Nègre moderne par 16° S., puisque Loango lui-même est par 4° S. de latitude. En revanche, le « grand fleuve appelé Banna » correspond très bien au « Camma » et au « Fernand Vas », des géographes modernes, qui forment un grand delta sur cette partie de la côte africaine.

Or, ce pays « Camma » est situé à environ un degré et demi au sud de l'équateur, tandis qu'à quelques milles au nord de la ligne se trouve le Gaboon et à peu près au nord de celui-ci, la rivière Money, toutes deux bien connues. aux naturalistes modernes comme des localités où le plus grand des singes semblables à l'homme a été obtenu. D'ailleurs, de nos jours, le mot Engeco , ou N'schego , est appliqué par les indigènes de ces régions au plus petit des deux grands singes qui les habitent ; de sorte qu'il ne peut y avoir aucun doute rationnel sur le fait qu'Andrew Battell a parlé de ce qu'il savait de sa propre connaissance, ou, en tout cas, par rapport immédiat des indigènes d'Afrique occidentale. L'« Engeco », cependant, est cet « autre monstre » dont Battell « a oublié de raconter la nature », tandis que le nom de « Pongo » – appliqué à l'animal dont les caractères et les habitudes sont si minutieusement et soigneusement décrits – semble s'être éteint. du moins dans sa forme et sa signification primitives. En effet, il est prouvé que non seulement à l'époque de Battell , mais jusqu'à une date très récente, ce terme était utilisé dans un sens totalement différent de celui dans lequel il l'emploie.

Par exemple, le deuxième chapitre de l'ouvrage de Purchas, que je viens de citer, contient « Une description et une déclaration historique du royaume d'or de Guinée, etc. etc. Traduit du néerlandais et comparé également avec le latin », dans lequel il est déclaré (p. 986) que :

"La rivière Gabon se trouve à environ quinze milles au nord du Rio de Angra et à huit milles au nord du cap de Lope Gonsalvez (cap Lopez), et se trouve juste sous la ligne équinoxiale, à environ quinze milles de Saint-Thomas, et est une grande terre, bien et facilement accessible. être connu . A l'embouchure du fleuve se trouve un sable profond de trois ou quatre brasses , sur lequel il bat puissamment avec le courant qui sort du fleuve dans la mer. Cette rivière, à son embouchure, a au moins quatre milles de largeur ; mais quand vous êtes autour de l' île appelée *Pongo* , elle n'a pas plus de deux milles de large... Des deux côtés de la rivière, il y a de nombreux arbres... L' île appelée *Pongo* , qui a une haute colline monstrueuse.

Les officiers de la marine française, dont les lettres sont annexées à feu M. Isidore Geoff. L'excellent essai de Saint Hilaire sur le Gorille [5] note dans des termes similaires la largeur du Gabon , les arbres qui bordent ses rives jusqu'au bord de l'eau, et le fort courant qui en sort. Ils décrivent deux îles dans son estuaire : l' une basse, appelée Perroquet ; l'autre haute, présentant trois collines coniques, appelée Coniquet ; et l'un d'eux, M. Franquet , déclare expressément qu'autrefois le chef de Coniquet s'appelait *Meni -Pongo* , signifiant par là seigneur de *Pongo* ; et que les *N'Pongues* (comme, en accord avec le Dr Savage, il affirme que les indigènes s'appellent eux-mêmes) nomment l'estuaire du Gabon lui-même *N'Pongo* .

Il est si facile, lorsqu'on a affaire à des sauvages, de se méprendre sur leurs applications des mots aux choses, qu'on est d'abord porté à soupçonner Battell d'avoir confondu le nom de cette région, où abonde encore son « plus grand monstre », avec le nom de l'animal lui-même. Mais il a tellement raison sur d'autres sujets (y compris sur le nom du « petit monstre ») qu'on répugne à soupçonner le vieux voyageur d'erreur ; et, d'un autre côté, nous découvrirons qu'un voyageur cent ans plus tard parle du nom « Boggoe », appliqué à un grand singe, par les habitants d'une toute autre partie de l'Afrique : la Sierra Leone.

FIG. 2.—L'Orang de Tulpius , 1641.

Mais je dois laisser cette question être réglée par les philologues et les voyageurs ; et je n'aurais guère dû m'y attarder aussi longtemps sans le rôle curieux joué par ce mot « *Pongo* » dans l'histoire ultérieure des singes semblables à l'homme.

La génération qui succéda à Battell vit le premier des singes ressemblant à des hommes qui furent jamais introduits en Europe, ou, en tout cas, dont la visite trouva un historien. Dans le troisième livre de Tulpius « Observations Medicæ », publié en 1641, le 56e chapitre ou section est consacré à ce qu'il appelle *Satyrus indicus* , « appelé par les Indiens Orang- autang , ou Homme-des-Bois, et par les Africains Quoias » . Morrou . Il donne une très bonne figure, évidemment d'après le vivant, du spécimen de cet animal, « nostra memoria ex Angolâ delatum », présenté à Frédéric-Henri, prince d'Orange. Tulpius dit qu'il était aussi grand qu'un enfant de trois ans et aussi gros qu'un enfant de six ans ; et que son dos était couvert de poils noirs. Il s'agit clairement d'un jeune chimpanzé.

Entre-temps, l'existence d'autres singes asiatiques ressemblant à des hommes est devenue connue, mais d'abord de manière très mythique. Ainsi Bontius (1658) donne une description et une figure tout à fait fabuleuses et ridicules d'un animal qu'il appelle « Orang-outang » ; et bien qu'il dise : « vidi Ego cujus effigiem hic exhibeo », ladite effigie (voir fig. 6 pour la copie d' Hoppius) n'est rien d'autre qu'une femme très poilue, d'aspect plutôt avenant, et avec des proportions et des pieds tout à fait humains. Le judicieux anatomiste

anglais Tyson avait raison de dire à propos de cette description de Bontius :
« J'avoue que je me méfie de toute la représentation. »

C'est au dernier auteur mentionné , et à son coadjuteur Cowper, que nous
devons le premier récit d'un singe ressemblant à un homme qui a des
prétentions à l'exactitude et à l'exhaustivité scientifiques. Le traité intitulé «
Orang-outang, sive Homo Sylvestris ; ou l'anatomie d'un pygmée comparée à celle
d'un *singe* , d'un *singe* et d'un *homme* », publié par la Royal Society en 1699, est
en effet un ouvrage d'une valeur remarquable et a, à certains égards, servi de
modèle. aux demandeurs ultérieurs. Ce « Pygmée », nous dit Tyson, « a été
amené d'Angola, en Afrique ; mais il fut d'abord emmené beaucoup plus haut
dans le pays » ; ses cheveux « étaient d'une couleur noir charbon et raides »,
et « quand il se présentait comme un quadrupède sur quatre pattes, c'était
maladroit ; il ne plaçait pas la paume de la main à plat sur le sol, mais il
marchait sur ses jointures, comme je l'ai observé lorsqu'il était faible et n'avait
pas assez de force pour soutenir son corps. » – « Du sommet de la tête
jusqu'au talon du pied, en ligne droite , il mesurait vingt-six pouces.

**FIGUES. 3 et 4.—Le « Pygmée » réduit d'après les figures 1 et 2 de
Tyson, 1699.**

Ces personnages, même sans les bonnes figures de Tyson (Fig. 3 et 4),
auraient suffi à prouver que son « Pygmée » était un jeune chimpanzé. Mais
l'occasion d'examiner le squelette de l'animal anatomisé par Tyson s'étant
présentée à moi de manière très inattendue, je peux apporter un témoignage

indépendant qu'il s'agit d'un véritable *Troglodytes niger* [6] , HYPERLINK "https://gutenberg.org/files/40257/40257-h/40257-h.htm" \l "Footnote_6_6" bien qu'encore très jeune. Bien qu'appréciant pleinement les ressemblances entre ses Pygmées et l'Homme, Tyson n'a en aucun cas négligé les différences entre les deux, et il conclut son mémoire en résumant d'abord les points sur lesquels « l' Ourang -outang ou Pygmée ressemblait plus à un homme qu'à des singes et à des singes ». Les singes le font », sous quarante-sept têtes distinctes ; puis donnant, en trente-quatre brefs paragraphes similaires, les aspects sous lesquels « les Ourang -outang ou Pygmées différait d'un homme et ressemblait davantage au genre singe et singe.

Après une étude minutieuse de la littérature de son époque sur le sujet, notre auteur arrive à la conclusion que son « Pygmée » n'est identique ni aux Orangs de Tulpius et de Bontius , ni aux Quoias . Morrou de Dapper (ou plutôt de Tulpius), les Barris de d'Arcos , ni les Pongo de Battell ; mais qu'il s'agit d'une espèce de singe probablement identique aux Pygmées des Anciens et, dit Tyson, bien qu'il « ressemble tellement à *un homme* dans plusieurs de ses parties, plus que n'importe quel autre singe ou tout autre animal dans le monde que je connais : pourtant, je ne le considère en aucun cas comme le produit d'une génération *mixte* : c'est un *animal-brute sui generis* et une *espèce particulière de singe* .

Le nom de « Chimpanzé », sous lequel l'un des singes africains est maintenant si bien connu, semble être entré en usage dans la première moitié du XVIIIe siècle, mais le seul ajout important apporté, à cette époque, à notre connaissance de Les singes d'Afrique ressemblant à des hommes sont contenus dans « Un nouveau voyage en Guinée » de William Smith, qui porte la date de 1744.

En décrivant les animaux de la Sierra Leone, p. 51, cet auteur dit : -

« Je décrirai ensuite une espèce étrange d'animal, appelé par les hommes blancs de ce pays Mandrill, [7] mais pourquoi il est ainsi appelé, je l'ignore, et je n'ai jamais entendu ce nom auparavant, et ceux qui les appellent ainsi ne le peuvent pas non plus. dire, à l'exception de leur grande ressemblance avec une créature humaine, bien qu'ils n'aient rien à voir avec un singe. Leurs corps, une fois adultes, ont une circonférence aussi grande que celle d'un homme de taille moyenne ; leurs jambes sont beaucoup plus courtes et leurs pieds plus grands ; leurs bras et leurs mains en proportion. La tête est monstrueusement grosse, et le visage large et plat, sans autres cheveux que les sourcils ; le nez très petit, la bouche large et les lèvres fines. Le visage, recouvert d'une peau blanche, est monstrueusement laid, tout ridé comme celui de la vieillesse ; les dents sont larges et jaunes ; les mains n'ont pas plus de poils que le visage, mais la même peau blanche, bien que tout le reste du corps soit couvert de longs poils noirs, comme un ours. Ils ne se mettent jamais à quatre pattes, comme les singes ; mais pleurez quand vous êtes contrarié ou taquiné, tout comme les enfants.

FIG. 5.—Fac-similé de la figure du « Mandrill » de William Smith, 1744.

« Lorsque j'étais à Sherbro , un certain M. Cummerbus , que j'aurai l'occasion de mentionner plus tard, m'a fait cadeau d'un de ces étranges animaux, que les indigènes appellent Boggoe : c'était une petite femelle de six mois. ' âge, mais même alors plus grand qu'un babouin. Je le confiai en charge à un des esclaves, qui savait le nourrir et le soigner, étant un animal très tendre ; mais chaque fois que je quittais le pont, les matelots commençaient à le taquiner : certains aimaient voir ses larmes et l'entendre pleurer ; d'autres détestaient son nez morveux ; celui qui l'a blessé, arrêté par le nègre qui s'en chargeait, a dit à l'esclave qu'il aimait beaucoup sa compatriote, et lui a demandé s'il ne devait pas l'aimer pour épouse ? Ce à quoi l'esclave répondit très volontiers : « Non, ce n'est pas ma femme ; c'est une femme blanche, cette épouse idéale pour toi. Cet esprit malchanceux du nègre, je crois, a précipité sa mort, car le lendemain matin, il a été retrouvé mort sous le guindeau.

Le « Mandrill » ou « Boggoe » de William Smith, comme en témoignent sa description et sa figure, était sans aucun doute un chimpanzé.

FIGUE. 6.— Les Anthropomorphes de Linné .

Linné ne savait rien, d'après ses propres observations, des singes ressemblant à des hommes, ni d'Afrique ni d'Asie, mais une thèse de son élève Hoppius dans les « Amœnitates Academicæ » (VI. « Anthropomorpha ») peut être considéré comme incarnant ses vues sur ces animaux.

La thèse est illustrée par une planche dont la gravure sur bois qui l'accompagne, Fig. 6 , est unc copie réduite. Les figures sont intitulées (de gauche à droite) 1. *Troglodyta Bonti* ; 2. *Lucifer Aldrovandi* ; 3. *Satyre Tulpii* ; 4. *Pygmée Edouardi* . Le premier est une mauvaise copie de l' « Ourang -outang » fictif de Bontius , à l'existence duquel cependant Linné semble avoir pleinement cru ; car dans l'édition standard du Systema Naturæ , il est énuméré comme une deuxième espèce d'Homo ; «H. nocturne . » *Lucifer Aldrovandi* est une copie d'une figure d' Aldrovandus , « De Quadrupedibus digitatis viviparis », Lib. 2, p. 249 (1645), intitulé « Cercopithecus formæ rare *Barbilius* vocatus et originem a Chine ducebat . Hoppius est d'avis qu'il s'agit peut-être d'un de ces gens à queue de chat, dont Nicolas Köping affirme qu'ils mangent l'équipage d'un bateau, le « gubernator navis » et tout ! Dans le « Systema Naturæ » , Linné l'appelle dans une note *Homo caudatus* et semble enclin à le considérer comme une troisième espèce humaine. D'après Temminck , *Satyrus Tulpii* est une copie de la figure d'un chimpanzé publiée par Scotin en 1738, que je n'ai pas vue. Il s'agit du *Satyrus indicus* du « Systema Naturæ » et est considéré par Linnæus comme peut-être une espèce distincte de *Satyrus sylvestris* . Le dernier, nommé *Pygmée Edwardi* , est copié de la figure d'un jeune « homme des bois », ou véritable orang- outan , donnée dans les « Gleanings of Natural History » d'Edwards (1758).

Buffon fut plus chanceux que son grand rival. Non seulement il eut la rare opportunité d'examiner un jeune chimpanzé à l'état vivant, mais il devint également propriétaire d'un singe asiatique adulte ressemblant à un homme, le premier et le dernier spécimen adulte de l'un de ces animaux amené en Europe depuis de nombreuses années. Avec le précieux concours de Daubenton , Buffon donna une excellente description de cette créature, qu'à cause de ses proportions singulières, il appela le singe aux longs bras, ou Gibbon. C'est le *Hylobates lar moderne* .

Ainsi, lorsqu'en 1766 Buffon écrivit le quatorzième volume de son grand ouvrage, il connaissait personnellement les petits d'une espèce de singes africains, ainsi que les adultes d'une espèce asiatique, tandis que l'orang-outan et le mandrill de Smith lui étaient connus par rapport. D'ailleurs, l'abbé Prévost avait traduit en français beaucoup de Pèlerins de Purchas, dans son « Histoire générale des Voyages » (1748), et Buffon y trouva une version du récit d'Andrew Battell sur le Pongo et l' Engeco . Toutes ces données, Buffon tente de les souder en harmonie dans son chapitre intitulé « Les Orang-outangs ou le Pongo et le Jocko ». A ce titre est annexée la note suivante : -

« Orang-outang nom de cet animal aux Indes orientales : Pongo nom de cet animal à Lowando Province du Congo.

« Jocko, Enjocko , nom de cet animal au Congo que nous avons adopté . *Fr* HNE l'article que nous avons retranché .

ainsi que « Engeco » d'Andrew Battcll s'est métamorphosé en « Jocko » et, sous cette dernière forme, s'est répandu dans le monde entier, en raison de la grande popularité des œuvres de Buffon. L'abbé Prévost et Buffon à eux deux, cependant, ont fait bien plus de défiguration du récit sobre de Battell que de « couper un article ». Ainsi La déclaration de Battell selon laquelle les Pongos « ne peuvent pas parler et n'ont pas d'intelligence plus grande qu'une bête », est rendue par Buffon « qu'il ne peut Speaking *quoiqu'il ait plus d'entendement que les autres animaux* »; et encore, l'affirmation de Purchas : « Il m'a dit en conférence avec lui, qu'un de ces Pongos avait pris un de ses garçons nègres qui vivait un mois avec eux », se trouve dans la version française : « un pongo lui enleva un petit nègre qui passe un *an* entier dans la société de ces animaux . »

Après avoir cité le récit du grand Pongo, Buffon remarque avec raison que tous les « Jockos » et « Orangs » amenés jusqu'ici en Europe étaient jeunes ; et il suggère que, dans leur condition adulte, ils pourraient être aussi gros que le Pongo ou le « grand Orang » ; de sorte que, provisoirement, il considérait les Jockos, les Orangs et les Pongos comme appartenant tous à une seule espèce. Et c'était peut-être tout ce que l'état des connaissances de l'époque le justifiait. Mais comment Buffon n'a-t-il pas perçu la similitude entre le « Mandrill » de Smith et son propre « Jocko » et a-t-il confondu le premier avec une créature aussi totalement différente que le babouin à face bleue, n'est pas si facilement intelligible.

Vingt ans plus tard, Buffon changea d'avis [8] et exprima sa conviction que les Orangs constituaient un genre à deux espèces, une grande, le Pongo de Battell , et une petite, le Jocko : que la petite (Jocko) est l'Orang des Indes orientales ; et que les jeunes animaux d'Afrique, observés par lui et par Tulpius , sont simplement de jeunes Pongos.

Entre-temps, le naturaliste hollandais Vosmaer a donné, en 1778, un très bon récit et une figure d'un jeune Orang, amené vivant en Hollande, et son compatriote, le célèbre anatomiste Peter Camper, a publié (1779) un essai sur le Orang -outan de valeur similaire à celle de Tyson sur le Chimpanzé. Il a disséqué plusieurs femelles et un mâle, qu'il suppose tous, d'après l'état de leur squelette et de leur dentition, comme étant jeunes. Cependant, à en juger par l'analogie avec l'homme, il conclut qu'ils n'auraient pas pu dépasser quatre pieds de hauteur à l'état adulte. De plus, il est très clair quant à la spécificité du véritable Orang des Indes orientales.

« L'Orang, dit-il, diffère non seulement du Pygmée de Tyson et de l'Orang de Tulpius par sa couleur particulière et ses longs doigts, mais aussi par toute sa forme extérieure. Ses bras, ses mains et ses pieds sont plus longs, tandis que les pouces, au contraire, sont beaucoup plus courts et les gros orteils beaucoup plus petits en proportion. [9] Et encore : « Le véritable Orang, c'est-à-dire celui de l'Asie, celui de Bornéo, n'est donc pas le Pithécus , ou Singe sans queue, que les Grecs, et surtout Galien, ont décrit. Ce n'est ni le Pongo, ni le Jocko, ni l'Orang de Tulpius , ni le Pygmée de Tyson ; *c'est un animal d'une espèce particulière* , comme je le prouverai de la manière la plus claire par les organes de la voix et le squelette dans ce qui suit. chapitres » (lcp 64).

Quelques années plus tard, M. Radermacher , qui occupait de hautes fonctions dans le gouvernement des dominations hollandaises en Inde, et était un membre actif de la Société batave des arts et des sciences, publia, dans la deuxième partie des Transactions de cette société. , [10] une description de l'île de Bornéo, qui a été écrite entre les années 1779 et 1781 et, entre autres choses intéressantes, contient quelques notes sur les Orangs. La petite espèce d'orang- outan , à savoir. celui de Vosmaer et d'Edwards, dit-il, ne se trouve qu'à Bornéo, et principalement autour de Banjermassing , Mampauwa et Landak . Parmi eux, il en avait vu une cinquantaine lors de son séjour aux Indes ; mais aucun ne dépassait 2 $^1/_2$ pieds de longueur. Les plus grosses, souvent considérées comme des chimères , continue Radermacher , seraient peut-être restées telles pendant longtemps, sans les efforts du résident de Rembang , M. Palm, qui, en revenant de Landak vers Pontiana , en abattit une, et l'a transmis en esprit à Batavia, pour transmission en Europe.

La lettre de Palm décrivant la capture est ainsi rédigée : « Ci-joint j'envoie à Votre Excellence, contre toute attente (puisque j'ai offert autrefois plus de cent ducats aux indigènes pour un Orang- outan de quatre ou cinq pieds de haut) un Orang que j'ai entendu parler de ce matin vers huit heures. Pendant longtemps, nous avons fait de notre mieux pour capturer l'effroyable bête vivante dans la forêt dense, à mi-chemin de Landak . Nous oubliâmes même de manger, tant nous avions hâte de ne pas le laisser s'échapper ; mais il fallait prendre garde qu'il ne se vengeât, car il cassait continuellement de gros morceaux de bois et des branches vertes et nous les lançait. Cette partie dura jusqu'à quatre heures de l'après-midi, lorsque nous décidâmes de l'abattre ; ce dans quoi j'ai très bien réussi, et en fait mieux que je n'ai jamais tiré depuis un bateau auparavant ; car la balle est entrée juste dans le côté de sa poitrine, de sorte qu'il n'a pas été beaucoup endommagé. Nous l'avons mis à la proue, encore vivant, et nous l'avons attaché solidement, et le lendemain matin, il est mort de ses blessures. Tous les Pontiana sont montés à bord pour le voir à notre arrivée. Palm donne sa hauteur de la tête au talon à 49 pouces.

Un officier allemand très intelligent, le baron Von Wurmb , qui occupait à cette époque un poste dans le service néerlandais des Indes orientales et était secrétaire de la Société batave, étudia cet animal et sa description minutieuse, intitulée « Beschrijving van der Groote Borneosche Orang-outang de Oost-Indische Pongo », est contenu dans le même volume des Transactions de la Société Batave. Après que Von Wurmb eut rédigé sa description, il déclare, dans une lettre datée de Batavia, le 18 février 1781, [11] que le spécimen fut envoyé en Europe dans de l'eau-de-vie pour être placé dans la collection du prince d'Orange ; « Malheureusement, poursuit-il, nous apprenons que le navire a fait naufrage. » Von Wurmb mourut au cours de l'année 1781, la lettre dans laquelle se trouve ce passage étant la dernière qu'il écrivit ; mais dans ses papiers posthumes, publiés dans la quatrième partie des Transactions of the Batavian Society, il y a une brève description, avec des mesures, d'une femelle Pongo de quatre pieds de haut.

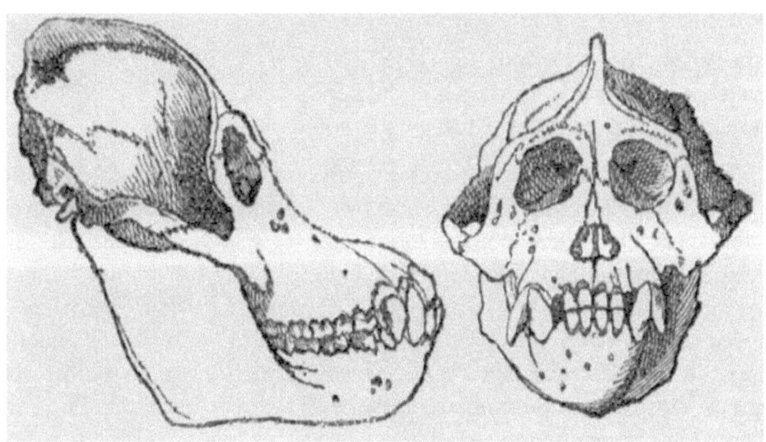

L'un ou l'autre de ces spécimens originaux, sur lesquels sont basées les
descriptions de Von Wurmb , a-t-il jamais atteint l'Europe ? On suppose
communément que c'est le cas ; mais j'en doute. Car, en annexe au mémoire
« De l'Ourang -outang », dans l'édition complète des œuvres de Camper,
tome I. , pp. 64-66, se trouve une note de Camper lui-même, faisant référence
aux papiers de Von Wurmb , et continuant ainsi : — « Jusqu'alors, cette
espèce de singe n'avait jamais été connue en Europe. Radermacher a eu la
bonté de m'envoyer le crâne d'un de ces animaux, qui mesurait cinquante-
trois pouces, soit quatre pieds cinq pouces de hauteur. J'en ai envoyé
quelques croquis à M. Soemmering à Mayence , qui sont mieux faits
cependant pour donner une idée de la forme que de la grandeur réelle des
pièces.

Ces croquis ont été reproduits par Fischer et par Lucæ et portent la date de
1783, Soemmering les ayant reçus en 1784. Si l'un ou l'autre des spécimens
de Von Wurmb avait atteint la Hollande, ils n'auraient guère été inconnus à
cette époque de Camper, qui continue cependant dire : « Il paraît que depuis
cela, encore quelques-uns de ces monstres ont été capturés, pour un squelette
entier, très mal monté, qui avait été envoyé au Musée du Prince d'Orange, et
que je n'ai vu que sur le Le 27 juin 1784 mesurait plus de quatre pieds de
haut. J'ai examiné de nouveau ce squelette le 19 décembre 1785, après qu'il
ait été parfaitement remis en état par l'ingénieux Onymus .

Il paraît donc évident que ce squelette, qui est sans doute celui qui a toujours
porté le nom de Pongo de Wurmb , n'est pas celui de l'animal décrit par lui,
bien qu'il soit incontestablement semblable en tous points essentiels.

Camper note ensuite certaines des caractéristiques les plus importantes de ce
squelette ; promet de le décrire en détail petit à petit ; et il doute évidemment
de la relation entre ce grand « Pongo » et son « petit Orang ».

Les investigations complémentaires promises n'ont jamais été menées ; et
c'est ainsi que le Pongo de Von Wurmb prit sa place aux côtés du chimpanzé,
du gibbon et de l'orang comme quatrième et colossale espèce de singe
semblable à l'homme. Et en effet , rien ne pouvait ressembler beaucoup
moins aux chimpanzés ou aux orangs, alors connus, que le Pongo ; car tous
les spécimens de chimpanzés et d'orangs qui avaient été observés étaient de
petite taille, d'aspect singulièrement humain, doux et dociles ; tandis que le
Pongo de Wurmb était un monstre presque deux fois plus grand, d'une force
et d'une férocité immenses, et d'une expression très brutale ; son grand
museau saillant, armé de fortes dents, étant encore défiguré par l'excroissance
des joues en lobes charnus.

Finalement, conformément aux habitudes de maraude habituelles des armées révolutionnaires, le squelette du « Pongo » fut emporté de Hollande en France, et des notices le concernant, expressément destinées à démontrer toute sa distinction avec l'Orang et son affinité avec les babouins, furent publiées. donné, en 1798, par Geoffroy Saint-Hilaire et Cuvier.

Même dans le « Tableau élémentaire » de Cuvier et dans la première édition de son grand ouvrage, le « Règne Animal », le « Pongo » est classé comme une espèce de babouin. Cependant, dès 1818, il semble que Cuvier ait eu raison de modifier cette opinion et d'adopter le point de vue suggéré plusieurs années auparavant par Blumenbach [12] et après lui par Tilesius , selon lequel le Pongo de Bornéo est simplement un Orang adulte. En 1824, Rudolphi démontra, par l'état de la dentition, plus pleinement et plus complètement que ne l'avaient fait ses prédécesseurs, que les Orangs décrits jusqu'alors étaient tous de jeunes animaux, et que le crâne et les dents de l'adulte seraient probablement comme ceux vus dans le Pongo de Wurmb . Dans la deuxième édition du « Regne Animal » (1829), Cuvier déduit, des « proportions de toutes les parties » et « de la disposition des foramens et des sutures de la tête », que le Pongo est l'adulte de l'Orang- Utan , « au moins d'une espèce très étroitement apparentée », et cette conclusion a finalement été mise hors de tout doute par les Mémoires du professeur Owen publiés dans les « Zoological Transactions » de 1835, et par Temminck dans ses « Monographies de Mammalogie ». Le mémoire de Temminck est remarquable par l'exhaustivité des témoignages qu'il apporte sur la modification que subit la forme de l'Orang selon l'âge et le sexe. Tiedemann a publié pour la première fois une description du cerveau du jeune orang, tandis que Sandifort , Müller et Schlegel ont décrit les muscles et les viscères de l'adulte et ont donné la première histoire détaillée et fiable des habitudes du grand singe indien dans un état de nature; et comme des ajouts importants ont été faits par des observateurs ultérieurs, nous connaissons actuellement mieux l'adulte de l'orang- outan que celui de n'importe lequel des autres grands singes semblables à l'homme.

Il s'agit bien du Pongo de Wurmb ; [13] et ce n'est certainement pas le Pongo de Battell , puisque l'Orang- Utan est entièrement confiné aux grandes îles asiatiques de Bornéo et de Sumatra.

Et tandis que les progrès des découvertes éclaircissaient ainsi l'histoire des Orangs, il devint également établi que les seuls autres singes ressemblant à des hommes dans le monde oriental étaient les diverses espèces de Gibbons, des singes de plus petite taille, et attirant donc moins d'attention que les autres. Les orangs, bien qu'ils soient répartis sur un territoire beaucoup plus large, sont donc plus accessibles à l'observation.

Bien que la zone géographique habitée par les « Pongo » et les « Engeco » de Battell soit beaucoup plus proche de l'Europe que celle dans laquelle se trouvent les Orangs et les Gibbons, notre connaissance des singes africains s'est développée plus lentement ; en fait, ce n'est qu'au cours des dernières années que l'histoire véridique du vieil aventurier anglais est devenue pleinement intelligible. Ce n'est qu'en 1835 que le squelette du chimpanzé adulte fut connu, grâce à la publication du très excellent mémoire du professeur Owen mentionné ci-dessus « Sur l'ostéologie du chimpanzé et de l'orang », dans les Zoological Transactions - un mémoire qui, par l'exactitude de ses descriptions, le soin de ses comparaisons et l'excellence de ses figures ont fait une époque dans l'histoire de notre connaissance de la charpente osseuse, non seulement du chimpanzé, mais de tous les singes anthropoïdes.

Par les investigations détaillées ici, il est devenu évident que le vieux chimpanzé a acquis une taille et un aspect aussi différents de ceux des jeunes connus de Tyson, de Buffon et de Traill , que ceux du vieil Orang du jeune Orang ; et les recherches très importantes ultérieures de MM. Savage et Wyman, missionnaire et anatomiste américain, ont non seulement confirmé cette conclusion, mais ont ajouté de nombreux détails nouveaux. [14]

L'une des découvertes les plus intéressantes parmi les nombreuses et précieuses découvertes faites par le Dr Thomas Savage est le fait que les indigènes du pays du Gabon attribuent aujourd'hui au chimpanzé un nom — « Enché-eko » — qui est évidemment identique à le « Engeko » de Battell ; une découverte qui a été confirmée par tous les chercheurs ultérieurs. Le « petit monstre » de Battell s'étant ainsi avéré être une véritable existence, il y avait évidemment une forte présomption que son « plus grand monstre », le « Pongo », serait tôt ou tard découvert. Et en effet, un voyageur moderne , Bowdich , avait trouvé, en 1819, des preuves solides, parmi les indigènes, de l'existence d'un deuxième grand singe, appelé « Ingena », « cinq pieds de haut et quatre sur les épaules ». le constructeur d'une maison grossière, à l'extérieur de laquelle il dormait.

En 1847, le Dr Savage a eu la chance d'apporter un autre ajout très important à notre connaissance des singes semblables à l'homme ; car, arrêté de façon inattendue au bord de la rivière Gaboon , il vit dans la maison du révérend M. Wilson, un missionnaire qui y résidait, « un crâne représenté par les indigènes comme étant un animal ressemblant à un singe, remarquable par sa taille, sa férocité, et les habitudes. » D'après le contour du crâne et les informations provenant de plusieurs indigènes intelligents, « j'ai été amené », dit le Dr Savage (utilisant le terme Orang dans son ancien sens général), « à croire qu'il appartenait à une nouvelle espèce d'Orang. . J'ai exprimé cette opinion à M. Wilson, avec le désir d'une enquête plus approfondie ; et, si possible, trancher la question par l'inspection d'un spécimen vivant ou mort. Le résultat des efforts combinés de MM. Savage et Wilson fut non seulement l'obtention d'un compte rendu très complet des habitudes de cette nouvelle créature, mais un service encore plus important rendu à la science, permettant à l'excellent anatomiste américain déjà mentionné, le professeur Wyman , pour décrire, à partir de nombreux matériaux, les caractères ostéologiques distinctifs de la nouvelle forme. Cet animal était appelé par les indigènes du Gabon « Engé-ena », nom évidemment identique à « Ingena » de Bowdich ; et le Dr Savage est arrivé à la conviction que ce dernier découvert de tous les grands singes était le « Pongo » tant recherché de Battell .

La justesse de cette conclusion, en effet, ne fait aucun doute – car non seulement « l' Engé-ena » est d'accord avec le « plus grand monstre » de Battell par ses yeux creux, sa grande stature et sa couleur brun ou gris fer , mais le seul autre Le singe ressemblant à l'homme qui habite ces latitudes – le chimpanzé – est immédiatement identifié, par sa plus petite taille, comme le « moindre monstre », et est exclu de toute possibilité d'être le « Pongo », du fait qu'il est noir et blanc. pas dun , sans parler de la circonstance importante déjà mentionnée selon laquelle il conserve encore le nom de « Engeko » ou « Enché-eko », sous lequel Battell le connaissait.

en cherchant un nom spécifique pour « Engé-ena », le Dr Savage a sagement évité le « Pongo » tant utilisé à mauvais escient ; mais trouvant dans l'ancien Périple de Hannon le mot « Gorille » appliqué à certains peuples sauvages et poilus, découverts par le voyageur carthaginois dans une île de la côte africaine, il attacha le nom spécifique de « *Gorille* » à son nouveau singe, d'où son origine actuelle. appellation bien connue. Mais le Dr Savage, plus prudent que certains de ses successeurs, n'identifie en aucun cas son singe aux « hommes sauvages » de Hanno. Il dit simplement que ces derniers étaient « probablement une des espèces des Orangs » ; et je suis tout à fait d'accord avec M. Brullé qu'il n'y a aucune raison d'identifier le « Gorille » moderne avec celui de l'amiral carthaginois.

Depuis la publication des mémoires de Savage et Wyman, le squelette du gorille a été étudié par le professeur Owen et par feu le professeur Duvernoy , du Jardin des Plantes , ce dernier ayant en outre fourni un compte rendu précieux du système musculaire et de nombreux autres les autres parties molles ; tandis que les missionnaires et les voyageurs africains ont confirmé et élargi le récit initialement donné sur les habitudes de ce grand singe ressemblant à un homme, qui a eu la singulière chance d'être le premier à être connu du monde en général et le dernier à faire l'objet d'investigations scientifiques.

Deux siècles et demi se sont écoulés depuis que Battell a raconté à Purchas ses histoires sur les « grands » et les « petits monstres », et il a fallu presque ce temps pour arriver au résultat clair qu'il existe quatre types distincts d'Anthropoïdes : l'Asie de l'Est, les Gibbons et les Orangs ; en Afrique de l'Ouest, les chimpanzés et les gorilles.

Les singes humains, dont l'histoire de la découverte vient d'être détaillée, ont en commun certains caractères de structure et de répartition. Ainsi, ils ont tous le même nombre de dents que l'homme, possédant quatre incisives, deux canines, quatre fausses molaires et six vraies molaires dans chaque mâchoire, soit 32 dents en tout, à l'état adulte ; tandis que la dentition de lait se compose de 20 dents, soit quatre incisives, deux canines et quatre molaires dans chaque mâchoire. Ce sont ce qu'on appelle des singes catarrhines, c'est-à-dire que leurs narines ont une cloison étroite et regardent vers le bas ; et de plus leurs bras sont toujours plus longs que leurs jambes, la différence étant tantôt plus grande, tantôt moindre ; de sorte que si les quatre étaient disposés dans l'ordre de la longueur de leurs bras proportionnellement à celle de leurs jambes, nous aurions cette série : Orang ($1\ ^4/_9$ —1), Gibbon ($1\ ^1/_4$ —1), Gorille ($1\ ^1/_5$ —1), Chimpanzé ($1\ ^1/_{16}$ —1). En tout, les membres antérieurs se terminent par des mains, munies de pouces plus ou moins longs ; tandis que le gros orteil du pied, toujours plus petit que chez l'Homme, est bien plus mobile que chez lui et peut s'opposer, comme un pouce, au reste du pied. Aucun de ces singes n'a de queue et aucun d'entre eux ne possède les joues communes chez les singes. Enfin, ce sont tous des habitants du vieux monde.

Les Gibbons sont les plus petits, les plus minces et les plus longs membres des singes semblables à l'homme : leurs bras sont plus longs, proportionnellement à leur corps, que ceux de n'importe lequel des autres singes semblables à l'homme, de sorte qu'ils peuvent toucher le sol lorsqu'ils sont dressés ; leurs mains sont plus longues que leurs pieds, et ce sont les seuls anthropoïdes qui possèdent des callosités comme les singes inférieurs. Ils sont de couleurs variées . Les Orangs ont des bras qui arrivent jusqu'aux chevilles dans la position dressée de l'animal ; leurs pouces et leurs gros orteils sont très courts et leurs pieds sont plus longs que leurs mains. Ils sont couverts de poils brun rougeâtre et les côtés du visage, chez les mâles adultes, sont généralement formés en deux excroissances flexibles en forme de croissant, comme des tumeurs graisseuses . Les chimpanzés ont des bras qui descendent sous les genoux ; ils ont de grands pouces et de gros orteils, leurs mains sont plus longues que leurs pieds et leurs cheveux sont noirs, tandis que la peau du visage est pâle. Le Gorille, enfin, a des bras qui arrivent jusqu'au milieu de la jambe, de grands pouces et gros orteils, des pieds plus longs que les mains, une face noire et des cheveux gris foncé ou bruns.

Dans le but que j'ai en vue actuellement, il est inutile que j'entre dans d'autres détails concernant les caractères distinctifs des genres et des espèces dans lesquels ces singes semblables à l'homme sont divisés par les naturalistes. Il suffit de dire que les Orangs et les Gibbons constituent les genres distincts *Simia* et *Hylobates* ; tandis que les chimpanzés et les gorilles sont considérés par certains simplement comme des espèces distinctes d'un même genre, *les Troglodytes* ; par d'autres comme genres distincts : *les Troglodytes* étant réservés aux Chimpanzés, et *les Gorilles* aux Engé-ena ou Pongo.

Il a été encore plus difficile d'acquérir une connaissance solide des habitudes et du mode de vie des singes semblables à l'homme, que des informations correctes concernant leur structure.

Une fois par génération, un Wallace peut être trouvé physiquement, mentalement et moralement qualifié pour errer indemne à travers les étendues tropicales sauvages d'Amérique et d'Asie ; former de magnifiques collections au gré de ses errances ; et en même temps de réfléchir avec sagacité aux conclusions suggérées par ses collections : mais, pour l'explorateur ou collectionneur ordinaire, les forêts denses de l'Asie équatoriale et de l'Afrique, qui constituent l' habitation préférée de l'orang, du chimpanzé et du gorille, présentent des difficultés de pas d'une ampleur ordinaire : et l'homme qui risque sa vie en faisant même une courte visite sur les côtes impaludées de ces régions peut très bien être excusé s'il recule devant les dangers de l'intérieur ; s'il se contente de stimuler l'industrie des indigènes les plus aguerris, de rassembler et de rassembler les récits et les traditions plus ou moins mythiques qu'ils sont trop disposés à lui fournir.

C'est de cette manière que sont nés la plupart des récits antérieurs sur les habitudes des singes ressemblant à des hommes ; et même aujourd'hui, il faut admettre qu'une grande partie de ce qui se passe actuellement n'a pas de fondement très sûr. Les meilleures informations que nous possédons sont celles, basées presque entièrement sur des témoignages européens directs, concernant les Gibbons ; la deuxième meilleure preuve concerne les Orangs ; tandis que notre connaissance des habitudes du chimpanzé et du gorille a grandement besoin d'être étayée et élargie par des témoignages supplémentaires de témoins oculaires européens instruits.

Il sera donc commode, pour tenter de se faire une idée de ce que nous sommes fondés à croire à propos de ces animaux, de commencer par les singes ressemblant à l'homme les plus connus , les Gibbons et les Orangs ; et utiliser les informations parfaitement fiables les concernant comme une sorte de critère de la vérité ou de la fausseté probable des affirmations concernant les autres.

Parmi les GIBBONS , on trouve une demi-douzaine d'espèces dispersées dans les îles asiatiques, à Java, Sumatra, Bornéo, et à Malacca, au Siam, à Arracan et dans une étendue incertaine de l'Hindostan , sur le continent asiatique. Les plus grands atteignent quelques pouces au-dessus de trois pieds de hauteur, depuis la couronne jusqu'au talon, de sorte qu'ils sont plus courts que les autres singes semblables à l'homme ; tandis que la minceur de leur corps rend leur masse beaucoup plus petite en proportion même de cette hauteur diminuée.

Le Dr Salomon Müller, naturaliste hollandais accompli, qui a vécu de nombreuses années dans l'archipel oriental et dont j'aurai souvent l'occasion de citer les résultats de l'expérience personnelle, déclare que les Gibbons sont de vrais alpinistes, aimant les pentes et les bords des montagnes. les collines, bien qu'elles s'élèvent rarement au-delà de la limite des figuiers. Tout le jour, ils hantent la cime des grands arbres ; et bien que, vers le soir, ils descendent en petites troupes vers la plaine, à peine aperçoivent-ils un homme qu'ils s'élancent sur les flancs des collines et disparaissent dans les vallées plus sombres.

Tous les observateurs témoignent du volume de voix prodigieux que possèdent ces animaux. Selon l'écrivain que je viens de citer, dans l'un d'eux, le Siamang, « la voix est grave et pénétrante, ressemblant aux sons gōek , gōek , gōek , gōek , goek ha ha. Ha Ha haaāāā , et peut facilement être entendu à une distance d'une demi-lieue. Pendant que le cri est poussé, le grand sac membraneux situé sous la gorge et qui communique avec l'organe de la voix, appelé « sac laryngé », se distend considérablement et diminue de nouveau lorsque l'animal retombe dans le silence.

M. Duvaucel affirme également que le cri du Siamang peut être entendu à des kilomètres à la ronde et faire sonner à nouveau les bois. Ainsi M. Martin [15] décrit le cri du Gibbon agile comme « accablant et assourdissant » dans une pièce, et « de par sa force, bien calculé pour résonner à travers les vastes forêts ». M. Waterhouse, musicien accompli et zoologiste, déclare : « La voix du Gibbon est certainement beaucoup plus puissante que celle de n'importe quel chanteur que j'ai jamais entendu. » Et pourtant il faut se rappeler que cet animal n'est pas la moitié de la taille d'un homme et est beaucoup moins volumineux en proportion qu'un homme.

Il existe de bons témoignages selon lesquels diverses espèces de Gibbons adoptent facilement la posture dressée. M. George Bennett, [16] un très excellent observateur, décrivant les habitudes d'un *Hylobates syndactylus mâle* resté quelque temps en sa possession, dit : « Il marche invariablement en position debout lorsqu'il se trouve sur une surface plane ; puis les bras pendent vers le bas, lui permettant de s'aider de ses jointures ; ou, ce qui est plus habituel, il garde les bras levés dans une position presque dressée, les mains pendantes prêtes à saisir une corde et à grimper à l'approche d'un danger ou à l'intrusion d'étrangers. Il marche assez vite en position debout, mais avec une démarche dandinante, et est bientôt épuisé si, pendant qu'il est poursuivi, il n'a aucune possibilité de s'échapper en grimpant.... Lorsqu'il marche en position debout, il tourne la jambe et le pied. vers l'extérieur, ce qui lui donne une démarche dandinante et un air de jambes arquées.

Le Dr Burrough déclare à propos d'un autre Gibbon, le Horlack ou Hooluk :

« Ils marchent debout ; et lorsqu'ils sont placés sur le sol ou dans un champ ouvert, se balancent très joliment, en levant les mains au-dessus de la tête et en fléchissant légèrement le bras au niveau du poignet et du coude, puis courent assez vite, en se balançant d'un côté à l'autre ; et, s'ils sont poussés à une plus grande vitesse, ils laissent tomber leurs mains à terre et s'aident à avancer, plutôt en sautant qu'en courant, gardant cependant le corps presque droit.

Des preuves quelque peu différentes sont cependant fournies par le Dr Winslow Lewis : [17]

« Leur seule manière de marcher était sur leurs extrémités postérieures ou inférieures, les autres étant relevées vers le haut pour conserver leur équilibre, comme les danseurs de corde sont aidés par de longues perches dans les foires. Leur progression ne se faisait pas en plaçant un pied devant l'autre, mais en utilisant simultanément les deux, comme pour sauter. Le docteur Salomon Müller affirme également que les Gibbons progressent sur le sol par une courte série de sauts chancelants, effectués uniquement par les membres postérieurs, le corps étant tenu tout à fait droit.

FIGUE. 8.— Un Gibbon (*H. pileatus*), d'après Wolf.

Mais M. Martin (lcp 418), qui parle également d'observation directe, dit des Gibbons en général :

« Eminemment qualifiés pour leurs habitudes arboricoles et manifestant parmi les branches une activité étonnante, les Gibbons ne sont pas si gênants ou embarrassés sur une surface plane qu'on pourrait l'imaginer. Ils marchent debout, d'une démarche dandinante ou instable, mais d'un pas rapide ; l'équilibre du corps nécessitant d'être maintenu, soit en touchant le sol avec les jointures, d'abord d'un côté puis de l'autre, soit en levant les bras de manière à le maintenir en équilibre. Comme chez le chimpanzé, toute la plante étroite et longue du pied est à la fois posée sur le sol et soulevée à la fois, sans aucune élasticité de pas.

Après cette masse de témoignages concurrents et indépendants, on ne peut raisonnablement douter que les Gibbons adoptent communément et habituellement l'attitude droite.

Mais le terrain plat n'est pas l'endroit où ces animaux peuvent déployer leurs capacités locomotrices très remarquables et particulières, et cette activité prodigieuse qui tente presque de les classer parmi les mammifères volants plutôt que parmi les mammifères grimpeurs ordinaires.

M. Martin (lcp 430) a donné un compte rendu si excellent et si graphique des mouvements d'un *Hylobates agilis* , vivant dans les jardins zoologiques, en 1840, que je vais le citer dans son intégralité :

« Il est presque impossible de donner par des mots une idée de la rapidité et de l'adresse gracieuse de ses mouvements : on peut en effet les qualifier d'aériens, car elle semble simplement toucher dans sa progression les branches parmi lesquelles elle expose ses évolutions. Dans ces exploits, ses mains et ses bras sont les seuls organes de locomotion ; le corps pendant comme suspendu à une corde, soutenue par une main (la droite par exemple), elle se lance, par un mouvement énergique, vers une branche lointaine, qu'elle attrape de la main gauche ; mais sa prise est loin d'être momentanée : l'impulsion pour le prochain lancement est acquise : la branche alors visée est de nouveau atteinte par la main droite et quittée instantanément, et ainsi de suite, alternativement. De cette manière, des espaces de douze et dix-huit pieds sont dégagés, avec la plus grande facilité et sans interruption, pendant des heures entières, sans que la moindre apparence de fatigue se manifeste ; et il est évident que, si l'on pouvait accorder plus d'espace, des distances dépassant largement dix-huit pieds seraient tout aussi facilement franchies ; de sorte que l'affirmation de Duvaucel selon laquelle il a vu ces animaux se lancer d'une branche à l'autre, à quarante pieds l'un de l'autre, si effrayante soit-elle, peut être bien créditée. Parfois, en saisissant une branche dans sa progression, elle se jette, par la force d'un seul bras, autour d'elle complètement, faisant une révolution avec une rapidité telle qu'elle trompe presque l'œil, et continue sa progression avec une rapidité non diminuée. Il est singulier d'observer avec quelle brusquerie ce Gibbon peut s'arrêter, alors que l'impulsion donnée par la rapidité et la distance de ses sauts oscillants semble exiger un ralentissement graduel de ses mouvements. Au milieu même de sa fuite, une branche est saisie, le corps relevé, et on la voit, comme par enchantement, tranquillement assise dessus, la saisissant avec ses pieds. Et soudain, elle se lance à nouveau dans l'action.

« Les faits suivants donneront une idée de sa dextérité et de sa rapidité. Un oiseau vivant a été lâché dans son appartement ; elle marqua son vol, fit un long balancement vers une branche lointaine, attrapa l'oiseau d'une main dans son passage et atteignit la branche de l'autre main ; son objectif, tant sur l'oiseau que sur la branche, fut aussi réussi que si un seul objet avait retenu son attention. On peut ajouter qu'elle a immédiatement arraché la tête de l'oiseau, lui a arraché les plumes, puis l'a jeté sans tenter de le manger.

« À une autre occasion, cet animal s'est balancé d'un perchoir, à travers un passage d'au moins douze pieds de large, contre une fenêtre dont on pensait qu'elle serait immédiatement brisée : mais ce n'est pas le cas ; à la surprise générale, elle saisit avec sa main le cadre étroit entre les vitres, prit en un instant l'élan approprié et sauta de nouveau vers la cage qu'elle avait quittée

– un exploit qui exigeait non seulement une grande force, mais la plus belle précision. »

Les Gibbons semblent être naturellement très doux, mais il existe de très bonnes preuves qu'ils mordent sévèrement lorsqu'ils sont irrités : une femelle *Hylobates agilis* ayant si gravement lacéré un homme avec ses longues canines, qu'il en est mort ; tandis qu'elle avait tellement blessé les autres que, par précaution, ces dents redoutables avaient été limées ; mais, si elle était menacée, elle se retournerait quand même contre son gardien. Les Gibbons mangent des insectes, mais semblent généralement éviter la nourriture animale. Un Siamang, cependant, a été vu par M. Bennett saisir et dévorer goulûment un lézard vivant. Ils boivent généralement en trempant leurs doigts dans le liquide puis en les léchant. On affirme qu'ils dorment en position assise.

Duvaucel affirme avoir vu les femelles porter leurs petits au bord de l'eau et s'y laver le visage, malgré la résistance et les cris. Ils sont doux et affectueux en captivité, pleins de ruses et de mesquineries, comme des enfants gâtés, et pourtant non dénués d'une certaine conscience, comme le montrera une anecdote racontée par M. Bennett (lcp 156). Il semblerait que son Gibbon ait une tendance particulière à déranger les choses dans la cabine. Parmi ces objets, un morceau de savon attirait particulièrement son attention, et pour l'avoir enlevé, il avait été une ou deux fois grondé. « Un matin, dit M. Bennett, j'étais en train d'écrire, le singe étant présent dans la cabane, lorsque je jetai les yeux vers lui, j'aperçus le petit bonhomme prenant le savon. Je le regardais sans qu'il s'en aperçût : et il jetait parfois un regard furtif vers l'endroit où j'étais assis. J'ai fait semblant d'écrire; lui, me voyant très occupé, prit le savon et s'éloigna avec celui-ci dans sa patte. Lorsqu'il eut parcouru la moitié de la cabane, je parlai doucement, sans l'effrayer. Dès l'instant où il s'aperçut que je le voyais, il revint sur ses pas et déposa le savon presque au même endroit d'où il l'avait pris. Il y avait certainement quelque chose de plus que de l'instinct dans cette action : il trahissait évidemment la conscience d'avoir mal agi à la fois par ses premières et ses dernières actions – et qu'est-ce que la raison si ce n'est un exercice de celle-ci ?

Le récit le plus élaboré de l'histoire naturelle de l' ORANG- OUTAN existant est celui donné dans le « Verhandelingen over de Natuurlijke Geschiedenis der Nederlandsche overzeesche Bezittingen (1839-45) », par les Drs Salomon Müller et Schlegel, et je baserai ce que j'ai à dire à ce sujet presque entièrement sur leurs déclarations, en ajoutant ici et là des détails intéressants tirés des écrits de Brooke. , Wallace et d'autres.

FIGUE. 9.— Un Orang- outan mâle adulte , d'après Müller et Schlegel.

L'orang- outan semble rarement dépasser quatre pieds de hauteur, mais son corps est très volumineux, mesurant les deux tiers de la hauteur en circonférence. [18]

L'orang- outan ne se trouve qu'à Sumatra et à Bornéo, et n'est commun dans aucune de ces îles ; dans ces deux îles, il se rencontre toujours dans des plaines basses et plates, jamais dans les montagnes. Il aime les forêts les plus denses et les plus sombres qui s'étendent du bord de la mer vers l'intérieur des terres, et on ne le trouve donc que dans la moitié orientale de Sumatra, où seules de telles forêts se trouvent, bien que, de temps en temps, elle s'éloigne vers le côté occidental.

En revanche, il est généralement réparti sur tout Bornéo, sauf dans les montagnes, ou là où la population est dense. Dans les endroits favorables , le chasseur peut, par chance, en voir trois ou quatre par jour.

Sauf pendant la période d'accouplement, les vieux mâles vivent généralement seuls. Les vieilles femelles et les mâles immatures, au contraire, se rencontrent souvent par deux ou par trois ; et les premiers ont parfois des petits avec eux, bien que les femelles gravides se séparent habituellement et restent quelquefois séparées après avoir donné naissance à leur progéniture. Les jeunes Orangs semblent rester inhabituellement longtemps sous la protection de leur mère, probablement en raison de leur croissance lente. En grimpant, la mère porte toujours son petit contre son sein, le petit se tenant par les cheveux de sa mère. [19] On ignore à quel moment de la vie l'orang-outan devient capable de se reproduire, et combien de temps les femelles restent avec leurs petits, mais il est probable qu'elles ne deviennent adultes qu'à l'âge de dix ou quinze ans. Une femelle qui vécut cinq ans à Batavia n'avait pas atteint le tiers de la taille des femelles sauvages. Il est probable qu'après avoir atteint l'âge adulte, ils continuent de croître, quoique lentement, et qu'ils vivent jusqu'à quarante ou cinquante ans. Les Dyaks parlent de vieux Orangs, qui non seulement ont perdu toutes leurs dents, mais qui ont si de peine à grimper, qu'ils se nourrissent de chablis et d'herbes juteuses.

L'Orang est lent et ne présente aucune de cette merveilleuse activité caractéristique des Gibbons. La faim seule semble le pousser à l'effort, et lorsqu'elle s'apaise, il retombe dans le repos. Lorsque l'animal est assis, il courbe le dos et incline la tête, de manière à regarder droit vers le sol ; tantôt il tient ses mains par une branche plus haute, tantôt il les laisse pendre flegmatiquement à son côté - et dans ces positions l'Orang restera, des heures entières, au même endroit, presque sans bouger, et seulement de temps en temps en donnant » prononcé à sa voix grave et grognante. Le jour, il grimpe habituellement d'une cime d'arbre à l'autre, et ce n'est que la nuit qu'il descend jusqu'au sol, et s'il est alors menacé de danger, il cherche refuge dans les sous-bois. Lorsqu'il n'est pas chassé, il reste longtemps dans le même endroit, et s'arrête quelquefois plusieurs jours sur le même arbre, une place ferme parmi ses branches lui servant de lit. Il est rare que l'Orang passe la nuit au sommet d'un grand arbre, probablement parce qu'il y fait trop de vent et qu'il fait trop froid pour lui ; mais, dès que la nuit approche, il descend des hauteurs et cherche un lit convenable dans la partie inférieure et plus sombre, ou dans la cime feuillue d'un petit arbre, parmi lesquels il préfère les palmiers Nibong , Pandani, ou l'un de ces Orchidées parasites qui donnent aux forêts primitives de Bornéo un aspect si caractéristique et si saisissant. Mais partout où il décide de dormir, il se prépare une sorte de nid : de petites branches et des feuilles sont rassemblées autour de l'endroit choisi et pliées en croix les unes sur les autres ; tandis que pour adoucir le lit, on y dépose de grandes feuilles de fougères, d'orchidées, de *Pandanus fascicularis* , *de Nipa fruticans* , etc. Ceux que Müller vit, dont beaucoup étaient très frais, étaient situés à une hauteur de dix à vingt-cinq pieds au-dessus du sol, et avaient en moyenne une circonférence de deux ou trois pieds. Certains étaient remplis de plusieurs centimètres d'épaisseur de feuilles *de Pandanus* ; d'autres n'étaient remarquables que par les brindilles craquelées qui, réunies en un centre commun , formaient une plate-forme régulière. « La *cabane grossière* , dit Sir James Brooke, qu'ils construisent dans les arbres, serait plus proprement appelée siège ou nid, car elle n'a ni toit ni couverture d'aucune sorte. La facilité avec laquelle ils forment ce nid est curieuse, et j'ai eu l'occasion de voir une femelle blessée tisser les branches ensemble et s'asseoir en une minute.

Selon les Dyaks , l'Orang quitte rarement son lit avant que le soleil ne soit bien au-dessus de l'horizon et n'ait dissipé les brumes. Il se lève vers neuf heures et se recouche vers cinq heures ; mais parfois seulement tard dans le crépuscule. Il se couche parfois sur le dos ; ou bien, en guise de changement, il se tourne d'un côté ou de l'autre, ramenant ses membres vers son corps et posant sa tête sur sa main. Lorsque la nuit est froide, venteuse ou pluvieuse, il couvre généralement son corps d'un tas de feuilles de *Pandanus* , *de Nipa* ou de Fougère, comme celles dont son lit est fait, et il prend particulièrement soin d'y envelopper sa tête. C'est cette habitude de se couvrir qui a probablement donné naissance à la fable selon laquelle les Orangs construisent des cabanes dans les arbres.

Bien que l'Orang réside principalement au milieu des branches de grands arbres, pendant la journée, on le voit très rarement accroupi sur une branche épaisse, comme le font d'autres singes, et particulièrement les Gibbons. L'Orang, au contraire, se cantonne aux branches fines et feuillues, de sorte qu'on le voit jusqu'à la cime des arbres, mode de vie qui est étroitement lié à la constitution de ses membres postérieurs, et surtout à celle de ses membres postérieurs. siège. Car celui-ci n'est pas pourvu de callosités, comme celles que possèdent beaucoup de singes inférieurs, et même les Gibbons ; et les os du bassin, appelés ischias, et qui forment la charpente solide de la surface sur laquelle repose le corps en position assise, ne sont pas élargis comme ceux des singes qui possèdent des callosités, mais ressemblent plutôt à ceux des singes. homme.

Un orang grimpe si lentement et avec précaution, [20] que, dans cet acte, il ressemble plus à un homme qu'à un singe, prenant grand soin de ses pieds, de sorte que les blessures qu'ils causent semblent l'affecter bien plus que les autres singes. Contrairement aux Gibbons, dont les avant-bras font la plus grande partie du travail en se balançant de branche en branche, l'Orang ne fait jamais le moindre saut. En grimpant, il bouge alternativement une main et un pied, ou, après avoir bien saisi les mains, il rapproche les deux pieds. En passant d'un arbre à l'autre, il cherche toujours un endroit où les rameaux des deux se rapprochent ou s'entrelacent. Même poursuivi de près, sa circonspection est étonnante : il secoue les branches pour voir si elles le porteront, puis, courbant une branche en surplomb en y jetant peu à peu son poids, il fait un pont depuis l'arbre qu'il veut quitter jusqu'à l'arbre. suivant. [21]

Au sol, l'Orang avance toujours péniblement et en tremblant, à quatre pattes. Au départ, il courra plus vite qu'un homme, même s'il pourrait bientôt être dépassé. Les bras très longs qui, lorsqu'il court, sont peu fléchis, relèvent remarquablement le corps de l'Orang, de sorte qu'il prend beaucoup la posture d'un très vieil homme courbé par l'âge et se déplaçant à l'aide d'un bâton. En marchant, le corps est généralement dirigé droit vers l'avant, contrairement aux autres singes, qui courent plus ou moins obliquement ; sauf les Gibbons, qui, à ces égards, comme à tant d'autres, s'écartent remarquablement de leurs semblables.

L'Orang ne peut pas poser ses pieds à plat sur le sol, mais s'appuie sur leurs bords extérieurs, le talon reposant davantage sur le sol, tandis que les orteils recourbés reposent en partie sur le sol par la face supérieure de leur première articulation, les deux orteils les plus extérieurs de chaque pied reposant complètement sur cette surface. Les mains sont tenues de manière opposée, leurs bords intérieurs servant de support principal. Les doigts sont alors courbés de telle manière que leurs articulations les plus avant, surtout celles des deux doigts les plus intérieurs, reposent sur le sol par leur face supérieure, tandis que la pointe du pouce libre et droit sert de point d'appui supplémentaire.

L'Orang ne se tient jamais debout sur ses pattes postérieures, et toutes les images qui le représentent ainsi sont aussi fausses que l'affirmation selon laquelle il se défend avec des bâtons, etc.

Les bras longs sont particulièrement utiles, non seulement pour grimper, mais aussi pour ramasser la nourriture sur des branches sur lesquelles l'animal ne peut pas confier son poids. Les figues, les fleurs et les jeunes feuilles de diverses espèces constituent la principale nourriture de l'Orang ; mais des bandes de bambou de deux ou trois pieds de longueur furent trouvées dans l'estomac d'un mâle. On ne sait pas qu'ils mangent des animaux vivants.

Bien que, lorsqu'il est pris jeune, l'orang- outan soit rapidement domestiqué et semble effectivement courtiser la société humaine, c'est naturellement un animal très sauvage et timide, bien qu'apparemment lent et mélancolique. Les Dyaks affirment que lorsque les vieux mâles sont blessés uniquement par des flèches, ils quittent occasionnellement les arbres et se précipitent avec rage sur leurs ennemis, dont la seule sécurité réside dans la fuite instantanée, car ils sont sûrs d'être tués s'ils sont attrapés. [22]

Mais, bien que possédant une force immense, il est rare que les Orangs tentent de se défendre, surtout lorsqu'ils sont attaqués avec des armes à feu. Dans de telles occasions, il s'efforce de se cacher ou de s'échapper le long des branches les plus hautes des arbres, cassant et jetant les branches au fur et à mesure. Lorsqu'il est blessé, il se dirige vers le point le plus élevé possible de l'arbre et émet un cri singulier, composé d'abord de notes aiguës, qui finissent par se transformer en un rugissement sourd, semblable à celui d'une panthère. Tout en émettant les notes aiguës, l'Orang étend ses lèvres en forme d'entonnoir ; mais en prononçant les notes graves, il tient la bouche grande ouverte, et en même temps le grand sac de la gorge, ou sac laryngé, se distend.

Selon les Dyaks , le seul animal avec lequel l'Orang mesure sa force est le crocodile, qui le saisit occasionnellement lors de ses visites au bord de l'eau. Mais on dit que l'Orang est plus qu'un adversaire à la hauteur de son ennemi, et le bat à mort, ou lui déchire la gorge en lui écartant les mâchoires !

Une grande partie de ce qui a été dit ici était probablement dérivée par le Dr Müller des rapports de ses chasseurs Dyak ; mais un gros mâle, haut de quatre pieds, vécut en captivité, sous son observation, pendant un mois, et reçut un très mauvais caractère.

« C'était une bête très sauvage, dit Müller, d'une force prodigieuse, fausse et méchante jusqu'au dernier degré. Si quelqu'un Lorsqu'il s'approcha, il se releva lentement avec un grognement sourd, fixa ses yeux dans la direction dans laquelle il comptait porter son attaque, passa lentement sa main entre les barreaux de sa cage, puis, étendant son long bras, s'agrippa brusquement, généralement à la face." Il n'a jamais essayé de mordre (bien que les Orangs se mordent entre eux), ses grandes armes offensives et défensives étant ses mains.

Son intelligence était très grande ; et Müller remarque que, bien que les facultés de l'Orang aient été trop estimées, Cuvier, s'il avait vu ce spécimen, n'aurait pas considéré son intelligence comme étant seulement un peu supérieure à celle du chien.

Son ouïe était très fine, mais son sens de la vision semblait moins parfait. La lèvre inférieure était le grand organe du toucher et jouait un rôle très important pour boire, étant poussée comme une auge, soit pour capter la pluie qui tombait, soit pour recevoir le contenu de la demi-coque de noix de coco pleine d'eau. dont l'Orang était approvisionné, et qu'en buvant il versait dans l'auge ainsi formée.

A Bornéo, l'Orang- Outan des Malais est appelé « *Mias* » chez les Dyaks , qui en distinguent plusieurs espèces comme *Mias . Pappan* , ou *Zimo* , *Mias Kassu* et *Mias Rambi* . Cependant, s'il s'agit d'espèces distinctes ou de simples races, et dans quelle mesure chacune d'entre elles est identique à l'orang de Sumatra, comme le pense M. Wallace, les Mias Pappan , ce sont des problèmes qui sont actuellement indécis ; et la variabilité de ces grands singes est si étendue que la solution de la question est très difficile. De la forme dite « Mias Pappan », observe M. Wallace [23] , « il est connu par sa grande taille et par l'expansion latérale du visage en protubérances graisseuses, ou crêtes, au-dessus des muscles temporaux, qui ont été appelés à tort *callosités* , car ils sont parfaitement doux, lisses et flexibles. Cinq de cette forme, mesurés par moi, variaient seulement de 4 pieds 1 pouce à 4 pieds 2 pouces de hauteur, du talon au sommet de la tête, la circonférence du corps de 3 pieds à 3 pieds 7 1 / 2 pouces . , et l'étendue des bras tendus de 7 pieds 2 pouces à 7 pieds 6 pouces ; la largeur du visage de 10 à 13 1/4 pouces. La couleur et la longueur des cheveux variaient selon les individus et dans différentes parties du même individu ; certains possédaient un ongle rudimentaire au gros orteil, d'autres n'en possédaient pas du tout ; mais par ailleurs, ils ne présentent aucune différence externe sur laquelle établir même les variétés d'une espèce.

« Pourtant, lorsque nous examinons les crânes de ces individus, nous constatons des différences remarquables de forme, de proportion et de dimension, aucun n'étant exactement pareil. L'inclinaison du profil et la projection du museau, ainsi que la taille du crâne, offrent des différences aussi marquées que celles qui existent entre les formes les plus fortement marquées des crânes caucasiens et africains dans l'espèce humaine. Les orbites varient en largeur et en hauteur, la crête crânienne est soit simple, soit double, très ou peu développée, et l'ouverture zygomatique varie considérablement en taille. Cette variation dans les proportions des crânes nous permet d'expliquer d'une manière satisfaisante la différence marquée présentée par les crânes à une et à deux aigrettes, qui ont été considérés comme prouvant l'existence de deux grandes espèces d'Orang. La surface externe du crâne varie considérablement en taille, tout comme l'ouverture zygomatique et le muscle temporal ; mais ils n'ont aucune relation nécessaire les uns avec les autres, un petit muscle existant souvent avec une grande surface crânienne, et *vice versa* . Or, les crânes qui ont les mâchoires les plus grandes et les plus fortes et l'ouverture zygomatique la plus large, ont les muscles si gros qu'ils se rejoignent sur la couronne du crâne et déposent la crête osseuse qui les sépare, et qui est la plus haute dans celle qui a la plus petite surface crânienne. Dans ceux qui combinent une grande surface avec des mâchoires relativement faibles et une petite ouverture zygomatique, les muscles, de chaque côté, ne s'étendent pas jusqu'à la couronne, un espace de 1 à 2 pouces restant entre eux, et le long de leurs marges, de petites crêtes sont formé. On trouve des formes intermédiaires dans lesquelles les crêtes ne se rejoignent que dans la partie postérieure du crâne. La forme et la taille des crêtes sont donc indépendantes de l'âge, étant parfois plus fortement développées chez l'animal le moins âgé. Le professeur Temminck affirme que la série de crânes du musée de Leyde montre le même résultat.

M. Wallace a observé deux orangs adultes mâles (Mias Kassu des Dyaks), cependant, si différent de tous ceux-ci qu'il conclut qu'ils sont spécifiquement distincts ; ils mesuraient respectivement 3 pieds 8 1/2 pouces et 3 pieds 9 1/2 pouces de haut et ne possédaient aucun signe d'excroissances des joues, mais ressemblaient par ailleurs aux espèces plus grandes. Le crâne n'a pas de crête, mais deux crêtes osseuses, espacées de 1 $^3/_4$ pouces à 2 pouces, comme dans le *Simia morio* du professeur Owen. Les dents, cependant, sont immenses, égales ou dépassant celles des autres espèces. Les femelles de ces deux espèces, selon M. Wallace, sont dépourvues d'excroissances et ressemblent aux mâles plus petits, mais sont plus courtes de 1 $^1/_2$ à 3 pouces, et leurs canines sont comparativement petites, subtronquées et dilatées à la base. , comme dans ce qu'on appelle *Simia morio* , qui est, selon toute probabilité, le crâne d'une femelle de la même espèce que les mâles plus petits. Les mâles et les femelles de cette espèce plus petite se distinguent, selon M. Wallace, par la taille relativement grande des incisives moyennes de la mâchoire supérieure.

Autant que je sache, personne n'a tenté de contester l'exactitude des déclarations que je viens de citer concernant les habitudes des deux singes asiatiques ressemblant à des hommes ; et si c'est vrai, ils doivent être admis comme preuve qu'un tel singe...

Premièrement, peut facilement se déplacer sur le sol en position dressée ou semi-dressée et sans soutien direct de ses bras.

Deuxièmement, qu'il puisse posséder une voix extrêmement forte, si forte qu'elle peut être facilement entendue à un ou deux milles.

3° Qu'il peut être capable d'une grande méchanceté et d'une grande violence lorsqu'il est irrité : et cela est particulièrement vrai des mâles adultes.

4° Afin qu'il puisse construire un nid pour y dormir.

De tels faits étant bien établis concernant les Anthropoïdes asiatiques, l'analogie seule pourrait nous justifier d'attendre que les espèces africaines offrent des particularités similaires, séparément ou combinées ; ou, en tout cas, cela détruirait la force de toute tentative d'argumentation *a priori* contre les témoignages directs qui pourraient être présentés en faveur de leur existence. Et s'il était possible de démontrer que l'organisation de l'un des singes africains lui convient mieux que n'importe lequel de ses alliés asiatiques pour la position debout et l'efficacité des attaques, il y aurait encore moins de raisons de douter de son adoption occasionnelle d'une attitude droite ou d'une attaque efficace. procédure agressive.

Depuis l'époque de Tyson et de Tulpius , les habitudes des jeunes CHIMPANZÉS en captivité ont été abondamment rapportées et commentées. Mais des preuves dignes de confiance quant aux mœurs et coutumes des anthropoïdes adultes de cette espèce, dans leurs bois naturels, manquaient presque jusqu'au moment de la publication de l'article du Dr Savage, auquel j'ai déjà fait référence ; contenant des notes des observations qu'il a faites et des informations qu'il a recueillies auprès de sources qu'il considérait comme dignes de confiance, alors qu'il résidait au Cap Palmas, à la limite nord-ouest de la baie du Bénin.

Les chimpanzés adultes, mesurés par le Dr Savage, n'ont jamais dépassé, bien que les mâles puissent presque atteindre, cinq pieds de hauteur.

« Au repos, la posture assise est celle généralement adoptée. On les voit parfois debout et marchant, mais lorsqu'ils sont ainsi détectés, ils se mettent immédiatement à quatre pattes et fuient la présence de l'observateur. Leur organisation est telle qu'ils ne peuvent pas se tenir debout, mais se pencher en avant. On les voit donc debout, les mains jointes sur l'occiput ou la région lombaire, ce qui semble nécessaire à l'équilibre ou à l'aisance de la posture.

« Les orteils de l'adulte sont fortement fléchis et tournés vers l'intérieur, et ne peuvent être parfaitement redressés. Dans cette tentative, la peau se rassemble en plis épais sur le dos, ce qui montre que l'expansion complète du pied, nécessaire à la marche, n'est pas naturelle. La position naturelle est à quatre pattes, le corps reposant en avant sur les jointures. Celles-ci sont considérablement élargies, avec une peau protubérante et épaissie comme la plante du pied.

« Ce sont des grimpeurs experts, comme on pourrait le supposer au vu de leur organisation. Dans leurs gambades, ils se balancent de membre en membre sur une grande distance et sautent avec une agilité étonnante. Il n'est pas rare de voir les « vieux gens » (dans le langage d'un observateur) assis sous un arbre se régalant de fruits et de discussions amicales, tandis que leurs « enfants » sautent autour d'eux et se balancent d'arbre en arbre avec une gaieté bruyante. .

« Comme on le voit ici, ils ne peuvent pas être qualifiés de *grégaires* , on en trouve rarement plus de cinq, ou dix au maximum, ensemble. On a dit, de source sûre, qu'ils se rassemblent parfois en grand nombre pour faire des gambades. Mon informateur affirme qu'il en a vu une fois au moins cinquante engagés ; hululer, crier et tambouriner avec des bâtons sur de vieilles bûches, ce qui se fait dans ce dernier cas avec une égale facilité par les quatre extrémités. Ils ne semblent jamais agir de manière offensive et rarement, voire jamais, sur la défensive. Lorsqu'ils sont sur le point d'être capturés, ils résistent en jetant leurs bras sur leur adversaire et en essayant de l'attirer avec leurs dents. (Savage, lcp 384.)

Concernant ce dernier point, le Dr Savage est très explicite à un autre endroit :

« *Mordre* est leur principal art de défense . J'ai vu un homme qui avait été ainsi grièvement blessé aux pieds.

« Le fort développement des canines chez l'adulte semblerait indiquer une propension carnivore ; mais dans aucun état autre que celui de la domestication, ils ne le manifestent. Au début , ils rejettent la chair, mais en acquièrent facilement un penchant. Les canines ont été développées très tôt et sont évidemment conçues pour jouer un rôle important dans les armes de défense . Au contact de l'homme, le premier effort de l'animal est presque *de mordre* .

« Ils évitent les demeures des hommes et construisent leurs habitations dans les arbres. Leur construction ressemble plus à *des nids* qu'à *des cabanes* , comme certains naturalistes les ont appelés à tort. Ils ne construisent généralement pas très loin au-dessus du sol. Les branches ou brindilles sont courbées, ou en partie cassées, et croisées, et le tout soutenu par le corps d'un membre ou d'une entrejambe. Parfois, un nid se trouve près de l' *extrémité* d'une *forte branche feuillue* à vingt ou trente pieds du sol. J'en ai vu dernièrement un qui ne pouvait pas mesurer moins de quarante pieds, et plus probablement cinquante. Mais c'est une hauteur inhabituelle.

« Leur demeure n'est pas permanente, mais modifiée en quête de nourriture et de solitude, selon la force des circonstances. On les voit plus souvent dans les endroits élevés ; mais cela vient du fait que les terrains bas, étant plus favorables aux rizières des indigènes, sont plus souvent défrichés et manquent donc presque toujours d'arbres appropriés pour leurs nids. ou bien deux nids sont vus sur le même arbre, ou dans le même voisinage : cinq ont été trouvés, mais c'était une circonstance inhabituelle....

"Ils ont des habitudes très sales... C'est une tradition chez les indigènes en général ici, qu'ils étaient autrefois membres de leur propre tribu : que pour leurs habitudes dépravées, ils ont été expulsés de toute la société humaine, et, que par un En raison de leur indulgence obstinée envers leurs viles penchants, ils ont dégénéré dans leur état et leur organisation actuels. Ils les mangent cependant et, lorsqu'ils sont cuits avec l'huile et la pulpe de noix de palme, ils les considèrent comme un morceau très savoureux.

« Ils font preuve d'un degré remarquable d'intelligence dans leurs habitudes et, de la part de la mère, de beaucoup d'affection pour leurs petits. La deuxième femelle décrite se trouvait sur un arbre lors de sa première découverte, avec son compagnon et deux petits (un mâle et une femelle). Son premier mouvement fut de descendre avec une grande rapidité et de s'enfuir dans le fourré, avec son compagnon et sa progéniture femelle. Le jeune mâle restant sur place, elle revint bientôt à son secours. Elle monta et le prit dans ses bras, à ce moment-là elle reçut une balle, la balle passant par l'avant-bras du petit, en route vers le cœur de la mère....

« Dans un cas récent, la mère, une fois découverte, est restée sur l'arbre avec sa progéniture, observant attentivement les mouvements du chasseur. Alors qu'il visait, elle lui fit signe de la main, exactement à la manière d'un être humain, pour qu'il renonce et s'en aille. Lorsque la blessure ne s'est pas révélée mortelle instantanément, on sait qu'ils arrêtent l'écoulement du sang en appuyant avec la main sur la partie, et quand cela ne réussit pas, ils appliquent des feuilles et de l'herbe. cri soudain, semblable à celui d'un être humain en détresse soudaine et aiguë.

La voix ordinaire du chimpanzé est cependant affirmée comme rauque, gutturale et peu forte, un peu comme « whoo-whoo » (lcp 365).

L'analogie entre le chimpanzé et l'orang, dans son habitude de construire son nid et dans sa manière de former son nid, est extrêmement intéressante ; tandis que, d'un autre côté, l'activité de ce singe et sa tendance à mordre sont des particularités par lesquelles il ressemble plutôt aux Gibbons. Encore une fois, par l'étendue de leur aire de répartition géographique, les chimpanzés — que l'on trouve de la Sierra Leone au Congo — rappellent les Gibbons plutôt que l'un ou l'autre des autres singes semblables à l'homme ; et il ne semble pas improbable que, comme c'est le cas pour les Gibbons, il puisse y avoir plusieurs espèces réparties dans l'aire géographique du genre.

Le même excellent observateur, à qui j'ai emprunté le récit précédent des habitudes du chimpanzé adulte, a publié, il y a quinze ans, [24] un récit du GORILLE , qui a, dans ses points les plus essentiels, été confirmé par des observateurs ultérieurs. , et auquel si peu de choses ont été réellement ajoutées, que pour rendre justice au Dr Savage, je le donne presque dans son intégralité.

« Il faut garder à l'esprit que mon récit est basé sur les déclarations des aborigènes de cette région (le Gabon). A cet égard, il convient peut-être aussi de faire remarquer qu'ayant été missionnaire résident pendant plusieurs années, étudiant, grâce à des relations habituelles, l'esprit et le caractère africains, je me sentais prêt à faire une discrimination et à décider de la probabilité de leurs déclarations. . En outre, connaissant l'histoire et les habitudes de son intéressant congénère (*Trog* . *niger* , Geoff.), j'ai pu séparer leurs récits des deux animaux, qui, ayant la même localité et une similitude d'habitudes, se confondent dans le l'esprit de la masse, d'autant plus que peu de gens, comme les commerçants de l'intérieur et les chasseurs, ont jamais vu l'animal en question.

« La tribu d'où dérive notre connaissance de l'animal, et dont le territoire constitue son habitat, est les *Mpongwe* , occupant les deux rives du fleuve. Le Gabon , depuis son embouchure jusqu'à environ cinquante ou soixante milles vers le haut....

« Si le mot 'Pongo' est d'origine africaine, il s'agit probablement d'une déformation du mot *Mpongwe* , nom de la tribu des rives du Gabon , et donc appliqué à la région qu'elle habite. Leur nom local pour le chimpanzé est *Enché-eko* , aussi proche que possible de l'anglicisation, d'où vient probablement le terme commun « Jocko ». L'appellation Mpongwe pour son nouveau congénère est *Engé-ena* , prolongeant le son de la première voyelle, et sonnant légèrement la seconde.

FIGUE. 10.— Le Gorille (d'après Wolff).

« L'habitat de l' *Engé-ena* est l'intérieur de la basse Guinée, tandis que celui de l' *Enché-eko* est plus proche du littoral.

« Sa hauteur est d'environ cinq pieds ; il est disproportionné au niveau des épaules, densément couvert de poils noirs grossiers, dont on dit qu'ils sont similaires dans leur disposition à ceux de l' *Enché-eko* ; avec l'âge, il devient gris, ce qui a donné lieu à la rumeur selon laquelle les deux animaux sont vus de couleurs différentes .

" *Tête*. — Les traits saillants de la tête sont la grande largeur et l'allongement du visage, la profondeur de la région molaire, les branches de la mâchoire inférieure étant très profondes et s'étendant loin en arrière, et la petitesse relative de la partie crânienne ; les yeux sont très grands et ressemblent à ceux de l' Enché-eko , un noisette brillant ; nez large et plat, légèrement surélevé vers la racine ; le museau large, les lèvres et le menton proéminents, avec des poils gris épars ; la lèvre inférieure, très mobile, et capable d'un grand allongement lorsque l'animal est enragé, puis pendante au-dessus du menton ; peau du visage et des oreilles nue, et d'un brun foncé, se rapprochant du noir.

« La caractéristique la plus remarquable de la tête est une crête élevée, ou crête de cheveux, au cours de la suture sagittale, qui se rencontre en arrière avec une crête transversale de la même chose, mais moins proéminente, qui s'étend de l'arrière d'une oreille à l' autre. L'autre. L'animal a le pouvoir de déplacer librement son cuir chevelu d'avant en arrière, et lorsqu'il est enragé, on dit qu'il le contracte fortement sur le front, abaissant ainsi la crête velue et pointant les cheveux vers l'avant, de manière à présenter un aspect indescriptiblement féroce.

« Cou court, épais et poilu ; poitrine et épaules très larges, censées faire le double de la taille de l' Enché-ekos ; bras très longs, atteignant quelque peu au-dessous du genou, l'avant-bras étant de loin le plus court ; mains très grandes, les pouces beaucoup plus gros que les doigts....

« La démarche est traînante ; le mouvement du corps, qui n'est jamais droit comme chez l'homme, mais courbé en avant, est quelque peu roulant ou d'un côté à l'autre. Les bras étant plus longs que le Chimpanzé, il ne se baisse pas autant en marchant ; comme cet animal, il progresse en poussant ses bras vers l'avant, en posant les mains sur le sol, puis en donnant au corps un mouvement moitié saut, moitié balancement entre elles. Dans cet acte, il est dit de ne pas fléchir les doigts, comme le fait le chimpanzé, en s'appuyant sur ses jointures, mais de les étendre, en faisant un point d'appui de la main. Lorsqu'il adopte la posture de marche, à laquelle on dit qu'il est très enclin, il équilibre son énorme corps en fléchissant les bras vers le haut.

« Ils vivent en bandes, mais ne sont pas aussi nombreux que les chimpanzés : les femelles dépassent généralement en nombre l'autre sexe. Mes informateurs sont tous d'accord pour affirmer qu'un seul mâle adulte est vu dans une bande ; que lorsque les jeunes mâles grandissent, une lutte s'engage pour la domination, et le plus fort, en tuant et en chassant les autres, s'impose comme le chef de la communauté.

Le Dr Savage rejette les histoires de gorilles emportant des femmes et vainquant des éléphants, puis ajoute :

« Leurs habitations, si l'on peut les appeler ainsi, sont semblables à celles des chimpanzés, constituées simplement de quelques bâtons et branches feuillues, soutenues par des entrejambes et des branches d'arbres : elles n'offrent aucun abri et ne sont occupées que la nuit.

FIGUE. 11.— Gorille marchant (d'après Wolff).

« Ils sont extrêmement féroces et toujours offensants dans leurs habitudes, ne fuyant jamais l'homme, comme le fait le chimpanzé. Ils sont des objets de terreur pour les indigènes et ne sont jamais rencontrés que sur la défensive. Les rares qui ont été capturés ont été tués par des chasseurs d'éléphants et des commerçants indigènes, alors qu'ils les rencontraient soudainement alors qu'ils traversaient les forêts.

« On raconte que lorsque le mâle est aperçu pour la première fois, il pousse un cri terrible, qui résonne partout dans la forêt, quelque chose comme kh – ah ! kh -ah! prolongé et aigu. Ses énormes mâchoires sont largement ouvertes à chaque expiration, sa lèvre inférieure pend au-dessus du menton, et la crête velue et le cuir chevelu sont contractés sur le front, présentant un aspect d'une férocité indescriptible.

« Les femelles et les jeunes, au premier cri, disparaissent rapidement. Il s'approche alors de l'ennemi avec une grande fureur, poussant coup sur coup ses horribles cris. Le chasseur attend son approche avec son fusil étendu : si sa visée n'est pas sûre, il laisse l'animal saisir le canon, et pendant qu'il le porte à sa bouche (ce qui est son habitude), il tire. Si le coup ne part pas, le canon (celui du mousquet ordinaire, qui est mince) est écrasé entre les dents, et la rencontre s'avère bientôt fatale au chasseur.

"À l'état sauvage, leurs habitudes sont en général semblables à celles des *Troglodytes niger* , construisant leurs nids de manière lâche dans les arbres, vivant de fruits similaires et changeant de lieu de villégiature par la force des circonstances."

Les observations du Dr Savage furent confirmées et complétées par celles de M. Ford, qui communiqua un article intéressant sur le gorille à l'Académie des sciences de Philadelphie, en 1852. En ce qui concerne la répartition géographique de ce plus grand de tous les singes semblables à l'homme, M. Ford remarque :

«Cet animal habite la chaîne de montagnes qui traverse l'intérieur de la Guinée, depuis le Cameroun au nord jusqu'à l'Angola au sud, et à environ 100 milles à l'intérieur des terres, et appelées par les géographes Montagnes de Cristal. La limite jusqu'à laquelle s'étend cet animal, soit au nord, soit au sud, je ne puis la définir. Mais cette limite est sans doute à quelque distance au nord de ce fleuve [Gaboon]. J'ai pu m'en assurer moi-même lors d'une excursion tardive aux sources de la rivière Mooney (Danger), qui se jette dans la mer à une soixantaine de milles de cet endroit. J'ai été informé (de manière crédible, je pense) qu'ils étaient nombreux parmi les montagnes dans lesquelles cette rivière prend sa source, et bien au nord de celle-ci.

« Au sud, cette espèce s'étend jusqu'au fleuve Congo, comme me le racontent les commerçants indigènes qui ont visité la côte entre le Gabon et ce fleuve. Au-delà, je ne suis pas informé. Cet animal ne se trouve dans la plupart des cas qu'à distance de la côte et, d'après mes meilleures informations, ne s'en approche nulle part aussi près que sur la rive sud de cette rivière, où on l'a trouvé à moins de dix milles de la mer. Toutefois, ce phénomène n'est que tardif. Certains des plus anciens hommes Mpongwe m'ont informé qu'autrefois on ne le trouvait qu'aux sources de la rivière, mais qu'à présent on peut le trouver à moins d'une demi-journée de marche de son embouchure. Autrefois, il habitait la crête montagneuse où vivaient seuls les Bushmen, mais maintenant il s'approche avec audace des plantations de Mpongwe. C'est sans doute la raison de la rareté des informations dans le passé, car les occasions de connaître l'animal n'ont pas manqué ; des commerçants ayant fréquenté cette rivière depuis cent ans, et des spécimens, tels qu'on en a apporté ici depuis un an, n'auraient pu être exposés sans avoir attiré l'attention des plus stupides.

Un spécimen examiné par M. Ford pesait 170 livres, sans les viscères thoraciques ou pelviens, et mesurait quatre pieds quatre pouces autour de la poitrine. Cet auteur décrit si minutieusement et si graphiquement l'assaut du gorille - bien qu'il ne prétende pas un seul instant avoir été témoin de la scène - que je suis tenté de donner cette partie de son article dans son intégralité, pour la comparer avec d'autres récits :

«Il se lève toujours lorsqu'il lance une attaque, bien qu'il s'approche de son adversaire dans une posture courbée.

« Bien qu'il ne soit jamais à l'affût, lorsqu'il entend, voit ou flaire un homme, il pousse immédiatement son cri caractéristique, se prépare à une attaque et agit toujours à l'offensive. Le cri qu'il pousse ressemble plus à un grognement qu'à un grognement, et est semblable au cri du chimpanzé lorsqu'il est irrité, mais beaucoup plus fort. On dit qu'il est audible à grande distance. Sa préparation consiste à assister à une petite distance les femelles et les jeunes, par lesquels il est habituellement accompagné . Cependant il revient bientôt, la crête dressée et projetée en avant, les narines dilatées et la lèvre inférieure baissée ; en poussant en même temps son cri caractéristique, destiné, semble-t-il, à terrifier son antagoniste. Instantanément, à moins qu'il ne soit neutralisé par un coup bien dirigé, il fait une attaque, et, frappant son adversaire avec la paume de ses mains, ou le saisissant d'une étreinte sans issue, il l'écrase à terre. et le lacère avec ses défenses.

« On dit qu'il saisit un mousquet et écrase instantanément le canon entre ses dents... La nature sauvage de cet animal est très bien montrée par le désespoir implacable d'un jeune qui fut amené ici. On le prit très jeune, on le garda quatre mois, et l'on employa de nombreux moyens pour l'apprivoiser ; mais il était incorrigible, de sorte qu'il m'a mordu une heure avant de mourir.

M. Ford discrédite les histoires de construction de maisons et de conduite d'éléphants, et affirme qu'aucun indigène bien informé n'y croit. Ce sont des contes racontés aux enfants.

Je pourrais citer d'autres témoignages dans le même sens, mais, me semble-t-il, moins soigneusement pesés et criblés, tirés des lettres de MM. Franquet et Gautier Laboullay , annexés au mémoire du MIG Saint-Hilaire, que j'ai déjà cité.

Compte tenu de ce que l'on sait concernant les Orangs et les Gibbons, les déclarations du Dr Savage et de M. Ford ne me semblent pas à juste titre susceptibles de critiques sur des bases *a priori* . Les Gibbons, comme nous l'avons vu, adoptent facilement la posture dressée, mais le Gorille est bien mieux adapté par son organisation à cette attitude que les Gibbons : si les poches laryngées des Gibbons, comme c'est très probable, sont importantes pour donner du volume à une voix qui peut être entendue à une demi-lieue, le Gorille, qui a des sacs semblables, plus largement développés, et dont le volume est cinq fois celui d'un Gibbon, peut bien être audible à deux fois cette distance. Si l'Orang se bat avec ses mains, les Gibbons et les Chimpanzés avec leurs dents, le Gorille peut, probablement, faire l'un ou l'autre, ou les deux ; il n'y a rien non plus à dire contre le chimpanzé ou le gorille qui construit un nid, quand il est prouvé que l'orang- outan accomplit habituellement cet exploit.

Avec toutes ces preuves, vieilles maintenant de dix à quinze ans, devant le monde, il n'est pas peu surprenant que les affirmations d'un voyageur récent , qui, en ce qui concerne le gorille, ne fait en réalité guère plus que répéter, sur son Selon leur propre autorité, les déclarations de Savage et de Ford auraient dû rencontrer une opposition aussi acerbe. Si l'on soustrait ce qui était connu auparavant, la somme et la substance de ce que M. Du Chaillu a affirmé à propos de sa propre observation concernant le gorille, c'est qu'en s'avançant vers l'attaque, la grande brute se frappe la poitrine avec des coups. ses poings. J'avoue que je ne vois rien de très improbable, ni de très contestable, dans cette affirmation.

En ce qui concerne les autres singes humains d'Afrique, M. Du Chaillu ne nous dit absolument rien, de sa propre connaissance, sur le chimpanzé commun ; mais il nous informe d'une espèce ou variété à tête chauve, le *nschiego mbouve*, qui se construit un abri, et d'un autre type rare avec une face relativement petite, un grand angle facial et une note particulière, ressemblant à « Kooloo ».

Comme l'Orang s'abrite d'une couverture grossière de feuilles, et que le Chimpanzé commun, selon l'observateur éminemment digne de confiance du Dr Savage, fait un bruit semblable à « Whoo-whoo », motif de la répudiation sommaire avec laquelle M. Du Chaillu les déclarations sur ces questions ont été satisfaites n'est pas évident.

Si je me suis abstenu de citer l'ouvrage de M. Du Chaillu , ce n'est pas parce que je décèle une invraisemblance inhérente à ses affirmations concernant les singes hommes ; ni par aucune volonté de jeter des soupçons sur sa véracité ; mais parce que, à mon avis, tant que son récit reste dans son état actuel de confusion inexpliquée et apparemment inexplicable, il n'a aucune prétention à une autorité originale sur quelque sujet que ce soit.

C'est peut-être la vérité, mais ce n'est pas une preuve.

NOTES DE BAS DE PAGE :

[1] REGNUM CONGO: hoc est VERA DESCRIPTIO REGNI AFRICAINI QUOD TAM AB INCOLIS QUAM LUSITANIENS CONGUS APPELLATUR , par Philippum Pigafettam , olim ex Edoardo Lopez acroamatis lingua Italica extrait, num Latio sermon donata ab août. Cassiode . Réinio . Iconibus et imaginibus rerum memorabilium quasi vivis , opera et industria Joan. Théodori et Jeanne. Israéliens de Bry , fraternité exornée . Francofurti , MDXCVIII .

[2] « Sauf que leurs jambes n'avaient pas de mollets. » —[Éd. 1626.] Et dans une note marginale : « Ces grands singes sont appelés Pongo. »

[3] *Bon d'achat* . — Le cap Nègre est à 16 degrés au sud de la ligne.

[4] Note marginale de Purchas, p. 982 :— « Le Pongo un singe géant. Il m'a dit en conférence avec lui, qu'un de ces Pongos il a pris un de ses garçons nègres qui a vécu un mois avec eux. Car ils ne blessent pas ceux qu'ils surprennent par surprise, s'ils ne les regardent pas ; ce qu'il a évité . Il dit que

leur taille était comme celle d'un homme , mais leur taille était deux fois plus grande. J'ai vu le garçon noir. Ce que devrait être l'autre monstre, il a oublié de le raconter ; et ces papiers me sont parvenus entre les mains depuis sa mort, ce que j'aurais autrement pu apprendre au cours de mes fréquentes conférences. Peut-être veut-il parler des tueurs de Pigmy Pongo mentionnés.

[5] Archives du Musée, tome x.

[6] Je suis redevable au Dr Wright, de Cheltenham, dont les travaux paléontologiques sont si bien connus, d'avoir porté cette intéressante relique à ma connaissance. La petite-fille de Tyson, semble-t-il, épousa le Dr Allardyce, un médecin réputé de Cheltenham, et apporta, comme partie de sa dot, le squelette du « Pygmée ». Le Dr Allardyce l'a présenté au Musée de Cheltenham et, grâce aux bons offices de mon ami le Dr Wright, les autorités du Musée m'ont permis d'emprunter ce qui est peut-être son ornement le plus remarquable.

[7] « Mandrill » semble signifier un « singe ressemblant à un homme », le mot « Drill » ou « Dril » ayant été autrefois employé en Angleterre pour désigner un singe ou un babouin. Ainsi, dans la cinquième édition de Blount, « Glossographia , ou un dictionnaire interprétant les mots durs de quelque langue que ce soit, maintenant utilisés dans notre langue anglaise raffinée... très utile pour tous ceux qui désirent comprendre ce qu'ils lisent », publiée en 1681, je trouve , « Dril : un outil de tailleur de pierre avec lequel il perce de petits trous dans le marbre, etc. Aussi un grand singe et un babouin envahis, ainsi appelés. « Drill » est utilisé dans le même sens dans « Onomasticon Zoicon » de Charleton , 1668. L'étymologie singulière du mot donnée par Buffon semble peu probable.

[8] Histoire Naturelle, Suppl. tome 7ème, 1789.

[9] Camper, Œuvres , i . p. 56.

[dix] Ventes du Bataviaasch Genootschap . Tweed Deel . Derde Druk. 1826.

[11] « Briefe des Herrn c. Wurmb et des H. Baron von Wollzogen . Gotha, 1794. »

[12] Voir Blumenbach, « Abbildungen Poule historique naturelle Gegenstände », n° 12, 1810 ; et Tilesius , « Naturhistoriche Le fruit du premier Kaiserlich-Russischen Erdumsegelung », p. 115, 1813.

[13] D'une manière générale et sans préjudice de la question de savoir s'il existe plus d'une espèce d'Orang.

[14] Voir « Observations sur les caractères externes et les habitudes des Troglodytes niger , par Thomas N. Savage, MD, et sur son organisation, par Jeffries Wyman, MD », Boston Journal of Natural History, vol. IV., 1843-4 ;

et « Caractères externes, habitudes et ostéologie du gorille troglodytique », par les mêmes auteurs, ibid., vol. v., 1847.

[15] « L'homme et les singes », p. 423.

[16] « Errances en Nouvelle-Galles du Sud », vol. ii. type. VIII., 1834.

[17] Journal d'histoire naturelle de Boston, vol. je ., 1834.

[18] Le plus grand orang- outan , cité par Temminck , mesurait, debout, 4 pieds ; mais il mentionne avoir reçu récemment la nouvelle de la capture d'un Orang de 1,50 m de haut. Schlegel et Müller disent que leur plus grand mâle âgé mesurait, debout, 1,25 « el » aux Pays-Bas ; et depuis la couronne jusqu'au bout des orteils, 1,5 el ; la circonférence du corps étant d'environ 1 el. La plus grande femelle âgée mesurait 1,09 el lorsqu'elle était debout. Le squelette adulte du musée du Collège des chirurgiens, s'il était placé debout, mesurerait 3 pieds 6 à 8 pouces de la couronne à la plante. Le Dr Humphry donne 3 pieds 8 pouces comme hauteur moyenne de deux Orangs. Des dix-sept Orangs examinés par M. Wallace, le plus grand mesurait 4 pieds 2 pouces de haut, du talon au sommet de la tête. M. Spencer St. John, cependant, dans son « La vie dans les forêts d'Extrême-Orient », nous parle d'un Orang de « 5 pieds 2 pouces, mesurant assez bien de la tête au talon », 15 pouces de diamètre. le visage et 12 po autour du poignet. Il ne semble cependant pas que M. St. John ait mesuré lui-même cet Orang.

[19] Voir le récit de M. Wallace sur un bébé « orang- outan », dans les « Annals of Natural History » de 1856. M. Wallace a fourni à son intéressante charge une mère artificielle en peau de buffle, mais la tromperie a été trop réussie. . Toute l'expérience de l'enfant l'a amené à associer les tétines aux cheveux, et sentant ces derniers, il a passé son existence en vains efforts pour découvrir les premiers.

[20] « Ils sont les plus lents et les moins actifs de toute la tribu des singes, et leurs mouvements sont étonnamment maladroits et grossiers. » — Sir James Brooke, dans les « Actes de la Société Zoologique », 1841.

[21] Le récit de M. Wallace sur la progression des Orangs correspond presque exactement à cela.

[22] Sir James Brooke, dans une lettre à M. Waterhouse, publiée dans les actes de la Zoological Society pour 1841, dit : « Sur les habitudes des Orangs, autant que j'ai pu les observer, je peux remarquez qu'ils sont aussi ennuyeux et paresseux qu'on peut le concevoir, et qu'à aucune occasion, en les poursuivant, ils ne se sont déplacés si vite que cela m'empêche de les suivre facilement à travers une forêt moyennement claire ; et même lorsque des obstacles en dessous (comme patauger jusqu'au cou) leur permettaient de s'éloigner sur une certaine distance, ils étaient sûrs de s'arrêter et de me

permettre de remonter. Je n'ai jamais observé la moindre tentative de défense , et le bois qui claquait parfois autour de nos oreilles était brisé par leur poids, et non jeté, comme certains le prétendent. Cependant, poussé à l'extrême, le *Pappan* ne pouvait être que redoutable, et un malheureux, qui, avec une troupe, essayait d'en attraper un gros vivant, perdit deux de ses doigts, en plus d'être gravement mordu au visage, tandis que l'animal a finalement repoussé ses poursuivants et s'est enfui.

M. Wallace, en revanche, affirme les avoir observés à plusieurs reprises jeter des branches lorsqu'ils étaient poursuivis. « Il est vrai qu'il ne les lance pas sur quelqu'un, mais il les jette verticalement ; car il est évident qu'une branche ne peut être projetée à aucune distance du sommet d'un arbre élevé. Dans un cas, une femelle Mias , sur un durian, a maintenu pendant au moins dix minutes une pluie continue de branches et de fruits lourds et épineux, aussi gros que 32 livres, ce qui nous a très efficacement tenus à l'écart de l'arbre qu'elle était. sur. On pouvait la voir les casser et les jeter à terre avec toutes les apparences de rage, poussant par intervalles un grognement fort et puissant, et signifiant évidemment un mal. — « Sur les habitudes de l'orang-outan », Annals of Nat. Histoire, 1856. Cette déclaration, on le remarquera, est tout à fait conforme à celle contenue dans la lettre du résident Palm citée plus haut (p. 16).

[23] Sur les orangs- outans , ou Mias de Bornéo, Annals of Natural History, 1856.

[24] Remarque sur les caractères extérieurs et les habitudes du Gorille Troglodytes. Journal d'histoire naturelle de Boston, 1847.

II

SUR LES RELATIONS DE L'HOMME AVEC LES ANIMAUX INFÉRIEURS.

Multis videri potérit , majorem esse différenciation Simæ et Hominis, quam diei et noctis; verum tamen salut, comparaison institut inter summos Europe Heroes et Hottentottos ad Caput bonæ spei degentes , difficile Sibi persuadebunt , a eosdem habere natales ; vel si virginie noble Aulicam , Maxime comtam et humanissimam , conferre bon sperme homine Sylvestre et Sibi relicto , vix augure possent , hunc et illam ejusdem esse espèce .— Linnæi Amœnitates Acad. « Anthropomorphes ».

La question des questions pour l'humanité – problème qui sous-tend tous les autres et est plus profondément intéressant que tout autre – est la détermination de la place que l'homme occupe dans la nature et de ses relations avec l'univers des choses. D'où est venue notre race ; quelles sont les limites de notre pouvoir sur la nature et du pouvoir de la nature sur nous ; vers quel but nous tendons ; Tels sont les problèmes qui se posent de nouveau et avec un intérêt intact pour tout homme né dans le monde. La plupart d'entre nous, craignant les difficultés et les dangers qui assaillent celui qui cherche des réponses originales à ces énigmes, se contentent de les ignorer complètement ou d'étouffer l'esprit enquêteur sous le lit de plumes d'une tradition respectée et respectable. Mais, à chaque époque, un ou deux esprits inquiets, dotés de ce génie constructif qui ne peut construire que sur des fondations sûres, ou maudits par le simple esprit de scepticisme , sont incapables de suivre la trace bien usée et confortable de leur vie. ancêtres et contemporains, sans se soucier des épines et des pierres d'achoppement, empruntent leur propre chemin. Les sceptiques aboutissent à l'infidélité qui prétend que le problème est insoluble, ou à l'athéisme qui nie l'existence de tout progrès ordonné et de toute gouvernance des choses : les hommes de génie proposent des solutions qui se transforment en systèmes de théologie ou de philosophie, ou voilées dans un langage musical qui suggère plus qu'il n'affirme, prend la forme de la poésie d'une époque.

Chacune de ces réponses à la grande question, invariablement affirmée par les partisans de son auteur , sinon par lui-même, comme étant complète et définitive, reste en haute autorité et en haute estime, que ce soit pendant un siècle, ou pendant vingt : mais Comme invariablement, le Temps prouve que chaque réponse n'était qu'une simple approximation de la vérité – tolérable principalement en raison de l'ignorance de ceux par qui elle a été acceptée, et totalement intolérable lorsqu'elle est testée par la connaissance plus large de leurs successeurs.

Dans une métaphore bien connue, un parallèle est établi entre la vie de l'homme et la métamorphose de la chenille en papillon ; mais la comparaison peut être plus juste aussi bien que plus nouvelle, si nous prenons pour terme antérieur le progrès mental de la race. L'histoire montre que l'esprit humain, nourri par un apport constant de connaissances, devient périodiquement trop grand pour ses enveloppes théoriques, et les fait éclater pour apparaître dans de nouveaux habits, tandis que la larve qui se nourrit et grandit, par intervalles, jette sa peau trop étroite et assume un autre, lui-même mais temporaire. En vérité, l'état imago de l'Homme semble terriblement lointain, mais chaque mue est un pas gagné, et il y en a eu beaucoup.

Depuis la renaissance du savoir, grâce à laquelle les races occidentales d'Europe ont pu entreprendre ce progrès vers la vraie connaissance, qui a été commencé par les philosophes grecs, mais qui a été presque arrêté au cours de longues périodes ultérieures de stagnation intellectuelle, ou, tout au plus, de giration. , la larve humaine se nourrit vigoureusement et mue proportionnellement. Une peau d'une certaine dimension a été moulée au XVIe siècle, et une autre vers la fin du XVIIIe, tandis qu'au cours des cinquante dernières années, l'extraordinaire croissance de chaque département des sciences physiques a répandu parmi nous une nourriture mentale d'une qualité si nutritive et si stimulante. personnage qu'une nouvelle ecdysis semble imminente. Mais il s'agit là d'un processus qui s'accompagne souvent de nombreuses souffrances, de certaines maladies et débilités, ou, il peut s'agir, de troubles plus graves ; de sorte que tout bon citoyen doit se sentir tenu de faciliter le processus, et même s'il n'a qu'un scalpel pour travailler, d'atténuer au mieux ses capacités le tégument craquelé.

C'est dans ce devoir que réside mon excuse pour la publication de ces essais. Car on admettra qu'une certaine connaissance de la position de l'homme dans le monde animé est un préalable indispensable à la bonne compréhension de ses relations avec l'univers - et cela encore se résout, à long terme, en une enquête sur la nature et la proximité de l'homme. des liens qui l'unissent à ces créatures singulières dont l'histoire [25] a été esquissée dans les pages précédentes.

L'importance d'une telle enquête est en effet intuitivement manifeste. Mis face à ces copies floues de lui-même, le moins réfléchi des hommes est conscient d'un certain choc, dû peut-être moins au dégoût devant l'aspect de ce qui ressemble à une caricature insultante, qu'au réveil d'un sentiment soudain et une profonde méfiance à l'égard des théories séculaires et des préjugés fortement enracinés concernant sa propre position dans la nature et ses relations avec le monde souterrain de la vie ; tandis que ce qui reste un vague soupçon pour les irréfléchis, devient un vaste argument, lourd des conséquences les plus profondes, pour tous ceux qui connaissent les progrès récents des sciences anatomiques et physiologiques.

Je me propose maintenant de développer brièvement cet argument et d'exposer, sous une forme intelligible pour ceux qui ne possèdent aucune connaissance particulière de la science anatomique, les principaux faits sur lesquels reposent toutes les conclusions concernant la nature et l'étendue des liens qui unissent l'homme à l'organisme. le monde brut doit être fondé : j'indiquerai ensuite la seule conclusion immédiate qui, à mon avis, est justifiée par ces faits, et je discuterai enfin de la portée de cette conclusion sur les hypothèses qui ont été formulées concernant l'origine de l'homme.

Les faits sur lesquels je voudrais d'abord attirer l'attention du lecteur, bien qu'ignorés par beaucoup d'instructeurs déclarés de l'esprit public, sont faciles à démontrer et sont universellement acceptés par les hommes de science ; tandis que leur signification est si grande que quiconque y a dûment réfléchi ne trouvera, je pense, pas grand-chose qui puisse l'effrayer dans les autres révélations de la biologie. Je me réfère aux faits révélés par l'étude du développement.

C'est une vérité d'application très large, sinon universelle, que chaque créature vivante commence son existence sous une forme différente et plus simple que celle qu'elle finit par atteindre.

Le chêne est une chose plus complexe que la petite plante rudimentaire contenue dans le gland ; la chenille est plus complexe que l'œuf ; le papillon que la chenille ; et chacun de ces êtres, en passant de son état rudimentaire à son état parfait, traverse une série de changements dont la somme est appelée son développement. Chez les animaux supérieurs, ces changements sont extrêmement compliqués ; mais, au cours du dernier demi-siècle, les travaux d'hommes tels que Von Baer, Rathke , Reichert, Bischof et Remak les ont presque complètement démêlés , de sorte que les étapes successives de développement que présente un chien, par exemple, sont l'embryologiste connaît désormais aussi bien les étapes de la métamorphose du papillon du ver à soie en écolier. Il sera utile de considérer avec attention la nature et l'ordre des étapes du développement canin, comme exemple du processus chez les animaux supérieurs en général.

Le Chien, comme tous les animaux, à l'exception du plus bas (et des recherches plus approfondies pourraient sans doute éliminer l'apparente exception), commence son existence comme un œuf : comme un corps qui est, dans tous les sens, autant un œuf que celui d'une poule. , mais est dépourvu de cette accumulation de matière nutritive qui confère à l'œuf de l'oiseau sa taille exceptionnelle et son utilité domestique ; et veut la coquille, qui non seulement serait inutile à un animal couvé dans le corps de son parent, mais lui couperait également l'accès à la source de cette nourriture dont la jeune créature a besoin, mais que le minuscule œuf du mammifère fournit. ne contient pas en lui-même.

L'œuf de Chien est en fait un petit sac sphéroïdal (Fig. 12), formé d'une délicate membrane transparente appelée *membrane vitelline*, et d'environ $1/130$ à $1/120$ ème de pouce de diamètre. Il contient une masse de matière nutritive visqueuse, le « *jaune* », à l'intérieur de laquelle est enfermé un second sac sphéroïdal beaucoup plus délicat, appelé « *vésicule germinale* » (*a*). Là enfin se trouve un corps arrondi plus solide, appelé « *tache germinale* » (*b*).

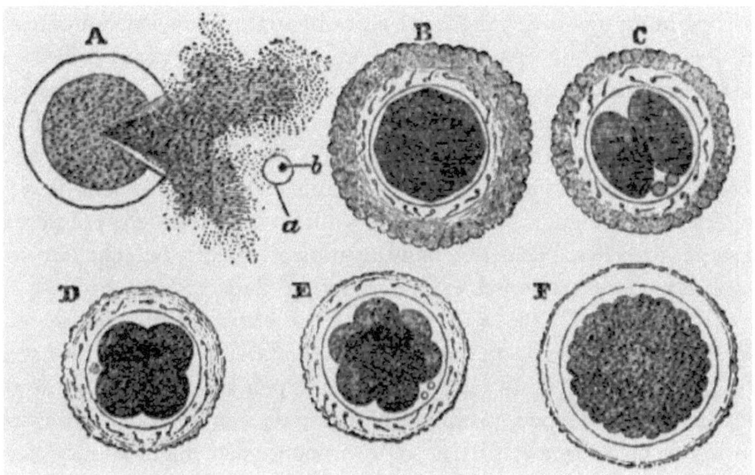

FIGURE. 12.— A. Oeuf de Chien, avec éclatement de la membrane vitelline, de manière à laisser sortir le jaune, la vésicule germinale (*a*), et sa tache incluse (*b*).
BCDEF Modifications successives du jaune indiquées dans le texte.
Après Bischoff.

L'œuf, ou «ovule», est formé à l'origine dans une glande dont, au moment opportun, il se détache et passe dans la chambre vivante équipée pour sa protection et son entretien pendant le long processus de gestation. Ici, soumise aux conditions requises, cette particule infime et apparemment insignifiante de matière vivante s'anime d'une activité nouvelle et mystérieuse. La vésicule et la tache germinales cessent d'être discernables (leur sort précis étant l'un des problèmes encore non résolus de l'embryologie), mais le jaune devient circonférentiellement échancré, comme si un couteau invisible avait été tiré autour de lui, et apparaît ainsi divisé en deux hémisphères (Fig.12, C).

Par la répétition de ce processus dans différents plans, ces hémisphères se subdivisent, de sorte que quatre segments sont produits (D) ; et ceux-ci, de la même manière, se divisent et se subdivisent à nouveau, jusqu'à ce que le jaune entier soit converti en une masse de granules, dont chacun consiste en un minuscule sphéroïde de substance de jaune, renfermant une particule centrale, ce qu'on appelle le « *noyau* » (F). La nature, par ce processus, a atteint à peu près le même résultat que celui auquel arrive un artisan humain par ses opérations dans une briqueterie. Elle prend la matière plastique grossière du jaune et la brise en masses bien formées, de taille assez uniforme, pratiques pour construire n'importe quelle partie de l'édifice vivant.

Ensuite, la masse de briques organiques, ou « *cellules* » comme on les appelle techniquement, ainsi formée, acquiert une disposition ordonnée, se transformant en un sphéroïde creux à double paroi. Puis, sur un côté de ce sphéroïde, apparaît un épaississement, et, peu à peu, au centre de la zone d'épaississement, une rainure droite peu profonde (Fig. 13, A) marque la ligne centrale de l'édifice qui doit être surélevé ou, en d'autres termes, indique la position de la ligne médiane du corps du futur chien. La substance qui délimite le sillon de chaque côté s'élève ensuite en un pli, rudiment de la paroi latérale de cette longue cavité, qui logera finalement la moelle épinière et le cerveau ; et dans le sol de cette chambre apparaît un cordon cellulaire solide, ce qu'on appelle la « *notocorde* ». Une extrémité de la cavité fermée se dilate pour former la tête (Fig. 13, B), l'autre reste étroite et finit par devenir la queue ; les parois latérales du corps sont façonnées à partir du prolongement vers le bas des parois de la rainure ; et d'eux, peu à peu, poussent de petits bourgeons qui, peu à peu, prennent la forme de membres. En observant le processus de façonnage étape par étape, on pense forcément au modeleur en argile. Chaque partie, chaque organe est d'abord comme pincé grossièrement et esquissé à l'état brut ; puis façonné avec plus de précision ; et seulement, enfin, reçoit les touches qui marquent son caractère définitif.

le jeune chiot prend la forme illustrée sur la figure 13, C. Dans cet état, il a une tête disproportionnée, aussi différente de celle d'un chien que les membres en forme de bourgeon ne ressemblent pas à ses jambes.

Les restes du jaune, qui n'ont pas encore été appliqués à la nutrition et à la croissance du jeune animal, sont contenus dans un sac attaché à l'intestin rudimentaire, et appelé ylk-sac, ou « *vésicule ombilicale* ». Deux sacs membraneux, destinés à servir respectivement à la protection et à la nutrition du jeune être, ont été développés à partir de la peau et de la surface inférieure et postérieure du corps ; le premier, appelé « *amnios* », est un sac rempli de liquide qui enveloppe tout le corps de l'embryon et lui joue le rôle d'une sorte de lit d'eau; l'autre, appelé « *allantoïde* », se développe, chargé de vaisseaux sanguins, à partir de la région ventrale, et s'appliquant finalement aux parois de la cavité dans laquelle l'organisme en développement est contenu, permet à ces vaisseaux de devenir le canal en lequel le flux de nourriture, nécessaire pour subvenir aux besoins de la progéniture, lui est fourni par le parent.

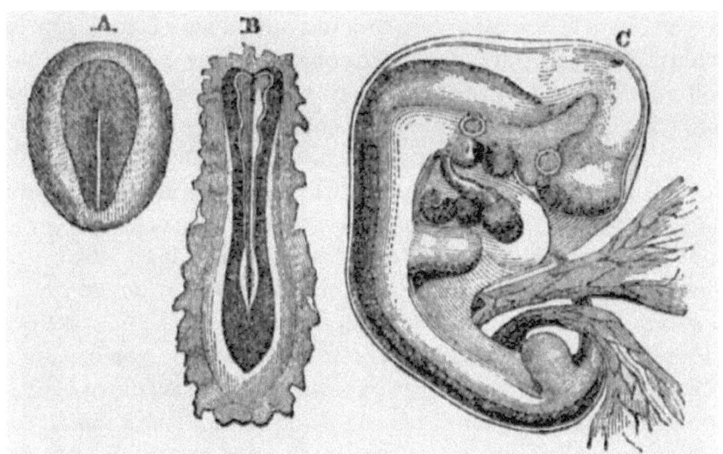

FIGUE. 13.— A. Premier rudiment du chien. B. Rudiment plus avancé, montrant les fondations de la tête, de la queue et de la colonne vertébrale. C. Le très jeune chiot, avec les extrémités attachées du sac ylanguien et de l'allantoïde, et investi dans l'amnios.

La structure qui se développe par l'entrelacement des vaisseaux de la progéniture avec ceux du parent, et au moyen de laquelle le premier est capable de recevoir de la nourriture et de se débarrasser des matières usées, est appelée « Placenta » .

Il serait fastidieux et inutile pour le présent propos de retracer plus en détail le processus de développement ; il suffit de dire que, par une série longue et graduelle de changements, le rudiment ici représenté et décrit devient un chiot, naît, puis, par des étapes encore plus lentes et moins perceptibles, passe au chien adulte.

Il n'y a pas beaucoup de ressemblance apparente entre un oiseau de grange et le chien qui protège la cour de ferme. Néanmoins , celui qui étudie le développement découvre non seulement que le poussin commence son existence sous la forme d'un œuf, essentiellement identique, à tous égards essentiels, à celui du chien, mais que le jaune de cet œuf subit une division, que le sillon primitif apparaît et que que les parties contiguës du germe sont façonnées, par des méthodes exactement similaires, en un jeune poussin qui, à un stade de son existence, ressemble tellement au chien naissant, qu'une inspection ordinaire distinguerait à peine les deux.

L'histoire du développement de tout autre animal vertébré, lézard, serpent, grenouille ou poisson, raconte la même histoire. Il y a toujours, pour commencer, un œuf ayant la même structure essentielle que celui du Chien : — le jaune de cet œuf subit toujours une division, ou une « *segmentation* », comme on l'appelle souvent : les produits ultimes de cette segmentation constituent l'édifice. matériaux pour le corps du jeune animal; et celui-ci est construit autour d'un sillon primitif, dans le fond duquel se développe une notocorde. En outre, il y a une période pendant laquelle les petits de tous ces animaux se ressemblent, non seulement par leur forme extérieure, mais par tous les éléments essentiels de leur structure, si étroitement que les différences entre eux sont insignifiantes, tandis que, dans leur évolution ultérieure, ils s'écartent de plus en plus les unes des autres. Et c'est une loi générale que, plus les animaux se ressemblent dans leur structure adulte, plus leurs embryons se ressemblent longtemps et intimement : de sorte que, par exemple, les embryons d'un serpent et d'un lézard restent intacts. se ressemblent plus longtemps que ceux d'un serpent et d'un oiseau ; et les embryons d'un chien et d'un chat restent semblables l'un à l'autre pendant une période bien plus longue que ceux d'un chien et d'un oiseau ; ou d'un chien et d'un opossum ; ou même que ceux d'un Chien et d'un Singe.

Ainsi, l'étude du développement fournit un test clair de l'étroitesse des affinités structurelles, et l'on se tourne avec impatience vers les résultats que produit l'étude du développement de l'homme. Est-il quelque chose à part ? Est-il originaire d'une manière totalement différente du chien, de l'oiseau, de la grenouille et du poisson, justifiant ainsi ceux qui affirment qu'il n'a aucune place dans la nature et aucune affinité réelle avec le monde inférieur de la vie animale ? Ou bien est-il né d'un germe similaire, passe-t-il par les mêmes modifications lentes et graduellement progressives, dépend-il des mêmes dispositifs de protection et de nutrition, et finalement entre dans le monde à l'aide du même mécanisme ? La réponse n'est pas un seul instant douteuse, et elle ne l'a jamais été au cours de ces trente années. Sans aucun doute, le mode d'origine et les premiers stades du développement de l'homme sont identiques à ceux des animaux immédiatement au-dessous de lui dans l'échelle : sans aucun doute, à ces égards, il est bien plus proche des singes que ne le sont les singes. au Chien.

L'ovule humain a environ $1/125$ de pouce de diamètre et pourrait être décrit dans les mêmes termes que celui du chien, de sorte que je n'ai besoin que de me référer à la figure illustrant (14 A.) de sa structure. Il sort de l'organe dans lequel il est formé de la même manière et entre de la même manière dans la chambre organique préparée pour sa réception, les conditions de son développement étant en tous points les mêmes. Il n'a pas encore été possible (et ce n'est que par un rare hasard) d'étudier l'ovule humain à un stade de développement aussi précoce que celui de la division du jaune, mais il y a tout lieu de conclure que les changements qu'il subit sont identiques. avec ceux que présentent les ovules d'autres animaux vertébrés ; car les matériaux de formation dont est composé le corps humain rudimentaire, dans les premières conditions dans lesquelles il a été observé, sont les mêmes que ceux des autres animaux. Certains de ces premiers stades sont figurés ci-dessous et, comme on le verra, ils sont strictement comparables aux tout premiers états du Chien ; la merveilleuse correspondance entre les deux qui s'entretient, même pendant quelque temps, à mesure que le développement avance, se manifeste par la simple comparaison des figures avec celles de la page 58 .

En effet, il faut beaucoup de temps avant que le corps du jeune être humain puisse être facilement discriminé de celui du jeune chiot ; mais, à une époque assez précoce, les deux se distinguent par la forme différente de leurs annexes, le sac yellin et l'allantoïde. Le premier, chez le Chien, devient long et fusiforme, tandis que chez l'Homme il reste sphérique ; ce dernier, chez le Chien, atteint une taille extrêmement grande, et les processus vasculaires qui s'en développent et finissent par donner lieu à la formation du placenta (prenant racine, pour ainsi dire, dans l'organisme parental, de manière à en tirer la nourriture). à partir de là, à mesure que la racine d'un arbre l'extrait du sol) sont disposés dans une zone encerclante, tandis que chez l'Homme, l'allantoïde reste relativement petite et ses radicelles vasculaires sont finalement limitées à un seul endroit en forme de disque. Ainsi, tandis que le placenta du chien est comme une ceinture, celui de l'homme a la forme d'un gâteau, indiqué par le nom de l'organe.

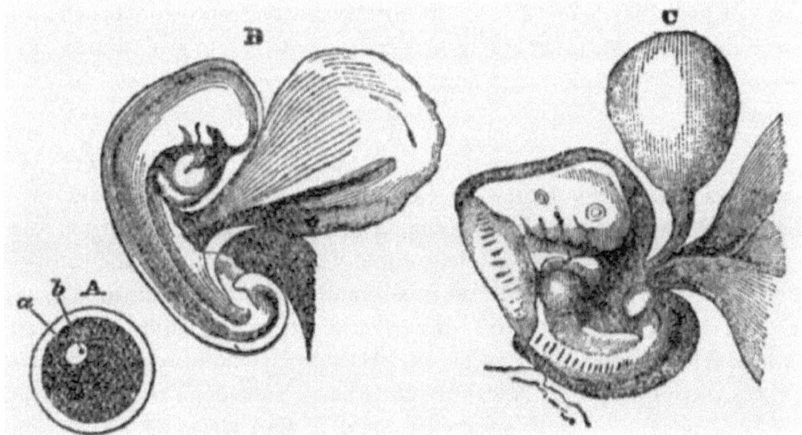

FIGURE. 14.— A. Ovule humain (d'après Kölliker). un. vésicule germinale. b. tache germinale.
B. Un état très précoce de l'homme, avec sac yelk, allantoïde et amnios (original).
C. Un stade plus avancé (d'après Kölliker), comparer FIG. 13 , C .

Mais c'est précisément dans les domaines par lesquels l'homme en développement diffère du chien qu'il ressemble au singe qui, comme l'homme, possède un sac y compris sphéroïdal et un placenta discoïde, parfois partiellement lobé.

De sorte que ce n'est que dans les stades les plus avancés de son développement que le jeune être humain présente des différences marquées avec le jeune singe, tandis que celui-ci s'écarte autant du chien dans son développement que l'homme.

Aussi surprenante que puisse paraître cette dernière affirmation, elle est manifestement vraie, et elle seule me paraît suffisante pour mettre hors de tout doute l'unité structurelle de l'homme avec le reste du monde animal, et plus particulièrement et étroitement avec les singes.

Ainsi, identique dans les processus physiques par lesquels il est né — identique dans les premiers stades de sa formation — identique dans le mode de sa nutrition avant et après la naissance, avec les animaux qui se situent immédiatement au-dessous de lui dans l'échelle — l'Homme, si son adulte et une structure parfaite comparée à la leur, présente, comme on pouvait s'y attendre, une merveilleuse ressemblance d'organisation. Il leur ressemble comme ils se ressemblent — il en diffère comme ils diffèrent les uns des autres. — Et, bien que ces différences et ces ressemblances ne puissent être pesées et mesurées, leur valeur peut être facilement estimée ; l'échelle ou la norme de jugement, touchant cette valeur, étant offerte et exprimée par le système de classification des animaux actuellement en vigueur parmi les zoologistes.

Une étude minutieuse des ressemblances et des différences présentées par les animaux a, en effet, conduit les naturalistes à les ranger en groupes, ou assemblages, tous les membres de chaque groupe présentant un certain degré de ressemblance définissable, et le nombre de points de similitude étant plus petit. à mesure que le groupe est plus grand et *vice versa* . Ainsi, toutes les créatures qui ne s'accordent qu'à présenter les quelques signes distinctifs de l'animalité forment le « Royaume » ANIMALIA . Les nombreux animaux qui ne s'accordent qu'à posséder les caractères particuliers des Vertébrés forment un « Sous-règne » de ce Royaume. Ensuite, le sous-règne DES VERTÉBRÉS est subdivisé en cinq « classes » : poissons, amphibiens, reptiles, oiseaux et mammifères, et ceux-ci en groupes plus petits appelés « ordres » ; ceux-ci en « Familles » et « Genres » ; tandis que ces derniers sont finalement divisés en plus petits ensembles, qui se distinguent par la possession de caractères constants et non sexuels. Ces groupes ultimes sont les Espèces.

Chaque année tend à amener une plus grande uniformité d'opinion dans le monde zoologique quant aux limites et aux caractères de ces groupes, grands et petits. Aujourd'hui, par exemple, personne n'a le moindre doute sur les caractères des classes Mammalia, Aves ou Reptilia ; la question ne se pose pas non plus de savoir si un animal bien connu doit être classé dans une classe ou dans une autre. Encore une fois, il existe un accord très général concernant les caractères et les limites des ordres de mammifères, ainsi que quant aux animaux qui sont structurellement nécessaires pour prendre place dans l'un ou l'autre ordre.

Personne ne doute, par exemple, que le Paresseux et le Fourmilier, le Kangourou et l'Opossum, le Tigre et le Blaireau, le Tapir et le Rhinocéros, sont respectivement membres des mêmes ordres. Ces paires successives d' animaux peuvent, et certaines diffèrent énormément les unes des autres, dans des domaines tels que les proportions et la structure de leurs membres ; le nombre de leurs vertèbres dorsales et lombaires ; l'adaptation de leur silhouette à l'escalade, au saut ou à la course ; le nombre et la forme de leurs dents ; et les caractères de leurs crânes et du cerveau contenu. Mais, malgré toutes ces différences, ils sont si étroitement liés par tous les caractères les plus importants et fondamentaux de leur organisation, et si distinctement séparés par ces mêmes caractères des autres animaux, que les zoologistes trouvent nécessaire de les regrouper comme membres d'un même ordre. . Et si un nouvel animal était découvert et ne présentait pas de différence plus grande avec le kangourou et l'opossum, par exemple, que ces animaux ne le font entre eux, le zoologiste serait non seulement logiquement obligé de le classer dans le même ordre avec ceux-ci, mais il ne songerait pas à faire autrement.

Gardant à l'esprit ce raisonnement zoologique évident, efforçons-nous un instant de déconnecter notre moi pensant du masque de l'humanité ; Imaginons-nous des Saturniens scientifiques, si vous voulez, connaissant assez bien les animaux qui habitent aujourd'hui la Terre, et occupés à discuter des relations qu'ils entretiennent avec un nouveau et singulier « bipède dressé et sans plumes », qu'un voyageur entreprenant , surmontant les difficultés. de l'espace et de la gravitation, a été ramené de cette planète lointaine pour notre inspection, bien conservé, peut-être, dans un tonneau de rhum. Nous devrions tous être d'accord pour le classer parmi les mammifères vertébrés ; et sa mâchoire inférieure, ses molaires et son cerveau ne laisseraient aucun doute sur la position systématique du nouveau genre parmi ces mammifères dont les petits se nourrissent pendant la gestation au moyen d'un placenta, ou ce qu'on appelle les « mammifères placentaires ». »

En outre, l'étude la plus superficielle nous convaincra aussitôt que, parmi les ordres de mammifères placentaires, ni les baleines, ni les ongulés, ni les paresseux et les fourmiliers, ni les chats, les chiens et les ours carnivores, encore moins les rongeurs. Les rats et les lapins, ou les taupes et hérissons insectivores, ou les chauves-souris, pourraient revendiquer notre « *Homo* » comme l'un des leurs.

Il ne resterait alors qu'un seul ordre de comparaison, celui des singes (en prenant ce mot dans son sens le plus large), et la question à discuter se limiterait à ceci : l'homme est-il si différent de l'un de ces singes qu'il doit former un ordre de comparaison ? commander par lui-même ? Ou bien diffère-t-il moins d'eux qu'ils ne diffèrent les uns des autres, et doit-il donc prendre place avec eux dans le même ordre ?

Heureusement libérés de tout intérêt personnel, réel ou imaginaire, dans les résultats de l'enquête ainsi entreprise, nous devrions procéder à la pesée des arguments d'un côté et de l'autre, avec autant de calme judiciaire que si la question concernait une nouvelle affaire. Opossum. Nous devrions tâcher de constater, sans chercher ni à les amplifier ni à les diminuer, tous les caractères par lesquels notre nouveau mammifère différait des singes ; et si nous trouvions que ceux-ci avaient moins de valeur structurale que ceux qui distinguent certains membres de l'ordre des Singes d'autres universellement admis comme étant du même ordre, nous devrions sans doute y placer le genre tellurien nouvellement découvert.

Je vais maintenant détailler les faits qui me semblent ne nous laisser d'autre choix que d'adopter la dernière ligne de conduite mentionnée.

Il est bien certain que le singe qui se rapproche le plus de l'homme, dans la totalité de son organisation, est soit le chimpanzé, soit le gorille ; et comme cela ne fait aucune différence pratique, pour les besoins de mon présent argument, qui est choisi pour comparaison, d'une part, avec l'Homme, et d'autre part, avec le reste des Primates, [26] je choisirai le ce dernier (pour autant que son organisation soit connue) - comme une brute maintenant si célèbre en prose et en vers, que tous doivent avoir entendu parler de lui et avoir formé une certaine idée de son apparence. J'aborderai autant des points de différence les plus importants entre l'homme et cette créature remarquable que l'espace dont je dispose me permettra d'en discuter et que les nécessités de l'argumentation l'exigeront ; et je rechercherai la valeur et l'ampleur de ces différences, lorsqu'on les place à côté de celles qui séparent le gorille des autres animaux du même ordre.

Dans les proportions générales du corps et des membres, il y a une différence remarquable entre le gorille et l'homme, qui frappe immédiatement l'œil. Le cerveau du Gorille est plus petit, son tronc plus grand, ses membres inférieurs plus courts, ses membres supérieurs plus longs en proportion que ceux de l'Homme.

Je trouve que la colonne vertébrale d'un gorille adulte, au Musée du Royal College of Surgeons, mesure 27 pouces le long de sa courbure antérieure, depuis le bord supérieur de l'atlas, ou première vertèbre du cou, jusqu'à l'extrémité inférieure. du sacrum; que le bras, sans la main, mesure 31 $^1/_2$ pouces de long ; que la jambe, sans le pied, mesure 26 $^1/_2$ pouces de long ; que la main mesure 9 $^3/_4$ pouces de long ; le pied 11 $^1/_4$ pouces de long.

En d'autres termes, en prenant la longueur de la colonne vertébrale à 100, le bras est à 115, la jambe à 96, la main à 36 et le pied à 41.

Dans le squelette d'un Bosjesman mâle, dans la même collection, les proportions, par la même mesure, à la colonne vertébrale, prises comme 100, sont : le bras 78, la jambe 110, la main 26 et le pied 32. Dans chez une femme de la même race, le bras a 83 ans et la jambe 120, la main et le pied restant les mêmes. Dans un squelette européen, je trouve que le bras mesure 80 ans, la jambe 117 ans, la main 26 ans et le pied 35 ans.

Ainsi, la jambe n'est pas si différente qu'elle le paraît à première vue, dans $_{ses}$ proportions par rapport à la colonne vertébrale du gorille et de l'homme : elle est très légèrement plus courte que la colonne vertébrale du premier, et entre $^{1/10}$ et $^{1/5}$ $_{plus}$ longue que celle du gorille . la colonne vertébrale dans ce dernier. Le pied est plus long et la main beaucoup plus longue chez le Gorille ; mais la grande différence est causée par les bras, qui sont beaucoup plus longs que l'épine dorsale du gorille, et beaucoup plus courts que l'épine dorsale de l'homme.

La question se pose maintenant de savoir comment les autres singes sont apparentés au gorille à cet égard - en prenant la longueur de la colonne vertébrale, mesurée de la même manière, à 100. Chez un chimpanzé adulte, le bras n'a que 96 ans, la jambe 90 ans, la main 43, le pied 39 — de sorte que la main et la jambe s'écartent davantage des proportions humaines et le bras moins, tandis que le pied est à peu près le même que chez le Gorille.

Chez l'Orang, les bras sont beaucoup plus longs que chez le Gorille (122), tandis que les jambes sont plus courtes (88) ; le pied est plus long que la main (52 et 48), et tous deux sont beaucoup plus longs en proportion de la colonne vertébrale.

Chez les autres singes ressemblant à des hommes, les Gibbons, ces proportions sont encore plus modifiées ; la longueur des bras étant égale à celle de la colonne vertébrale de 19 à 11 ; tandis que les jambes sont également un tiers plus longues que la colonne vertébrale, de manière à être plus longues que chez l'homme, au lieu d'être plus courtes. La main est deux fois moins longue que la colonne vertébrale et le pied, plus court que la main, mesure environ $^5/_{11}$ de la longueur de la colonne vertébrale.

Ainsi *Hylobates* a les bras beaucoup plus longs que le gorille, comme le gorille a les bras plus longs que l'homme ; tandis que, d'autre part, il a les jambes d'autant plus longues que l'Homme, que l'Homme a les jambes plus longues que le Gorille, de sorte qu'il contient en lui les écarts les plus extrêmes par rapport à la longueur moyenne des deux paires de membres. voir le Frontispice).

Le Mandrill présente un état moyen, les bras et les jambes étant à peu près de même longueur, et tous deux étant plus courts que la colonne vertébrale ; tandis que la main et le pied ont à peu près les mêmes proportions l'un par rapport à l'autre et à la colonne vertébrale, que chez l'homme.

Chez le singe araignée (*Ateles*), la jambe est plus longue que la colonne vertébrale et le bras que la jambe ; et, enfin, dans cette remarquable forme lémurine, l'Indri (*Lichanotus*), la jambe est à peu près aussi longue que la colonne vertébrale, tandis que le bras ne dépasse pas les $^{11}/_{18}$ de sa longueur ; la main ayant un peu moins et le pied un peu plus qu'un tiers de la longueur de la colonne vertébrale.

Ces exemples pourraient être considérablement multipliés, mais ils suffisent à montrer que, quelle que soit la proportion de ses membres qui diffère de l'homme, les autres singes s'écartent encore plus largement du gorille, et que, par conséquent, de telles différences de proportion ne peuvent avoir aucune dimension ordinale. valeur.

Nous pouvons ensuite considérer les différences que présentent le tronc, constitué de la colonne vertébrale, ou colonne vertébrale, et les côtes et le bassin, ou bassin osseux de la hanche, qui lui sont reliés, respectivement chez l'Homme et chez le Gorille.

Chez l'homme, en raison en partie de la disposition des surfaces articulaires des vertèbres , et en grande partie de la tension élastique de certaines des bandes fibreuses ou ligaments qui relient ces vertèbres entre elles, la colonne vertébrale, dans son ensemble, a une forme élégante. Courbure en forme de S, convexe vers l'avant dans le cou, concave dans le dos, convexe dans les reins ou la région lombaire, et concave à nouveau dans la région sacrée ; disposition qui donne beaucoup d'élasticité à toute l'épine dorsale, et diminue le choc communiqué à l'épine dorsale, et par elle à la tête, par la locomotion en position dressée.

De plus, dans les circonstances ordinaires, l'homme a sept vertèbres dans le cou, qu'on appelle *cervicales* ; douze leur succèdent, portant des côtes et formant la partie supérieure du dos, d'où on les appelle *dorsales* ; cinq se trouvent dans les reins, ne portant aucune côte distincte ou libre, et sont appelés *lombaires* ; cinq, réunis en un gros os, creusé en avant, solidement coincé entre les os de la hanche, pour former le fond du bassin, et connu sous le nom de sacrum , leur succèdent ; et enfin trois ou quatre os peu plus ou moins mobiles, si petits qu'ils sont insignifiants, constituent le *coccyx* ou queue rudimentaire.

vertèbres cervicales, dorsales, lombaires, sacrées et coccygiennes , et le nombre total de vertèbres cervicales et dorsales , prises ensemble, est le même que chez l'Homme ; mais le développement d'une paire de côtes jusqu'à la première vertèbre lombaire, ce qui est un phénomène exceptionnel chez l'Homme, est la règle chez le Gorille ; et par conséquent, comme les vertèbres lombaires ne se distinguent des vertèbres dorsales que par la présence ou l'absence de côtes libres, les dix-sept vertèbres « dorso - lombaires » du Gorille sont divisées en treize dorsales et quatre lombaires, tandis que chez l'Homme elles sont douze dorsales et cinq lombaires. .

Mais non seulement l'Homme possède parfois treize paires de côtes [27], mais le Gorille en possède parfois quatorze paires, tandis qu'un squelette d'orang-outan conservé au Musée du Royal College of Surgeons possède douze vertèbres dorsales et cinq vertèbres lombaires , comme dans Homme. Cuvier note le même numéro dans un *Hylobates* . En revanche, parmi les singes inférieurs, beaucoup possèdent douze vertèbres dorsales et six ou sept vertèbres lombaires ; le Douroucouli a quatorze vertèbres dorsales et huit lombaires, et un Lémurien (*Stenops tardigradus*) a quinze vertèbres dorsales et neuf lombaires .

La colonne vertébrale du Gorille, dans son ensemble, diffère de celle de l'Homme par le caractère moins marqué de ses courbes, notamment par la moindre convexité de la région lombaire. Néanmoins, les courbures sont présentes et bien visibles sur les jeunes squelettes de Gorille et de Chimpanzé préparés sans ablation des ligaments. En revanche, chez les jeunes Orangs conservés de la même manière, la colonne vertébrale est soit droite, soit même concave vers l'avant, dans toute la région lombaire.

Que nous prenions donc ces caractères, ou d'autres plus mineurs, comme ceux qui découlent de la longueur proportionnelle des épines des vertèbres cervicales , etc., il n'y a aucun doute quant à la différence marquée entre l'homme et le gorille ; mais il y a aussi peu de différences également marquées, du même ordre, entre le gorille et les singes inférieurs.

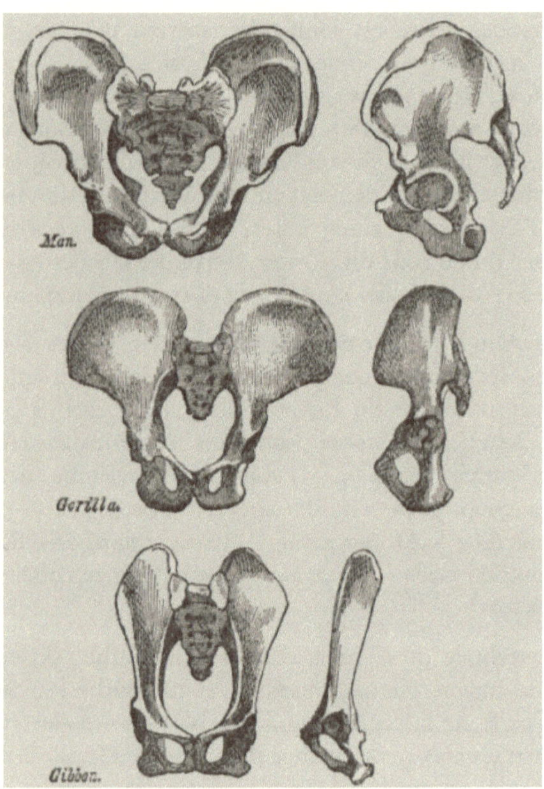

FIGURE. 15.— Vues de face et de côté du bassin osseux de l'Homme, du Gorille et du Gibbon : réduites d'après des dessins faits d'après nature, de même longueur absolue, par M. Waterhouse Hawkins.

Le bassin, ou ceinture osseuse des hanches, de l'homme est une partie étonnamment humaine de son organisation ; les os de la hanche élargis soutiennent ses viscères pendant sa posture habituellement droite et donnent de l'espace pour l'attachement des gros muscles qui lui permettent d'assumer et de conserver cette attitude. A ces égards, le bassin du gorille diffère très considérablement du sien (fig. 15). Mais ne descendez pas plus bas que le Gibbon, et voyez combien il diffère beaucoup plus du Gorille que ce dernier ne diffère de l'Homme, même dans cette structure. Regardez les os plats et étroits de la hanche, le passage long et étroit, les proéminences ischiatiques grossières , courbées vers l'extérieur, sur lesquelles le Gibbon repose habituellement, et qui sont recouvertes par ce que l'on appelle les « callosités », des plaques de peau denses, totalement absentes. chez le Gorille, chez le Chimpanzé et chez l'Orang, comme chez l'Homme !

Chez les Singes inférieurs et chez les Lémuriens, la différence devient encore plus frappante, le bassin acquérant un caractère tout à fait quadrupède.

Mais passons-nous maintenant à un organe plus noble et plus caractéristique, celui par lequel la structure humaine semble être, et est en fait, si fortement distinguée de tous les autres, je veux dire le crâne. Les différences entre le crâne d'un gorille et celui d'un homme sont vraiment immenses (Fig. 16). Dans le premier cas, le visage, formé en grande partie par les os massifs de la mâchoire, prédomine sur le boîtier cérébral, ou crâne proprement dit : dans le second, les proportions des deux sont inversées. Chez l'Homme, le foramen occipital, par lequel passe le grand cordon nerveux reliant le cerveau aux nerfs du corps, est placé juste en arrière du centre de la base du crâne, qui s'équilibre ainsi dans la posture dressée ; chez le Gorille, elle se situe dans le tiers postérieur de cette base. Chez l'homme, la surface du crâne est relativement lisse, et les crêtes supraciliaires ou proéminences sourcilières ne font généralement que peu saillie, tandis que chez le gorille, de vastes crêtes se développent sur le crâne et les arcades sourcilières surplombent les orbites caverneuses, comme de grandes crêtes. penthouses.

Des coupes de crânes montrent cependant que certains des défauts apparents du crâne du gorille proviennent, en fait, moins d'une déficience du cerveau que d'un développement excessif des parties du visage. La cavité crânienne n'est pas déformée et le front n'est pas vraiment aplati ni très en retrait, sa courbure vraiment bien formée étant simplement masquée par la masse osseuse qui s'y appuie (Fig. 16).

Mais les toits des orbites s'élèvent plus obliquement dans la cavité crânienne, diminuant ainsi l'espace réservé à la partie inférieure des lobes antérieurs du cerveau, et la capacité absolue du crâne est bien inférieure à celle de l'homme. Autant que je sache, aucun crâne humain appartenant à un homme adulte n'a encore été observé avec une capacité cubique inférieure à 62 pouces cubes, le plus petit crâne observé chez n'importe quelle race humaine par Morton, mesurant 63 pouces cubes ; tandis que, d'un autre côté, le crâne de gorille le plus volumineux jamais mesuré ne contient pas plus de 34 $^1/_2$ pouces cubes. Supposons, par souci de simplicité, que le crâne de l'Homme le plus bas ait deux fois la capacité de celui du Gorille le plus élevé. [28]

Il s'agit là sans doute d'une différence très frappante, mais elle perd beaucoup de sa valeur systématique apparente, lorsqu'on l'envisage à la lumière de certains autres faits également indubitables concernant les capacités crâniennes.

La première d'entre elles est que la différence de volume de la cavité crânienne des différentes races humaines est bien plus grande, en valeur absolue, que celle entre l'Homme le plus bas et le Singe le plus élevé, alors que, relativement, elle est à peu près la même. Car le plus grand crâne humain mesuré par Morton contenait 114 pouces cubes, c'est-à-dire qu'il avait presque le double de la capacité du plus petit ; tandis que sa prépondérance absolue, de 52 pouces cubes, est bien supérieure à celle par laquelle le crâne humain mâle adulte le plus bas surpasse le plus grand des gorilles (62-34 $^1/_2$; = 27 $^{11}/_2$). Deuxièmement, les crânes adultes des gorilles qui ont encore été mesurés diffèrent entre eux de près d'un tiers, la capacité maximale étant de 34,5 pouces cubes, la capacité minimale de 24 pouces cubes ; et troisièmement, après avoir tenu compte de toutes les différences de taille, les capacités crâniennes de certains des singes inférieurs tombent presque autant, relativement, au-dessous de celles des singes supérieurs que ces derniers tombent au-dessous de l'homme.

Ainsi, même en ce qui concerne la question importante de la capacité crânienne, les hommes diffèrent plus largement les uns des autres que des singes ; tandis que les singes les plus inférieurs diffèrent autant, en proportion, des plus élevés, que ces derniers diffèrent de l'homme. Cette dernière proposition est encore mieux illustrée par l'étude des modifications que subissent d'autres parties du crâne dans la série simienne.

C'est la grande taille proportionnelle des os du visage et la grande projection des mâchoires qui confère au crâne du gorille son petit angle facial et son caractère brutal.

Mais si l'on considère la dimension proportionnelle des os de la face au seul crâne proprement dit, la petite *Chrysothrix* (fig. 16) diffère très largement du Gorille, et au même titre que l'Homme ; tandis que les babouins (*Cynocephalus* , fig. 16) exagèrent les proportions grossières du museau du grand anthropoïde, de sorte que son visage semble doux et humain en comparaison avec le leur. La différence entre le gorille et le babouin est encore plus grande qu'il n'y paraît à première vue ; car la grande masse faciale du premier est due en grande partie à un développement descendant des mâchoires ; un caractère essentiellement humain, ajouté à ce développement presque purement avancé, essentiellement brutal, des mêmes parties qui caractérise le babouin et distingue plus remarquablement le lémurien.

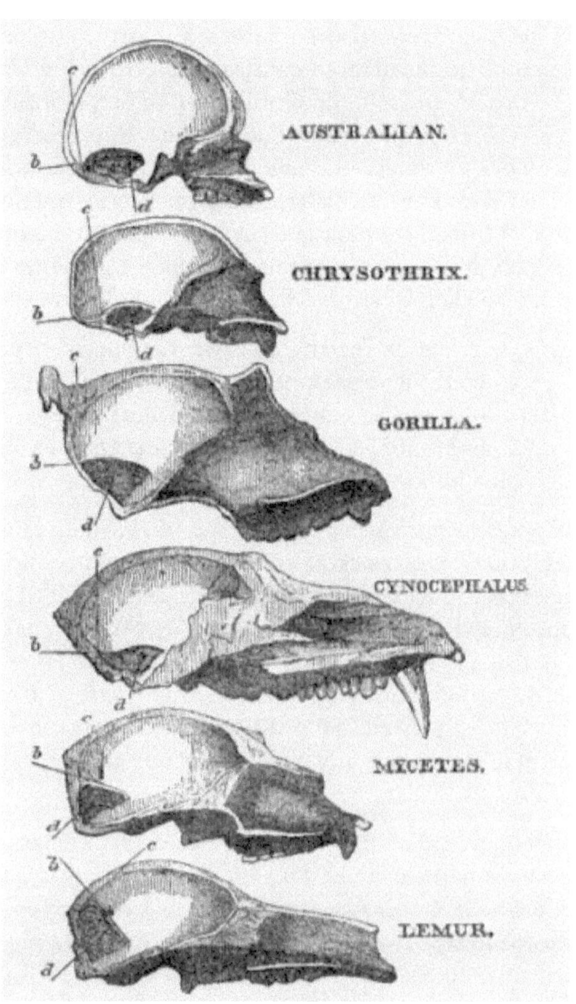

FIGUE. 16. — Coupes de crânes d'hommes et de divers singes, dessinées de manière à donner à la cavité cérébrale la même longueur dans chaque cas, montrant ainsi les proportions variables des os de la face. La ligne *b* indique le plan de la tente qui sépare le cerveau du cervelet ; *d*, l'axe de la sortie occipitale du crâne. L'étendue de la cavité cérébrale derrière *c*, qui est une perpendiculaire érigée sur *b* au point où la tentoire est attachée postérieurement, indique le degré auquel le cerveau chevauche le cervelet - dont l'espace occupé est grossièrement indiqué par l'ombrage sombre. En comparant ces diagrammes, il faut se rappeler que des figures à une échelle aussi petite que celles-ci illustrent simplement les affirmations du texte, dont la preuve se trouve dans les objets eux-mêmes.

De même, le foramen occipital des *Mycètes* (Fig. 16), et plus encore des Lémuriens, est situé complètement dans la face postérieure du crâne, soit d'autant plus en arrière que celui du Gorille, que celui du Gorille est plus en arrière. que celui de l'Homme ; tandis que, comme pour rendre manifeste la futilité de la tentative de fonder une large distinction classificatoire sur un tel caractère, le même groupe de Platyrhines , ou singes américains, auquel appartiennent les *Mycètes* , contient le *Chrysothrix* , dont le foramen occipital est situé bien plus loin. plus en avant que chez tout autre singe, et se rapproche presque de la position qu'elle occupe chez l'homme.

Encore une fois, le crâne de l'Orang est aussi dépourvu de proéminences supraciliaires excessivement développées que celui de l'Homme, bien que certaines variétés présentent de grandes crêtes ailleurs (voir p. 39) ; et chez certains singes cébines et chez les *Chrysothrix* , le crâne est aussi lisse et arrondi que celui de l'homme lui-même.

Ce qui est vrai pour ces principales caractéristiques du crâne vaut, comme on peut l'imaginer, pour toutes les caractéristiques mineures ; de sorte que pour toute différence constante entre le crâne du Gorille et celui de l'Homme, une différence constante similaire du même ordre (c'est-à-dire consistant en un excès ou un défaut de même qualité) peut être trouvée entre le crâne du Gorille et celui de quelque autre singe. De sorte que, pour le crâne, pas moins que pour le squelette en général, la proposition est valable, que les différences entre l'homme et le gorille ont moins de valeur que celles entre le gorille et quelques autres singes.

En ce qui concerne le crâne, je peux parler des dents, organes qui ont une valeur classificatoire particulière et dont les ressemblances et les différences de nombre, de forme et de succession, prises dans leur ensemble, sont généralement considérées comme des indicateurs d'affinité plus fiables que n'importe quel autre. autres.

L'homme possède deux séries de dents : les dents de lait et les dents permanentes. Les premiers se composent de quatre incisives ou dents coupantes ; deux canines, ou dents oculaires ; et quatre molaires, ou broyeurs, dans chaque mâchoire, ce qui fait vingt en tout. Ces dernières (fig. 17) comprennent quatre incisives, deux canines, quatre petites meuleuses, appelées prémolaires ou fausses molaires, et six grandes meuleuses, ou vraies molaires, dans chaque mâchoire, soit trente-deux en tout. Les incisives internes sont plus grandes que la paire externe, dans la mâchoire supérieure, plus petites que la paire externe, dans la mâchoire inférieure. Les couronnes des molaires supérieures présentent quatre cuspides, ou élévations à pointe émoussée, et une crête traverse la couronne obliquement, depuis la cuspide interne antérieure jusqu'à la cuspide externe postérieure (Fig. 17 *m* ^{2}). Les molaires inférieures antérieures ont cinq cuspides, trois externes et deux internes. Les prémolaires ont deux cuspides, une interne et une externe, dont la externe est la plus haute.

A tous ces égards, la dentition du Gorille peut être décrite dans les mêmes termes que celle de l'Homme ; mais dans d'autres domaines, il présente des différences nombreuses et importantes (fig. 17).

Ainsi les dents de l'homme constituent une série régulière et régulière, sans aucune cassure et sans aucune projection marquée d'une dent au-dessus du niveau des autres ; une particularité qui, comme Cuvier l'a montré il y a longtemps, n'est partagée par aucun autre mammifère à l'exception d'un seul - une créature aussi différente de l'homme qu'on puisse l'imaginer - à savoir l' *Anoplotherium , éteint depuis longtemps* . Les dents du Gorille, au contraire, présentent une cassure ou un intervalle, appelé *diastème* , dans les deux mâchoires : devant la dent de l'œil, ou entre celle-ci et l'incisive externe, dans la mâchoire supérieure ; derrière la dent oculaire, ou entre celle-ci et la fausse molaire antérieure, dans la mâchoire inférieure. Dans cette cassure de la série, dans chaque mâchoire, s'insère la canine de la mâchoire opposée ; la taille de la dent oculaire du gorille est si grande qu'elle dépasse, comme une défense, bien au-delà du niveau général des autres dents. Les racines des fausses molaires du gorille, encore une fois, sont plus complexes que chez l'homme, et la taille proportionnelle des molaires est différente. Le Gorille a la couronne de la meuleuse la plus postérieure de la mâchoire inférieure plus complexe, et l'ordre d'éruption des dents permanentes est différent ; les canines permanentes faisant leur apparition avant les deuxième et troisième molaires chez l'Homme, et après elles chez le Gorille.

Ainsi, bien que les dents du gorille ressemblent beaucoup à celles de l'homme par le nombre, l'espèce et la forme générale de leur couronne, elles présentent des différences marquées par rapport à celles de l'homme à des égards secondaires, tels que la taille relative, le nombre des crocs et l'ordre. d'apparence.

Mais si l'on compare les dents du gorille avec celles d'un singe, pas plus éloigné de lui qu'un *cynocéphale* ou un babouin, on trouvera que des différences et des ressemblances du même ordre sont facilement observables ; mais que plusieurs des points par lesquels le gorille ressemble à l'homme sont ceux par lesquels il diffère du babouin ; tandis que divers aspects par lesquels il diffère de l'homme sont exagérés chez le *Cynocéphale* . Le nombre et la nature des dents restent les mêmes chez le Babouin comme chez le Gorille et chez l'Homme. Mais le dessin des molaires supérieures du Babouin est assez différent de celui décrit ci-dessus (Fig. 17), les canines sont proportionnellement plus longues et ressemblent davantage à des couteaux ; la prémolaire antérieure de la mâchoire inférieure est spécialement modifiée

; la molaire postérieure de la mâchoire inférieure est encore plus grande et plus complexe que chez le Gorille.

En passant des singes de l'ancien monde à ceux du nouveau monde, nous rencontrons un changement bien plus important que n'importe lequel de ces derniers. Dans un genre comme *Cebus*, par exemple (Fig. 17), on constatera que tandis que sur certains points secondaires, comme la projection des canines et le diastème, la ressemblance avec le grand singe est conservée ; à d'autres égards, et les plus importants, la dentition est extrêmement différente. Au lieu de 20 dents dans la série de lait, il y en a 24 : au lieu de 32 dents dans la série permanente, il y en a 36, les fausses molaires étant portées de huit à douze. Et par leur forme, les couronnes des molaires sont très différentes de celles du gorille et diffèrent beaucoup plus du modèle humain.

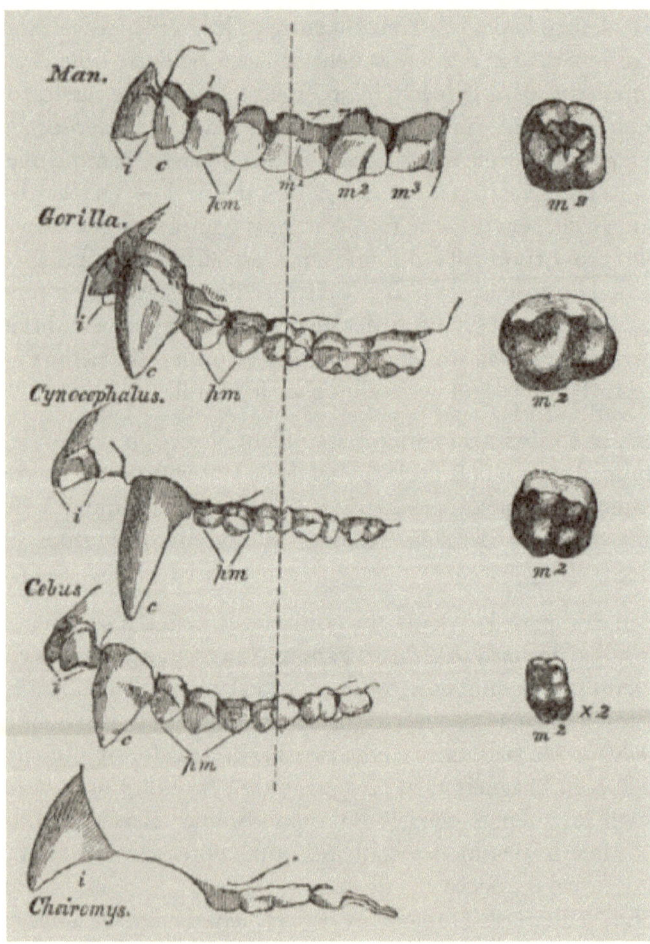

Les Ouistitis, au contraire, présentent le même nombre de dents que l'Homme et le Gorille ; mais, malgré cela, leur dentition est très différente, car   ils ont quatre fausses molaires de plus, comme les autres singes américains ; mais comme ils ont quatre vraies molaires de moins, le total reste le même. Et en passant des singes américains aux lémuriens, la dentition devient encore plus complètement et essentiellement différente de celle du gorille. Les incisives commencent à varier en nombre et en forme. Les molaires acquièrent de plus en plus un caractère insectivore à multiples pointes, et dans un genre, le Aye-Aye (*Cheiromys*), les canines disparaissent et les dents simulent complètement celles d'un rongeur (Fig. 17).

Il est donc évident que, si la dentition du singe le plus élevé diffère de celle de l'homme, elle diffère beaucoup plus de celle des singes inférieurs et inférieurs.

Quelle que soit la partie du tissu animal, quelle que soit la série de muscles, quels que soient les viscères choisis pour la comparaison, le résultat serait le même : les singes inférieurs et le gorille différaient plus que le gorille et l'homme. Je ne peux pas tenter ici de suivre toutes ces comparaisons en détail, et il est même inutile de le faire. Mais certaines distinctions structurelles, réelles ou supposées, entre l'homme et les singes subsistent, sur lesquelles on a tellement insisté qu'elles nécessitent un examen attentif, afin que la vraie valeur puisse être attribuée à celles qui sont réelles, et le vide de celles-ci celles qui sont fictives pourront être exposées. Je fais référence aux caractères de la main, du pied et du cerveau.

L'homme a été défini comme le seul animal possédant deux mains terminant ses membres antérieurs, et deux pattes terminant ses membres postérieurs, tandis qu'on a dit que tous les singes possédaient quatre mains ; et il a été affirmé qu'il différait fondamentalement de tous les singes par les caractères de son cerveau, qui seul, a-t-on étrangement affirmé et réaffirmé, présente les structures connues des anatomistes sous le nom de lobe postérieur, corne postérieure du ventricule latéral . , et l'hippocampe mineur.

Que la première proposition ait été généralement acceptée n'est pas surprenant — en effet, à première vue, les apparences sont bien en sa faveur : mais, quant à la seconde, on ne peut qu'admirer le courage surpassé de son énonciateur, vu qu'il s'agit d'une innovation. ce qui est non seulement opposé aux doctrines généralement et justement acceptées, mais qui est directement nié par le témoignage de tous les chercheurs originaux, qui ont spécialement étudié la question : et qu'il n'a ni été ni ne peut être soutenu par une seule préparation anatomique. En fait, elle ne mériterait pas une réfutation sérieuse, si ce n'était la croyance générale et naturelle selon laquelle les affirmations délibérées et réitérées doivent avoir un certain fondement.

Avant de pouvoir discuter avantageusement du premier point, nous devons considérer avec quelque attention et comparer ensemble la structure de la main humaine et celle du pied humain, afin que nous puissions avoir des idées distinctes et claires de ce qui constitue une main et de ce qu'est une main. pied.

La forme extérieure de la main humaine est assez familière à tout le monde . Il se compose d'un gros poignet suivi d'une large paume, formée de chair, de tendons et de peau, liant ensemble quatre os et se divisant en quatre chiffres ou doigts longs et flexibles, dont chacun porte sur le dos de sa dernière articulation. un ongle large et aplati. La fente la plus longue entre deux chiffres est un peu moins de la moitié de la longueur de la main. Du côté extérieur de la base de la paume part un gros doigt, n'ayant que deux articulations au lieu de trois ; si court, qu'il ne s'étend qu'un peu au-delà du milieu de la première articulation du doigt qui le suit ; et remarquable en outre par sa grande mobilité, grâce à laquelle il peut être dirigé vers l'extérieur, presque à angle droit par rapport au reste. Ce chiffre est appelé « *pollex* » ou pouce ; et, comme les autres, il porte un clou plat au dos de son joint terminal. En raison des proportions et de la mobilité du pouce, il est ce qu'on appelle « opposable » ; en d'autres termes, son extrémité peut, avec la plus grande facilité, être mise en contact avec l'extrémité de n'importe lequel des doigts ; une propriété dont dépend si largement la possibilité de mettre en œuvre les conceptions de l'esprit .

La forme externe du pied diffère considérablement de celle de la main ; et pourtant, comparés de près, les deux présentent de singulières ressemblances. Ainsi la cheville correspond en quelque sorte au poignet ; la semelle avec la paume ; les orteils avec les doigts ; le gros orteil avec le pouce. Mais les orteils, ou doigts du pied, sont beaucoup plus courts en proportion que les doigts de la main, et sont moins mobiles, le manque de mobilité étant plus frappant dans le gros orteil, qui, lui aussi, est beaucoup plus grand en proportion de la main. les autres orteils que le pouce aux doigts. Cependant, en considérant ce point, il ne faut pas oublier que le gros orteil civilisé, confiné et à l'étroit dès l'enfance, est considéré comme un grand désavantage et que chez les personnes non civilisées et pieds nus, il conserve une grande mobilité, et même une certaine mobilité. une sorte d'opposabilité. On dit que les bateliers chinois sont capables de tirer une rame, les artisans du Bengale de tisser, et les Carajas de voler des hameçons, grâce à son aide ; cependant, après tout, il faut se rappeler que la structure de ses articulations et la disposition de ses os rendent nécessairement son action de préhension beaucoup moins parfaite que celle du pouce.

Mais pour avoir une conception précise des ressemblances et des différences de la main et du pied, et des caractères distinctifs de chacun, il faut regarder sous la peau et comparer la charpente osseuse et son appareil moteur dans chacun d'eux (Fig. 18).

Le squelette de la main présente, dans la région que nous appelons poignet, et qui est techniquement appelée carpe , deux rangées d'os polygonaux étroitement ajustés, quatre dans chaque rangée, qui sont de taille à peu près égale. Les os de la première rangée avec les os de l'avant-bras forment l'articulation du poignet et sont disposés côte à côte, sans qu'aucun d'entre eux ne dépasse ou ne chevauche grandement le reste.

Les quatre os de la deuxième rangée du carpe portent les quatre os longs qui soutiennent la paume de la main. Le cinquième os du même caractère est articulé d'une manière beaucoup plus libre et mobile que les autres, avec son os carpien, et forme la base du pouce. On les appelle os *métacarpiens* et ils portent les *phalanges* , ou os des doigts, qui sont au nombre de deux dans le pouce et de trois dans chacun des doigts.

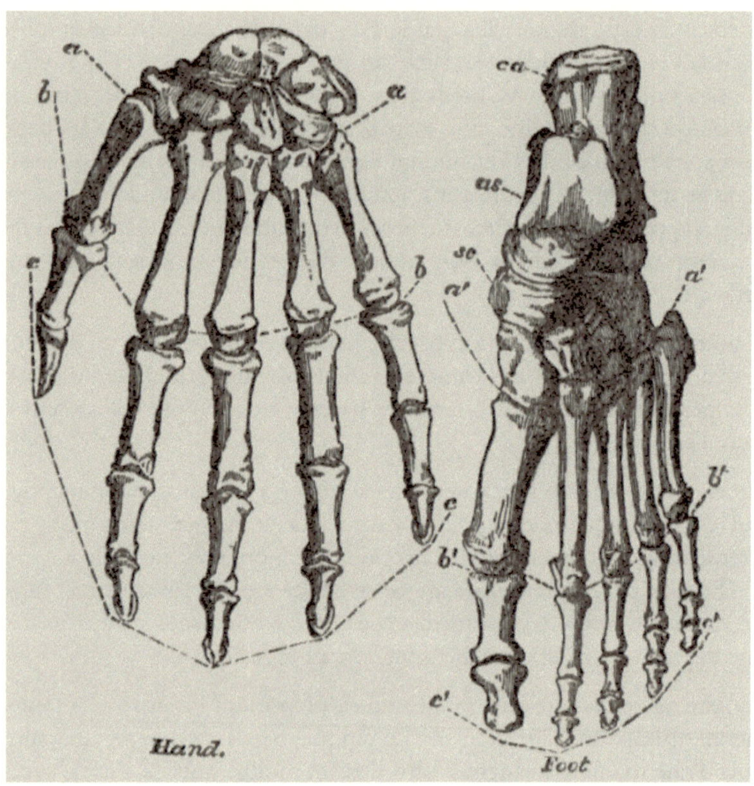

FIGUE. 18.— Le squelette de la main et du pied de l'homme réduit
d'après les dessins du Dr Carter dans « Anatomy » de Gray. La main
est dessinée à une plus grande échelle que le pied. La ligne *a a* dans
la main indique la limite entre le carpe et le métacarpe ; *b b* celui
entre cette dernière et les phalanges proximales ; *c c* marque les
extrémités des phalanges distales. La ligne *a′ a′* dans le pied indique
la limite entre le tarse et le métatarse ; *b′ b′* marque celui entre le
métatarse et les phalanges proximales ; et *c′c′* délimite les extrémités
des phalanges distales ; *ca* , le calcanéum ; *comme* , l'astragale; *sc* ,
l'os scaphoïde du tarse.

Le squelette du pied ressemble beaucoup à celui de la main à certains égards.
Ainsi il y a trois phalanges dans chacun des petits orteils, et seulement deux
dans le gros orteil, qui répond au pouce. Il existe un os long, appelé *métatarsien*
, répondant au métacarpien, pour chaque doigt ; et le *tarse* , qui correspond
au carpe, présente quatre os polygonaux courts en rangée, qui correspondent
très étroitement aux quatre os carpiens de la deuxième rangée de la main. A
d'autres égards, le pied diffère très largement de la main. Ainsi, le gros orteil
est le doigt le plus long avant un ; et son métatarsien est beaucoup moins
articulé avec le tarse que le métacarpien du pouce avec le carpe. Mais une

distinction bien plus importante réside dans le fait qu'au lieu de quatre os tarsiens supplémentaires, il n'y en a que trois ; et que ces trois ne sont pas disposés côte à côte, ni sur une seule rangée. L'un d'eux, le *système d'exploitation calcis* ou os du talon (*ca*), se trouve à l'extérieur et renvoie le gros talon en saillie ; un autre, l' *astragale* (*as*), s'y appuie par une face, et par une autre, forme, avec les os de la jambe, l'articulation de la cheville ; tandis qu'une troisième face, dirigée vers l'avant, est séparée des trois os tarsiens internes de la rangée voisine du métatarse par un os appelé scaphoïde (sc).

donc une différence fondamentale dans la structure du pied et de la main, observable lorsque l'on oppose le carpe et le tarse ; et il y a des différences de degré notables lorsqu'on compare ensemble les proportions et la mobilité des métacarpiens et des métatarsiens, avec leurs doigts respectifs.

Les deux mêmes classes de différences deviennent évidentes lorsqu'on compare les muscles de la main avec ceux du pied.

Trois ensembles principaux de muscles, appelés « fléchisseurs », plient les doigts et le pouce, comme pour serrer le poing, et trois ensembles – les extenseurs – les étendent, comme pour redresser les doigts. Ces muscles sont tous des « muscles longs » ; c'est-à-dire que la partie charnue de chacun, située dans et étant fixée aux os du bras, se continue, à l'autre extrémité, en tendons ou cordons arrondis, qui passent dans la main et sont finalement fixés à l'os du bras. os qui doivent être déplacés. Ainsi, lorsque les doigts sont pliés, les parties charnues des fléchisseurs des doigts, placées dans le bras, se contractent, en vertu de leur dotation particulière en muscles ; et en tirant sur les cordons tendineux reliés à leurs extrémités, ils tirent vers le bas les os des doigts vers la paume.

Non seulement les principaux fléchisseurs des doigts et du pouce sont des muscles longs, mais ils restent bien distincts les uns des autres sur toute leur longueur.

Dans le pied, il y a aussi trois principaux muscles fléchisseurs des doigts ou des orteils, et trois principaux extenseurs ; mais un extenseur et un fléchisseur sont des muscles courts ; c'est-à-dire que leurs parties charnues ne sont pas situées dans la jambe (qui correspond au bras), mais dans le dos et dans la plante du pied, régions qui correspondent au dos et à la paume de la main.

En outre, les tendons du long fléchisseur des orteils et du long fléchisseur du gros orteil, lorsqu'ils arrivent à la plante du pied, ne restent pas distincts les uns des autres, comme le font les fléchisseurs de la paume de la main. mais ils s'unissent et se mélangent d'une manière très curieuse, tandis que leurs tendons unis reçoivent un muscle accessoire relié à l'os du talon.

Mais peut-être le caractère le plus absolument distinctif des muscles du pied est l'existence de ce qu'on appelle le *long péroné* , un long muscle fixé à l'os externe de la jambe et envoyant son tendon à la cheville externe, derrière et au-dessous de laquelle il passe, puis traverse le pied obliquement pour se fixer à la base du gros orteil. Aucun muscle de la main ne correspond exactement à celui-ci, qui est éminemment un muscle du pied.

En résumé, le pied de l'homme se distingue de sa main par les différences anatomiques absolues suivantes :

1. Par la disposition des os du tarse.

2. En ayant un court fléchisseur et un court extenseur des chiffres.

3. En possédant le muscle appelé *long péroné* .

Et si l'on veut savoir si la division terminale d'un membre, chez d'autres Primates, doit être appelée pied ou main, c'est par la présence ou l'absence de ces caractères qu'il faut se guider, et non par les simples proportions. et une mobilité plus ou moins grande du gros orteil, qui peut varier indéfiniment sans altération fondamentale de la structure du pied.

En gardant ces considérations à l'esprit, tournons-nous maintenant vers les membres du gorille. La division terminale du membre antérieur ne présente aucune difficulté : os pour os et muscle pour muscle sont disposés essentiellement comme chez l'homme, ou avec des différences aussi mineures que l'on trouve comme variétés chez l'homme. La main du gorille est plus lourde, plus lourde et son pouce est un peu plus court en proportion que celui de l'homme ; mais personne n'a jamais douté que ce soit une vraie main.

À première vue, la terminaison du membre postérieur du Gorille ressemble beaucoup à une main, et comme c'est encore plus le cas chez beaucoup de singes inférieurs, il n'est pas étonnant que l'appellation « Quadrumana », ou créatures à quatre mains, adopté des anatomistes plus anciens [29] par Blumenbach, et malheureusement rendu courant par Cuvier, aurait dû être aussi largement accepté comme nom pour le groupe simien. Mais l'étude anatomique la plus superficielle prouve immédiatement que la ressemblance de ce qu'on appelle la « main postérieure » avec une vraie main n'est que superficielle et que, à tous égards essentiels, le membre postérieur du gorille est aussi véritablement terminé par un pied comme celui de l'homme. Les os du tarse, dans toutes les circonstances importantes de nombre, de disposition et de forme, ressemblent à ceux de l'homme (Fig. 19). Les métatarsiens et les doigts, en revanche, sont proportionnellement plus longs et plus minces , tandis que le gros orteil est non seulement proportionnellement plus court et plus faible, mais son os métatarsien est uni par une articulation plus mobile avec le tarse. En même temps, le pied est placé plus obliquement sur la jambe que chez l'homme.

Quant aux muscles, il y a un court fléchisseur, un court extenseur et un *long péronier* , tandis que les tendons des longs fléchisseurs du gros orteil et des autres orteils sont réunis entre eux et avec un faisceau charnu accessoire.

Le membre postérieur du Gorille se termine donc par un vrai pied, avec un gros orteil très mobile. C'est bien un pied préhensile, mais ce n'est en aucun cas une main : c'est un pied qui diffère de celui de l'homme non par aucun caractère fondamental, mais par de simples proportions, par le degré de mobilité et par la disposition secondaire de ses pieds. les pièces.

Mais il ne faut pas croire, parce que je considère ces différences comme non fondamentales, que je souhaite en sous-estimer la valeur. Ils sont assez importants à leur manière, la structure du pied étant dans chaque cas en étroite corrélation avec celle du reste de l'organisme. Il n'est pas non plus douteux que la plus grande division du travail physiologique chez l'homme, de telle sorte que la fonction de soutien soit entièrement confiée à la jambe et au pied, constitue un progrès dans l'organisation d'une très grande importance pour lui ; mais après tout, considérées anatomiquement, les ressemblances entre le pied de l'homme et celui du gorille sont bien plus frappantes et plus importantes que les différences.

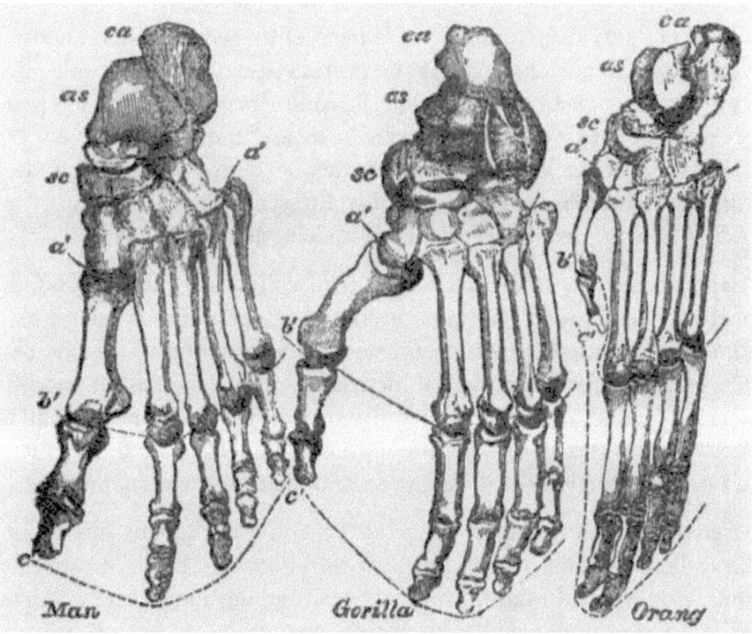

FIGUE. 19.— Pied de l'homme, du gorille et de l'orang- outan de même longueur absolue, pour montrer les différences de proportion

J'ai longuement insisté sur ce point, parce que c'est un point sur lequel prédominent de nombreuses illusions ; mais j'aurais pu passer cela sans nuire à mon argument, qui m'oblige seulement à montrer que, quelles que soient les différences entre la main et le pied de l'homme et ceux du gorille, les différences entre ceux du gorille et ceux de l'homme. les singes inférieurs sont beaucoup plus grands.

Il n'est pas nécessaire de descendre plus bas dans l'échelle que l'Orang pour avoir une preuve concluante sur ce point.

Le pouce de l'Orang diffère plus de celui du Gorille que le pouce du Gorille ne diffère de celui de l'Homme, non seulement par sa petite taille, mais par l'absence de tout muscle fléchisseur long spécial. Le carpe de l'Orang, comme celui de la plupart des singes inférieurs , contient neuf os, tandis que chez le Gorille, comme chez l'Homme et le Chimpanzé, il n'y en a que huit.

Le pied de l'Orang (fig. 19) est encore plus aberrant ; ses orteils très longs et son tarse court, son gros orteil court, son talon court et relevé, sa grande obliquité d'articulation dans la jambe et l'absence d'un long tendon fléchisseur du gros orteil, le séparant beaucoup plus largement du pied du gorille que le celle-ci est séparée de celle de l'Homme.

Mais chez certains singes inférieurs, la main et le pied s'écartent encore plus de ceux du gorille que chez l'orang. Le pouce cesse d'être opposable chez les singes américains ; est réduit à un simple rudiment recouvert par la peau du Singe-Araignée ; et est dirigé vers l'avant et armé d'une griffe incurvée comme les autres doigts chez les Ouistitis, de sorte que, dans tous ces cas, il ne peut y avoir aucun doute que la main est plus différente de celle du gorille que la main du gorille ne l'est de celle du gorille. Celui de l'homme.

Et quant au pied, le gros orteil du Ouistiti est encore plus insignifiant en proportion que celui de l'Orang, tandis que chez les Lémuriens il est très grand, et aussi complètement en forme de pouce et opposable que chez le Gorille, mais chez ces animaux le deuxième orteil est souvent modifié de manière irrégulière, et chez certaines espèces, les deux principaux os du tarse, l' *astragale* et l' *os calcis* , sont si immensément allongés qu'ils rendent le pied, jusqu'à présent, totalement différent de celui de tout autre mammifère.

Donc en ce qui concerne les muscles. Le court fléchisseur des orteils du gorille diffère de celui de l'homme par le fait qu'une partie du muscle est attachée, non à l'os du talon, mais aux tendons des longs fléchisseurs. Les singes inférieurs s'éloignent du gorille par une exagération du même caractère, deux, trois ou davantage de lapsus se fixant aux longs tendons fléchisseurs, ou par une multiplication des lapsus. Encore une fois, le gorille diffère légèrement de l'homme dans la mode d'entrelacement des longs tendons fléchisseurs : et les singes inférieurs diffèrent du gorille en présentant encore d'autres arrangements, parfois très complexes, des mêmes parties, et parfois en l'absence du faisceau charnu accessoire.

A travers toutes ces modifications, il faut se rappeler que le pied ne perd aucun de ses caractères essentiels. Chaque singe et lémurien présente la disposition caractéristique des os du tarse, possède un muscle fléchisseur et extenseur court, ainsi qu'un *long péronier*. Si variées que soient les proportions et l'aspect de l'organe, la division terminale du membre postérieur reste, dans le plan et le principe de construction, un pied, et ne peut jamais, sous ce rapport, être confondue avec une main.

Il n'existe donc pratiquement aucune partie de la structure corporelle qui puisse être mieux calculée pour illustrer la vérité selon laquelle les différences structurelles entre l'homme et le singe le plus élevé ont moins de valeur que celles entre les singes les plus élevés et les singes inférieurs, que la main ou le pied. et pourtant, il existe peut-être un organe dont l'étude renforce la même conclusion d'une manière encore plus frappante : c'est le cerveau.

Mais avant d'aborder la question précise de l'ampleur de la différence entre le cerveau du singe et celui de l'homme, il est nécessaire que nous comprenions clairement ce qui constitue une grande et une petite différence dans la structure cérébrale ; et nous y parviendrons le mieux par une brève étude des principales modifications que présente le cerveau dans la série des animaux vertébrés.

Le cerveau d'un poisson est très petit, comparé à la moelle épinière dans laquelle il se prolonge et aux nerfs qui en sortent : des segments qui le composent, les lobes olfactifs, l'hémisphère cérébral et les segments suivants. les divisions : personne ne prédomine suffisamment sur les autres au point de les obscurcir ou de les couvrir ; et les soi-disant lobes optiques sont souvent les plus grandes masses de toutes. Chez les Reptiles, la masse du cerveau, par rapport à la moelle épinière, augmente et les hémisphères cérébraux commencent à prédominer sur les autres parties ; tandis que chez les Oiseaux, cette prédominance est encore plus marquée. Le cerveau des mammifères les plus inférieurs, tels que l'ornithorynque à bec de canard, les opossums et les kangourous, présente une progression encore plus nette dans la même direction. Les hémisphères cérébraux ont maintenant tellement augmenté en taille qu'ils cachent plus ou moins les représentants des lobes optiques, qui restent relativement petits, de sorte que le cerveau d'un marsupial est extrêmement différent de celui d'un oiseau, d'un reptile ou d'un poisson. . A un échelon supérieur dans l'échelle, chez les Mammifères placentaires, la structure du cerveau acquiert une vaste modification, non qu'elle paraisse très altérée extérieurement, chez un Rat ou chez un Lapin, par rapport à ce qu'elle est chez un Marsupial, ni que les proportions en soient sensiblement altérées. de ses parties sont très modifiées, mais une structure apparemment nouvelle se trouve entre les hémisphères cérébraux, les reliant entre eux, comme ce qu'on appelle la « grande commissure » ou « corps calleux ». Le sujet nécessite une nouvelle enquête minutieuse, mais si les affirmations actuellement reçues sont correctes, l'apparition du « corps calleux » chez les mammifères placentaires est la modification la plus importante et la plus soudaine manifestée par le cerveau chez toute la série des animaux vertébrés. le plus grand progrès jamais réalisé par la nature dans son travail cérébral. Car les deux moitiés du cerveau étant une fois ainsi liées, le progrès de la complexité cérébrale peut être suivi à travers une série complète d'étapes depuis le rongeur le plus bas, ou insectivore, jusqu'à l'homme ; et cette complexité consiste principalement dans le développement disproportionné des hémisphères cérébraux et du cervelet, mais surtout du premier, par rapport aux autres parties du cerveau.

Chez les mammifères placentaires inférieurs, les hémisphères cérébraux laissent la face supérieure et postérieure propre du cervelet complètement visible, lorsque le cerveau est vu de dessus, mais, chez les formes supérieures, la partie postérieure de chaque hémisphère, séparée uniquement par la tentoire (p. 92) à partir de la face antérieure du cervelet, s'incline en arrière et en bas, et grandit, comme ce qu'on appelle le « lobe postérieur », de manière à chevaucher et à cacher enfin le cervelet. Chez tous les mammifères, chaque hémisphère cérébral contient une cavité appelée « ventricule », et comme ce ventricule se prolonge, d'une part vers l'avant et de l'autre vers le bas, dans la substance de l'hémisphère, on dit qu'il a deux cornes ou « corne », une « corne antérieure » et une « corne descendante ». Lorsque le lobe postérieur est bien développé, un troisième prolongement de la cavité ventriculaire s'y prolonge et est appelé « corne postérieure ».

Dans les formes inférieures et plus petites des mammifères placentaires, la surface des hémisphères cérébraux est soit lisse, soit uniformément arrondie, ou présente très peu de sillons, qui sont techniquement appelés « sulci », séparant les crêtes ou « circonvolutions » de la substance du cerveau ; et les espèces plus petites de tous les ordres ont tendance à avoir un cerveau semblable. Mais, dans les ordres supérieurs, et surtout chez les plus grands membres de ces ordres, les sillons, ou sulci, deviennent extrêmement nombreux, et les circonvolutions intermédiaires proportionnellement plus compliquées dans leurs méandres, jusqu'à ce que, chez l'Éléphant, le Marsouin, les Singes supérieurs, et chez l'Homme, la surface cérébrale apparaît comme un parfait labyrinthe de replis tortueux .

Lorsqu'un lobe postérieur existe et présente sa cavité habituelle - la corne postérieure - il arrive couramment qu'un sillon particulier apparaisse sur la surface interne et inférieure du lobe, parallèlement et sous le plancher de la corne - qui est, pour ainsi dire, voûté sur le toit du sulcus. C'est comme si la rainure avait été formée en indentant le plancher de la corne postérieure de l'extérieur avec un instrument contondant, de sorte que le plancher s'élève comme une éminence convexe. Or cette éminence est ce qu'on a appelé « l'Hippocampe mineur » ; le « Hippocampus major » étant une éminence plus grande dans le plancher de la corne descendante . Quelle peut être l'importance fonctionnelle de l'une ou l'autre de ces structures, nous ne le savons pas.

Comme pour démontrer, par un exemple frappant, l'impossibilité d'ériger une quelconque barrière cérébrale entre l'homme et les singes, la nature nous a fourni, chez ces derniers animaux, une série presque complète de gradations partant de cerveaux à peine plus élevés que celui d'un rongeur, à un cerveau à peine inférieur à celui de l'Homme. Et c'est une circonstance remarquable que, bien que, dans la mesure où s'étendent nos connaissances actuelles, il *existe* une véritable rupture structurelle dans la série des formes du cerveau simien, ce hiatus ne se situe pas entre l'homme et les singes semblables à l'homme, mais entre les espèces inférieures. et les Simiens les plus bas ; ou, en d'autres termes, entre les singes de l'ancien et du nouveau monde, et les lémuriens. En effet, tout Lémurien qui a été examiné jusqu'à présent a son cervelet particllcment visible d'en haut et son lobe postérieur, avec la corne postérieure et l'hippocampe mineur contenus, plus ou moins rudimentaires. Tout Ouistiti, singe américain, singe du vieux monde, babouin ou singe semblable à l'homme, au contraire, a son cervelet entièrement caché, en arrière, par les lobes cérébraux, et possède une grande corne postérieure , avec un hippocampe mineur bien développé.

Chez beaucoup de ces créatures, comme le Saimiri (*Chrysothrix*), les lobes cérébraux se chevauchent et s'étendent beaucoup plus loin derrière le cervelet, en proportion, que chez l'homme (fig. 16) - et il est bien certain que, chez tous, le cervelet est entièrement recouvert en arrière par des lobes postérieurs bien développés. Le fait peut être vérifié par quiconque possède le crâne d'un singe de l'ancien ou du nouveau monde. Car, dans la mesure où le cerveau de tous les mammifères remplit complètement la cavité crânienne, il est évident qu'un moulage de l'intérieur du crâne reproduira la forme générale du cerveau, en tout cas avec une telle minutie et, pour le présent propos, tout à fait. différences sans importance pouvant résulter de l'absence des membranes enveloppantes du cerveau dans le crâne sec. Mais si un tel moulage est réalisé en plâtre et comparé à un moulage similaire de l'intérieur d'un crâne humain, il sera évident que le moulage de la chambre cérébrale, représentant le cerveau du singe, recouvre et chevauche complètement le corps. moulage de la chambre cérébelleuse, représentant le cervelet, comme chez l'homme (Fig. 20). Un observateur imprudent, oubliant qu'une structure molle comme le cerveau perd sa forme propre au moment où elle est retirée du crâne, peut en effet prendre l'état découvert du cervelet d'un cerveau extrait et déformé pour les relations naturelles des parties ; mais son erreur doit devenir manifeste même pour lui-même s'il essaie de remplacer le cerveau

d'un singe. Il se cache naturellement derrière un malentendu comparable seulement à celui de celui qui s'imagine que les poumons d'un homme n'occupent toujours qu'une petite partie de la cavité thoracique. car ils le font lorsque la poitrine est ouverte, et leur élasticité n'est plus neutralisée par la pression de l'air.

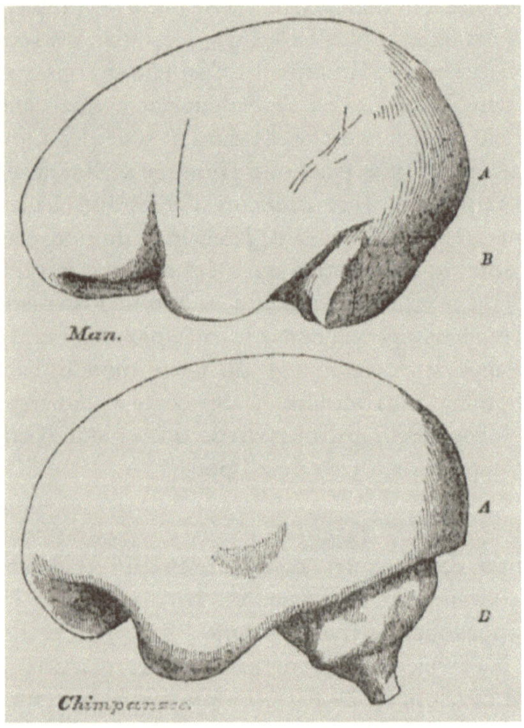

FIGURE. 20.— Dessins des moulages internes d'un crâne d'homme et d'un chimpanzé, de même longueur absolue, et placés dans des positions correspondantes, _A._ Cerebrum ; _B._ Cervelet. Le premier dessin est tiré d'un moulage conservé au Musée du Royal College of Surgeons, le second de la photographie du moulage d'un crâne de chimpanzé, qui illustre l'article de M. Marshall « Sur le cerveau du chimpanzé » dans le Natural Revue historique de juillet 1861. La définition plus précise du bord inférieur du moulage de la chambre

cérébrale chez le chimpanzé provient du fait que la tente est restée dans ce crâne et non dans celui de l'homme. Le moulage représente plus précisément le cerveau du chimpanzé que celui de l'homme ; et la grande projection vers l'arrière des lobes postérieurs du cerveau du premier, au-delà du cervelet, est remarquable.

Et l'erreur est d'autant moins excusable qu'elle doit devenir évidente à quiconque examine une section du crâne d'un singe quelconque au-dessus d'un lémurien, sans prendre la peine d'en faire un moulage. Car il y a dans chacun de ces crânes, comme dans le crâne humain, une rainure très marquée, qui indique la ligne d'attache de ce qu'on appelle la *tentoire* , une sorte d'étagère ou de cloison en forme de parchemin qui, dans son état récent, est interposé entre le cerveau et le cervelet, et empêche le premier d'appuyer sur le second (voir Fig. 16).

Ce sillon indique donc la ligne de séparation entre la partie de la cavité crânienne qui contient le cerveau et celle qui contient le cervelet ; et comme le cerveau remplit exactement la cavité du crâne, il est évident que les relations de ces deux parties de la cavité crânienne nous renseignent immédiatement sur les relations de leur contenu. Or, chez l'homme, dans tout l'ancien monde et dans tout le nouveau monde Simæ , à une exception près, lorsque la face est dirigée vers l'avant, cette ligne d'attache de la tente, ou empreinte du sinus latéral, comme on l'appelle techniquement, est presque horizontale et la chambre cérébrale chevauche ou fait invariablement saillie derrière la chambre cérébelleuse. Chez le Singe hurleur ou *Mycètes* (voir Fig. 16), la ligne passe obliquement vers le haut et vers l'arrière, et le chevauchement cérébral est presque nul ; tandis que chez les Lémuriens, comme chez les mammifères inférieurs, la ligne est beaucoup plus inclinée dans la même direction, et la chambre cérébelleuse dépasse considérablement la chambre cérébrale.

Lorsque les erreurs les plus graves sur des points aussi faciles à régler que cette question concernant les lobes postérieurs peuvent être exposées avec autorité, il n'est pas étonnant que les questions d'observation, d'un caractère peu complexe, mais exigeant néanmoins un certain soin, aient eu un sort pire. Quiconque ne peut pas voir le lobe postérieur dans le cerveau d'un singe n'est pas susceptible de donner une opinion très valable concernant la corne postérieure ou le petit hippocampe. Si un homme ne peut pas voir une église, il est absurde de prendre son opinion sur son retable ou sa fenêtre peinte - de sorte que je ne me sens pas obligé d'entrer dans une discussion sur ces points, mais me contente d'assurer au lecteur que l'image postérieure cornu et l'hippocampe mineur, ont maintenant été observés - généralement au moins aussi bien développés que chez l'homme, et souvent mieux - non seulement chez le chimpanzé, l'orang et le gibbon, mais dans tous les genres de babouins et de babouins de l'ancien monde. les singes, et dans la plupart des formes du nouveau monde, y compris les Ouistitis. [30]

En fait, toutes les preuves abondantes et fiables (constituées des résultats d'investigations minutieuses dirigées vers la détermination de ces mêmes questions, par des anatomistes qualifiés) que nous possédons maintenant, conduisent à la conviction que, si loin du lobe postérieur, le lobe postérieur cornu et l'hippocampe mineur, étant des structures particulières et caractéristiques de l'homme, comme on l'a maintes fois affirmé, même après la publication de la démonstration la plus claire du contraire, ce sont précisément ces structures qui sont les plus marquées. caractères cérébraux communs à l'homme et aux singes. Ils comptent parmi les particularités simiennes les plus distinctes que présente l'organisme humain.

Quant aux circonvolutions, le cerveau des singes présente tous les degrés de progrès, depuis le cerveau presque lisse du Ouistiti jusqu'à l'Orang et le Chimpanzé, qui ne sont que peu inférieurs à l'Homme. Et il est très remarquable que, dès que tous les sillons principaux apparaissent, le modèle selon lequel ils sont disposés est identique à celui des sillons correspondants de l'homme. La surface du cerveau d'un singe présente une sorte de schéma squelettique de celui de l'homme , et chez les singes semblables à l'homme, les détails deviennent de plus en plus remplis, jusqu'à ce qu'il ne s'agisse que de caractères mineurs, comme la plus grande excavation des lobes antérieurs. , la présence constante de fissures habituellement absentes chez l'homme, et la disposition et proportions différentes de certaines circonvolutions, qui permettent de distinguer structurellement le cerveau du chimpanzé ou de l'orang de celui de l'homme.

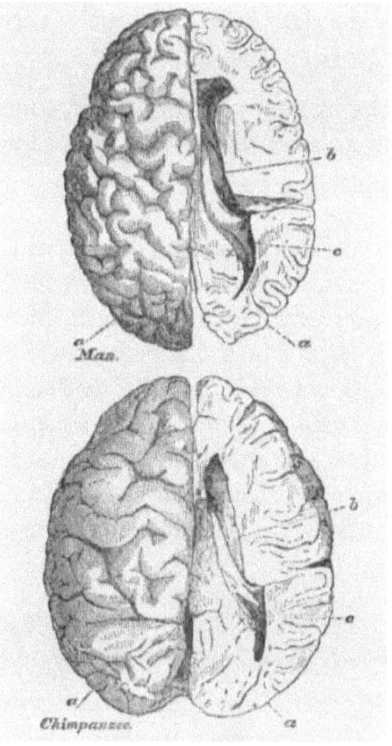

FIGUE. 21.— Dessins des hémisphères cérébraux d'un Homme et d'un Chimpanzé de même longueur, afin de montrer les proportions relatives des parties : le premier pris sur un spécimen, que M. Flower, Conservateur du Musée du Royal Collège des Chirurgiens, a eu la gentillesse de disséquer pour moi ; ce dernier, à partir de la photographie d'un cerveau de chimpanzé disséqué de la même manière, donnée dans l'article de M. Marshall mentionné ci-dessus. *un* lobe postérieur ; *b* , ventricule latéral ; *c ,* corne postérieure ; *x* , l'hippocampe mineur.

En ce qui concerne la structure cérébrale, il est donc clair que l'homme diffère moins du chimpanzé ou de l'orang que ceux-ci ne diffèrent même des singes, et que la différence entre le cerveau du chimpanzé et celui de l'homme est presque insignifiante, si on les compare. avec celui entre le cerveau du chimpanzé et celui du lémurien.

Il ne faut cependant pas négliger qu'il existe une différence très frappante dans la masse et le poids absolus entre le cerveau humain le plus bas et celui du singe le plus élevé - une différence qui est d'autant plus remarquable quand on se souvient qu'un gorille adulte est probablement presque deux fois plus lourd qu'un homme de Bosjes , ou autant qu'une femme européenne. On peut douter qu'un cerveau adulte humain en bonne santé ait jamais pesé moins de trente et une ou deux onces, ou que le cerveau de gorille le plus lourd ait dépassé vingt onces.

C'est là une circonstance très remarquable, et qui contribuera sans doute un jour à fournir une explication du grand abîme qui s'interpose entre l'homme le plus bas et le singe le plus élevé en puissance intellectuelle ; [31] mais elle a peu de valeur systématique, pour la simple raison que, comme on peut le conclure de ce qui a déjà été dit concernant la capacité crânienne, la différence de poids du cerveau entre les hommes les plus élevés et les plus bas est bien plus grande, à la fois relativement et absolument, que celle entre l'homme le plus bas et le singe le plus élevé. Cette dernière, comme on l'a vu, est représentée par, disons, douze onces de substance cérébrale dans l'absolu, ou par 32 : 20 relativement ; mais comme le plus gros cerveau humain enregistré pesait entre 65 et 66 onces, la première différence est représentée par plus de 33 onces en absolu, ou par 65 : 32 en relative. Considérées systématiquement, les différences cérébrales entre l'homme et le singe n'ont qu'une valeur générique, sa distinction familiale reposant principalement sur sa dentition, son bassin et ses membres inférieurs.

Ainsi, quel que soit le système d'organes étudié, la comparaison de leurs modifications dans la série des singes conduit à un seul et même résultat : que les différences structurelles qui séparent l'Homme du Gorille et du Chimpanzé ne sont pas aussi grandes que celles qui séparent le Gorille de l'Homme. les singes inférieurs.

Mais en énonçant cette vérité importante, je dois me garder d'une forme de malentendu, qui est très répandue. Je trouve, en fait, que ceux qui s'efforcent d'enseigner ce que la nature nous montre si clairement en la matière risquent de voir leurs opinions déformées et leur phraséologie brouillée, jusqu'à ce qu'ils semblent dire que les différences structurelles entre l'homme et même les singes les plus élevés. sont petits et insignifiants. Permettez-moi donc de profiter de cette occasion pour affirmer distinctement, au contraire, qu'ils sont grands et significatifs ; que chaque os d'un gorille porte des marques par lesquelles il pourrait être distingué de l'os correspondant d'un homme ; et que, dans la création actuelle, en tout cas, aucun lien intermédiaire ne comble le fossé entre *Homo* et *Troglodytes* .

Il serait tout aussi erroné qu'absurde de nier l'existence de ce gouffre ; mais il est au moins également erroné et absurde d'en exagérer l'ampleur et, en s'appuyant sur le fait admis de son existence, de refuser de rechercher si elle est large ou étroite. Rappelez-vous, si vous voulez, qu'il n'existe aucun lien entre l'Homme et le Gorille, mais n'oubliez pas qu'il existe une ligne de démarcation non moins nette, une absence non moins totale de toute forme transitionnelle, entre le Gorille et l'Orang, ou l'Orang et le Gibbon. Je dis, pas moins pointu, bien qu'il soit un peu plus étroit. Les différences structurelles entre l'homme et les singes semblables à l'homme justifient certainement que nous le considérions comme constituant une famille distincte d'eux ; cependant, dans la mesure où il diffère moins d'eux qu'eux des autres familles du même ordre, il ne peut y avoir aucune justification pour le placer dans un ordre distinct.

Et ainsi la sagace clairvoyance du grand législateur de la zoologie systématique, Linné , se justifie, et un siècle de recherches anatomiques nous ramène à sa conclusion, que l'homme est membre du même ordre (pour lequel le terme linnéen PRIMATES devrait être retenus) comme les singes et les lémuriens. Cet ordre est maintenant divisible en sept familles, de valeur systématique à peu près égale : la première, les ANTHROPINI , contient l'Homme seul ; le second, le CATARHINI , embrasse les singes du vieux monde ; le troisième, les PLATYRHINI , tous les singes du nouveau monde, à l'exception des Ouistitis ; le quatrième, les ARCTOPITHECINI , contient les Ouistitis ; le cinquième, les LÉMURIENS , les Lémuriens — dont il faudrait probablement exclure *les Cheiromys pour former une sixième famille distincte, les* CHEIROMYINI ; tandis que le septième, les GALEOPITHECINI , ne contient que le lémurien volant *Galeopithecus* , forme étrange qui touche presque aux chauves-souris, puisque le *Cheiromys* revêt un vêtement de rongeur et que les lémuriens simulent des insectivores .

Peut-être aucun ordre de mammifères ne nous présente-t-il une série de gradations aussi extraordinaires que celle-ci, nous conduisant insensiblement depuis la couronne et le sommet de la création animale jusqu'aux créatures, depuis lesquelles il n'y a qu'un pas, semble-t-il, jusqu'au niveau le plus bas, le plus petit. , et le moins intelligent des mammifères placentaires. C'est comme si la nature elle-même avait prévu l'arrogance de l'homme et, avec la sévérité romaine, avait prévu que son intellect, par ses triomphes mêmes, mette en avant les esclaves, avertissant le conquérant qu'il n'est que poussière.

Tels sont les principaux faits, c'est la conclusion immédiate à laquelle j'ai fait référence au début de cet essai. Les faits, je crois, ne peuvent être contestés ; et si tel est le cas, la conclusion me paraît inévitable.

Mais si l'homme n'est pas séparé des animaux par une barrière structurelle plus grande qu'ils ne le sont les uns des autres, alors il semble s'ensuivre que si un processus de causalité physique peut être découvert par lequel les genres et familles d'animaux ordinaires ont été produits, ce processus La causalité est largement suffisante pour expliquer l'origine de l'Homme. En d'autres termes, s'il pouvait être démontré que les Ouistitis, par exemple, sont apparus par modification graduelle des Platyrhini ordinaires , ou que les Ouisitis et les Platyrhini sont tous deux des ramifications modifiées d'une souche primitive, alors il n'y aurait aucune raison rationnelle de douter. que l'homme pourrait être né, dans un cas, de la modification graduelle d'un singe ressemblant à l'homme ; ou, dans le cas contraire , comme une ramification de la même souche primitive que ces singes.

À l'heure actuelle, aucun de ces processus de causalité physique n'a de preuve en sa faveur ; ou, en d'autres termes, il n'existe qu'une seule hypothèse concernant l'origine des espèces animales en général qui ait une existence scientifique : celle proposée par M. Darwin. Car Lamarck, aussi sagace qu'étaient nombre de ses vues, les mêlait à tant de choses grossières et même absurdes, au point de neutraliser le bénéfice que son originalité aurait pu apporter, s'il avait été un penseur plus sobre et plus prudent ; et bien que j'aie entendu parler d'une formule touchant « le devenir continu ordonné des formes organiques », il est évident que le premier devoir d'une hypothèse est d'être intelligible, et qu'une proposition qua - quâ -versale de ce genre , qui peut être lu à l'envers, ou en avant, ou de côté, avec exactement la même quantité de signification, n'existe pas réellement, même s'il semble exister.

Par conséquent, à l'heure actuelle, la question de la relation de l'homme avec les animaux inférieurs se résout, en fin de compte, dans la question plus vaste du caractère tenable ou intenable des vues de M. Darwin. Mais nous entrons ici dans un terrain difficile, et il nous appartient de définir avec le plus grand soin notre position exacte.

Il ne fait aucun doute, je pense, que M. Darwin a prouvé de manière satisfaisante que ce qu'il appelle sélection, ou modification sélective, doit se produire et se produit effectivement dans la nature ; et il a également prouvé superfluement qu'une telle sélection est compétente pour produire des formes aussi distinctes, structurellement, que le sont même certains genres. Si le monde animé ne nous présentait que des différences structurelles, je n'hésiterais pas à dire que M. Darwin avait démontré l'existence d'une véritable cause physique, amplement compétente pour expliquer l'origine des espèces vivantes, et de l'homme entre autres. .

Mais, en plus de leurs distinctions structurelles, les espèces d'animaux et de plantes, ou du moins un grand nombre d'entre elles, présentent des caractères physiologiques - ce que l'on appelle des espèces distinctes, structurellement, étant pour la plupart soit totalement incapables d'en reproduire une avec un autre; ou s'ils se reproduisent, le mulet ou l'hybride qui en résulte est incapable de perpétuer sa race avec un autre hybride du même genre.

Une véritable cause physique n'est cependant admise comme telle qu'à une seule condition : qu'elle rende compte de tous les phénomènes qui entrent dans le champ de son action. Si elle est incompatible avec un phénomène donné, elle doit être rejetée ; si elle ne parvient pas à expliquer un phénomène donné, elle est jusqu'à présent faible, jusqu'à présent suspecte ; bien qu'il puisse avoir parfaitement le droit de réclamer une acceptation provisoire.

Or, à ma connaissance, l'hypothèse de M. Darwin n'est pas incompatible avec un quelconque fait biologique connu ; au contraire, s'ils sont admis, les faits du développement, de l'anatomie comparée, de la répartition géographique et de la paléontologie , s'enchaînent les uns aux autres et présentent une signification telle qu'ils n'en ont jamais eu auparavant ; et pour ma part, je suis pleinement convaincu que, si elle n'est pas tout à fait vraie, cette hypothèse est aussi proche de la vérité que, par exemple, l'hypothèse copernicienne l'était de la véritable théorie des mouvements planétaires.

Mais, malgré tout cela, notre acceptation de l'hypothèse darwinienne doit être provisoire aussi longtemps qu'un maillon de la chaîne de preuves fait défaut ; et aussi longtemps que tous les animaux et plantes certainement produits par sélection sélective à partir d'une souche commune seront fertiles, et que leurs descendants seront fertiles les uns avec les autres, ce lien fera défaut. Car, aussi longtemps que la sélection sélective ne se révélera pas capable de faire tout ce qui lui est demandé pour produire des espèces naturelles.

J'ai soumis cette conclusion avec autant de force que possible au lecteur, parce que la dernière position dans laquelle je souhaite me trouver est celle d'un défenseur des vues de M. Darwin, ou de toute autre opinion - si par avocat on entend quelqu'un dont l'affaire est pour aplanir les difficultés réelles et persuader là où il ne peut pas convaincre.

Cependant, pour rendre justice à M. Darwin, il faut admettre que les conditions de la fécondité et de la stérilité sont très mal comprises et que les progrès quotidiens des connaissances nous amènent à considérer le hiatus de son témoignage comme de moins en moins important, lorsqu'il est mis en évidence. contre la multitude de faits qui s'harmonisent avec ou reçoivent une explication de ses doctrines.

J'adopte donc l'hypothèse de M. Darwin, sous réserve de la preuve que les espèces physiologiques peuvent être produites par reproduction sélective ; tout comme un philosophe physique peut accepter la théorie ondulatoire de la lumière, sous réserve de la preuve de l'existence de l'éther hypothétique ; ou comme le chimiste adopte la théorie atomique, sous réserve de la preuve de l'existence des atomes ; et exactement pour les mêmes raisons, à savoir qu'il a une immense probabilité prima facie ; que c'est le seul moyen actuellement à la portée de remettre de l'ordre dans le chaos des faits observés ; et enfin, que c'est l'instrument d'investigation le plus puissant qui ait été présenté aux naturalistes depuis l'invention du système naturel de classification et le début de l'étude systématique de l'embryologie.

Mais même en laissant de côté les vues de M. Darwin, toute l'analogie des opérations naturelles fournit un argument si complet et si écrasant contre l'intervention de causes autres que celles qu'on appelle secondaires, dans la production de tous les phénomènes de l'univers ; cela, compte tenu des relations intimes entre l'Homme et le reste du monde vivant ; et entre les forces exercées par cette dernière et toutes les autres forces, je ne vois aucune excuse pour douter que toutes soient des termes coordonnés de la grande progression de la Nature, de l'informe au formé - de l'inorganique à l'organique - de la force aveugle à la force aveugle. intelligence et volonté conscientes.

———————————

La science a rempli sa fonction lorsqu'elle a constaté et énoncé la vérité ; et si ces pages s'adressaient uniquement aux hommes de science, je devrais maintenant clore cet essai, sachant que mes collègues ont appris à ne respecter que l'évidence, et à croire que leur plus grand devoir consiste à s'y soumettre, même si elle peut heurter leurs inclinations. .

Mais désireux, comme je le fais, d'atteindre le cercle plus large du public intelligent, ce serait une lâcheté indigne que je fasse abstraction de la répugnance avec laquelle la majorité de mes lecteurs sont susceptibles d'accepter les conclusions auxquelles l'étude la plus minutieuse et la plus consciencieuse que j'ai menée. avoir pu donner sur cette question, m'a conduit.

De tous côtés, j'entendrai le cri : « Nous sommes des hommes et des femmes, pas simplement une meilleure espèce de singes, un peu plus longs dans la jambe, plus compacts dans le pied et plus gros dans le cerveau que vos brutaux chimpanzés et gorilles. Le pouvoir de la connaissance, la conscience du bien et du mal, la tendresse pitoyable des affections humaines nous élèvent hors de toute communion réelle avec les brutes, aussi proches qu'elles puissent sembler se rapprocher de nous.

A cela, je ne peux que répondre que l'exclamation serait très juste et aurait toute ma sympathie, si elle était seulement pertinente. Mais ce n'est pas moi qui cherche à fonder la dignité de l'Homme sur son gros orteil, ni à insinuer que nous sommes perdus si un singe a un hippocampe mineur. Au contraire, j'ai fait de mon mieux pour balayer cette vanité. J'ai essayé de montrer qu'aucune ligne de démarcation structurelle absolue, plus large que celle entre les animaux qui nous succèdent immédiatement sur l'échelle, ne peut être tracée entre le monde animal et nous-mêmes ; et je peux ajouter l'expression de ma conviction que la tentative d'établir une distinction psychique est également futile et que même les facultés les plus élevées du sentiment et de l'intellect commencent à germer dans les formes de vie inférieures. [32] En même temps, personne n'est plus fortement convaincu que moi de l'immensité du gouffre entre l'homme civilisé et les brutes ; ou il est plus certain que, qu'il soit *d'* eux ou non, il n'en est assurément *pas* . Personne n'est moins disposé à penser à la légère à la dignité présente, ou avec désespoir aux espoirs futurs, du seul habitant de ce monde consciemment intelligent.

Ceux qui assument l'autorité en la matière nous disent en effet que les deux ensembles d'opinions sont incompatibles et que la croyance en l'unité d'origine de l'homme et des bêtes implique la brutalisation et la dégradation des premiers. Mais est-ce vraiment le cas ? Un enfant sensé ne pourrait-il pas réfuter, par des arguments évidents, les rhéteurs superficiels qui voudraient nous imposer cette conclusion ? Est-il en effet vrai que le poète, ou le philosophe, ou l'artiste dont le génie est la gloire de son siècle, est dégradé de sa haute condition par la probabilité historique incontestable, pour ne pas dire la certitude, qu'il est le descendant direct de quelque sauvage nu et bestial, dont l'intelligence était juste suffisante pour le rendre un peu plus rusé que le Renard, et par là bien plus dangereux que le Tigre ? Ou est-il obligé de hurler et de ramper à quatre pattes à cause du fait tout à fait incontestable qu'il était autrefois un œuf, qu'aucun pouvoir de discrimination ordinaire ne pouvait distinguer de celui d'un chien ? Ou bien le philanthrope ou le saint doivent-ils renoncer à leurs efforts pour mener une vie noble, parce que la plus simple étude de la nature humaine révèle, à la base, toutes les passions égoïstes et les appétits féroces du moindre quadrupède ? L'amour maternel est-il vil parce qu'une poule le montre, ou la fidélité est-elle basse parce que les chiens le possèdent ?

Le bon sens de la masse de l'humanité répondra à ces questions sans une seconde d'hésitation. L'humanité saine, ayant du mal à échapper au péché et à la dégradation réels, laissera la réflexion sur la pollution spéculative aux cyniques et aux « justes excessifs » qui, en désaccord sur tout le reste, s'unissent dans une insensibilité aveugle à la noblesse du monde visible. et dans l'incapacité d'apprécier la grandeur de la place que l'Homme y occupe.

Bien plus, les hommes réfléchis, une fois échappés aux influences aveuglantes des préjugés traditionnels, trouveront dans la souche humble d'où l'homme est issu, la meilleure preuve de la splendeur de ses capacités ; et discernera dans sa longue progression à travers le passé, un motif raisonnable de foi dans la réalisation d'un avenir plus noble.

Ils se souviendront qu'en comparant l'homme civilisé au monde animal, on est comme le voyageur alpin , qui voit les montagnes s'élever dans le ciel et peut à peine discerner où finissent les rochers profondément ombragés et les pics rosés, et où commencent les nuages du ciel. Le voyageur stupéfait peut sûrement être excusé si, au début, il refuse de croire le *géologue*, qui lui dit que ces masses glorieuses sont, après tout, la boue durcie des mers primitives, ou les scories refroidies des fourneaux souterrains - d'un substance avec l'argile la plus terne, mais élevée par des forces intérieures à ce lieu de gloire fière et apparemment inaccessible.

Mais le géologue a raison ; et une réflexion approfondie sur ses enseignements, au lieu de diminuer notre respect et notre émerveillement, ajoute toute la force de la sublimité intellectuelle à la simple intuition esthétique du spectateur non instruit.

Et après que les passions et les préjugés se soient éteints, le même résultat accompagnera les enseignements du naturaliste concernant ces grandes Alpes et Andes du monde vivant : l'Homme. Notre respect pour la noblesse de l'humanité ne sera pas diminué par la connaissance que l'homme est, en substance et en structure, un avec les brutes ; car lui seul possède le don merveilleux d'un langage intelligible et rationnel, grâce auquel, au cours de la période séculaire de son existence, il a lentement accumulé et organisé l'expérience qui est presque entièrement perdue avec la cessation de toute vie individuelle chez les autres animaux ; de sorte que maintenant il se tient élevé là-dessus comme au sommet d'une montagne, bien au-dessus du niveau de ses humbles semblables, et transfiguré de sa nature plus grossière en réfléchissant, ici et là, un rayon de la source infinie de la vérité.

Une histoire succincte de la controverse sur la structure cérébrale de l'homme et des singes

Jusqu'en 1857, tous les anatomistes faisant autorité qui s'étaient occupés de la structure cérébrale des singes — Cuvier, Tiedemann, Sandifort , Vrolik , Isidore G. St. Hilaire, Schroeder van der Kolk, Gratiolet — étaient d'accord sur le fait que le cerveau de les Singes possèdent un LOBE POSTÉRIEUR .

Tiedemann, en 1825, figurait et reconnaissait dans le texte de ses « Icones », l'existence de la CORNE POSTÉRIEURE du ventricule latéral chez les Singes, non seulement sous le titre de « Scrobiculus » . parvus loco cornu posterioris » — un fait qui a été exhibé — mais comme « cornu posterius » (Icones , p. 54), une circonstance qui a été, tout aussi soigneusement, tenue en retrait.

Cuvier (Lecons , T. iii. p. 103) dit : « les ventricules antérieurs ou latéraux ne possèdent une cavité digitale [cornu postérieur] que chez l'Homme et les Singes... Sa présence dépend de celle des lobes postérieurs.

Schroeder van der Kolk et Vrolik , ainsi que Gratiolet , avaient également figuré et décrit la corne postérieure chez divers singes. Quant à l' HIPPOCAMPE MINEUR, Tiedemann avait affirmé à tort son absence chez les singes ; mais Schroeder van der Kolk et Vrolik avaient signalé l'existence de ce qu'ils considéraient comme rudimentaire chez le Chimpanzé, et Gratiolet avait expressément affirmé son existence chez ces animaux. Tel était l'état de nos informations sur ces sujets en 1856.

Cependant, en 1857, le professeur Owen, soit ignorant ces faits bien connus, soit les supprimant de manière injustifiée, se soumit au Linnæan Society un article « Sur les caractères, les principes de division et les groupes primaires de la classe des mammifères », qui a été imprimé dans le Journal de la Société et contient le passage suivant : – « Chez l'homme, le cerveau présente une étape ascendante dans le développement, et plus fortement marqué que celui par lequel la sous-classe précédente se distinguait de celle qui lui était inférieure. Non seulement les hémisphères cérébraux chevauchent les lobes olfactifs et le cervelet, mais ils s'étendent en avant de l'un et plus en arrière que l'autre. Le développement postérieur est si marqué, que les anatomistes ont assigné à cette partie le caractère d'un troisième lobe ; *il est particulier au genre Homo, et tout aussi particulier est la corne postérieure du ventricule latéral et « l'hippocampe mineur », qui caractérisent le lobe postérieur de chaque hémisphère . »* — *Journal of the Proceedings of the Linnæan Society* , Vol. ii. p. 19.

Comme l'essai dans lequel se trouve ce passage n'avait pas un objectif moins ambitieux que celui de remodeler la classification des mammifères, on pourrait supposer que son auteur a écrit avec un sens particulier de responsabilité et a testé, avec un soin particulier, les déclarations il osa promulguer. Et même si c'était trop attendre, la précipitation ou le manque de possibilité de délibérer en bonne et due forme ne peuvent désormais être invoqués pour atténuer les défauts ; car les propositions citées furent répétées deux ans plus tard dans la conférence Reade, prononcée devant un organe aussi grave que l'Université de Cambridge, en 1859.

Lorsque les affirmations que j'ai mises en italique dans l'extrait ci-dessus me sont venues pour la première fois sous mon attention, je n'ai pas été peu étonné d'une contradiction si flagrante avec les doctrines courantes parmi les anatomistes bien informés ; mais, pensant naturellement que les déclarations délibérées d'une personne responsable devaient avoir quelque fondement dans les faits, j'ai estimé qu'il était de mon devoir d'examiner à nouveau le sujet avant que le moment où j'aurais à faire une conférence à ce sujet ne soit arrivé. Le résultat de mes investigations fut de prouver que les trois affirmations de M. Owen, selon lesquelles « le troisième lobe, la corne postérieure du ventricule latéral et l'hippocampe mineur » sont « particuliers au genre *Homo* », sont contraires aux faits les plus évidents. . J'ai communiqué cette conclusion aux élèves de ma classe ; puis, n'ayant aucun désir de m'embarquer dans une controverse qui ne pourrait pas faire l' honneur de la science britannique, quelle qu'en soit l'issue, je me tournai vers des occupations plus agréables.

Mais le moment arriva bientôt où persister dans cette réticence m'aurait entraîné dans un indigne penchant pour la vérité.

Lors de la réunion de la British Association à Oxford, en 1860, le professeur Owen répéta ces affirmations en ma présence et, bien entendu, je leur opposai immédiatement une contradiction directe et sans réserve, m'engageant à justifier ailleurs cette procédure inhabituelle. J'ai racheté cet engagement en publiant, dans le numéro de janvier de la *Natural History Review* de 1861, un article dans lequel la vérité des trois propositions suivantes était pleinement démontrée (lcp 71) : -

"1. Que le troisième lobe n'est ni particulier ni caractéristique de l'homme puisqu'il existe dans tous les quadrumanes supérieurs .

« 2. Que la corne postérieure du ventricule latéral n'est ni particulière ni caractéristique de l'homme, dans la mesure où elle existe également dans les quadrumanes supérieurs .

« 3. Que l' *hippocampe mineur* n'est ni particulier ni caractéristique de l'homme, comme on le trouve dans certains des quadrumanes supérieurs .

De plus, cet article contient le paragraphe suivant (p. 76) :

« Et enfin Schroeder van der Kolk et Vrolik (op. cit. p. 271), bien qu'ils notent particulièrement que « le ventricule latéral se distingue de celui de l'Homme par les proportions très défectueuses de la corne postérieure , où seule une bande est visible ». visible comme indication de l'hippocampe mineur ; » pourtant la figure 4, dans leur deuxième planche, montre que cette corne postérieure est une structure parfaitement distincte et indubitable , tout aussi grande qu'elle l'est souvent chez l'homme. Il est d'autant plus remarquable que le professeur Owen ait négligé la déclaration explicite et la figure de ces auteurs, car il est tout à fait évident, en comparant les figures, que sa gravure sur bois du cerveau d'un chimpanzé (lcp 19) est une copie réduite de la deuxième figure de MM. Schroeder van der Kolk et la première plaque de Vrolik .

le remarque cependant M. Gratiolet (lcp 18), « malheureusement le cerveau qu'ils ont pris pour modèle était très altéré (profondément altéré) . affaissé), d'où la forme générale du cerveau est donnée dans ces planches d'une manière tout à fait incorrecte. En effet, il ressort parfaitement de la comparaison d'une section du crâne du chimpanzé avec ces figures que tel est le cas ; et il est grandement regrettable qu'une figure aussi inadéquate ait été prise comme une représentation typique du cerveau du chimpanzé.

À partir de ce moment-là, le caractère intenable de sa position aurait pu être aussi évident pour le professeur Owen que pour tout le monde ; mais, loin de rétracter les graves erreurs dans lesquelles il était tombé, le professeur

Owen a persisté et les a réitérées ; d'abord, dans une conférence prononcée devant la Royal Institution le 19 mars 1861, qui est reconnue avoir été fidèlement reproduite dans l'« Athenæum » du 23 du même mois, dans une lettre adressée par le professeur Owen à ce journal le 23 du même mois. le 30 mars. Le rapport « Athenæum » était accompagné d'un diagramme prétendant représenter le cerveau d'un gorille, mais en réalité une fausse représentation si extraordinaire que le professeur Owen le retire substantiellement, mais pas explicitement, dans la lettre en question. Cependant, en corrigeant cette erreur, le professeur Owen est tombé dans une autre d'une portée beaucoup plus grave, comme le conclut sa communication par le paragraphe suivant : « Pour la véritable proportion dans laquelle le cerveau recouvre le cervelet chez les singes les plus élevés, il convient de se référer au chiffre du cerveau non disséqué du chimpanzé dans ma conférence Reade sur la classification, etc. des mammifères », p. 25, fig. 7, 8vo. 1859. »

Il ne serait pas crédible, s'il n'était malheureusement vrai, que ce chiffre, auquel le public confiant se réfère sans un mot de qualification, « pour la véritable proportion dans laquelle le cerveau recouvre le cervelet chez les singes les plus élevés », soit exactement cette copie non reconnue du chiffre de Schroeder van der Kolk et Vrolik dont l'inexactitude totale avait été signalée des années auparavant par Gratiolet et que j'avais portée à la connaissance du professeur Owen par moi-même dans le passage de mon article dans la "Natural History Review" cité ci-dessus.

J'ai de nouveau attiré l'attention du public sur ce fait dans ma réponse au professeur Owen, publiée dans l'« Athenæum » du 13 avril 1861 ; mais la figure éclatée fut reproduite une fois de plus par le professeur Owen, sans la moindre allusion à son inexactitude, dans les « Annals of Natural History » de juin 1861 !

Cela s'est avéré trop pour la patience des auteurs originaux de la figure, MM. Schroeder van der Kolk et Vrolik , qui, dans une note adressée à l'Académie d'Amsterdam, dont ils étaient membres, se sont déclarés, bien que résolument opposants. de toutes les formes de la doctrine du développement progressif, avant tout, amoureux de la vérité : et que, par conséquent, quel que soit le risque de paraître soutenir des vues qui ne leur plaisaient pas, ils estimaient de leur devoir de saisir la première occasion de répudier publiquement L'abus de leur autorité par le professeur Owen.

Dans cette note, ils admettaient franchement la justesse des critiques de M. Gratiolet , citées plus haut, et ils illustraient, par des figures nouvelles et soignées, le lobe postérieur, la corne postérieure et l'hippocampe mineur de l'Orang. D'ailleurs, après avoir démontré les rôles, lors d'une des séances de l'Académie, ils ajoutent : « la présence des parties contestées ya été.

universellement reconnu par les anatomistes présente à la séance. Le seul doute qui soit resté se rapporte au pes Hippocampi minor.... A l'état frais l'indice du petit pied d'Hippocampe était plus prononcé que maintenant .

Le professeur Owen a répété ses affirmations erronées lors de la réunion de la British Association en 1861, et encore une fois, sans aucune nécessité évidente, et sans introduire un seul fait nouveau ou un nouvel argument, ni être en mesure de répondre d'une manière ou d'une autre aux preuves écrasantes des dissections originales de de nombreux cerveaux de singes, qui avaient entre-temps été présentés par le professeur Rolleston, [33] FRS, M. Marshall, [34] FRS, M. Flower, [35] M. Turner, [36] et moi-même, [37] a relancé le sujet lors de la réunion de Cambridge du même organisme en 1862. Non content du rejet assez vigoureux que ces procédures sans précédent ont rencontré dans la section D, le professeur Owen a autorisé la publication d'une version de ses propres déclarations, accompagnée d'un étrange fausse déclaration de ma part (comme on peut le constater en comparant le rapport du « Times » sur la discussion), dans le « Medical Times » du 11 octobre 1862. Je joins la conclusion de ma réponse dans le même journal du 25 octobre.

« S'il s'agissait d'une question d'opinion, ou d'une question d'interprétation de parties ou de termes, — s'il s'agissait même d'une question d'observation dans laquelle le témoignage de mes propres sens seul était opposé à celui d'une autre personne, j'adopterais une attitude très ton différent dans la discussion de cette question. Je devrais, en toute humilité, admettre la probabilité d'avoir moi-même commis une erreur de jugement, échoué dans mes connaissances ou été aveuglé par des préjugés.

«Mais personne ne prétend désormais que la controverse soit une question de termes ou d'opinions. Aussi nouvelles et dénuées d'autorité qu'aient pu être certaines des définitions proposées par le professeur Owen, elles pourraient être acceptées sans changer les grandes caractéristiques de l'affaire. Par conséquent, bien que des recherches spéciales sur ces questions aient été entreprises au cours des deux dernières années par le Dr Allen Thomson, par le Dr Rolleston, par M. Marshall et par M. Flower, tous, comme vous le savez, sont des anatomistes réputés dans ce domaine. pays, et par les professeurs Schroeder Van der Kolk et Vrolik (que le professeur Owen a imprudemment essayé de mettre à son propre service) sur le continent, tous ces observateurs compétents et consciencieux ont témoigné d'un commun accord de l'exactitude de mes déclarations et de la le caractère totalement infondé des affirmations du professeur Owen. Même le vénérable Rudolph Wagner, que personne n'accusera de penchants progressistes, a élevé la voix du même côté ; alors qu'aucun anatomiste, grand ou petit, n'a soutenu le professeur Owen.

« Maintenant, je ne veux pas suggérer que les différends scientifiques devraient être réglés par le suffrage universel, mais je conçois que les preuves solides doivent être confrontées à quelque chose de plus que des affirmations creuses et sans fondement. Pourtant, au cours des deux années au cours desquelles cette controverse absurde a duré toute sa lassitude, le professeur Owen n'a pas osé avancer une seule préparation pour étayer ses affirmations souvent répétées.

« L'affaire est donc la suivante : non seulement les déclarations que j'ai faites sont en accord avec les doctrines des meilleures autorités anciennes et avec celles de tous les enquêteurs récents, mais je suis tout à fait prêt à les démontrer sur le premier singe qui vient. à portée de main; tandis que les affirmations du professeur Owen sont non seulement diamétralement opposées aux autorités anciennes et nouvelles, mais il n'a pas produit, et, j'ajouterai, ne peut pas produire, une seule préparation qui les justifie.

Je laisse maintenant ce sujet pour le présent . — Pour le crédit de ma vocation, je serais heureux de garder désormais le silence à jamais sur ce sujet. Mais, malheureusement, c'est une question sur laquelle, après tout ce qui s'est passé, aucune erreur ou confusion de termes n'est possible - et en affirmant que le lobe postérieur, la corne postérieure et le petit hippocampe existent chez certains singes, j'affirme soit ce qui est vrai, soit ce que je dois savoir être faux. La question est alors devenue une question de véracité personnelle. Pour ma part, je n'accepterai aucune autre question que celle-ci, aussi grave soit-elle, pour la controverse actuelle.

NOTES DE BAS DE PAGE :

[25] On comprendra que, dans l'essai précédent, j'ai choisi parmi la vaste masse d'articles qui ont été écrits sur les singes ressemblant à des hommes, seulement ceux qui me semblent avoir une importance particulière.

[26] Nous ne connaissons pas encore complètement le cerveau du gorille, et c'est pourquoi, en discutant des caractères cérébraux, je prendrai celui du chimpanzé comme mon terme le plus élevé parmi les singes.

[27] "Plus d'une fois", dit Peter Camper, "ai-je rencontré plus de six vertèbres lombaires chez l'homme... Une fois, j'ai trouvé treize côtes et quatre vertèbres lombaires ." Fallopius a noté treize paires de côtes et seulement quatre vertèbres lombaires ; et Eustachius trouva autrefois onze vertèbres dorsales et six vertèbres lombaires . — « Œuvres de Pierre Camper », T. 1, p. 42. Comme le déclare Tyson, son « Pygmée » avait treize paires de côtes et cinq vertèbres lombaires . La question des courbures de la colonne vertébrale chez les Singes mérite d'être approfondie.

[28] Il a été affirmé que les crânes hindous contiennent parfois aussi peu que 27 onces d'eau, ce qui donnerait une capacité d'environ 46 pouces cubes. La capacité minimale que j'ai supposée ci-dessus est cependant basée sur les précieux tableaux publiés par le professeur R. Wagner dans son « Vorstudien

zu un wissenschaftlichen Morphologie et physiologie des hommes Gehirns . Suite à la pesée minutieuse de plus de 900 cerveaux humains, le professeur Wagner affirme que la moitié pesait entre 1 200 et 1 400 grammes et que les deux neuvièmes environ, constitués pour la plupart de cerveaux masculins, pesaient plus de 1 400 grammes. Le cerveau le plus léger d'un homme adulte, doté de facultés mentales saines, enregistré par Wagner, pesait 1 020 grammes. Comme un gramme équivaut à 15,4 grains et qu'un pouce cube d'eau contient 252,4 grains, cela équivaut à 62 pouces cubes d'eau ; de sorte que, comme le cerveau est plus lourd que l'eau, nous sommes parfaitement en sécurité contre le fait de pécher par excès de diminution en considérant cette capacité comme la plus petite capacité de tout cerveau humain mâle adulte. Le seul cerveau masculin adulte, pesant à peine 970 grammes, est celui d'un idiot ; mais le cerveau d'une femme adulte, dont rien ne semble contredire la solidité des facultés, ne pesait que 907 grammes (55,3 pouces cubes d'eau) ; et Reid donne un cerveau de femme adulte de capacité encore plus petite. Le cerveau le plus lourd (1 872 grammes, soit environ 115 pouces cubes) était cependant celui d'une femme ; à côté vient le cerveau de Cuvier (1861 grammes), puis de Byron (1807 grammes), et enfin d'un fou (1783 grammes). Le cerveau adulte le plus léger enregistré (720 grammes) était celui d'une femme idiote. Le cerveau de cinq enfants âgés de quatre ans pesait entre 1 275 et 992 grammes. On peut donc affirmer avec certitude qu'un enfant européen moyen de quatre ans a un cerveau deux fois plus gros que celui d'un gorille adulte.

[29] En parlant du pied de son « Pygmée », Tyson remarque, p. 13 : « Mais cette partie dans la formation et dans sa fonction aussi, étant plus semblable à une main qu'à un pied : pour distinguer cette espèce d'animaux des autres, j'ai pensé s'il ne pouvait pas être compté et appelé plutôt Quadrumanus que Quadrupes . *c'est-à-dire* un animal à quatre mains plutôt qu'à quatre pattes.

Comme ce passage a été publié en 1699, MIG Saint-Hilaire se trompe clairement en attribuant à Buffon l'invention du terme « quadrumain », bien que « bimaneux » puisse lui appartenir. Tyson utilise « Quadrumanus » à plusieurs endroits, comme à la p. 91.... « Notre *Pygmée* n'est ni un homme, ni encore un *singe commun* , mais une sorte d' *animal* entre les deux ; et bien qu'il s'agisse d'un *bipède* , il appartient néanmoins au genre *Quadrumanus* : bien que certains *hommes* aient également été observés utilisant leurs *pieds* comme *des mains* , comme j'en ai vu plusieurs.

[30] Voir la note à la fin de cet essai pour un historique succinct de la controverse à laquelle il est fait ici allusion.

[31] Je dis *aider* à fournir : car je ne crois en aucune façon que ce soit une différence originelle de qualité cérébrale ou de quantité qui ait causé cette divergence entre les étriers humains et les étriers pithécoïdes , qui a abouti à

l'énorme abîme actuel entre eux. . Il est sans doute parfaitement vrai, dans un certain sens, que toute différence de fonction résulte d'une différence de structure ; ou, en d'autres termes, de différence dans la combinaison des forces moléculaires primaires de la substance vivante ; et, partant de cet axiome indéniable, des objecteurs occasionnels, et avec beaucoup de plausibilité apparente, soutiennent que le vaste gouffre intellectuel entre le singe et l'homme implique un gouffre structurel correspondant dans les organes des fonctions intellectuelles ; de sorte que, dit-on, la non-découverte de si vastes différences prouve, non qu'elles soient absentes, mais que la science est incompétente pour les détecter. Cependant, je pense qu'un très petit examen démontrera l'erreur de ce raisonnement. Sa validité repose sur l'hypothèse selon laquelle la puissance intellectuelle dépend entièrement du cerveau – alors que le cerveau n'est qu'un état parmi tant d'autres dont dépendent les manifestations intellectuelles ; les autres étant principalement les organes des sens et les appareils moteurs, surtout ceux qui ont trait à la préhension et à la production de la parole articulée.

Un homme né muet, malgré sa grande masse cérébrale et son héritage de forts instincts intellectuels, serait capable de peu de manifestations intellectuelles plus élevées qu'un orang ou un chimpanzé, s'il était confiné à la société d'associés muets. Et pourtant, il n'y a peut-être pas la moindre différence perceptible entre son cerveau et celui d'une personne très intelligente et cultivée. Le mutisme peut être le résultat d'une structure défectueuse de la bouche ou de la langue, ou d'une simple innervation défectueuse de ces parties ; ou bien cela pourrait résulter d'une surdité congénitale, causée par quelque léger défaut de l'oreille interne, que seul un anatomiste attentif pourrait découvrir.

L'argument selon lequel, parce qu'il y a une immense différence entre l'intelligence d'un homme et celle d'un singe, il doit donc y avoir une différence tout aussi immense entre leurs cerveaux, me semble à peu près aussi bien fondé que le raisonnement par lequel on devrait s'efforcer de prouver que, parce qu'il y a un « grand fossé » entre une montre qui garde l'heure exacte et une autre qui ne marche pas du tout, il y a donc un grand hiatus structurel entre les deux montres. Un cheveu dans le balancier, un peu de rouille sur un pignon, une courbure dans une dent de l'échappement, quelque chose de si léger que seul l' œil exercé de l'horloger peut le découvrir, peuvent être la source de toute la différence.

Et croyant, comme je le fais avec Cuvier, que la possession d'un langage articulé est le grand caractère distinctif de l'homme (qu'il lui soit absolument particulier ou non), je trouve très facile de comprendre qu'une différence structurelle tout aussi discrète puisse ont été la cause principale de la divergence incommensurable et pratiquement infinie entre l'humain et les Stirps simiens.

[32] C'est un plaisir si rare pour moi de trouver les opinions du professeur Owen entièrement conformes aux miennes, que je ne peux m'empêcher de citer un paragraphe qui parut dans son essai « Sur les caractères, etc., de la classe Mammalia », dans le « Journal of the Proceedings of the Linnean Society of London » de 1857, mais est inexplicablement omis dans la « Reade Lecture » prononcée devant l'Université de Cambridge deux ans plus tard, qui par ailleurs est presque une réimpression de l'article en question. Le professeur Owen écrit :

« Ne pas être capable d'apprécier ou de concevoir la distinction entre les phénomènes psychiques d'un chimpanzé et d'un Boschisman ou d'un Aztèque, avec une croissance cérébrale arrêtée, comme étant d'une nature si essentielle qu'elle exclut une comparaison entre eux, ou comme étant autre qu'une différence de degré, je ne peux pas fermer les yeux sur la signification de cette similitude omniprésente de structure – chaque dent, chaque os, strictement homologue – qui fait de la détermination de la différence entre *Homo* et *Pithecus* la difficulté de l'anatomiste.

Il est sûrement un peu singulier que « l'anatomiste », qui a « du mal » à « déterminer la différence » entre *Homo* et *Pithecus* , puisse pourtant les classer sur des bases anatomiques, en sous-classes distinctes !

[33] Sur les affinités du cerveau de l'Orang. Nat. Hist. Revue, avril 1861.

[34] Sur le cerveau d'un jeune chimpanzé. Ibid., juillet 1861.

[35] Sur les lobes postérieurs du cerveau du Quadrumana . Transactions philosophiques, 1862.

[36] Sur les relations anatomiques des surfaces du tentorium avec le cerveau et le cervelet chez l'homme et les mammifères inférieurs. Actes de la Royal Society of Edinburgh, mars 1862.

[37] Sur le cerveau d'Ateles. Actes de la Société Zoologique, 1861.

III

SUR CERTAINS RESTES FOSSILES DE L'HOMME.

J'ai essayé de montrer, dans l'essai précédent, que les ANTHROPINI , ou Famille des Hommes, forment un groupe très bien défini de Primates, entre lequel et la Famille immédiatement suivante, les CATARHINI , il y a, dans le monde existant, les mêmes absence totale de toute forme de transition ou de lien de connexion, comme entre les CATARHINI et LES PLATYRHINI .

Cependant, c'est une doctrine communément admise que les intervalles structurels entre les diverses modifications existantes des êtres organiques peuvent être diminués, voire effacés, si l'on prend en compte la succession longue et variée d'animaux et de plantes qui ont précédé ceux qui sont aujourd'hui vivants et vivants. qui ne nous sont connus que par leurs restes fossilisés. Dans quelle mesure cette doctrine est-elle bien fondée, dans quelle mesure, d'autre part, dans l'état actuel de nos connaissances, elle constitue une exagération des faits réels de l'affaire et une exagération des conclusions qui peuvent en être raisonnablement déduites, sont des points très graves. importance, mais dans la discussion de laquelle je ne me propose pas, pour le moment, d'entrer. Il suffit qu'une telle vision des relations entre les êtres disparus et les êtres vivants ait été proposée pour nous amener à nous demander, avec anxiété, dans quelle mesure les découvertes récentes de restes humains à l'état fossile confirment ou s'opposent à cette vision.

Je me bornerai, en discutant cette question, à ces fragments de crânes humains provenant des grottes d' Engis dans la vallée de la Meuse, en Belgique, et de l'Homme de Néandertal près de Düsseldorf, dont les relations géologiques ont été examinées avec tant de soin par Monsieur Charles Lyell ; sous la haute autorité de qui je tiendrai pour acquis que le crâne d'Engis appartenait à un contemporain du Mammouth (*Elephas primigenius*) et du Rhinocéros laineux (*Rhinocerus tichorhinus*), aux os desquels il a été trouvé associé ; et que le crâne de Néandertal est d'une antiquité grande, quoique incertaine. Quel que soit l'âge géologique de ce dernier crâne, je conçois qu'il est tout à fait prudent (sur la base des principes ordinaires du raisonnement paléontologique) de supposer que le premier nous amène, au moins, au-delà de la vague limite biologique qui sépare le crâne actuel. époque géologique de celle qui l'a immédiatement précédée. Et il ne fait aucun doute que la géographie physique de l'Europe a merveilleusement changé, depuis que les ossements d'Hommes et de Mammouths, d'Hyènes et de Rhinocéros ont été emportés pêle-mêle dans la grotte d' Engis .

Le crâne de la grotte d' Engis a été découvert à l'origine par le professeur Schmerling et a été décrit par lui, avec d'autres restes humains exhumés à la même époque, dans son précieux ouvrage « Recherches sur les ossemens » . fossiles découverts dans les cavernes de la Province de Liège », publié en 1833 (p. 59, *et suiv.*), dont sont extraits les paragraphes suivants, les expressions précises de l'auteur étant, autant que possible, conservées.

« En premier lieu, je dois remarquer que ces restes humains, qui sont en ma possession, se caractérisent, comme les milliers d'os que j'ai exhumés dernièrement, par l'ampleur de la décomposition qu'ils ont subie, qui est précisément la la même que celle des espèces disparues : toutes, à quelques exceptions près, sont brisées ; quelques-uns sont arrondis, comme c'est fréquemment le cas dans les restes fossiles d'autres espèces. Les fractures sont verticales ou obliques ; aucun d'entre eux n'est érodé ; leur couleur ne diffère pas de celle des autres os fossiles et varie du jaune blanchâtre au noirâtre. Tous sont plus légers que les os récents, à l'exception de ceux qui ont une incrustation calcaire et dont les cavités sont remplies de cette matière.

« Le crâne que j'ai fait figurer, planche I., figs. 1, 2, est celui d'une personne âgée. Les sutures commencent à s'effacer : tous les os de la face manquent, et des os temporaux il ne reste qu'un fragment de celui du côté droit.

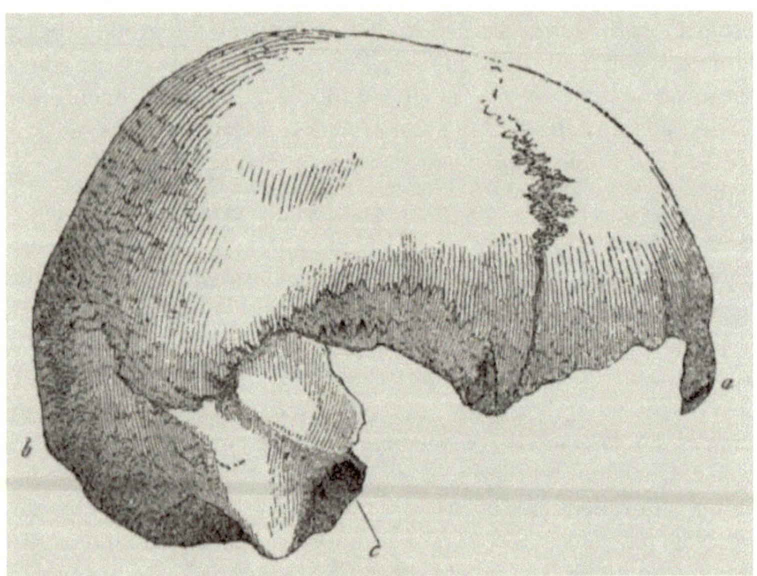

FIGURE. 22.— **Le crâne de la grotte d' Engis — vu du côté droit. *a* ,
glabelle, *b* , protubérance occipitale, (*a* à *b* glabello -ligne occipitale),
c , foramen auditif.**

« La face et la base du crâne avaient été détachées avant que le crâne ne soit déposé dans la grotte, car nous n'avons pas pu retrouver ces parties, bien que toute la caverne ait été régulièrement fouillée. Le crâne a été rencontré à une profondeur d'un mètre et demi [cinq pieds près] caché sous une brèche osseuse, composée de restes de petits animaux, et contenant une défense de rhinocéros , avec plusieurs dents de chevaux et de ruminants. Cette brèche, dont il a été parlé plus haut (p. 30), avait un mètre de largeur, et s'élevait à la hauteur d'un mètre et demi au-dessus du sol de la caverne, jusqu'aux _{parois de} auquel il a adhéré fermement.

« La terre qui renfermait ce crâne humain ne présentait aucune trace de perturbation : des dents de rhinocéros, de cheval, d'hyène et d'ours l'entouraient de toutes parts.

« Le célèbre Blumenbach [38] a attiré l'attention sur les différences que présentent la forme et les dimensions des crânes humains des différentes races. Cet important travail nous aurait été d'une grande aide, si le visage, partie essentielle à la détermination de la race, avec plus ou moins d'exactitude, n'avait pas manqué à notre crâne fossile.

« Nous sommes convaincus que même si le crâne avait été complet, il n'aurait pas été possible de se prononcer avec certitude sur un seul spécimen ; car les variations individuelles sont si nombreuses dans les crânes d'une même race, qu'on ne peut, sans s'exposer à de grands risques d'erreur, tirer aucune conclusion d'un seul fragment de crâne à la forme générale de la tête à laquelle il est associé. appartenait.

« Néanmoins, afin de ne négliger aucun point concernant la forme de ce crâne fossile, nous pouvons observer que, dès le début, la forme allongée et étroite du front attira notre attention.

« En fait, la légère élévation du frontal, son étroitesse et la forme de l'orbite le rapprochent plus du crâne d'un Éthiopien que de celui d'un Européen : la forme allongée et l'occiput produit sont aussi des caractères que nous pense être observable dans notre crâne fossile; mais pour lever tout doute à ce sujet, j'ai fait dessiner les contours du crâne d'un Européen et d'un Éthiopien et représenter les fronts. Planche II., fig. 1 et 2, et, dans la même planche, les Fig. 3 et 4, rendront les différences facilement distinguables ; et un seul coup d'œil sur les figures sera plus instructif qu'une longue et fastidieuse description.

« Quelle que soit la conclusion à laquelle nous parvenons quant à l'origine de l'homme d'où provient ce crâne fossile, nous pouvons exprimer une opinion sans nous exposer à une controverse stérile. Chacun peut adopter l'hypothèse qui lui paraît la plus probable : pour ma part, je tiens pour démontré que ce crâne a appartenu à un homme aux facultés intellectuelles limitées, et nous en concluons qu'il appartenait à un homme d'un faible degré. de civilisation :

déduction qui se confirme en opposant la capacité de la région frontale avec celle de la région occipitale.

« Un autre crâne d'un jeune individu a été découvert dans le sol de la caverne à côté d'une dent d'éléphant ; le crâne était entier lorsqu'on l'a trouvé, mais au moment où il a été soulevé, il est tombé en morceaux que je n'ai pas encore pu reconstituer. Mais j'ai représenté les os de la mâchoire supérieure, planche I, fig. 5. L'état des alvéoles et des dents montre que les molaires n'avaient pas encore percé la gencive. Des molaires de lait détachées et quelques fragments de crâne humain proviennent de ce même endroit. La Figure 3, représente une dent incisive supérieure humaine, dont la taille est vraiment remarquable. [39]

« La figure 4 est un fragment d'os maxillaire supérieur dont les molaires sont usées jusqu'aux racines.

« Je possède deux vertèbres , une première et une dernière dorsale.

« Une clavicule du côté gauche (voir planche III., fig. 1) ; bien qu'il appartenait à un jeune individu, cet os montre qu'il devait être de grande stature. [40]

« Deux fragments du radius, mal conservés, n'indiquent pas que la taille de l'homme auquel ils appartenaient dépassait cinq pieds et demi.

« Quant aux restes des membres supérieurs, ceux qui sont en ma possession consistent simplement en un fragment d'un cubitus et d'un radius (planche III, fig. 5 et 6).

« La figure 2, planche IV, représente un os métacarpien contenu dans la brèche dont nous avons parlé ; on l'a trouvé dans la partie inférieure, au-dessus du crâne : ajoutez à cela quelques os métacarpiens, trouvés à des distances très différentes, une demi-douzaine de métatarsiens, trois phalanges de la main et une du pied .

« Ceci est une brève énumération des restes d'ossements humains recueillis dans la caverne d' Engis , qui nous a conservé les restes de trois individus, entourés de ceux de l'Éléphant, du Rhinocéros et de Carnivores d'espèces inconnues à l'heure actuelle. création."

De la grotte d' Engihoul , en face de celle d' Engis , sur la rive droite de la Meuse, Schmerling obtint les restes de trois autres individus de l'Homme, parmi lesquels se trouvaient seulement deux fragments d'os pariétaux, mais de nombreux os des extrémités. Dans un cas, un fragment brisé d'un cubitus a été soudé à un fragment similaire d'un radius par une stalagmite, une condition fréquemment observée parmi les os de l'ours des cavernes (*Ursus spelæus*), trouvés dans les cavernes belges.

C'est dans la caverne d' Engis que le professeur Schmerling trouva, incrusté de stalagmite et joint à une pierre, l'instrument en os pointu, qu'il a figuré sur la fig. 7 de sa planche XXXVI., et des silex travaillés furent trouvés par lui dans toutes ces Grottes belges, qui contenaient une abondance d'ossements fossiles.

Une courte lettre de M. Geoffroy St. Hilaire, publiée dans les Comptes Le Rendus de l'Académie des Sciences de Paris, du 2 juillet 1838, parle d'une visite (et apparemment très précipitée) faite à la collection du professeur « Schermidt » (ce qui est sans doute une faute d'impression pour Schmerling) à Liège. L'écrivain critique brièvement les dessins qui illustrent l'œuvre de Schmerling et affirme que « le crâne humain est un peu plus long qu'il n'est représenté » dans la figure de Schmerling. La seule autre remarque qui mérite d'être citée est celle-ci : « L'aspect des ossements humains diffère peu de celui des ossements des cavernes, que nous connaissons et dont il existe une collection considérable au même endroit. Quant à leurs formes particulières, comparées à celles des variétés de crânes humains récents, peu de conclusions *certaines* peuvent être avancées ; car il existe des différences bien plus grandes entre les différents spécimens de variétés bien caractérisées qu'entre le crâne fossile de Liège et celui d'une de ces variétés choisies comme terme de comparaison.

Les propos de Geoffroy Saint-Hilaire ne sont, on le remarquera, qu'un écho des doutes philosophiques du descripteur et découvreur des vestiges. Quant à la critique des figures de Schmerling, je trouve que la vue latérale donnée par ce dernier est en réalité d'environ $^3/_{10}$ ème de pouce plus courte que l'original, et que la vue de face est diminuée à peu près dans la même mesure. Pour le reste la représentation n'est en rien inexacte, mais correspond très bien au casting qui est en ma possession.

Un morceau de l'os occipital, que Schmerling semble avoir manqué, a depuis été ajusté sur le reste du crâne par un anatomiste accompli, le Dr Spring de Liège, sous la direction duquel un excellent plâtre a été réalisé pour Sir Charles Lyell. C'est sur et à partir d'une copie de ce moulage que mes propres observations et les figures qui l'accompagnent, dont les contours sont copiés à partir de dessins très précis de la Camera lucida, par mon ami M. Busk, réduits à la moitié de la taille naturelle, sont fait.

Comme l'observe le professeur Schmerling, la base du crâne est détruite et les os du visage sont totalement absents ; mais le toit du crâne, constitué des os frontaux, pariétaux et de la plus grande partie des os occipitaux, jusqu'au milieu du foramen occipital, est entier ou à peu près. L'os temporal gauche manque. Du temporal droit, les parties situées au voisinage immédiat du foramen auditif, l'apophyse mastoïde et une partie considérable de l'élément pavimenteux du temporal sont bien conservées (Fig. 22).

Les lignes de fracture qui subsistent entre les morceaux coajustés du crâne et qui sont fidèlement représentées dans la figure de Schmerling sont facilement traçables dans le plâtre. Les sutures sont également visibles, mais la disposition complexe de leurs dentelures, représentée sur la figure, n'est pas évidente dans le plâtre. Bien que les crêtes qui attachent les muscles ne soient pas excessivement saillantes, elles sont bien marquées et, combinées aux sinus frontaux apparemment bien développés et à l'état des sutures, ne laissent aucun doute dans mon esprit sur le fait que le crâne est celui d'un adulte. , sinon un homme d'âge moyen.

La longueur extrême du crâne est de 7,7 pouces. Sa largeur extrême, qui correspond à peu près à l'intervalle entre les protubérances pariétales, n'est pas supérieure à 5,4 pouces. La proportion de la longueur sur la largeur est donc à peu près de 100 à 70. Si l'on trace une ligne depuis le point où le sourcil s'incurve vers la racine du nez, et qui est appelée « glabelle » (*a*), (Fig. 22), à la protubérance occipitale (*b*), et la distance jusqu'au point le plus élevé de la voûte crânienne étant mesurée perpendiculairement à cette ligne, elle sera de 4,75 pouces. Vu de dessus, fig. 23, A , le front présente une courbe régulièrement arrondie et passe dans le contour des côtés et de l'arrière du crâne, qui décrit une courbe elliptique assez régulière.

La vue de face (Fig. 23, B) montre que le toit du crâne était très régulièrement et élégamment arqué dans le sens transversal, et que le diamètre transversal était un peu moins au-dessous des protubérances pariétales qu'au-dessus d'elles. Le front ne peut pas être qualifié d'étroit par rapport au reste du crâne, ni de front en retrait ; au contraire, le contour antéro-postérieur du crâne est bien cambré, de sorte que la distance le long de ce contour, depuis la dépression nasale jusqu'à la protubérance occipitale, mesure environ 13,75 pouces. L'arc transversal du crâne, mesuré d'un foramen auditif à l'autre, au milieu de la suture sagittale, est d'environ 13 pouces. La suture sagittale elle-même mesure 5,5 pouces de long.

Les protubérances supraciliaires ou arcades sourcilières (de chaque côté d' *un* , fig. 22) sont bien développées, mais sans excès, et sont séparées par une dépression médiane. Leur élévation principale est si oblique que je les juge dues à de gros sinus frontaux.

Si une ligne joignant la glabelle et la protubérance occipitale (*a* , *b* , Fig. 22) est rendue horizontale, aucune partie de la région occipitale ne dépasse de plus de $^1/_{10}$ ème de pouce derrière l'extrémité postérieure de cette ligne, et le bord supérieur du foramen auditif (*c*) est presque en contact avec une ligne tracée parallèlement à celle-ci sur la surface externe du crâne.

Une ligne transversale tracée d'un foramen auditif à l'autre traverse, comme d'habitude, la partie antérieure du foramen occipital. La capacité de l'intérieur de ce crâne fragmentaire n'a pas été déterminée.

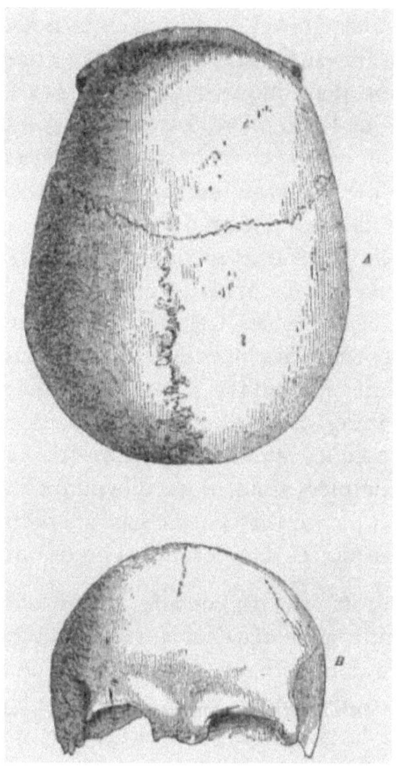

FIGUE. 23.— Le crâne d'Engis vu de dessus (*A*) et de face (*B*).

L'histoire des restes humains de la caverne de l'Homme de Néandertal peut être mieux racontée dans les mots de leur descripteur original, le Dr Schaaffhausen , [41] tels que traduits par M. Busk.

« Au début de l'année 1857, un squelette humain fut découvert dans une grotte calcaire de l'Homme de Néandertal, près de Hochdal , entre Düsseldorf et Elberfeld. Je n'en ai cependant pu me procurer qu'un moulage en plâtre du crâne, pris à Elberfeld, d'où j'ai dressé un compte rendu de sa conformation remarquable, qui fut, pour la première fois, lu le 4 février. 1857, lors de la réunion de la Société médicale et d'histoire naturelle du Bas-Rhin, à Bonn. [42] Par la suite, le Dr Fuhlrott , à qui la science doit la conservation de ces os, qui n'étaient pas d'abord considérés comme humains, et en qui ils sont ensuite entrés en possession, a apporté le crâne d'Elberfeld à Bonn et me l'a confié. pour un examen anatomique plus précis. Lors de l'assemblée générale de la Société d'histoire naturelle de la Rhénanie prussienne et de la Westphalie, à Bonn, le 2 juin 1857, [43] le Dr Fuhlrott lui-même a donné un compte rendu complet de la localité et des circonstances dans lesquelles la découverte a été faite. fait. Il était d'avis que les os pouvaient être considérés comme fossiles ; et en arrivant à cette conclusion, il a mis un accent particulier sur l'existence de dépôts dendritiques dont leur surface était recouverte et qui ont été remarqués pour la première fois par le professeur Mayer. A cette communication j'ai joint un bref rapport sur les résultats de mon examen anatomique des os. Les conclusions auxquelles je suis arrivé étaient les suivantes : 1°. Que la forme extraordinaire du crâne était due à une conformation naturelle jusqu'alors inconnue, même chez les races les plus barbares. 2ème. Que ces restes humains remarquables appartenaient à une période antérieure à l'époque des Celtes et des Germains, et provenaient selon toute probabilité d'une des races sauvages de l'Europe du Nord-Ouest, dont parlent les écrivains latins ; et qui ont été rencontrés comme autochtones par les immigrants allemands. Et 3èmement. Qu'il ne faisait aucun doute que ces reliques humaines pouvaient remonter à une époque où existaient encore les derniers animaux du diluvium ; mais qu'aucune preuve de cette hypothèse, ni par conséquent de leur soi-disant état *fossile* , n'a été apportée par les circonstances dans lesquelles les os ont été découverts.

Comme le Dr Fuhlrott n'a pas encore publié sa description de ces circonstances, j'en emprunte le récit suivant à une de ses lettres. « Une petite grotte ou grotte, suffisamment haute pour accueillir un homme, et à environ 15 pieds de profondeur de l'entrée, qui mesure 7 ou 8 pieds de large, existe dans la paroi sud de la gorge de Néandertal, comme on l'appelle, à une distance d'environ 100 pieds du Düssel et à environ 60 pieds au-dessus du fond de la vallée. Dans son état antérieur et intact, cette caverne s'ouvrait sur un plateau étroit situé devant elle, et d'où la paroi rocheuse descendait presque perpendiculairement dans la rivière. On pouvait y accéder, quoique difficilement, par le haut. Le sol inégal était recouvert sur une épaisseur de 4 ou 5 pieds d'un dépôt de boue, mélangé avec parcimonie à des fragments arrondis de chert. Lors de l'enlèvement de ce dépôt, les ossements ont été découverts. Le crâne fut le premier remarqué, placé le plus près de l'entrée de la caverne ; et plus loin, les autres os, situés dans le même plan horizontal. J'en ai été assuré, dans les termes les plus positifs, par deux ouvriers employés au nettoyage de la grotte, et que j'ai interrogés sur place. Au début, on ne savait pas que les os étaient humains ; et ce ne fut que plusieurs semaines après leur découverte qu'ils furent reconnus comme tels par moi et mis en sécurité. Mais comme l'importance de la découverte n'était pas alors perçue, les ouvriers furent très négligents dans la collecte et ne récupérèrent principalement que les os les plus gros ; et c'est à cette circonstance que l'on peut attribuer que de simples fragments du squelette probablement parfait sont entrés en ma possession.

Mon examen anatomique de ces os m'a donné les résultats suivants :

Le crâne est de taille inhabituelle et de forme elliptique longue. Une particularité des plus remarquables est immédiatement évidente dans le développement extraordinaire des sinus frontaux, grâce auquel les crêtes sourcilières, qui fusionnent complètement au milieu, sont rendues si saillantes, que l'os frontal présente un creux ou une dépression considérable au-dessus, ou plutôt derrière eux, tandis qu'une profonde dépression se forme également à l'emplacement de la racine du nez. Le front est étroit et bas, bien que les parties médiane et postérieure de l'arc crânien soient bien développées. Malheureusement, le fragment du crâne qui a été conservé ne consiste que dans la partie située au-dessus du toit des orbites et des crêtes occipitales supérieures, très développées et presque jointes de manière à former une éminence horizontale. Il comprend la quasi-totalité de l'os frontal, les deux pariétaux, une petite partie de l'os squameux et le tiers supérieur de l'occipital. Les surfaces récemment fracturées montrent que le crâne était brisé au moment de son exhumation. La cavité contient 16 876 grains d'eau, d'où son contenu cubique peut être estimé à 57,64 pouces, ou 1 033,24 centimètres cubes . En faisant cette estimation, l'eau est supposée se trouver au niveau de la plaque orbitaire du frontal, de l'encoche la plus profonde du bord squameux du pariétal et des crêtes semi-circulaires supérieures de l'occipital. Estimé en graines de mil séchées, le contenu équivalait à 31 onces, poids des apothicaires prussiens. La ligne semi-circulaire indiquant la limite supérieure de l'attache du muscle temporal, quoique peu marquée, monte néanmoins jusqu'à plus de la moitié de la hauteur de l'os pariétal. Sur la crête sourcilière droite, on observe un sillon oblique ou une dépression, révélateur d'une blessure reçue au cours de la vie. [44] Les sutures coronales et sagittales sont à l'extérieur presque fermées, et à l'intérieur si complètement ossifiées qu'elles n'ont laissé aucune trace, tandis que la lambdoïdale reste tout à fait ouverte. Les dépressions des glandes Pacchioniennes sont profondes et nombreuses ; et il y a un sillon vasculaire inhabituellement profond immédiatement derrière la suture coronale, qui, comme il se termine par un foramen, transmettait sans aucun doute une *veine émissaire* . Le tracé de la suture frontale est indiqué extérieurement par une légère crête ; et là où elle rejoint la coronale, cette crête s'élève en une petite protubérance. Le tracé de la suture sagittale est rainuré et au-dessus de l'angle de l'os occipital, les pariétaux sont déprimés.

	mm. [45]		
La longueur du crâne depuis le processus nasal du frontal en passant par le sommet jusqu'aux	303 (300)	=	12,0".

lignes semi-circulaires supérieures des mesures occipitales			
Circonférence sur les crêtes orbitaires et les lignes semi-circulaires supérieures de l'occipital	590 (590)	=	23,37" ou 23".
Largeur du frontal depuis le milieu de la ligne temporale d'un côté jusqu'au			
même point à l'opposé	104 (114)	=	4,1"-4,5".
Longueur du frontal depuis l'apophyse nasale jusqu'à la suture coronale	133 (125)	=	5,25"-5".
Largeur extrême des sinus frontaux	25 (23)	=	1,0"-0,9".
Hauteur verticale au-dessus d'une ligne joignant les encoches les plus profondes du bord pavimenteux des pariétaux	70	=	2,75".
Largeur de la partie postérieure du crâne d'une protubérance pariétale à l'autre	138 (150)	=	5,4"-5,9".
Distance de l'angle supérieur de l'occipital aux lignes semi-circulaires supérieures	51 (60)	=	1,9"-2,4".
Épaisseur de l'os au niveau de la protubérance pariétale	8.		
—— à l'angle de l'occipital	9.		
—— à la ligne semi-circulaire supérieure de l'occipital	dix	=	0,3".

Outre le crâne, les os suivants ont été sécurisés : -

1. Les deux fémurs, parfaits. Ceux-ci, comme le crâne et tous les autres os, sont caractérisés par leur épaisseur inhabituelle et par le grand développement de toutes les élévations et dépressions destinées à l'attachement des muscles. Au Musée Anatomique de Bonn, sous la désignation d'« os de géant », se trouvent des fémurs récents, auxquels correspondent à peu près en épaisseur ceux qui précèdent , quoiqu'ils soient plus courts.

		Les os du géant.			Des os fossiles.		
		mm.			mm.		
Longueur		542	=	21,4"	438	=	17,4"
Diamètre	de la tête du fémur	54	=	2,14"	53	=	2.0"
"	de l'extrémité articulaire inférieure, de						
un condyle à l'autre		89	=	3,5"	87	=	3,4"
Diamètre	du fémur au milieu	33	=	1,2"	30	=	1.1"

2° Un humérus droit parfait, dont la taille montre qu'il appartient aux fémurs.

	mm.		
Longueur	312	=	12,3"
Épaisseur au milieu	26	=	1,0"
Diamètre de la tête	49	=	1,9"

Également un rayon droit parfait de dimensions correspondantes et le tiers supérieur d'un cubitus droit correspondant à l'humérus et au rayon.

3. Un humérus gauche, dont le tiers supérieur manque, et qui est tellement plus mince que le droit, qu'il semble appartenir à un individu distinct ; un *cubitus* gauche , qui, bien que complet, est pathologiquement déformé, le processus coronoïde étant tellement élargi par la croissance osseuse, que la flexion du coude au-delà d'un angle droit devait être impossible ; la fosse antérieure de l' humérus pour la réception du processus coronoïde étant également remplie d'une croissance osseuse similaire. Dans le même temps, l'olécrane est fortement courbé vers le bas. Comme l'os ne présente aucun

signe de dégénérescence rachitique, on peut supposer qu'une blessure subie au cours de la vie a été la cause de l'anchylose. Lorsqu'on compare le cubitus gauche avec le radius droit, on pourrait à première vue conclure que les os appartenaient respectivement à des individus différents, le cubitus étant de plus d'un demi-pouce trop court pour une articulation avec un rayon correspondant. Mais il est clair que ce raccourcissement, ainsi que l'atténuation de l'humérus gauche, sont tous deux consécutifs à l'état pathologique décrit ci-dessus.

ilium gauche , presque parfait, et appartenant au fémur ; un fragment de l' *omoplate droite* ; l'extrémité antérieure d'une côte du côté droit ; et la même partie d'une côte du côté gauche ; la partie postérieure d'une côte du côté droit ; et enfin deux parties postérieures et une partie médiane de côtes qui, par leur forme inhabituellement arrondie et leur courbure abrupte, ressemblent plus aux côtes d'un animal carnivore qu'à celles d'un homme. Cependant, le Dr H. contre Meyer, au jugement duquel je m'en remets, n'osera pas les déclarer comme étant des côtes d'un animal ; et il ne reste plus qu'à supposer que cet état anormal est dû à un développement inhabituellement puissant des muscles thoraciques.

Les os adhèrent fortement à la langue, quoique, comme le prouve l'emploi de l'acide chlorhydrique, la plus grande partie du cartilage y soit encore retenue, qui paraît cependant avoir subi cette transformation en gélatine qui a été observée par v. Bibra en os fossiles. La surface de tous les os est par endroits couverte de minuscules taches noires qui, surtout sous une lentille, paraissent formées de *dendrites très délicates* . Ces dépôts, observés pour la première fois sur les os par le Dr Meyer, sont plus distincts sur la surface interne des os crâniens. Ils sont constitués d'un composé ferrugineux et, à cause de leur couleur noire , on peut supposer qu'ils contiennent du manganèse. Des formations dendritiques similaires se produisent également, assez fréquemment, sur des roches laminées et se trouvent généralement dans de minuscules fissures et fissures. Lors de la réunion de la Société du Bas-Rhin à Bonn, le 1er avril 1857, le professeur Meyer déclara qu'il avait remarqué au musée de Poppelsdorf des cristallisations dendritiques similaires sur plusieurs os fossiles d'animaux, et particulièrement sur ceux d' *Ursus spelæus* , mais encore plus abondamment et plus joliment exposés sur les os et les dents fossiles d' *Equus adamiticus* , *d'Elephas primigenius* , etc., provenant des grottes de Bolve et de Sundwig . De faibles indications de *dendrites* similaires étaient visibles dans un crâne romain de Siegburg ; tandis que d'autres crânes anciens, qui gisaient depuis des siècles dans la terre, n'en présentaient aucune trace. [46] Je suis redevable à H. v. Meyer des remarques suivantes à ce sujet : -

« La formation naissante de dépôts dendritiques, autrefois considérés comme le signe d'un état véritablement fossile, est intéressante. On a même supposé que dans les dépôts diluviens, la présence de *dendrites* pouvait être considérée comme offrant une certaine marque de distinction entre les os mélangés au diluvium à une époque un peu plus tardive et les véritables reliques diluviennes, auxquelles seules on supposait que ces dépôts étaient liés. confiné. Mais je suis depuis longtemps convaincu que ni l'absence de *dendrites ne peut* être considérée comme une indication d'un âge récent, ni leur présence comme suffisante pour établir la grande antiquité des objets sur lesquels elles se trouvent. J'ai moi-même remarqué sur du papier, qui ne pouvait guère dater de plus d'un an, des dépôts dendritiques qu'on ne pouvait distinguer de ceux des os fossiles. Je possède ainsi un crâne de chien provenant de la colonie romaine de la région voisine Heddersheim , *Castrum Hadrianum* , qui ne se distingue en rien des ossements fossiles des grottes franques ; il présente la même couleur et adhère à la langue comme eux ; de sorte que ce personnage aussi, qui, lors d'une précédente réunion de naturalistes allemands à Bonn, donna lieu à des scènes amusantes entre Buckland et Schmerling, n'a plus aucune valeur. Dans les cas controversés, l'état de l'os ne permet donc guère de déterminer avec certitude s'il est fossile, c'est-à-dire s'il appartient à l'antiquité géologique ou à la période historique.

Comme nous ne pouvons pas maintenant considérer le monde primitif comme représentant un état de choses totalement différent, à partir duquel aucune transition n'existe vers la vie organique du temps présent, la désignation de *fossile* , appliquée à *un os* , n'a plus le sens qu'elle donnait. au temps de Cuvier. Il existe des raisons suffisantes pour supposer que l'homme a coexisté avec les animaux trouvés dans le *diluvium* ; et bien des races barbares ont pu, avant tous les temps historiques, avoir disparu, avec les animaux du monde antique, tandis que les races dont l'organisation s'est améliorée ont continué le genre. Les ossements qui font l'objet de cet article présentent des caractères qui, bien que non décisifs quant à une époque géologique, sont néanmoins de nature à indiquer une très haute antiquité. On peut aussi remarquer que, si fréquente que soit la présence d'ossements d'animaux diluviaux dans les dépôts boueux des cavernes, de tels restes n'ont pas encore été rencontrés dans les grottes de l'Homme de Néandertal ; et que les os, qui étaient recouverts d'un dépôt de boue n'ayant pas plus de quatre ou cinq pieds d'épaisseur, et sans aucune couverture protectrice de stalagmite, ont conservé la plus grande partie de leur substance organique.

Ces circonstances pourraient être opposées à la probabilité d'une antiquité géologique. Nous ne devrions pas non plus être fondés à considérer la conformation crânienne comme représentant peut-être le type primitif le plus sauvage de la race humaine, puisque des crânes existent chez les sauvages vivants, qui, bien que ne présentant pas une conformation aussi remarquable du front, qui donne au crâne un peu l'aspect de celui des grands singes, à d'autres égards encore, comme par exemple dans la plus grande profondeur des fosses temporales , les crêtes temporales saillantes en forme de crête et une cavité crânienne généralement moins grande présentent un stade de développement également bas. Il n'y a aucune raison de supposer que le profond creux frontal soit dû à un aplatissement artificiel, tel que celui pratiqué de diverses manières par les nations barbares de l'Ancien et du Nouveau Monde. Le crâne est tout à fait symétrique et ne présente aucune indication de contre-pression au niveau de l'occiput, tandis que, selon Morton, chez les Têtes Plates du Columbia, les os frontaux et pariétaux sont toujours asymétriques. Sa conformation présente le développement sobre de la partie antérieure de la tête, si souvent observé dans les crânes très anciens, et offre une des preuves les plus frappantes de l'influence de la culture et de la civilisation sur la forme du crâne humain.

Dans un passage ultérieur, le Dr Schaaffhausen remarque :

« Il n'y a aucune raison de considérer le développement inhabituel des sinus frontaux dans le crâne remarquable de l'Homme de Néandertal comme une déformation individuelle ou pathologique ; c'est incontestablement un caractère typique de race, et il est physiologiquement lié à l'épaisseur inhabituelle des autres os du squelette, qui dépasse d'environ la moitié des proportions habituelles. Cette expansion des sinus frontaux, qui sont des appendices des voies respiratoires, indique également une force et une puissance d'endurance inhabituelles dans les mouvements du corps, comme on peut le conclure de la taille de toutes les crêtes et des processus de fixation des sinus frontaux. des muscles ou des os. Que cette conclusion puisse être tirée de l'existence de gros sinus frontaux et d'une proéminence de la région frontale inférieure, est confirmé de nombreuses manières par d'autres observations. Par les mêmes caractères, selon Pallas, le cheval sauvage se distingue du cheval domestique, et, selon Cuvier, l'ours des cavernes fossile de toutes les espèces récentes d'ours, tandis que, selon Roulin, le cochon, devenu sauvage en L'Amérique, et ayant retrouvé une ressemblance avec le sanglier, se distingue ainsi du même animal à l'état domestique, comme le chamois se distingue de la chèvre ; et enfin le bouledogue, qui se caractérise par ses gros os et ses muscles fortement développés par rapport à toutes les autres espèces de chiens. L'estimation de l'angle facial, dont la détermination, selon le professeur Owen, est également difficile chez les grands singes, en raison des crêtes supra-orbitales très proéminentes, est dans le cas présent rendue encore plus difficile par l'absence des deux angles. l'ouverture auditive et de l'épine nasale. Mais si la position horizontale appropriée du crâne est prise à partir des parties restantes des plaques orbitaires, et que la ligne ascendante touche la surface de l'os frontal derrière les crêtes supra-orbitaires saillantes, l'angle facial ne dépasse pas 56. °. [47] Malheureusement, aucune partie des os du visage, dont la conformation est si décisive quant à la forme et à l'expression de la tête, n'a été conservée. La capacité crânienne, comparée à la force inhabituelle de la charpente corporelle, semblerait indiquer un faible développement cérébral. Le crâne, tel qu'il est, contient environ 31 onces de graines de mil ; et comme, d'après la dimension proportionnelle des os manquants, il faudrait ajouter environ 6 onces de plus à toute la cavité crânienne, le contenu, s'il était parfait, pourrait être pris à 37 onces. Tiedemann attribue, comme contenu crânien chez le Nègre, 40, 38 et 35 onces. Le crâne contient un peu plus de 36 onces d'eau, ce qui correspond à une capacité de 1 033,24 centimètres cubes . Huschke estime le contenu crânien d'une négresse à 1 127 centimètres cubes ; d'un vieux nègre à 1146 centimètres cubes . La capacité des crânes malais, estimée par l'eau, était égale à 36, 33 onces, tandis que chez les petits hindous , elle tombe à aussi peu que 27 onces.

Après avoir comparé le crâne de Néandertal à bien d'autres, anciens et modernes, le professeur Schaaffhausen conclut ainsi :

« Mais les os et le crâne humains de Néandertal surpassent tous les autres dans ces particularités de conformation qui font conclure à leur appartenance à une race barbare et sauvage. Que la caverne dans laquelle ils ont été trouvés, dépourvus de toute trace d'art humain, ait été le lieu de leur inhumation, ou que, comme les ossements d'animaux disparus ailleurs, ils y aient été lavés, ils peuvent toujours être considérés comme les plus précieux. ancien mémorial des premiers habitants de l'Europe.

M. Busk, traducteur de l'article du Dr Schaaffhausen , nous a permis de nous faire une conception très vivante du caractère dégradé du crâne de Néandertal, en plaçant à côté de son contour celui d'un crâne de Chimpanzé, dessiné vers le même taille absolue.

Quelque temps après la publication de la traduction des Mémoires du professeur Schaaffhausen , j'ai été amené à étudier le moulage du crâne de Néandertal avec plus d'attention que je ne lui avais accordé auparavant, car j'ai voulu fournir à Sir Charles Lyell un diagramme montrant les particularités particulières de ce crâne, par rapport aux autres crânes humains. Pour ce faire , il a fallu identifier avec précision les points des crânes comparés qui correspondaient anatomiquement. Parmi ces points, la glabelle était assez évidente ; mais lorsque j'en avais distingué un autre, défini par la protubérance occipitale et la ligne semi-circulaire supérieure, et que j'avais placé le contour du crâne de Néandertal contre celui du crâne d' Engis , dans une position telle que la glabelle et la protubérance occipitale des deux étaient coupées par le même En ligne droite, la différence était si grande et l'aplatissement du crâne de Néandertal si prodigieux (comparer les figures 22 et 24, A), que j'ai d'abord cru que j'avais dû tomber dans quelque erreur. Et j'étais d'autant plus enclin à le soupçonner que, dans les crânes humains ordinaires, la protubérance occipitale et la ligne courbe semi-circulaire supérieure à l'extérieur de l'occiput correspondent assez étroitement aux « sinus latéraux » et à la ligne d'attache interne de la tente. Mais sur la tentoire repose, comme je l'ai dit dans l'Essai précédent, le lobe postérieur du cerveau ; et par conséquent la protubérance occipitale et la ligne courbe en question indiquent approximativement les limites inférieures de ce lobe. Était-il possible pour un être humain d'avoir le cerveau ainsi aplati et déprimé ? ou bien, au contraire, les crêtes musculaires avaient-elles changé de position ? Afin de résoudre ces doutes et de décider si les grandes projections supraciliaires provenaient ou non du développement des sinus frontaux, j'ai demandé à Sir Charles Lyell de bien vouloir obtenir du Dr Fuhlrott , possesseur du crâne, répond à certaines questions, et si possible un moulage, ou en tout cas des dessins, ou des photographies, de l'intérieur du crâne.

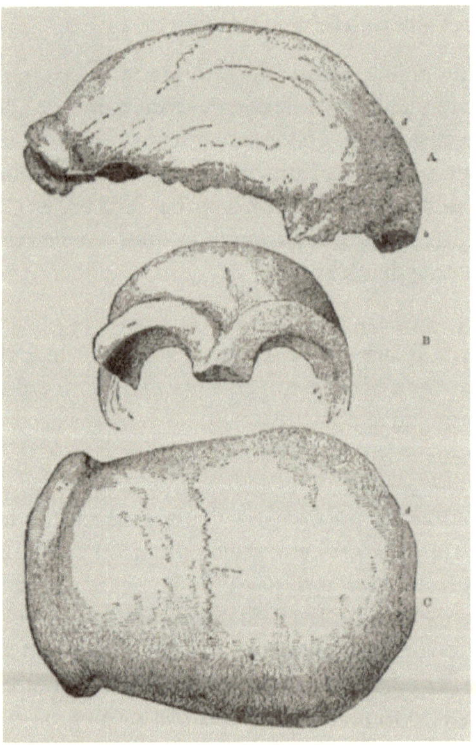

**FIGUE. 24.— Le crâne de la caverne de Néandertal. A. côté, B. avant
et C. vue de dessus. Un tiers de la taille naturelle. Les contours des
dessins de camera lucida, la moitié de la taille naturelle, de M. Busk :
les détails du moulage et des photographies du Dr Fuhlrott . _un_ ,
glabelle ; _b_ , protubérance occipitale ; _d_ , suture lambdoïdale.**

Le Dr Fuhlrott a répondu à mes demandes avec une courtoisie et une promptitude que je lui dois infiniment et il m'a en outre envoyé trois excellentes photographies. L'un d'eux donne une vue latérale du crâne, et de là Fig. 24, A . a été ombré. La seconde (Fig. 25, A.) présente les larges ouvertures des sinus frontaux sur la surface inférieure de la partie frontale du crâne, dans lesquelles, écrit le Dr Fuhlrott , « une sonde peut être introduite à la profondeur d'un pouce ». ", et démontre la grande extension des crêtes supraciliaires épaissies au-delà de la cavité cérébrale. La troisième, enfin (Fig. 25, B.), présente le bord et l'intérieur de la partie postérieure ou occipitale du crâne, et montre très clairement les deux dépressions des sinus latéraux, s'étendant vers l'intérieur vers la ligne médiane de le toit du crâne, pour former le sinus longitudinal. Il était donc clair que je ne m'étais pas trompé dans mon interprétation et que le lobe postérieur du cerveau de l'homme de Néandertal devait être aussi aplati que je le soupçonnais.

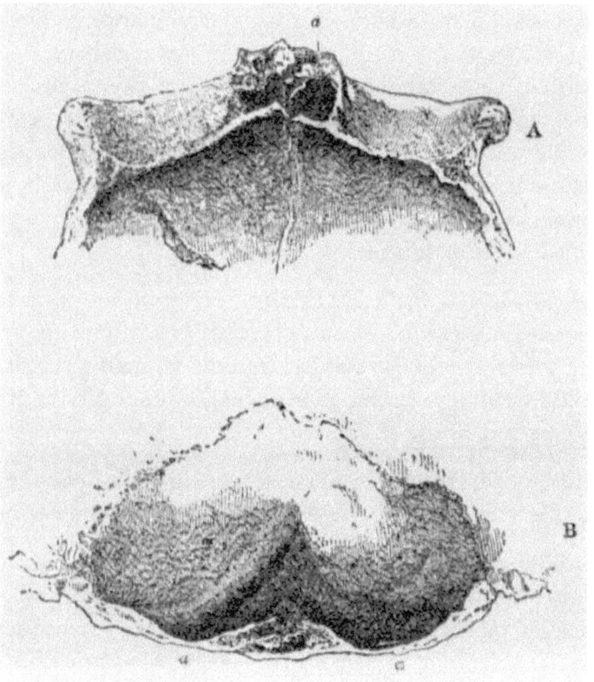

FIGUE. 25.— Dessins tirés des photographies du Dr Fuhlrott de parties de l'intérieur du crâne de Néandertal. A. vue de la surface inférieure et interne de la région frontale, montrant les ouvertures inférieures des sinus frontaux (*a*). B. vue correspondante de la région occipitale du crâne, montrant les impressions des sinus latéraux (*un un*).

En vérité, le crâne de Néandertal possède des caractères des plus extraordinaires. Il a une longueur extrême de 8 pouces, alors que sa largeur n'est que de 5,75 pouces, ou, en d'autres termes, sa longueur est de 100 : 72. Il est extrêmement déprimé, mesurant seulement environ 3,4 pouces de la ligne glabello -occipitale. au sommet. L'arc longitudinal, mesuré de la même manière que dans le crâne d'Engis , est de 12 pouces ; l'arc transversal ne peut pas être déterminé avec précision, en raison de l'absence des os temporaux, mais il était probablement à peu près le même et dépassait certainement 10 ^{1} / $_4$ pouces. La circonférence horizontale est de 23 pouces. Mais cette grande circonférence provient en grande partie du vaste développement des crêtes supraciliaires, bien que le périmètre du boîtier cérébral lui-même ne soit pas petit. Les larges crêtes supraciliaires donnent au front un aspect beaucoup plus reculé que ne le laisserait supposer son contour interne.

Pour un œil anatomique, la partie postérieure du crâne est encore plus frappante que la partie antérieure. La protubérance occipitale occupe l'extrémité postérieure du crâne, lorsque la ligne glabello -occipitale est rendue horizontale, et si loin de toute partie de la région occipitale s'étendant au-delà, cette région du crâne s'incline obliquement vers le haut et vers l'avant, de sorte que la la suture lambdoïdale est bien située sur la surface supérieure du crâne. Dans le même temps, malgré la grande longueur du crâne, la suture sagittale est remarquablement courte (4 ^{1}/ $_2$ pouces) et la suture squamosale est très droite.

En réponse à mes questions, le Dr Fuhlrott écrit que l'os occipital « est dans un état de parfaite conservation jusqu'à la ligne semi-circulaire supérieure, qui est une crête très forte, linéaire à ses extrémités, mais s'élargissant vers le milieu, où elle forme deux crêtes (bourrelets), réunies par un prolongement linéaire légèrement déprimé au milieu.

"Sous la crête gauche, l'os présente une surface inclinée obliquement, longue de six lignes (françaises) et large de douze lignes."

Cette dernière doit être la surface dont le contour est représenté sur la Fig. 24, A , en dessous *de b* . Il est particulièrement intéressant car il suggère que, malgré l'état aplati de l'occiput, les lobes cérébraux postérieurs devaient s'être projetés considérablement au-delà du cervelet, et qu'il constitue un point de similitude parmi d'autres entre le crâne de Néandertal et certains crânes australiens.

Telles sont les deux formes les plus connues de crâne humain, qui ont été trouvées dans ce qu'on peut appeler à juste titre un état fossile. Peut-on démontrer que l'un ou l'autre remplit ou diminue, dans une mesure appréciable, l'intervalle structurel qui existe entre l'homme et les singes semblables à l'homme ? Ou bien, d'un autre côté, aucun des deux ne s'écarte-t-il plus largement de la structure moyenne du crâne humain que l'on sait aujourd'hui que l'on connaît les crânes normalement formés des hommes ?

Il est impossible de se forger une opinion sur ces questions sans une connaissance préalable de l'étendue des variations que présente la structure humaine en général - sujet qui n'a été qu'imparfaitement étudié, alors que même de ce qui est connu, mes limites me permettront nécessairement de n'en donner qu'une esquisse très imparfaite.

L'étudiant en anatomie sait parfaitement qu'il n'existe pas un seul organe du corps humain dont la structure ne varie plus ou moins selon les individus. Le squelette varie dans les proportions et même dans une certaine mesure dans les connexions des os qui le constituent. Les muscles qui déplacent les os varient considérablement dans leurs attaches. Les variétés dans le mode de distribution des artères sont soigneusement classées, en raison de l'importance pratique de la connaissance de leurs déplacements pour le chirurgien. Les caractères du cerveau varient énormément, rien n'étant moins constant que la forme et la taille des hémisphères cérébraux et la richesse des circonvolutions à leur surface, tandis que les structures les plus changeantes de toutes dans le cerveau humain sont exactement celles sur lesquelles les une tentative imprudente a été faite pour fonder les caractères distinctifs de l'humanité, à savoir. la corne postérieure du ventricule latéral, l'hippocampe mineur et le degré de projection du lobe postérieur au-delà du cervelet. Enfin, comme tout le monde le sait, les cheveux et la peau des êtres humains peuvent présenter les diversités les plus extraordinaires de couleur et de texture.

Dans l'état actuel de nos connaissances, la plupart des variétés structurales auxquelles il est fait allusion ici sont individuelles. La disposition simiesque de certains muscles, que l'on rencontre occasionnellement [48] chez les races blanches de l'humanité, n'est pas connue pour être plus courante chez les Noirs ou les Australiens : ni parce que le cerveau de la Vénus hottentote s'est avéré plus lisse, avoir ses circonvolutions disposées de manière plus symétrique et ressembler, jusqu'à présent, plus à un singe que celui des Européens ordinaires, sommes-nous fondés à conclure qu'un état similaire du cerveau prévaut universellement parmi les races inférieures de l'humanité, aussi probable que cette conclusion puisse être être.

En fait, nous manquons cruellement d'informations sur la disposition des organes mous et destructibles de toutes les races humaines, à l'exception de la nôtre ; et même du squelette, nos musées sont lamentablement déficients dans toutes les parties, sauf le crâne. Il y a suffisamment de crânes, et depuis l'époque où Blumenbach et Camper ont pour la première fois attiré l'attention sur les différences marquées et singulières qu'ils présentent, la collecte et la mesure des crânes ont été une branche zélée de l'histoire naturelle, et les résultats obtenus ont été classés et classés. par divers écrivains, parmi lesquels feu Retzius , actif et capable , doit toujours être le premier nommé.

On a constaté que les crânes humains diffèrent les uns des autres, non seulement par leur taille absolue et par la capacité absolue de l'enveloppe cérébrale, mais par les proportions que les diamètres de ces dernières présentent les uns par rapport aux autres ; dans la taille relative des os de la face (et plus particulièrement des mâchoires et des dents) par rapport à ceux du crâne ; dans la mesure dans laquelle la mâchoire supérieure (qui est bien entendu suivie par la mâchoire inférieure) est projetée en arrière et en bas sous la partie antérieure du boîtier cérébral, ou en avant et en haut devant et au-delà de celle-ci. Ils diffèrent encore dans les relations entre le diamètre transversal de la face, pris à travers les pommettes, et le diamètre transversal du crâne ; dans la forme plus arrondie ou plus semblable à un pignon du toit du crâne, et dans la mesure dans laquelle la partie postérieure du crâne est aplatie ou fait saillie au-delà de la crête, dans et au-dessous de laquelle les muscles du cou sont insérés.

Dans certains crânes, on peut dire que le cerveau est « *rond* », la longueur extrême n'excédant pas l'extrême largeur dans une proportion supérieure à 100 à 80, alors que la différence peut être bien moindre. [49] Les hommes possédant de tels crânes étaient qualifiés par Retzius de « *brachycéphales* », et le crâne d'un Calmuck, dont une vue de face et de côté (dont des copies réduites sont données dans la figure 26) est représentée par Von Baer dans son excellent « Crania selecta », offre un exemple très admirable de ce genre de crâne. D'autres crânes, comme celui d'un nègre copié sur la figure 27 à partir du « Crania typica » de M. Busk , ont une forme très différente, très allongée, et peuvent être qualifiés d'« *oblongs* ». Dans ce crâne, la longueur extrême va jusqu'à l'extrême largeur de 100 à 67 au maximum, et le diamètre transversal du crâne humain peut même tomber au-dessous de cette proportion. Les personnes possédant de tels crânes étaient appelées par Retzius « *dolichocéphales* ».

Le coup d'œil le plus rapide sur les vues latérales de ces deux crânes suffira à prouver qu'ils diffèrent, sous un autre rapport, dans une mesure très frappante. Le profil du visage du Calmuck est presque vertical, les os du visage étant projetés vers le bas et sous la partie antérieure du crâne. Le profil de la face du Nègre, au contraire, est singulièrement incliné, la partie antérieure des mâchoires dépassant largement en avant le niveau de la partie antérieure du crâne. Dans le premier cas, le crâne est dit « *orthognathique* » ou à mâchoire droite ; dans ce dernier, on l'appelle « *prognathe* », terme qui a été rendu, avec plus de force que d'élégance, par l' équivalent saxon : « museau ».

Diverses méthodes ont été conçues afin d'exprimer avec une certaine précision le degré de prognathisme ou d'orthognathisme d'un crâne donné ; la plupart de ces méthodes sont essentiellement des modifications de celle imaginée par Peter Camper, afin d'atteindre ce qu'il appelle « l'angle facial ».

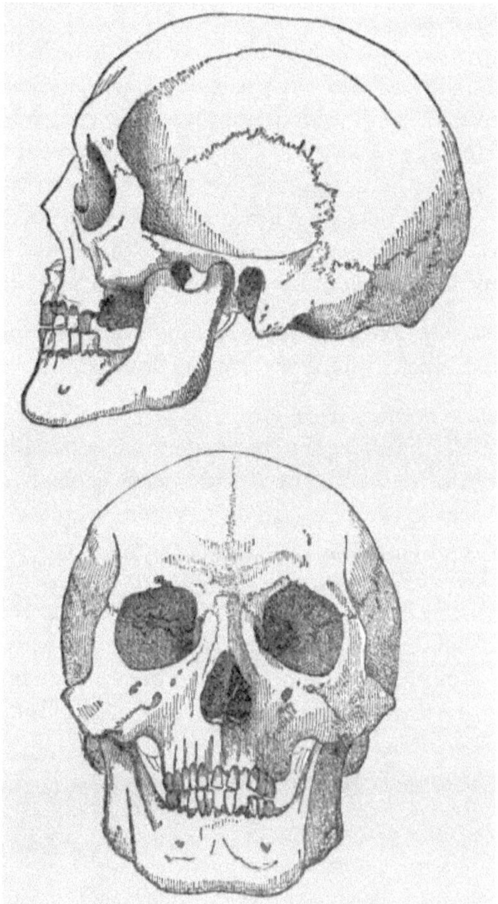

FIGUE. 26.— Vues latérales et frontales du crâne rond et orthognathe d'un Calmuck d'après Von Baer. Un tiers de la taille naturelle.

Mais une petite réflexion montrera que n'importe quel « angle facial » imaginé peut être compétent pour exprimer les modifications structurelles impliquées dans le prognathisme et orthognathisme , seulement d'une manière grossière et générale. Car les lignes dont l'intersection forme l'angle facial sont tracées par des points du crâne dont la position de chacun est modifiée par une foule de circonstances, de sorte que l'angle obtenu est une résultante complexe de toutes ces circonstances, et n'est pas l'expression d'une relation organique définie entre les parties du crâne.

J'en suis arrivé à la conviction qu'aucune comparaison de crânes ne vaut grand-chose, si elle n'est fondée sur l'établissement d'une ligne de base relativement fixe, à laquelle les mesures, dans tous les cas, doivent se rapporter. Je ne pense pas non plus qu'il soit très difficile de décider quelle devrait être cette ligne de base. Les parties du crâne, comme celles du reste de la charpente animale, se développent successivement : la base du crâne est formée avant ses côtés et son toit ; il se transforme en cartilage plus tôt et plus complètement que les côtés et le toit : et la base cartilagineuse s'ossifie et se soude en une seule pièce bien avant le toit. Je conçois donc que la base du crâne peut être démontrée au cours du développement comme étant sa partie relativement fixe, le toit et les côtés étant relativement mobiles.

La même vérité est illustrée par l'étude des modifications que subit le crâne en remontant des animaux inférieurs jusqu'à l'homme.

Chez un mammifère comme le castor (Fig. 28), une ligne (*a* . *b* .) tracée à travers les os, appelée basioccipital, basicphénoïde et présphénoïde, est très longue en proportion de la longueur extrême de la cavité qui contient le cerveau. hémisphères (*g* . *h* .). Le plan du foramen occipital (*b* . *c* .) forme un angle légèrement aigu avec cet « axe basicrânien », tandis que le plan de la tente (*i* . *T* .) est incliné d'un peu plus de 90° par rapport à « l'axe basicrânien ». ; de même le plan de la plaque perforée (*a* . *d* .) par lequel les filaments du nerf olfactif quittent le crâne. Encore une fois, une ligne tracée à travers l'axe du visage, entre les os appelés ethmoïde et vomer – l'« axe basifacial » (*f* . *e* .) forme un angle extrêmement obtus, où, lorsqu'il est produit, il coupe l'« axe basicrânien ».

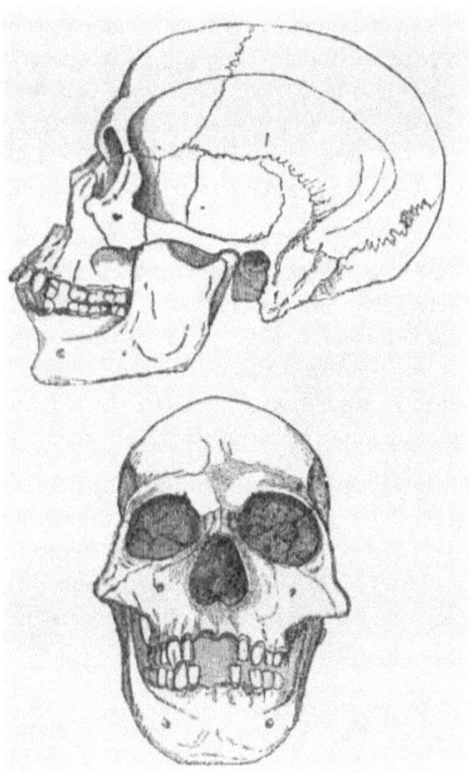

FIGUE. 27.— Crâne oblong et prognathe de Nègre ; vues de côté et de face. Un tiers de la taille naturelle.

Si l'angle fait par la droite *b* . *c* . avec *un* . *b* ., être appelé « angle occipital », et l'angle formé par la ligne *a* . *d* . avec *un* . *b* . être appelé « angle olfactif », et celui fait par *i* . *T*. _ avec *un* . *b* . l'« angle tentoriel », alors tous ceux-ci, chez le mammifère en question, sont des angles presque droits, variant entre 80° et 110°. L'angle *e* . *F* . *b* ., ou celui que fait le crâne avec l'axe facial, et que l'on peut appeler « angle cranio-facial », est extrêmement obtus, s'élevant, dans le cas du Castor, à au moins 150°.

Mais si l'on examine une série de coupes de crânes de mammifères, intermédiaires entre celui du rongeur et celui de l'homme (fig. 28), on constatera que dans les crânes supérieurs, l'axe basicrânien devient plus court relativement à la longueur cérébrale ; que « l'angle olfactif » et « l'angle occipital » deviennent plus obtus ; et que « l'angle cranio-facial » devient plus aigu par la courbure, pour ainsi dire, de l'axe facial sur l'axe crânien. En même temps, le toit du crâne devient de plus en plus arqué, pour permettre l'augmentation de la hauteur des hémisphères cérébraux, éminemment caractéristique de l'homme, ainsi que cette extension vers l'arrière, au-delà du cervelet, qui atteint son maximum . chez les singes d'Amérique du Sud. De sorte qu'enfin, dans le crâne humain (Fig. 29), la longueur cérébrale est entre deux et trois fois plus grande que la longueur de l'axe basicrânien ; le plan olfactif est de 20° ou 30° sur la face *inférieure* de cet axe ; l'angle occipital, au lieu d'être inférieur à 90°, peut atteindre 150° ou 160° ; l'angle cranio-facial peut être de 90° ou moins, et la hauteur verticale du crâne peut être largement proportionnelle à sa longueur.

Il sera évident, à partir d'une inspection des diagrammes, que l'axe basicrânien est, dans la série ascendante des Mammalia, une ligne relativement fixe, sur laquelle les os des côtés et du toit de la cavité crânienne, ainsi que de la face, peuvent on dit qu'ils tournent vers le bas et vers l'avant ou vers l'arrière, selon leur position. Cependant, l'arc décrit par un os ou un plan n'est en aucun cas toujours proportionnel à l'arc décrit par un autre.

Vient maintenant la question importante : pouvons-nous discerner, entre les formes les plus basses et les plus hautes du crâne humain, quelque chose qui réponde, si infime soit-il, à cette révolution des os latéraux et du toit du crâne sur l'axe basicrânien observée sur de si grandes distances ? une écaille dans la série des mammifères ? De nombreuses observations me portent à croire qu'il faut répondre à cette question par l'affirmative.

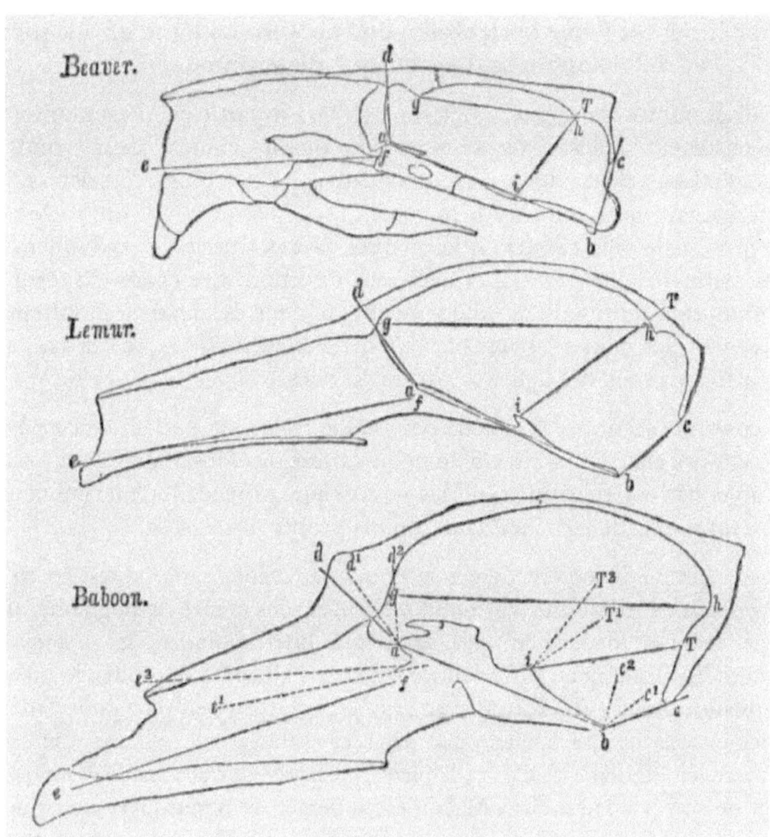

FIG. 28.—sections longitudinales et verticales des crânes d'un castor (*Castor Canadensis*), d'un lémurien (*L. Catta*) et d'un babouin (*Cynocephalus Papio*), *ab* , l'axe basicrânien ; *bc* , le plan occipital ; *i T* , le plan tentoriel ; *ad* , le plan olfactif ; *fe* , l' axe basifacial ; *cba* , angle occipital ; *T i a* , angle tentoriel ; *tamponner* , angle olfactif ; *efb* , angle cranio-facial ; *gh* , longueur extrême de la cavité qui abrite les hémisphères cérébraux ou « longueur cérébrale ». La longueur de l'axe basicrânien quant à cette longueur, ou, en d'autres termes, la longueur proportionnelle de la ligne *gh* à celle de *ab* prise comme 100, dans les trois crânes, est la suivante : — Castor 70 à 100 ; Lémurien 119 à 100 ; Babouin 144 à 100. Chez un gorille mâle adulte, la longueur cérébrale est de 170 à l'axe basicrânien pris comme 100, chez le Noir (Fig. 29) de 236 à 100. Dans le crâne de Constantinople (Fig. 29) de 266 à 100 La différence crânienne entre le crâne du singe le plus haut et celui de l'homme le plus bas est donc mise en évidence de manière très frappante par ces mesures.

Dans le diagramme du crâne du babouin, les lignes pointillées *d¹d²*, etc., donnent les angles du crâne du lémurien et du castor, tels qu'ils

sont définis sur l' axe basicrânien du babouin. La ligne *ab* a la même longueur dans chaque diagramme.

Les diagrammes de la figure 29 sont réduits à partir de diagrammes très soigneusement réalisés de sections de quatre crânes, deux ronds et orthognathes, deux longs et prognathes, pris longitudinalement et verticalement, en passant par le milieu. Les schémas de coupe ont ensuite été superposés, de telle manière que les axes basaux des crânes coïncident par leurs extrémités antérieures, et dans leur direction. Les écarts du reste des contours (qui représentent uniquement l'intérieur des crânes) montrent les différences des crânes les uns par rapport aux autres, lorsque ces axes sont considérés comme des lignes relativement fixes.

Les contours sombres sont ceux d'un crâne australien et d'un crâne nègre : les contours clairs sont ceux d'un crâne tartare, au Musée du Royal College of Surgeons ; et d'un crâne rond bien développé provenant d'un cimetière de Constantinople, de race incertaine, en ma propre possession.

Il ressort immédiatement de ces vues que les crânes prognathes, en ce qui concerne leurs mâchoires, diffèrent réellement des crânes orthognathes de la même manière que, bien qu'à un degré bien moindre, les crânes des mammifères inférieurs. diffèrent de ceux de l'Homme. De plus, le plan du foramen occipital (*bc*) forme avec l'axe un angle un peu plus petit dans ces crânes prognathes particuliers que dans les orthognates ; et la même chose peut être légèrement vraie pour la plaque perforée de l'ethmoïde, bien que ce point ne soit pas aussi clair. Mais il est singulier de remarquer que, sous un autre rapport, les crânes prognathes ressemblent moins à des singes que les orthognates, la cavité cérébrale dépassant nettement plus l'extrémité antérieure de l'axe chez les crânes prognathes que chez les orthognates.

On observera que ces diagrammes révèlent une immense gamme de variation dans la capacité et la proportion relative à l'axe crânien des différentes régions de la cavité qui contient le cerveau, dans les différents crânes. La différence dans la mesure dans laquelle le cerveau chevauche la cavité cérébelleuse n'est pas non plus moins singulière. Un crâne rond (Fig. 29 , *Const.*) peut avoir une projection cérébrale postérieure plus grande qu'un crâne long (Fig. 29 , *Nègre*).

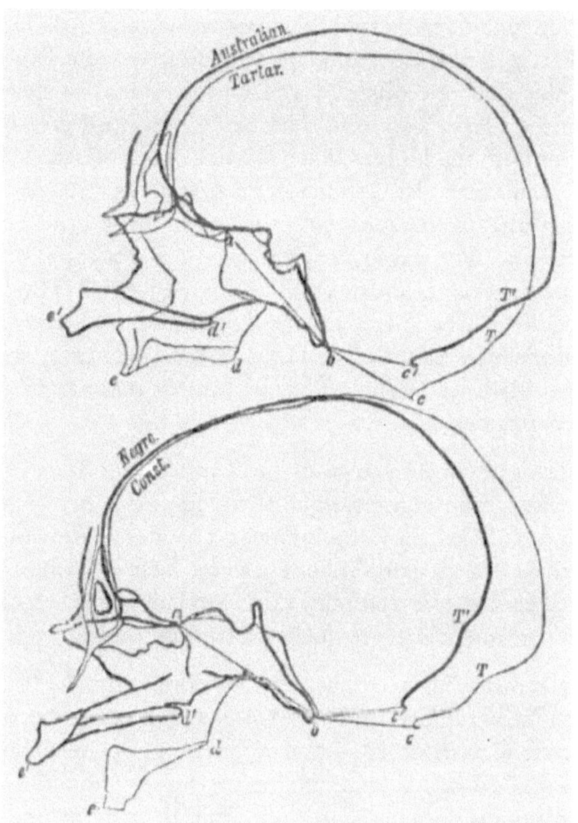

FIGUE. 29.— Coupes de crânes orthognathes (contour clair) et prognathes (contour foncé), un tiers de la grandeur naturelle. *ab* , axe basicrânien ; *bc* , *b' c'* , plan du foramen occipital ; *d d '* , gêner l'extrémité de l'os palatin ; *e e '* , extrémité avant de la mâchoire supérieure ; *TT ′* , insertion de la tentoire.

Jusqu'à ce que les crânes humains aient été largement étudiés d'une manière similaire à celle suggérée ici - jusqu'à ce que ce soit un opprobre pour une collection ethnologique de posséder un seul crâne qui n'est pas coupé en deux longitudinalement - jusqu'à ce que les angles et les mesures mentionnés ici, ainsi qu'un certain nombre de d'autres dont je ne peux pas parler ici, sont déterminés et tabulés en référence à l'axe basicrânien comme unité, pour un grand nombre de crânes des différentes races de l'humanité, je ne pense pas que nous aurons une base très sûre pour cela. craniologie ethnologique qui aspire à donner les caractères anatomiques des crânes des différentes Races de l'Humanité.

À l'heure actuelle, je crois que les grandes lignes de ce qui peut être dit en toute sécurité sur ce sujet peuvent être résumées en très peu de mots. Tracez une ligne sur un globe depuis la Gold Coast en Afrique de l'Ouest jusqu'aux steppes de Tartarie. À l' extrémité sud et ouest de cette lignée vivent les hommes les plus dolichocéphales, les plus prognathes, les cheveux bouclés et la peau foncée : les vrais Noirs. Aux extrémités nord et est de la même lignée vivent les hommes les plus brachycéphales, orthognathes, aux cheveux raides et à la peau jaune : les Tartares et les Calmucks . Les deux extrémités de cette ligne imaginaire sont en effet pour ainsi dire des antipodes ethnologiques. Une ligne tracée à angle droit, ou presque, par rapport à cette ligne polaire passant par l'Europe et l'Asie du Sud jusqu'à l'Hindostan , nous donnerait une sorte d'équateur, autour duquel des têtes rondes, ovales et oblongues, prognathes et orthognathes, Les races claires et sombres, mais aucune ne possédant les caractères excessivement marqués de Calmuck ou de Negro, se regroupent.

Il convient de noter que les régions des races antipodales ont un climat antipodal, le plus grand contraste que le monde offre peut-être étant celui entre les plaines côtières alluviales humides, chaudes et fumantes de la côte ouest de l'Afrique et les régions arides et élevées de la côte ouest de l'Afrique. steppes et plateaux d'Asie centrale, extrêmement froids en hiver et aussi éloignés de la mer que n'importe quelle partie du monde.

Depuis l'Asie centrale jusqu'aux îles et sous-continents du Pacifique d'une part, et jusqu'à l'Amérique d'autre part, la brachycéphalie et l'orthognathisme diminuent progressivement et sont remplacés par la dolichocéphalie et le prognathisme, mais dans une moindre mesure sur le continent américain (sur toute la longueur du continent). où un crâne de type arrondi prédomine largement, mais non exclusivement) [50] que dans la région du Pacifique, où enfin, sur le continent australien et dans les îles adjacentes, le crâne oblong, les mâchoires saillantes et la peau foncée réapparaissent ; avec tant d'écart, par ailleurs, avec le type nègre, que les ethnologues attribuent à ces gens le titre spécial de « Négris ».

Le crâne australien est remarquable par son étroitesse et par l'épaisseur de ses parois, surtout dans la région de la crête supraciliaire, qui est souvent, mais pas invariablement, solide partout, les sinus frontaux restant peu développés. La dépression nasale, elle aussi, est extrêmement soudaine, de sorte que les sourcils dépassent et donnent au visage une expression particulièrement basse et menaçante. Il n'est pas rare non plus que la région occipitale du crâne devienne moins proéminente ; de sorte que non seulement il ne parvient pas à se projeter au-delà d'une ligne tracée perpendiculairement à l'extrémité postérieure de la ligne glabello -occipitale, mais même, dans certains cas, il commence à s'en écarter, en avant, presque immédiatement. En conséquence de cette circonstance, les parties de l'os occipital qui se trouvent au-dessus et au-dessous de la tubérosité font entre elles un angle beaucoup plus aigu qu'il n'est habituel, de sorte que la partie postérieure de la base du crâne paraît obliquement tronquée. De nombreux crânes australiens ont une hauteur considérable, tout à fait égale à celle de la moyenne de toute autre race, mais il y en a d'autres dans lesquels le toit crânien devient remarquablement abaissé, le crâne, en même temps, s'allonge tellement que, probablement, sa capacité n'est pas diminué. La majorité des crânes possédant ces caractères, que j'ai vus, proviennent des environs de Port Adélaïde, en Australie méridionale, et ont été utilisés par les indigènes comme récipients à eau ; à cette fin, la face a été renversée, et une corde a été passée à travers la vacuité et le foramen occipital, de sorte que le crâne était suspendu par la plus grande partie de sa base.

La figure 30 représente le contour d'un crâne de ce genre provenant de Western Port, avec la mâchoire attachée, et du crâne de Néandertal, tous deux réduits au tiers de la taille naturelle. Un petit aplatissement et un allongement supplémentaires, accompagnés d'une augmentation correspondante de la crête supraciliaire, transformeraient le cerveau australien en une forme identique à celle du fossile aberrant.

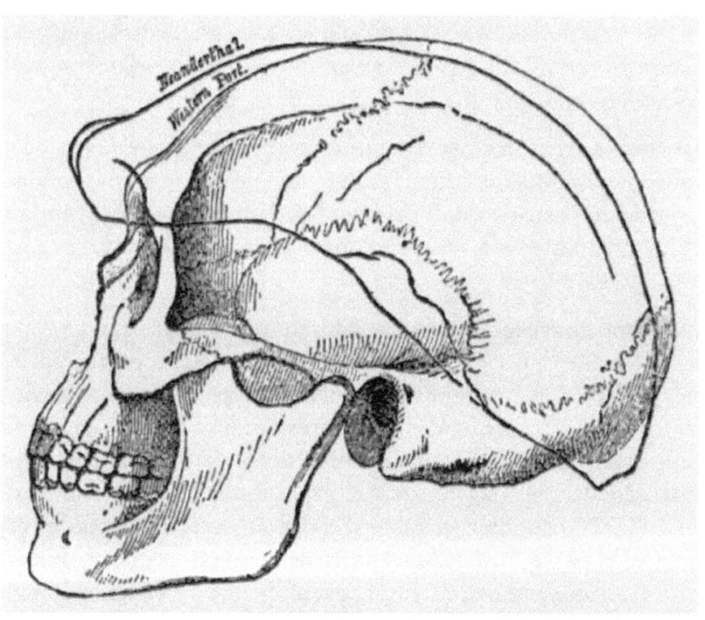

FIGUE. 30.— Un crâne australien provenant de Western Port, conservé au Musée du Royal College of Surgeons, avec le contour du crâne de Néandertal. Tous deux réduits à un tiers de leur taille naturelle.

Et maintenant, revenons aux crânes fossiles et au rang qu'ils occupent parmi ou au-delà de ces variétés existantes de conformation crânienne. En premier lieu, je dois remarquer que, comme le professeur Schmerling l'a bien observé (*supra* , p. 114) en commentant le crâne d'Engis , la formation d'un jugement sûr sur la question est grandement entravée par l'absence de mâchoires des deux côtés. les crânes, de sorte qu'il n'y a aucun moyen de décider avec certitude s'ils étaient plus ou moins prognathes que les races inférieures existantes de l'humanité. Et pourtant, comme nous l'avons vu, c'est plus à cet égard qu'à tout autre que les crânes humains varient, vers et depuis, du type brutal - le cas cérébral d'un Européen dolichocéphale moyen différant beaucoup moins de celui d'un Noir, par exemple . , que ses mâchoires. En l'absence de mâchoires, tout jugement sur les relations entre les crânes fossiles et les races récentes doit donc être accepté avec une certaine réserve.

Mais en prenant les preuves telles qu'elles sont et en me tournant d'abord vers le crâne d'Engis , j'avoue que je ne trouve dans les restes de ce crâne aucun caractère qui, s'il s'agissait d'un crâne récent, donnerait un indice fiable sur la race à laquelle il appartient. pourrait appartenir. Ses contours et ses mesures s'accordent très bien avec ceux de certains crânes australiens que j'ai examinés, et surtout il présente une tendance à cet aplatissement occipital, dans une large mesure auquel j'ai fait allusion dans certains crânes australiens. Mais tous les crânes australiens ne présentent pas cet aplatissement, et la crête supraciliaire du crâne d'Engis est assez différente de celle des Australiens typiques.

En revanche, ses mesures concordent tout aussi bien avec celles de certains crânes européens. Et assurément, il n'y a aucune marque de dégradation sur aucune partie de sa structure. Il s'agit en fait d'un crâne humain assez moyen, qui aurait pu appartenir à un philosophe, ou contenir le cerveau irréfléchi d'un sauvage.

Le cas du crâne de Néandertal est très différent. Sous quelque aspect que l'on considère ce crâne, que ce soit sa dépression verticale, l'énorme épaisseur de ses crêtes supraciliaires, son occiput incliné ou sa suture squamosale longue et droite, nous rencontrons des caractères simiesques qui en font le plus pithécoïde des crâne humain encore découvert. Mais le professeur Schaaffhausen déclare (*supra* , p. 122) que le crâne, dans son état actuel, contient 1 033,24 centimètres cubes d'eau, soit environ 63 pouces cubes, et que comme le crâne entier aurait difficilement pu contenir moins de 12 pouces cubes supplémentaires , sa capacité peut être estimée à environ 75 pouces cubes, ce qui est la capacité moyenne donnée par Morton pour les crânes polynésiens et hottentots.

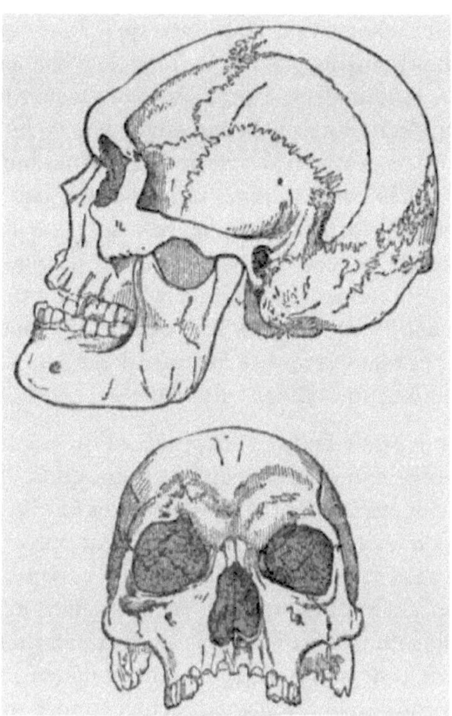

**FIGUE. 31.— Crâne danois ancien provenant d'un tumulus de
Borreby ; un tiers de la taille naturelle. D'après un dessin de camera
lucida de M. Busk.**

Une masse cérébrale aussi importante suggérerait à elle seule que les
tendances pithécoïdes , indiquées par ce crâne, ne s'étendaient pas
profondément dans l'organisation ; et cette conclusion est confirmée par les
dimensions des autres os du squelette données par le professeur
Schaaffhausen , qui montrent que la hauteur absolue et les proportions
relatives des membres étaient tout à fait celles d'un Européen de taille
moyenne. Les os sont en effet plus robustes, mais ceci et le grand
développement des crêtes musculaires noté par le Dr Schaaffhausen sont des
caractères attendus chez les sauvages. Les Patagons, exposés sans abri ni
protection à un climat peut-être pas très différent de celui de l'Europe à
l'époque où vivait l'homme de Néandertal, sont remarquables par la
robustesse des os de leurs membres.

En aucun cas, les ossements de Néandertal ne peuvent donc être considérés
comme les restes d'un être humain intermédiaire entre l'Homme et le Singe.
Tout au plus démontrent-ils l'existence d'un homme dont on peut dire que
le crâne revient quelque peu vers le type pithécoïde - tout comme un Carrier,
ou un Pouter, ou un Tumbler, peut parfois revêtir le plumage de sa souche

primitive, le *Columba livia*. . Et en effet, bien qu'il soit véritablement le plus pithécoïde des crânes humains connus, le crâne de Néandertal n'est en aucun cas aussi isolé qu'il semble l'être à première vue, mais forme, en réalité, le terme extrême d'une série menant progressivement de lui aux plus hauts et aux plus hauts sommets. le mieux développé des crânes humains. D'une part, il est rapproché de près par les crânes australiens aplatis, dont j'ai parlé, à partir desquels d'autres formes australiennes nous conduisent peu à peu jusqu'à des crânes ayant beaucoup le type du crâne d'Engis . Et, d'autre part, il est encore plus étroitement apparenté aux crânes de certains peuples anciens qui habitaient le Danemark à l'époque de la « pierre », et qui furent probablement soit contemporains, soit postérieurs aux créateurs des « tas d'ordures ». ou « Kjokkenmöddings » de ce pays.

La correspondance entre le contour longitudinal du crâne de Néandertal et celui de certains de ces crânes provenant des tumulus de Borreby , dont des dessins très précis ont été faits par M. Busk, est très étroite. L'occiput est tout aussi en retrait, les crêtes supraciliaires sont presque aussi proéminentes et le crâne est aussi bas. De plus, le crâne de Borreby ressemble plus à la forme néandertalienne qu'à n'importe quel crâne australien, par la rétrocession beaucoup plus rapide du front. D'autre part, les crânes de Borreby sont tous un peu plus larges, en proportion de leur longueur, que le crâne de Néandertal, tandis que certains atteignent cette proportion largeur/longueur (80 : 100) qui constitue la brachycéphalie.

En conclusion, je puis dire que les restes fossiles de l'Homme découverts jusqu'ici ne me semblent pas nous rapprocher sensiblement de cette forme pithécoïde inférieure , par la modification de laquelle il est probablement devenu ce qu'il est. Et considérant ce que l'on sait maintenant des races humaines les plus anciennes ; étant donné qu'ils fabriquaient des haches en silex, des couteaux en silex et des brochettes en os, à peu près du même modèle que ceux fabriqués par les plus bas sauvages de nos jours, et que nous avons toutes les raisons de croire que les habitudes et les modes de vie de ces gens ont resté le même depuis l'époque du mammouth et du rhinocéros tichorhine jusqu'à présent, je ne sais pas si ce résultat est autre que celui qu'on pourrait attendre.

Où donc devons-nous chercher l'Homme primitif ? Était le plus ancien *Homo sapiens* pliocène ou miocène , ou encore plus ancien ? Dans des strates encore plus anciennes, les os fossilisés d'un singe plus anthropoïde, ou d'un homme plus pithécoïde , que ceux connus jusqu'à présent, attendent-ils les recherches de quelque paléontologue à naître ?

Le temps nous montrera. Mais en attendant, si une forme quelconque de la doctrine du développement progressif est correcte, nous devons étendre sur de longues époques l'estimation la plus libérale qui ait jamais été faite de l'antiquité de l'homme.

NOTES DE BAS DE PAGE :

[38] Décas Collectionis suæ crâne diversarum gentium illustré . Gottingæ , 1790-1820.

[39] Dans un passage ultérieur, Schmerling remarque l'apparition d'une dent incisive « de taille énorme » provenant des cavernes d' Engihoul . La dent représentée est un peu longue, mais ses dimensions ne me paraissent pas autrement remarquables.

[40] La figure de cette clavicule mesure 5 pouces d'un bout à l'autre en ligne droite, de sorte que l'os est plutôt petit que grand.

[41] SUR LES CRÂNES DES PLUS ANCIENNES RACES HUMAINES. Par le professeur D. Schaaffhausen , de Bonn. (De Müller's Archiv ., 1858, p. 453.) Avec des remarques et des figures originales, tirées d'un moulage du crâne de Néandertal. Par George Busk, FRS, etc. Revue d'histoire naturelle, avril 1861.

[42] Verhandl . d. Naturhiste . Vereins der preuss . Rheinlande et Westphalens ., xiv. Bonn, 1857.

[43] Ib. Correspondenzblatt . N°2.

[44] M. Busk a souligné qu'il s'agit probablement de l'encoche du nerf frontal.

[45] Les numéros entre parenthèses sont ceux que je dois attribuer aux différentes mesures, telles que prises sur le plâtre. — GB

[46] Très bien . des Naturhist . Vereins à Bonn, XIV. 1857.

[47] En estimant l'angle du visage de la manière suggérée, je devrais le placer sur le plâtre entre 64° et 67 °.— FR

[48] Voir un excellent essai de M. Church sur la myologie de l'orang, dans la Natural History Review, pour 1861.

[49] Dans aucun crâne humain normal, la largeur du boîtier cérébral ne dépasse sa longueur.

[50] Voir le précieux article du Dr D. Wilson « Sur la prévalence supposée d'un type crânien chez les aborigènes américains. » — Canadian Journal, vol. II., 1857.

IV

L'ÉTAT ACTUEL DE LA NATURE ORGANIQUE.

Lorsqu'il était de mon devoir de réfléchir au sujet que je choisirais pour les six conférences que j'aurai maintenant le plaisir de vous prononcer, il m'est venu à l'esprit que je ne pouvais pas faire mieux que d' essayer de vous présenter sous un vrai jour, ou dans ce que je pourrais peut-être appeler avec plus de modestie ce que je conçois comme étant la vraie lumière, la position d'un livre qui a été plus loué et plus maltraité, peut-être, que n'importe quel livre paru depuis quelques années ; Les travaux de M. Darwin sur « l'origine des espèces ». Cet ouvrage, je n'en doute pas, beaucoup d'entre vous l'ont lu ; car je connais l'esprit curieux qui règne parmi vous. Quoi qu'il en soit, vous en aurez tous entendu parler , certains par un type de rapport, d'autres par un autre type de rapport ; l'attention et la curiosité de tous ont probablement été plus ou moins excitées au sujet de cet ouvrage. Tout ce que je peux faire, et tout ce que j'essaierai de faire, c'est de vous présenter ce genre de jugement qui a été formé par un homme qui, bien sûr, est susceptible de juger de manière erronée ; mais en tout cas, de quelqu'un dont le métier et la profession sont de former des jugements sur des questions de cette nature.

Et ici, comme cela arrive toujours lorsqu'il s'agit d'un sujet étendu, la plus grande partie de mon cours - si, en effet, un si petit nombre de conférences peut être proprement appelé un cours - doit être consacrée à des questions préliminaires, ou plutôt à un énoncé de ces faits et de ces principes sur lesquels l'ouvrage lui-même s'attarde et qu'il nous présente plus ou moins directement. Je n'ai aucun droit de supposer que vous tous ou aucun d'entre vous êtes naturalistes ; et même si vous l'étiez, les idées fausses et les malentendus qui prévalent même parmi les naturalistes sur ces questions rendraient souhaitable que je suive la voie que je me propose maintenant de suivre, que je commence par le début, que je m'efforce de souligner quel est l'état actuel du monde organique, que je signale son état passé, que je précise quelle est la nature précise de l'entreprise que M. Darwin a entreprise ; que je m'efforce de vous montrer quels sont les seuls moyens par lesquels cette entreprise peut être mise en cause, et de vous indiquer dans quelle mesure l'auteur de l'ouvrage en question a satisfait à ces conditions, dans quelle mesure il ne les a pas remplies , dans quelle mesure ils sont satisfiables par l'homme, et dans quelle mesure ils ne sont pas satisfiables par l'homme.

Ce soir, en abordant la première partie de la question, je m'efforcerai de vous présenter une sorte de notion large de notre connaissance de l'état du monde vivant. Il existe de nombreuses façons de procéder. Je pourrais le traiter de manière imagée et graphique. En suivant l'exemple de Humboldt dans ses «

Aspects de la nature », je pourrais m'efforcer de souligner l'infinie variété de la vie organique dans tous ses modes d'existence, en me référant aux variations climatiques et autres ; et une telle tentative serait très intéressante pour nous tous ; mais compte tenu du sujet dont nous sommes saisis, une telle démarche ne serait pas la mieux propre à nous aider. Dans un débat de ce genre , il faut aller plus loin et approfondir la question ; il faut s'efforcer de pénétrer dans les fondements de la nature vivante, si je puis dire, et de découvrir les principes impliqués dans certaines de ses opérations les plus secrètes. Je propose donc, en premier lieu, de prendre un animal ordinaire que vous connaissez tous et, par des exemples facilement compréhensibles et évidents qui en sont tirés, de montrer quel est le genre de problèmes que les êtres vivants en général nous posent. ; et je vous montrerai ensuite que les mêmes problèmes nous sont posés par toutes sortes d'êtres vivants. Mais permettez-moi d'abord de dire dans quel sens j'ai utilisé les mots « nature organique ». En parlant des causes qui conduisent à notre connaissance actuelle de la nature organique, je l'ai utilisé presque comme un équivalent du mot « vivant », et pour cette raison, que dans presque tous les êtres vivants, vous pouvez distinguer plusieurs parties distinctes mises à part. faire des choses particulières et travailler d'une manière particulière. Ceux-ci sont appelés « organes », et l'ensemble est appelé « organique ». Et comme il leur est universellement caractéristique, le terme « organique » a été très commodément employé pour désigner l'ensemble de la nature vivante, l'ensemble du monde végétal et l'ensemble du monde animal.

Peu d'animaux vous sont plus familiers que celui dont le squelette est représenté sur notre diagramme. Vous n'avez pas besoin de vous embêter avec ce « *Equus caballus* » écrit en dessous ; ce n'est que le nom latin et cela ne le rend pas meilleur. Cela signifie simplement le cheval commun. Supposons que nous souhaitions tout comprendre sur le cheval. Notre premier objet doit être d'étudier la structure de l'animal. Tout son corps est enfermé dans une peau, une peau couverte de poils ; et si cette peau ou cette peau est enlevée, nous trouvons une grande masse de chair, ou ce qu'on appelle techniquement muscle, qui est la substance qui, par son pouvoir de contraction, permet à l'animal de se déplacer. Ces muscles meuvent les parties dures les unes sur les autres, et donnent ainsi cette force et cette puissance de mouvement qui nous rendent le cheval si utile dans l'accomplissement des services auxquels nous l'employons.

Et puis, en séparant et en enlevant toute cette peau et cette chair, vous avez une grande série d'os, de structures dures, liées entre elles par des ligaments, et formant le squelette qui est représenté ici.

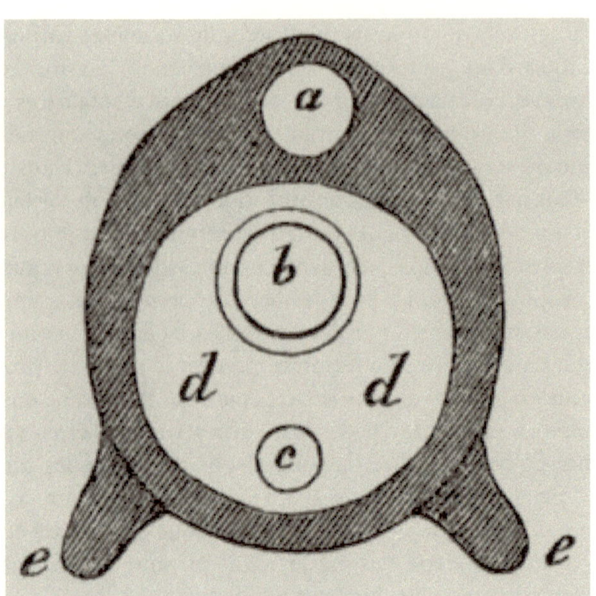

FIGURE 32.

Dans ce squelette, il y a un certain nombre de parties à reconnaître. La longue série d'os, partant du crâne et se terminant par la queue, s'appelle la colonne vertébrale, et ceux qui sont en face sont les côtes ; et puis il y a deux paires de membres, une devant et une derrière ; et il y a ce que nous appelons tous les pattes antérieures et les pattes postérieures. Si nous poursuivons nos recherches dans l'intérieur de cet animal, nous trouvons dans les cadres du squelette une grande cavité, ou plutôt, devrais-je dire, deux grandes cavités, l'une commençant dans le crâne et traversant les os du cou, le long de la colonne vertébrale et se terminant par la queue, contenant le cerveau et la moelle épinière, qui sont des organes extrêmement importants. La seconde grande cavité, commençant par la bouche, contient l'œsophage, l'estomac, l'intestin long et tout le reste de l'appareil interne indispensable à la digestion ; et puis dans la même grande cavité, sont logés le cœur et tous les gros vaisseaux qui en sortent ; et, en outre, les organes de la respiration : les poumons ; puis les reins, les organes de reproduction, et ainsi de suite. Essayons maintenant de réduire cette notion de cheval que nous avons maintenant, à une sorte d'expression simple qui puisse être immédiatement et sans difficulté retenue dans l'esprit, en dehors de tous les détails mineurs. Si je fais une coupe transversale, c'est-à-dire si je sciais un cheval mort en travers, je trouverais que, si je laissais de côté les détails, et en supposant que je fasse ma coupe par la région antérieure et par les membres antérieurs, Je devrais avoir ici ce genre de coupe du corps (Fig. 32). Ici se trouverait la partie supérieure de l'animal, cette grande masse d'os que nous appelions la colonne vertébrale (a , fig. 32). Ici, je devrais avoir le tube digestif (b , fig.

32). Ici, je devrais avoir le cœur (*c* , fig. 32) ; et puis, voyez-vous, il y aurait une espèce de double tube, le tout étant enfermé dans la peau ; la moelle épinière serait placée dans le tube supérieur (*a* , Fig. 32), et dans le tube inférieur (*d d* , Fig. 32), il y aurait le tube digestif (*b*), et le cœur (*c*) ; et ici j'aurai les jambes procédant de chaque côté. Par souci de simplicité, je les représente simplement comme des souches (*e e* , Fig. 32). Voilà un cheval, comme diraient les mathématiciens, réduit à sa plus simple expression. Gardez cela à l'esprit, s'il vous plaît, comme une idée simplifiée de la structure du Cheval. Les considérations que je vous soumets maintenant appartiennent à ce que nous appelons techniquement « l'anatomie » du cheval. Supposons maintenant que nous travaillions sur ces différentes parties, la chair et les cheveux, la peau et les os, que nous ouvrions ces divers organes avec nos scalpels, que nous les examinions au moyen de nos loupes et que nous voyions ce que nous pouvons en faire. eux. Nous constaterons que la chair est constituée de faisceaux de fibres résistantes . Le cerveau et les nerfs aussi, nous le découvrirons, sont constitués de fibres et de ces choses étranges qu'on appelle corpuscules ganglionnaires. Si nous prenons une tranche de l'os et l'examinons, nous constaterons qu'elle ressemble beaucoup à ce diagramme d'une section de l'os d'une autruche, bien qu'elle diffère, bien sûr, dans certains détails ; et si nous prenons une partie quelconque du tissu et l'examinons, nous trouverons que tout a une structure minuscule, visible seulement au microscope. Toutes ces parties constituent l'anatomie microscopique ou « histologie ». Ces pièces sont constamment modifiées ; chaque partie croît, se décompose et est constamment remplacée au cours de la vie de l'animal. Le tissu est constamment remplacé par du nouveau matériau ; et si vous revenez à l'état jeune des tissus dans le cas des muscles, ou dans le cas de la peau, ou de l'un des organes que j'ai mentionnés, vous constaterez qu'ils se trouvent tous dans la même condition. Chacun de ces filaments et fibres microscopiques (je parle maintenant simplement du caractère général de l'ensemble du processus) - chacune de ces parties - pourrait être attribué à une modification d'un tissu qui peut être facilement divisé en petites particules de matière charnue. , de cette substance qui est composée des éléments chimiques, carbone, hydrogène, oxygène et azote, ayant une forme comme celle-ci (Fig. 33). Ces particules, dans lesquelles tous les tissus primitifs se fragmentent, sont appelées cellules. Si je devais faire une coupe d'un morceau de peau de ma main, je constaterais qu'elle était constituée de ces cellules. Si j'examine les fibres qui forment les divers organes de tous les animaux vivants, je trouverais que tous, à un moment ou à un autre, ont été formés à partir d'une substance composée d'éléments semblables ; de sorte que vous voyez, de même que nous avons réduit le corps entier dans son ensemble à cette sorte d'expression simple donnée dans la figure 32 , de même nous pouvons réduire l'ensemble des éléments structurels microscopiques à une forme d'une simplicité encore plus grande

; de même que le plan du corps tout entier peut être ainsi représenté dans un certain sens (fig. 32), de même la structure primaire de chaque tissu peut être représentée par une masse de cellules (fig. 33).

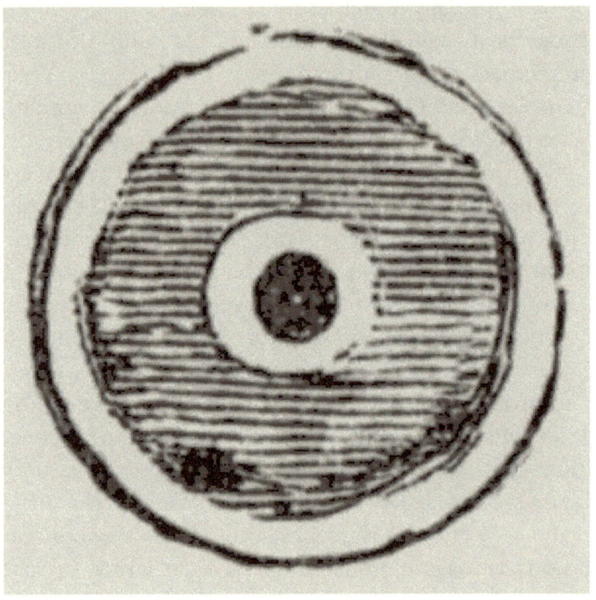

FIGURE 33.

Après vous avoir ainsi esquissé de cette manière générale ce que je pourrais peut-être appeler l'architecture du corps du cheval (ce que nous appelons techniquement sa morphologie), je dois maintenant me tourner vers un autre aspect. Un cheval n'est pas une simple structure morte : c'est une machine active, vivante et fonctionnelle. Jusqu'à présent, nous avons pour ainsi dire observé une machine à vapeur avec les feux éteints et sans rien dans la chaudière ; mais le corps de l'animal vivant est une machine active, magnifiquement formée, et chaque partie a son travail différent à accomplir dans le fonctionnement de cette machine, ce que nous appelons sa vie. Le cheval, si vous le voyez après sa journée de travail, est en train de couper l'herbe dans les champs, ou de grignoter l'avoine dans son écurie. Que fait-il? Ses mâchoires fonctionnent comme un moulin – et un moulin très complexe aussi – pour moudre le maïs ou écraser l'herbe en pulpe. Aussitôt que cette opération a eu lieu, la nourriture descend dans l'estomac, et là elle est mélangée avec le liquide chimique appelé suc gastrique, substance qui a la propriété particulière de rendre soluble et de dissoudre la matière nutritive présente dans l'estomac. l'herbe et en laissant derrière elle les parties qui ne sont pas nutritives ; de sorte que vous avez d'abord le moulin, puis une sorte de digesteur chimique ; puis la nourriture, ainsi partiellement dissoute, est ramenée par les contractions musculaires des intestins dans les parties postérieures du corps, tandis que les parties solubles sont reprises dans le sang. Le sang est contenu dans un vaste système de tuyaux, se répandant dans tout le corps, reliés à une pompe à force, le cœur, qui, par sa position et par les contractions de ses valvules, maintient le sang en circulation constante dans une direction. , sans jamais le laisser se reposer ; puis, grâce à cette circulation du sang, chargé qu'il est des produits de la digestion, la peau, la chair, les cheveux et toute autre partie du corps, en tirent ce qui lui manque, et chacun de ces organes dérive les matériaux qui lui sont nécessaires pour lui permettre d'accomplir son travail.

L'action de chacun de ces organes, l'accomplissement de chacun de ces divers devoirs, impliquent dans leur fonctionnement une absorption continuelle des matières nécessaires à leur entretien, provenant du sang, et une formation constante de déchets, qui sont renvoyés au sang. , et transmis par lui aux poumons et aux reins, qui sont des organes qui leur ont assigné la fonction d'extraire, de séparer et de se débarrasser de ces déchets ; et ainsi la nourriture générale, le travail et la réparation de toute la machine sont maintenus avec ordre et régularité. Mais non seulement c'est une machine qui alimente et s'approprie à son propre support la nourriture nécessaire à son existence, c'est un moteur à usage de locomotive. Le Cheval désire aller d'un endroit à un autre ; et pour lui permettre de le faire, il dispose de ces puissants faisceaux contractiles de muscles attachés aux os de ses membres, qui sont mis en mouvement au moyen d'une sorte d'appareil télégraphique formé par le cerveau et la grande moelle épinière qui traverse la colonne vertébrale. ou colonne vertébrale ; et à cette moelle épinière sont attachés un certain nombre de fibres appelées nerfs, qui se propagent dans toutes les parties de la structure. Au moyen de ceux-ci, les yeux, le nez, la langue et la peau, tous les organes de perception, transmettent des impressions ou des sensations au cerveau, qui agit comme une sorte de grand bureau télégraphique central, recevant des impressions et envoyant des messages à toutes les parties du corps. corps, et mettre en mouvement les muscles nécessaires pour accomplir tout mouvement souhaité. De sorte que vous avez ici une machine extrêmement complexe et magnifiquement proportionnée, dont toutes les pièces travaillent harmonieusement ensemble vers un objectif commun : la préservation de la vie de l'animal.

Maintenant, notez ceci : le Cheval fabrique ses déchets en se nourrissant, et sa nourriture est de l'herbe ou de l'avoine, ou peut-être d'autres produits végétaux ; donc, à long terme, la source de toute cette machinerie complexe réside dans le règne végétal. Mais d'où l'herbe, ou l'avoine, ou toute autre plante, obtiennent-elles cette matière nourrissante et productrice d'aliments ? Au début, c'est une petite graine qui commence bientôt à attirer en elle de la terre et de l'air ambiant des matières qui ne contiennent en elles-mêmes aucune propriété vitale ; il absorbe dans sa propre substance l'eau, corps inorganique ; il attire dans sa substance l'acide carbonique, matière inorganique ; et l'ammoniac, une autre matière inorganique présente dans l'air ; puis, par quelque merveilleux processus chimique, dont les chimistes ne comprennent pas encore les détails, bien qu'ils soient sur le point de les préfigurer, il les combine en une seule substance, qui nous est connue sous le nom de « Protéine », un composé complexe de carbone, d'hydrogène. , l'oxygène et l'azote, qui seuls possèdent la propriété de manifester la vitalité et d'entretenir en permanence la vie animale. De sorte que, voyez-vous, les déchets de l'économie animale, les matériaux obsolètes qui sont continuellement rejetés par tous les êtres vivants, sous forme de matières organiques, sont constamment remplacés par des réserves de matériaux de réparation et de reconstruction nécessaires tirés de l'environnement. les plantes, qui à leur tour les fabriquent, pour ainsi dire, par une mystérieuse combinaison de ces mêmes matières inorganiques.

Retraçons l'histoire du Cheval dans une autre direction. Après un certain temps, à la suite d'une maladie, d'un accident ou d'une conséquence de la vieillesse, tôt ou tard, l'animal meurt. Les innombrables opérations de ce beau mécanisme marquent dans leur exécution, le Cheval perd sa vigueur , et après avoir traversé la curieuse série de changements compris dans sa formation et sa conservation, il finit par se décomposer et termine sa vie en retournant dans ce monde inorganique de dont presque une fraction inappréciable de sa substance a été dérivée. Ses os ne deviennent que carbonate et phosphate de chaux ; la matière de sa chair et de ses autres parties se transforme à la longue en acide carbonique, en eau et en ammoniaque. Vous comprendrez peut-être maintenant la curieuse relation de l'animal avec la plante, de l'organique avec le monde inorganique, qui est montrée dans ce diagramme.

La plante rassemble ces matières inorganiques et les transforme en sa propre substance. L'animal mange la plante et s'approprie les portions nutritives pour sa propre subsistance, rejette et se débarrasse des matières inutiles ; et finalement, l'animal lui-même meurt, et son corps tout entier est décomposé et renvoyé dans le monde inorganique. Il y a ainsi une circulation constante de l'un à l'autre, une formation continuelle de vie organique à partir de matières inorganiques, et tout aussi constant un retour de la matière des corps vivants au monde inorganique ; de sorte que les matériaux dont nos corps sont composés sont en grande partie, selon toute probabilité, les substances qui constituaient la matière de créations éteintes depuis longtemps, mais qui ont dans l'intervalle constitué une partie du monde inorganique.

MONDE INORGANIQUE.

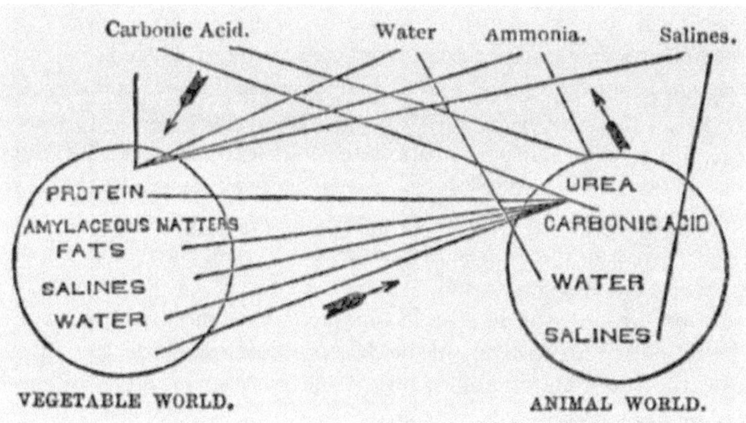

FIGURE 34.

ainsi à la conclusion, étrange à première vue, que la MATIÈRE constituant le monde vivant est identique à celle qui forme le monde inorganique. Et il n'est pas moins vrai que, si remarquables que soient les puissances ou, en d'autres termes, comme le sont les FORCES exercées par les êtres vivants, toutes ces forces ou bien sont identiques à celles qui existent dans le monde inorganique, ou bien elles sont convertibles. en eux; Je veux dire exactement dans le même sens que les recherches des philosophes physiques ont montré que la chaleur est convertible en électricité, que l'électricité est convertible en magnétisme, le magnétisme en force mécanique ou en force chimique, et l'une avec l'autre, chacune étant mesurable en termes de l'autre, — même ainsi, dis-je, cette grande loi est applicable au monde vivant. Considérez pourquoi le squelette de ce cheval est-il capable de supporter les masses de chair et les divers organes formant le corps vivant, si ce n'est grâce à l'action des mêmes forces de cohésion qui réunissent entre elles les particules de matière composant ce morceau de craie ? Qu'y a-t-il dans la puissance contractile musculaire de l'animal, sinon une force qui est exprimable et qui est, dans un certain sens, transformable en force de gravité qu'elle surmonte ? Ou, si l'on s'intéresse à des processus plus cachés, en quoi le processus de digestion diffère-t-il de ceux qui se déroulent dans le laboratoire du chimiste ? Même si nous prenons les opérations les plus obscures et les plus complexes de la vie animale – celles du système nerveux, il a été démontré ces dernières années qu'elles sont – je ne dis pas identiques en aucun sens aux processus électriques – mais cela a été démontré : qu'ils leur sont associés d'une manière ou d'une autre ; c'est-à-dire que toute activité nerveuse s'accompagne d'une certaine quantité de perturbations électriques dans les particules des nerfs dans lesquels cette action nerveuse s'exerce. De cette manière, l'action nerveuse est liée à l'électricité de la même manière que la chaleur est liée à l'électricité ; et le même genre d'argument qui démontre que les deux dernières sont liées l'une à l'autre montre que les forces nerveuses sont corrélées à l'électricité ; car les expériences de M. Dubois Reymond et d'autres ont montré que chaque fois qu'un nerf est dans un état d'excitation, envoyant un message aux muscles ou transmettant une impression au cerveau, il se produit une perturbation de l'état électrique de ce nerf qui ne le fait pas. n'existe pas à d'autres moments; et il existe un certain nombre d'autres faits et phénomènes de ce genre ; de sorte que nous arrivons à la conclusion générale que non seulement en ce qui concerne la matière vivante elle-même, mais aussi en ce qui concerne les forces qu'elle exerce, il existe une relation étroite entre le monde organique et le monde inorganique - la différence entre eux provenant de la combinaison et de la disposition diverses. de forces identiques, et non d'une quelconque diversité primaire, autant que nous puissions le constater.

Je viens de dire que le Cheval finit par mourir et se transforma en ces mêmes substances inorganiques d'où presque toute une fraction inappréciable de sa substance provenait, de sorte que les errances réelles de la matière sont aussi remarquables que les transmigrations de l'âme légendaires par la tradition indienne. . Mais avant que la mort soit survenue, dans l'un ou l'autre sexe, et même dans l'un et l'autre, certains produits ou parties de l'organisme ont été libérés, certaines parties des organismes des deux sexes sont entrées en contact les unes avec les autres, et de cette conjonction, de cette union qui s'opère alors, résulte la formation d'un être nouveau. À des moments déterminés, la jument, d'une partie particulière de l'intérieur de son corps, appelée l'ovaire, se débarrasse d'une infime particule de matière comparable en tous points essentiels à celle que nous appelions il y a peu de temps une cellule, laquelle cellule contient un sorte de noyau en son centre , entouré d'un espace clair et d'une masse visqueuse de substance protéique (Fig. 33) ; et bien qu'il soit d'apparence différente des œufs que nous connaissons le plus souvent, c'est en réalité un œuf. Après un certain temps, cette infime particule de matière, qui ne représente peut-être qu'une petite fraction d'un grain en poids, subit une série de changements, des changements merveilleux et complexes. Enfin, sur sa surface se forme une petite élévation, qui est ensuite divisée et marquée par une rainure. Les limites latérales de la rainure s'étendent vers le haut et vers le bas et donnent enfin naissance à un double tube. Dans le tube supérieur et plus petit , la moelle épinière et le cerveau sont façonnés ; en bas, le tube digestif et le cœur ; et enfin deux paires de bourgeons jaillissent sur les côtés du corps, et ce sont les rudiments des membres. En fait, un vrai dessin d'une section de l'embryon dans cet état ressemblerait en tous points essentiels à ce schéma d'un cheval réduit à sa plus simple expression, que j'ai d'abord placé devant vous (fig. 32).

Lentement et progressivement, ces changements se produisent. Le corps tout entier, dans un premier temps, peut être divisé en « cellules », qui se métamorphosent à un endroit en muscles, à un autre en cartilage et en os, à un autre en tissu fibreux et en un autre en cheveux. ; chaque pièce se façonne progressivement et lentement, comme s'il y avait un artisan à l'œuvre dans chacune de ces structures complexes que j'ai évoquées. Cet embryon, comme on l'appelle, passe ensuite dans d'autres conditions. Je dois vous dire qu'il y a une époque où les embryons de ni chien, ni cheval, ni marsouin, ni singe, ni homme, ne peuvent être distingués par aucun trait essentiel les uns des autres ; il y a un moment où ils ressemblent tous à celui du Chien. Mais à mesure que le développement progresse, toutes les parties acquièrent leur spécialité , jusqu'à ce que finalement l'embryon soit converti à la forme du parent d'où il est parti. De sorte que, voyez-vous, cet animal vivant, ce cheval, commence son existence comme une infime particule de matière azotée qui, étant alimentée en nourriture (dérivée, comme je l'ai montré, du monde inorganique), grandit selon le type et construction de ses parents, travaille et subit un gaspillage constant, et ce déchet est compensé par des nutriments dérivés du monde inorganique ; les déchets ainsi dégagés s'ajoutant directement au monde inorganique. Finalement, l'animal lui-même meurt et, par le processus de décomposition, son corps tout entier retrouve les conditions de matière inorganique dans lesquelles sa substance est originaire.

C'est donc ce qui est vrai pour toute forme vivante, depuis la plante la plus basse jusqu'à l'animal le plus élevé, jusqu'à l'homme lui-même. Vous pourriez définir la vie de chacun exactement dans les mêmes termes que ceux que j'ai utilisés maintenant ; la différence entre le plus haut et le plus bas réside simplement dans la complexité des changements développementaux, la variété des formes structurelles et la diversité des fonctions physiologiques exercées par chacune.

Si je devais prendre un chêne comme spécimen du monde végétal, je trouverais qu'il est né d'un gland, qui, lui aussi, a commencé dans une cellule ; le gland est placé dans la terre, et il commence très vite à absorber les matières inorganiques que j'ai nommées, ajoute énormément à son volume, et on le voit, année après année, s'étendre en haut et en bas, attirer et s'approprier les matières inorganiques. les matériaux qu'il vivifie, et finalement, à mesure qu'il mûrit, dégage ses propres glands, qui suivent à nouveau le même parcours. Mais je n'ai pas besoin de multiplier les exemples : du plus haut au plus bas, les traits essentiels de la vie sont les mêmes, comme je l'ai décrit dans chacun de ces cas.

Voilà donc pour ces particularités du monde organique, que vous pouvez comprendre et comprendre, pourvu que vous vous en teniez à une seule sorte d'être vivant et que vous étudiiez celle-là seulement.

Mais comme vous le savez, les chevaux ne sont pas les seuls êtres vivants au monde ; et encore une fois, les chevaux, comme tous les autres animaux, ont certaines limites – ils sont confinés à une certaine zone de la surface de la terre sur laquelle nous vivons, – et, comme c'est la question la plus simple, je peux la prendre en premier. Dans son état sauvage, et avant la découverte de l'Amérique, lorsque les Espagnols ont perturbé l'état naturel des choses, le cheval ne se trouvait que dans les parties de la terre connues des géographes sous le nom d'Ancien Monde ; c'est-à-dire que vous pourriez rencontrer des chevaux en Europe, en Asie ou en Afrique ; mais il n'y en avait pas en Australie, et il n'y en avait pas du tout sur tout le continent américain, du Labrador jusqu'au Cap Horn. C'est un fait empirique, et c'est ce qu'on appelle, énoncé de la façon dont je vous l'ai donné, la « Répartition Géographique » du Cheval.

Pourquoi les chevaux devraient-ils être trouvés en Europe, en Asie et en Afrique, et non en Amérique, n'est pas évident ; l'explication selon laquelle les conditions de vie en Amérique sont défavorables à leur existence et que, par conséquent, elles n'y ont pas été créées, ne s'applique évidemment pas ; car lorsque les envahisseurs Espagnols, ou nos propres fermiers, transportèrent des chevaux dans ces pays pour leur propre usage, on constata qu'ils prospéraient bien et se multipliaient très rapidement ; et beaucoup d'entre eux vivent encore à l'état sauvage dans ces pays, et dans un état parfaitement naturel. Supposons maintenant que nous fassions pour chaque animal ce que nous avons fait ici pour le cheval, c'est-à-dire délimiter et distinguer le district ou la région particulière à laquelle chacun appartenait ; et en supposant que nous dressions un tableau de tous ces résultats, cela s'appellerait la répartition géographique des animaux, tandis qu'une étude correspondante des plantes donnerait comme résultat la répartition géographique des plantes.

Je m'en éloigne maintenant, car je voulais simplement vous expliquer ce que j'entendais par l'emploi du terme « répartition géographique ». Comme je l'ai dit, il y a un autre aspect, et beaucoup plus important, c'est celui des relations des différents animaux entre eux. Le cheval est un animal très bien défini et nous connaissons tous assez bien sa structure. J'ose dire que vous avez peut-être été frappé par le fait qu'il ne ressemble à aucun autre membre du règne animal, à l'exception peut-être du zèbre ou de l'âne. Mais permettez-moi de vous demander de regarder ces diagrammes. Voici le squelette du Cheval, et ici le squelette du Chien. Vous remarquerez que nous avons chez le Cheval un crâne, une colonne vertébrale et des côtes, des omoplates et des ischios. Dans le membre antérieur, un os du bras supérieur, deux os du bras antérieur, des os du poignet (appelés à tort genou) et des os du milieu de la main, se terminant par les trois os d'un doigt, dont le dernier est gainé dans le sabot corné de l'avant-pied : dans le membre postérieur, un fémur, deux os de la jambe, des chevilles et des os du pied moyen, se terminant par les trois os d'un orteil, dont le dernier est enfermé dans le sabot de l'arrière-pied.

Tournons-nous maintenant vers le squelette du chien. On retrouve à l'identique les mêmes os, mais en plus grand nombre, il y a plus d'orteils dans chaque pied, et donc plus d'os des orteils.

Eh bien, c'est une chose très curieuse ! Le fait est que le chien et le cheval, quand on les regarde sans les obstacles extérieurs de la peau, se révèlent être fabriqués à peu près de la même manière. Et si je faisais une coupe transversale du Chien, je retrouverais les mêmes organes que je vous ai déjà montrés comme faisant partie du Cheval. Eh bien, voici un autre squelette, celui d'une espèce de Lémurien, vous voyez qu'il a exactement les mêmes os ; et si j'en faisais une coupe transversale, ce serait encore la même chose. Dans votre esprit, retournez-le de manière à placer sa colonne vertébrale dans une position inclinée obliquement vers le haut et vers l'avant, tout comme dans les trois diagrammes suivants, qui représentent les squelettes d'un orang , d'un chimpanzé et d'un gorille, et vous vous trouvez. n'ayez aucune difficulté à identifier les os partout ; et enfin, regardons la fin de la série, le diagramme représentant le squelette d'un homme, et vous ne trouvez toujours aucune grande caractéristique structurelle essentiellement modifiée. Ce sont les mêmes os dans les mêmes relations. Du Cheval, nous passons encore et encore, par étapes graduelles, jusqu'à ce que nous arrivions enfin aux formes connues les plus élevées. Par contre, prenons l'autre ligne de diagrammes, et passons du Cheval vers le bas de l'échelle jusqu'à ce poisson ; et pourtant, bien que les modifications soient bien plus importantes, le cadre essentiel de l'organisation reste inchangé. Voici, par exemple, un marsouin ; voici sa solide colonne vertébrale, traversée par la cavité qui contient la moelle épinière ; voici les côtes, ici l'omoplate ; voici le petit os court du haut du bras, voici les deux os de l'avant-bras, l'os du poignet et les os des doigts.

N'est-il pas étrange que le marsouin ait, dans cette étrange affaire, son clapet (comme on l'appelle), les mêmes éléments fondamentaux que la patte antérieure du cheval ou du chien, ou du singe ou de l'homme ; et ici vous remarquerez une chose très curieuse : les membres postérieurs sont absents. Maintenant, faisons un autre saut. Passons à la Morue : vous voyez ici l'avant-bras, dans cette grande nageoire pectorale, qui transporte votre esprit en avant depuis le clapet du Marsouin. Et voilà les membres postérieurs restaurés sous la forme de ces nageoires ventrales. Si j'en faisais une coupe transversale, je retrouverais exactement les mêmes organes que nous avons déjà remarqués. De sorte que, voyez-vous, nos recherches aboutissent à cette étrange conclusion, à savoir que le cheval, examiné et comparé aux autres animaux, ne se révèle en aucun cas seul dans la nature ; mais qu'il existe un nombre énorme d'autres créatures qui ont une colonne vertébrale, des côtes, des pattes et d'autres parties disposées de la même manière générale, et qui, dans toute leur formation, présentent les mêmes larges particularités.

Je suis sûr que vous ne pouvez pas m'avoir suivi, même dans cet exposé extrêmement élémentaire des relations structurelles des animaux, sans voir ce que je viens de vous expliquer, c'est-à-dire vous montrer que, pas à pas, les naturalistes sont arrivés au idée d'une unité de plan, ou d'une conformité de construction, parmi des animaux qui paraissaient à première vue extrêmement dissemblables.

Et ici vous avez la preuve d'une telle unité de plan parmi tous les animaux qui ont une colonne vertébrale et que nous appelons techniquement *Vertébrés* . Mais il existe une multitude d'autres animaux, comme les crabes, les homards, les araignées, etc., que nous appelons *Annulosa* . Je ne saurais vous y indiquer les parties qui correspondent à celles du Cheval, l'épine dorsale par exemple, car elles sont construites sur un principe très différent, qui est aussi commun à toutes ; c'est-à-dire que le Homard, l'Araignée et le Mille-pattes ont un plan commun qui traverse tout leur arrangement, de la même manière que le Cheval, le Chien et le Marsouin s'assimilent les uns aux autres.

D'autres créatures encore, bulots, seiches, huîtres, escargots et toute leur tribu (*mollusques*), se ressemblent de la même manière, mais diffèrent à la fois des *Vertébrés* et *des Annulosa* ; et il en est de même pour les animaux appelés *Cœlenterata* (Polypes) et *Protozoaires* (animalcules et éponges).

Or, en poursuivant ce genre de comparaison, les naturalistes sont arrivés à la conviction qu'il existe , - certains pensent cinq, et d'autres sept, - mais certainement pas plus que ce dernier nombre - et il est peut-être plus simple d'en supposer cinq - des plans ou des plans distincts. constructions dans l'ensemble du monde animal ; et que les centaines de milliers d'espèces de créatures à la surface de la terre sont toutes réductibles à ces cinq, ou, tout au plus, sept plans d'organisation.

Mais ne peut-on pas aller plus loin ? Lorsqu'on en est arrivé là, on est tenté de faire un pas en avant et de se demander si l'on ne peut pas remonter encore plus loin et ramener le tout à des modifications d'une unité primordiale. L'anatomiste ne peut pas faire cela ; mais s'il appelle à son aide l'étude du développement, il peut y parvenir. Car nous constaterons que, si distincts que soient ces plans, qu'il s'agisse d'un marsouin ou d'un homme, ou d'un homard, ou de l'une de ces autres espèces que j'ai mentionnées, chacun commence son existence avec une seule et même forme primitive, celle du œuf, constitué, comme nous l'avons vu, d'une substance azotée, ayant une petite particule ou noyau au centre de celle-ci. De plus, les changements antérieurs de chacun sont sensiblement les mêmes. Et c'est là que réside cette véritable « unité d'organisation » du règne animal que l'on a devinée et imaginée depuis de nombreuses années ; mais il a été laissé à l'époque actuelle d'être démontrée par une étude minutieuse du développement. Mais est-il possible d'aller encore plus loin et de montrer que de la même manière l'ensemble du monde organique est réductible à une seule condition primitive de forme ? Existe-t-il chez les plantes la même forme primitive d'organisation, et est-elle identique à celle du règne animal ? La réponse à cette question n'est pas non plus incertaine ou douteuse. Il est maintenant prouvé que chaque plante commence son existence sous la même forme ; c'est-à-dire dans celui d'une cellule, particule de matière azotée ayant sensiblement les mêmes conditions. De sorte que si vous remontez le chêne jusqu'à son premier germe, ou un homme, ou un cheval, ou un homard, ou une huître, ou tout autre animal que vous choisirez de nommer, vous trouverez chacun d'eux commençant son existence sous des formes essentiellement semblables les uns aux autres ; et, en outre, que les premiers processus de croissance, et un grand nombre des modifications ultérieures, sont essentiellement les mêmes en principe dans presque tous.

En conclusion, permettez-moi de récapituler en quelques mots les positions que j'ai exposées. Et vous devez comprendre que je n'ai pas parlé de simple théorie ; J'ai parlé de sujets aussi clairement démontrables que les propositions les plus courantes d'Euclide, de faits qui doivent former la base de toutes les spéculations et croyances en science biologique . Nous avons progressivement retracé toutes les formes organiques, ou, en d'autres termes, nous avons analysé l'état actuel de la nature animée, jusqu'à ce que nous trouvions que chaque espèce prenait son origine sous une forme semblable à celle sous laquelle toutes les autres commençaient leur existence. Nous avons découvert que la vaste gamme de formes vivantes qui nous entourent ne cessent de croître, de s'accroître, de se dégrader et de disparaître ; l'animal attire, modifie et applique constamment à sa subsistance la matière du règne végétal, qui tirait son support de l'absorption et de la conversion de la matière inorganique. Et cette absorption, ce gaspillage et cette reproduction sont si constants et si universels, qu'on peut dire avec une parfaite certitude qu'il ne reste dans aucun de nos corps à l'heure actuelle un millionième partie de la matière dont il a été formé originellement ! Nous avons vu, encore une fois, que non seulement la matière vivante dérive du monde inorganique, mais que les forces de cette matière sont toutes corrélatives et convertibles en celles de la nature inorganique.

Ceci, pour notre propos actuel, est la meilleure vue de l'état actuel de la nature organique que je puisse vous présenter : elle vous donne les grandes lignes d'un vaste tableau, que vous devez remplir par votre propre étude.

Dans la prochaine leçon, je m'efforcerai de la même manière de remonter dans le passé et de tracer de la même manière large l'histoire de la vie aux époques antérieures à la nôtre.

V

L'ÉTAT PASSÉ DE LA NATURE ORGANIQUE.

Dans la conférence que j'ai prononcée lundi soir dernier, je me suis efforcé d'esquisser d'une manière très brève, mais aussi bien que le temps dont je disposais le permettait, l'état actuel de la nature organique, entendant par ce grand titre simplement une indication du grand Des principes vastes et généraux qui doivent être découverts par ceux qui regardent attentivement les phénomènes de la nature organique tels qu'ils se manifestent actuellement. Le résultat général de nos recherches pourrait se résumer ainsi : nous avons découvert que la multiplicité des formes de vie animale, si grande qu'elle puisse être, peut être réduite à un nombre relativement peu élevé de plans ou de types de construction primitifs ; qu'une étude plus approfondie du développement de ces différentes formes nous a révélé qu'elles étaient à nouveau réductibles, jusqu'à ce que nous ayons enfin ramené l'infinie diversité de la vie animale, et même végétale, à la forme primordiale d'une seule cellule.

Nous avons constaté que notre analyse du monde organique, qu'il soit animal ou végétal, montrait, à long terme, qu'ils pouvaient tous deux être réduits aux mêmes constituants et qu'ils étaient, en fait, composés des mêmes constituants. Et nous avons vu que la plante obtenait les matériaux constituant sa substance par une combinaison particulière de matières appartenant entièrement au monde inorganique ; qu'alors l'animal s'appropriait constamment les matières azotées de la plante pour sa propre alimentation, et les renvoyait au monde inorganique, dans ce que nous appelions ses déchets ; et qu'enfin, lorsque l'animal cessa d'exister, les constituants de son corps furent dissous et transmis à ce monde inorganique d'où ils avaient d'abord été extraits. Ainsi nous avons vu dans le brin d'herbe et dans le cheval, mais les mêmes éléments différemment combinés et disposés. Nous avons découvert une circulation continue : la plante puisant dans les éléments de la nature inorganique et les combinant en nourriture pour la création animale ; l'animal empruntant à la plante la matière pour son propre support, dégageant au cours de sa vie des produits qui retournaient immédiatement au monde inorganique ; et que, finalement, les matériaux constitutifs de toute la structure des animaux et des plantes étaient ainsi renvoyés à leur source originelle : il y avait un passage constant d'un état d'existence à un autre, et un retour en arrière.

Enfin, lorsque nous avons essayé de nous faire une idée de la nature des forces exercées par les êtres vivants, nous avons découvert qu'elles, sinon susceptibles d'être soumises à la même analyse minutieuse que les constituants de ces êtres eux-mêmes, qu'elles étaient en corrélation avec : qu'ils étaient les équivalents des forces de la nature inorganique — qu'ils étaient, dans le sens où le terme est maintenant utilisé, convertibles avec elles. C'était notre résultat général.

Et maintenant, quittant le présent, je dois m'efforcer de la même manière de vous présenter les faits qui doivent être découverts dans l'histoire passée du monde vivant, dans les conditions passées de la nature organique. Nous devons, ce soir, traiter des faits de cette histoire – une histoire impliquant des périodes de temps avant lesquelles nos simples archives humaines sombrent dans une totale insignifiance – une histoire dont la variété et l'ampleur physique des événements ne peuvent même pas être préfigurées par l'histoire. de la vie humaine et des phénomènes humains - une histoire du caractère le plus varié et le plus complexe.

Nous devons donc traiter de l'histoire en premier lieu, comme nous devrions traiter de toutes les autres histoires. L'étudiant en histoire sait que sa première tâche devrait être de s'enquérir de la validité de son témoignage et de la nature du dossier dans lequel le témoignage est contenu, afin qu'il puisse être en mesure de se faire une appréciation correcte de l'exactitude des conclusions qui ont été tirées. été tirés de ces éléments de preuve. Il faut donc ici passer, en premier lieu, à l'examen d'un sujet qui peut paraître étranger à la question en discussion. Nous devons nous attarder sur la nature des documents et sur la crédibilité des preuves qu'ils contiennent ; nous devons examiner si ces documents eux-mêmes sont complets ou incomplets, avant de nous tourner vers ce qu'ils contiennent et révèlent. La question de la crédibilité de l'histoire, heureusement pour nous, n'exigera pas beaucoup de réflexion, car, dans cette histoire, contrairement à celles d'origine humaine, il ne peut y avoir aucune tergiversation , aucune divergence quant à la réalité et à la véracité des faits dont il est inventé ; les faits s'expriment d'eux-mêmes et sont clairement exposés devant nous.

Mais, bien que l'une des plus grandes difficultés de l'étudiant en histoire soit écartée de notre chemin, il existe d'autres difficultés – les difficultés d'interpréter correctement les faits tels qu'ils nous sont présentés – qui peuvent être comparées aux plus grandes difficultés de tout autre type d'étude. étude historique.

Quel est ce récit de l'histoire passée du globe, et quelles sont les questions impliquées dans une enquête sur son exhaustivité ou son incomplétude ? Ce disque est composé de boue ; et la question que nous avons à étudier ce soir se résume à une question de formation de boue. Vous pensez peut-être qu'il y a un grand pas, du sublime au ridicule, entre la contemplation de l'histoire des âges passés de l'existence du monde et la considération de l'histoire de la formation de la boue ! Mais, dans la nature, il n'y a rien de mesquin et d'indigne d'attention ; il n'y a rien de ridicule ou de méprisable dans aucune de ses œuvres ; et cette enquête, vous le verrez bientôt, je l'espère, nous amène à la racine même et aux fondements de notre sujet.

Alors, comment se forme la boue ? Toujours, à quelques légères exceptions près, dont je n'ai pas besoin de parler maintenant, toujours, sous l'effet de l'action de l'eau, usant et désintégrant la surface de la terre et des rochers avec lesquels elle entre en contact, la martelant et la broyant, et emportant les particules vers des endroits où elles cessent d'être perturbées par cette action mécanique et où elles peuvent s'affaisser et se reposer. Car l'océan, poussé par les vents, lave, comme nous le savons, une longue étendue de côte, et chaque vague, chargée qu'elle est de particules de sable et de gravier lorsqu'elle se brise sur le rivage, contribue au processus de désintégration. Et ainsi, lentement mais sûrement, les roches les plus dures sont progressivement réduites en une substance pulvérulente ; et la boue ainsi formée, plus grossière ou plus fine, selon le cas, est emportée par le mouvement des marées ou des courants, jusqu'à ce qu'elle atteigne les parties relativement plus profondes de l'océan, dans lesquelles elle peut couler jusqu'au fond, c'est-à-dire , dans des endroits où il y a une profondeur d'environ quatorze ou quinze brasses, profondeur à laquelle l'eau est généralement presque immobile et dans laquelle, bien sûr, les particules les plus fines de ces détritus, ou boue comme nous l'appelons, s'enfoncent. vers le bas.

Ou encore, si vous prenez une rivière qui dévale ses sources montagneuses, se bat contre les pierres et les rochers qui croisent son passage, desserrant, enlevant et emportant avec elle dans son cours descendant les cailloux et les matières plus légères de ses rives, elle écrase et martèle les roches et les terres exactement de la même manière que l'usure des vagues. Les matières formant le dépôt sont arrachées du flanc de la montagne et tourbillonnent impétueusement dans la vallée, plus lentement à travers la plaine, de là dans l'estuaire, et de l'estuaire elles sont entraînées dans la mer. Les fragments les plus grossiers et les plus lourds se déposent évidemment en premier, c'est-à-dire dès que le courant commence à perdre de sa force en s'amalgamant avec les profondeurs plus calmes de l'océan, mais les particules les plus fines et les plus légères sont entraînées plus loin et finissent par se déposer dans un partie plus profonde et plus calme de l'océan.

Il en résulte clairement que la boue nous donne une chronologie ; car il est évident qu'en supposant que ce que je dessine maintenant soit le fond de la mer, et en supposant que ce soit une ligne de côte ; à cause de l'action de lavage de la mer sur la roche, l'usant et la broyant en un sédiment de boue, la boue sera entraînée vers le bas et, enfin, déposée dans les parties les plus profondes de ce fond marin, où elle formera une couche. ; et puis, pendant que cette première couche durcit, d'autres boues qui viennent de la même source seront, bien entendu, transportées au même endroit ; et comme il lui est tout à fait impossible de passer au-dessous de la couche déjà là, elle se dépose au-dessus d'elle et forme une autre couche, et de cette manière vous avez progressivement des couches de boue qui se forment et se durcissent constamment les unes sur les autres, et véhiculent une enregistrement du temps.

C'est un résultat nécessaire du fonctionnement de la loi de la gravitation que la couche supérieure soit la plus jeune et la couche inférieure la plus ancienne, et que les différents lits soient plus âgés en un point ou un endroit particulier dans le rapport exact de leur profondeur à la surface. surface. De sorte que si elles étaient soulevées ensuite, et que vous aviez une série de ces différentes couches de boue, transformées en grès ou en calcaire, selon le cas, vous pourriez être sûr que la couche inférieure s'est déposée en premier, et que les couches supérieures ont été déposées en premier. se sont formés par la suite. Ici, voyez-vous, c'est la première étape de l'histoire : ces couches de boue nous donnent une idée du temps.

Toute la surface de la terre, — je parle en termes généraux et laisse de côté des précisions mineures, — est composée de telles couches de boue, si dures, pour la plupart, que nous les appelons roche, qu'il s'agisse de calcaire ou de grès, ou d'autres variétés. de roche. Et, voyant que chaque partie de la croûte terrestre est ainsi constituée, on pourrait penser que la détermination de la chronologie, la fixation du temps qu'il a fallu pour former cette croûte est une affaire relativement simple. Faites une large moyenne, constatez avec quelle vitesse la boue se dépose au fond de la mer ou dans l'estuaire des rivières ; prenez-le à un pouce, ou deux, ou trois pouces par an, ou quelle que soit la valeur à laquelle vous pouvez l'estimer grossièrement ; puis prenez l'épaisseur totale de toute la série de roches stratifiées, que les géologues estiment à douze ou treize milles, ou environ soixante-dix mille pieds, faites une somme en division courte, divisez l'épaisseur totale par celle de la quantité déposée en une année, et le résultat vous donnera bien sûr le nombre d'années qu'a mis la croûte à se former.

Vraiment, cela semble être un processus très simple ! Il en serait ainsi, sauf certaines difficultés, dont la toute première est celle de connaître la rapidité avec laquelle les sédiments se déposent ; mais la principale difficulté, une difficulté qui rend hors de question tout calcul certain sur une telle question, est que le fond marin sur lequel le dépôt a lieu se déplace continuellement.

Au lieu que la surface de la Terre soit cette chose stable et fixe qu'on croit généralement être, étant, dans le langage courant, l'emblème même de la fixité elle-même, elle est sans cesse en mouvement et est, en fait, aussi instable que la surface. de la mer, sauf que ses ondulations sont infiniment plus lentes et énormément plus hautes et plus profondes.

Or, quel est l'effet de cette oscillation ? Prenons le cas auquel j'ai fait référence précédemment. Les sédiments plus fins ou plus grossiers entraînés par le courant du fleuve ne seront entraînés que sur une certaine distance et finiront, comme nous l'avons déjà vu, en atteignant la partie la plus calme de l'océan, à se déposer au fond.

Soit C y (Fig. 35) le fond de la mer, y D le rivage, $x\,y$ le niveau de la mer, alors le dépôt le plus grossier s'affaissera sur la région B, le plus fin sur A, tandis qu'au-delà de A il n'y aura pas de dépôt. du tout; et, par conséquent, aucun enregistrement ne sera conservé, simplement parce qu'aucun dépôt n'est effectué. Supposons maintenant que la terre entière C, D, que nous avons considérée comme stationnaire, descende, tandis que A et B s'éloignent tous deux du rivage, qui sera à y^1, $x^1\,y^1$, étant le nouveau niveau de la mer. La conséquence sera que la couche de boue (A), étant maintenant, pour la plupart, plus grande que la force du courant n'est assez forte pour transporter même les *débris les plus fins* , ne recevra bien sûr plus de dépôts, et ayant atteint une certaine épaisseur, ne deviendra plus épais.

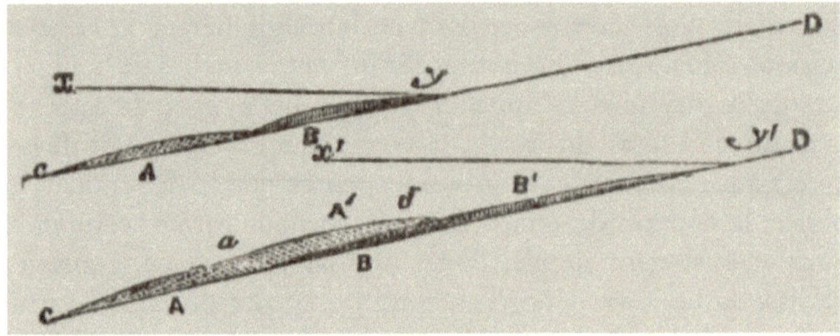

FIGURE 35.

Nous serions trompés en considérant l'épaisseur de cette couche, chaque fois qu'elle peut être exposée à notre vue, comme un enregistrement du temps de la manière dont nous traitons actuellement de ce sujet, car cela ne nous donnerait qu'un enregistrement imparfait et partiel : cela semblerait représenter une période de temps trop courte.

Supposons, d'autre part, que la terre (CD) ait continué à s'élever lentement et graduellement – disons d'un pouce ou deux pouces au cours d'un siècle – quel serait l'effet pratique de ce mouvement ? Pourquoi, que les sédiments A et B qui ont déjà été déposés, seraient éventuellement rapprochés du niveau du rivage et soumis de nouveau à l'usure de la mer ; et dès que la mer commencerait à agir sur lui, elle le découperait naturellement bientôt et l'emporterait plus ou moins pour le redéposer plus loin.

Eh bien, comme il n'y a, selon toute probabilité, pas un seul point sur toute la surface de la terre qui n'ait été soulevé et descendu de cette manière un grand nombre de fois, il s'ensuit que l'épaisseur des dépôts formés en un point particulier ne peut pas être considéré (même en supposant que nous ayons d'abord obtenu des données correctes sur le rythme auquel ils ont eu lieu) comme fournissant des informations fiables sur la période de temps occupée par son dépôt. Pour que vous le voyiez il est absolument nécessaire d'après ces faits, vu que notre registre est entièrement constitué d'accumulations de boue, superposées les unes aux autres ; Considérant ensuite que certains endroits particuliers sur lesquels des accumulations se sont produites se sont constamment déplacés de haut en bas, et parfois hors de portée d'un dépôt, et que d'autres fois son propre dépôt est brisé et emporté, il s'ensuit que notre les archives doivent être au plus haut degré imparfaites, et nous n'avons pratiquement plus aucune trace de dépôts épais, ni aucune connaissance précise de la superficie qu'ils occupaient dans un grand nombre de cas. Et notez ceci ! En supposant même que toute la surface de la terre ait été accessible au géologue, que l'homme ait eu accès à chaque partie de la terre, qu'il ait fait des sections de l'ensemble et les ait toutes assemblées, même alors, son rapport doit nécessairement être imparfait.

Mais à quoi l'homme a-t-il réellement accès ? Si vous regardez cette Carte, vous verrez qu'elle représente la proportion de la mer par rapport à la terre : cette partie colorée indique toute la terre ferme, et cette autre partie est l'eau. Vous remarquerez tout de suite que l'eau couvre les trois cinquièmes de la surface entière du globe, et qu'elle l'a recouvert de la même manière depuis que l'homme a tenu trace de ses propres observations, sans parler de la période infime pendant laquelle il a vécu. a cultivé la recherche géologique. De sorte que les trois cinquièmes de la surface de la terre nous sont fermés parce qu'ils sont sous la mer. Examinons les deux cinquièmes restants et voyons quels sont les pays dans lesquels tout ce que l'on peut appeler des recherches géologiques approfondies ont été effectués : une bonne partie de la France, de l'Allemagne, de la Grande-Bretagne et de l'Irlande, des morceaux d'Espagne, de L'Italie et la Russie ont été examinées, mais de toute la grande masse de l'Afrique, à l'exception de certaines parties de l'extrémité sud, nous ne savons presque rien ; de petits morceaux de l'Inde, mais rien de la plus grande partie du continent asiatique ; des morceaux des États de l'Amérique du Nord et du Canada, mais de la plus grande partie du continent de l'Amérique du Nord et, dans une proportion encore plus grande, de l'Amérique du Sud, rien !

Dans ces circonstances, il s'ensuit que même en ce qui concerne le genre d'informations imparfaites que nous pouvons posséder, ce n'est que la dix millième partie environ des parties accessibles de la terre qui a été examinée correctement. C'est donc avec justice que les plus réfléchis de ceux qui s'occupent de ces enquêtes insistent continuellement sur l'imperfection des archives géologiques ; car, je le répète, il est absolument nécessaire, de par la nature des choses, que ce récit soit du caractère le plus fragmentaire et le plus imparfait. Malheureusement, cette circonstance a été constamment oubliée. Les hommes de science, comme les jeunes poulains dans un nouveau pâturage, ont tendance à s'exalter à l'idée d'être transformés en un nouveau domaine d'investigation, à partir au galop, au mépris total des haies et des fossés, à perdre de vue la réalité réelle. limiter leurs recherches et oublier l'extrême imperfection de ce qui est réellement connu. Les géologues ont imaginé pouvoir nous dire ce qui se passait dans toutes les parties de la surface terrestre à une époque donnée ; ils ont parlé de ce gisement comme étant contemporain de ce gisement, jusqu'à ce que, à partir de nos petites histoires locales des changements sur des points limités de la surface de la terre, ils aient construit une histoire universelle du globe aussi pleine de merveilles et de présages que n'importe quelle autre histoire de antiquité.

Mais qu'implique cette tentative de construction d'une histoire universelle du globe ? Cela implique que nous aurons non seulement une connaissance précise des événements qui se sont produits à un moment particulier, mais que nous serons capables de dire quels événements, à un endroit donné, se sont produits en même temps que ceux d'autres endroits.

Voyons dans quelle mesure cela est dans la nature des choses réalisables. Supposons que je fasse ici une coupe du lac de Killarney, et ici la coupe d'un autre lac, celui du Loch Lomond en Ecosse par exemple. Les rivières qui s'y jettent charrient constamment des dépôts de boue, et des lits ou strates se forment tout aussi constamment les uns au-dessus des autres au fond de ces lacs. Or, il n'y a pas l'ombre d'un doute que dans ces deux lacs les lits inférieurs sont tous plus anciens que les lits supérieurs ; cela ne fait aucun doute ; mais qu'est-ce *que cela* nous apprend sur l'âge d'un lit donné dans le Loch Lomond, par rapport à celui d'un lit donné dans le lac de Killarney ? Il est en effet évident que si deux ensembles de dépôts sont séparés et discontinus, la nature du dépôt ne vous donne absolument aucun moyen de dire si l'un est beaucoup plus jeune ou plus âgé que l'autre ; mais vous pouvez dire, comme beaucoup l'ont dit et pensent, que la situation est bien différente si les lits que nous comparons sont continus. Supposons deux couches de boue durcies en roche : A et B sont vus en coupe (Fig. 36.)

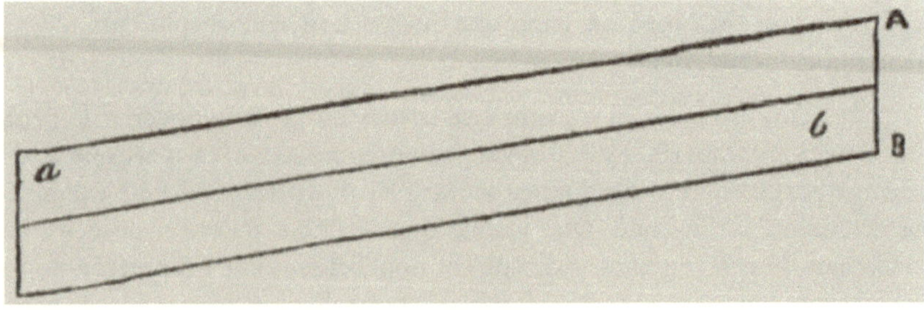

FIGURE 36.

Eh bien, dites-vous, il est admis que le lit le plus bas est toujours le plus ancien. Très bien; B est donc plus ancien que A. Sans doute, *dans l'ensemble* , il en est ainsi ; ou si l'on compare certaines parties des deux lits qui sont dans la même ligne verticale, il en est ainsi. Mais supposons que vous alliez plus loin, ce qui semble très naturel, et que vous disiez que la partie *a* du lit A est plus jeune que la partie *b* du lit B. Est-ce un raisonnement solide ? Si vous trouvez des enregistrements de changements ayant lieu en *b* , se sont-ils produits avant des événements survenus pendant le dépôt *de a ?* Il semble en effet très simple de dire qu'ils l'ont fait ; et pourtant il n'y a aucune preuve de quoi que ce soit de tel. Comme l'a montré il y a longtemps l'ancien directeur de cette institution, Sir H. De la Bêche , ce raisonnement peut être complètement fallacieux. Il est extrêmement possible que *a* ait été déposé bien avant *b* . Il est très facile de comprendre comment cela peut se produire. Pour revenir à la Fig. 35 ; lorsque A et B ont été déposés, ils étaient *sensiblement* contemporains ; A étant simplement le dépôt le plus fin, et B le plus grossier des mêmes détritus ou déchets de terre. Supposons maintenant que le fond de la mer descende (comme le montre la figure 35), de sorte que le premier dépôt ne soit pas transporté plus loin que *a* , formant le lit A [1] , et le dépôt grossier pas plus loin que *b* , formant le lit B [1] . le résultat sera la formation de deux lits continus, l'un de sédiments fins (AA [1]) chevauchant un autre de sédiments grossiers (BB [1]). Supposons maintenant que tout le fond de la mer soit soulevé et qu'une section soit exposée autour du point A [1] ; sans doute, *à cet endroit* , le lit du haut est plus jeune que le lit du bas. Mais nous serions évidemment gravement trompés si nous concluions que la masse du lit supérieur en A était plus jeune que celle du lit inférieur en B ; car nous venons de voir que ce sont des dépôts contemporains. Nous serions encore plus trompés si nous supposions que le lit supérieur en A est plus jeune que la continuation du lit inférieur en B [1] ; car A a été déposé bien avant B [1] . Enfin, si, au lieu de comparer les parties immédiatement adjacentes de deux couches, dont l'une repose sur l'autre, nous comparons des parties éloignées, il est fort possible que la couche supérieure puisse avoir un certain nombre d'années plus ancienne que la couche inférieure, et que la couche inférieure ait un certain nombre d'années. d'années plus jeunes que les supérieurs.

Maintenant, vous ne devez pas supposer que je vous présente cela dans le but de soulever une difficulté paradoxale ; le fait est que la grande masse des dépôts a eu lieu dans des fonds marins qui s'enfoncent graduellement, et se sont formés dans les conditions mêmes que je suppose ici.

Ne vous enfuyez pas en pensant que cela va à l'encontre du principe que j'ai posé au départ. L'erreur est d'étendre un principe parfaitement applicable aux dépôts d'une même ligne verticale à des dépôts qui ne sont pas dans cette relation les uns par rapport aux autres.

C'est en raison de circonstances de ce genre, et d'autres que je pourrais vous mentionner, que nos conclusions et interprétations du dossier ne sont réellement et strictement valables qu'aussi longtemps que nous nous limitons à une seule section verticale. Je ne veux pas vous dire qu'il n'y a pas de circonstances qualificatives, de sorte que, même dans des zones très considérables, nous pouvons parler en toute sécurité de lits superposés de manière conforme qui sont plus vieux ou plus jeunes que d'autres en de nombreux points différents. Mais nous ne pouvons jamais être tout à fait sûrs d'arriver à cette conclusion, et surtout nous ne pouvons pas être sûrs s'il y a une rupture dans leur continuité, ou une très grande distance entre les points à comparer.

Eh bien, tant pis pour le récit lui-même, tant pis pour ses imperfections, tant pis pour les conditions à respecter pour son interprétation et ses indications chronologiques, dès l'instant où l'on dépasse les limites d'une coupe linéaire verticale.

Passons maintenant du récit à ce qu'il contient, du livre lui-même à l'écriture et aux figures qu'il contient. Ces écrits et ces figures sont constitués de restes d'animaux et de plantes qui, dans la grande majorité des cas, ont vécu et sont morts à l'endroit même où nous les trouvons aujourd'hui, ou du moins à proximité immédiate. Vous devez tous être conscients — et j'y ai fait référence dans ma dernière conférence — qu'un grand nombre de créatures vivent au fond de la mer. Ces créatures, comme toutes les autres, meurent tôt ou tard, et leurs coquilles et leurs parties dures reposent au fond ; puis la fine boue qui est constamment amenée par les rivières et l'action de l'usure de la mer, les recouvre et les protège de tout changement ou altération ultérieur ; et, bien entendu, à mesure qu'avec le temps la boue se durcit et se solidifie, les coquilles de ces animaux sont conservées et fermement incrustées dans le calcaire ou le grès ainsi formé. Vous pourrez voir dans les galeries du Musée à l'étage des spécimens de calcaires dans lesquels sont incrustés de tels restes fossiles d'animaux existants. Il existe certains spécimens dans lesquels les œufs de tortues ont été incrustés dans du sable calcaire et, avant que le soleil n'ait éclos, les jeunes tortues se sont recouvertes de boue calcaire et ont ainsi été préservées et fossilisées.

Non seulement ce processus d'intégration et de fossilisation se produit chez les animaux et plantes marins et aquatiques, mais il affecte également les animaux et plantes terrestres qui dérivent vers la mer ou sont enfouis dans des tourbières ou des marais ; et les animaux qui ont été foulés par leurs semblables et écrasés dans la boue au bord du fleuve, alors que le troupeau venait boire. Dans chacun de ces cas, les organismes peuvent être écrasés ou mutilés, avant ou après putréfaction, de telle manière qu'il n'en restera peut-être qu'une partie sous la forme dans laquelle elle nous parvient. C'est en effet un fait des plus remarquables qu'il est tout à fait exceptionnel de trouver le

squelette d'un seul des milliers d'animaux terrestres sauvages que nous savons
être constamment tués ou mourir au cours de la nature : ils sont sont la proie
et dévorés par d'autres animaux, ou meurent dans des endroits où leur corps
n'est pas ensuite protégé par de la boue. Il existe d'autres animaux dans la
mer dont les coquilles forment des dépôts extrêmement importants. Vous
savez probablement qu'avant de tenter de poser le câble télégraphique de
l'Atlantique, le gouvernement employait des navires pour effectuer une série
d'observations et de sondages très minutieux du fond de l'Atlantique ; et bien
que, comme nous devons tous le regretter, ce projet n'ait pas réussi jusqu'à
présent, nous avons la satisfaction de savoir qu'il a donné à la science des
résultats des plus remarquables. L'océan Atlantique a dû être sondé de part
en part, jusqu'à des profondeurs de plusieurs kilomètres par endroits, et la
nature de ses fonds a été soigneusement déterminée. Eh bien, maintenant,
un espace d'environ 1 000 milles de large d'est en ouest, et je ne sais pas
exactement combien du nord au sud, mais en tout cas de 600 ou 700 milles,
a été soigneusement examiné, et il a été constaté que sur toute l'étendue de
cette immense étendue se dépose une boue crayeuse excessivement fine ; et
ce dépôt est entièrement constitué d'animaux dont les parties dures se
déposent dans cette partie de l'océan, et acquièrent sans doute peu à peu de
solidité et se métamorphosent en un calcaire crayeux. Ainsi, voyez-vous, il
est tout à fait possible de conserver ainsi des traces indubitables de la vie
animale et végétale. Chaque fois que le fond de la mer, à cause de certaines
de ces ondulations de la croûte terrestre dont j'ai parlé, est soulevé et que des
coupes ou des sondages sont réalisés, ou des fosses sont creusées, alors nous
devenons capables d'examiner le contenu et les constituants de ces anciennes
mers. -fonds, et découvrez quelle sorte d'animaux vivaient à cette époque.

Or, il est très important, en ce qui concerne l'exhaustivité des archives, de
rechercher dans quelle mesure les restes contenus dans ces calcaires
fossilifères sont capables de donner quelque chose qui ressemble à une
description exacte ou complète des animaux qui existaient à l'époque. sa
formation. Sur ce point, nous pouvons former un jugement très clair et dans
lequel il n'y a aucune possibilité d'erreur. Il existe naturellement un grand
nombre d'animaux, comme les méduses et autres animaux, sans parties dures,
dont on ne peut raisonnablement espérer trouver aucune trace : il n'y en a a
rien à conserver. En très peu de temps, vous l'aurez remarqué, une fois retirés
de l'eau, ils sèchent jusqu'à ne plus rien ; certes , ils ne sont pas de nature à
laisser des traces très visibles de leur existence sur des corps tels que la craie
ou la boue. Là encore, regardez les animaux terrestres ; il est, comme je l'ai
dit, une chose très rare de retrouver un animal terrestre entier après sa mort.
Les insectes et autres animaux carnivores les mettent en pièces très
rapidement, la putréfaction se produit, et ainsi, parmi les centaines de milliers
que l'on sait mourir chaque année, c'est la chose la plus rare au monde d'en
voir un enchâssé de telle manière que ses restes seraient conservés pendant

une période prolongée. Non seulement c'est le cas, mais même lorsque les restes d'animaux ont été incrustés en toute sécurité, certains agents naturels peuvent les détruire et les éliminer complètement.

Presque toutes les parties dures des animaux, les os, etc., sont composées principalement de phosphate de chaux et de carbonate de chaux. Il y a quelques années, j'ai dû faire une enquête sur la nature de fossiles très curieux qui m'avaient été envoyés du nord de l'Écosse. Les fossiles sont généralement des structures osseuses dures qui se sont enchâssées de la manière que j'ai décrite et ont progressivement acquis la nature et la solidité du corps auquel ils sont associés ; mais dans ce cas, j'avais une série de *trous* dans quelques morceaux de roche, et rien d'autre. Ces trous, cependant, avaient une forme bien définie, et lorsque j'ai demandé à un ouvrier habile de faire des moulages de l'intérieur de ces trous, j'ai découvert qu'il s'agissait des empreintes des articulations d'une colonne vertébrale et de l' armure d'un grand corps. reptile, de douze pieds ou plus de long. Cette grande bête était morte et s'était ensevelie dans le sable, le sable avait peu à peu durci au niveau des os, mais restait poreux. De l'eau y avait coulé, et cette eau étant probablement chargée d'un excès d'acide carbonique, avait dissous tout le phosphate et le carbonate de chaux, et les os eux-mêmes s'étaient ainsi décomposés et avaient entièrement disparu ; mais comme le grès s'était alors consolidé, la forme précise des os a été conservée. Si ce grès était resté mou un peu plus longtemps, nous n'aurions absolument rien su de l'existence du reptile dont il avait enfermé les os.

D'autres considérations peuvent vous prouver qu'il est certain qu'un grand nombre d'animaux qui ont existé à une époque sur cette terre ont entièrement péri et n'ont laissé aucune trace de leur forme. Il existe de vastes étendues de grès dans diverses parties du monde, dans lesquelles personne n'a encore trouvé autre chose que des traces de pas. Pas un os d'aucune sorte, mais un nombre énorme de traces de pas. Il n'y a aucun doute à leur sujet. Il y a toute une vallée dans le Connecticut couverte de ces traces, et pas un seul fragment des animaux qui les ont fabriqués n'a encore été retrouvé. Permettez-moi, à ce propos, de mentionner un autre cas, qui est encore plus surprenant que ceux que j'ai déjà évoqués. Il y a une formation calcaire près d'Oxford, à un endroit appelé Stonesfield, qui a livré les restes de certains mammifères très intéressants, et jusqu'à présent, si je me souviens bien, on a trouvé sept spécimens de ses mâchoires inférieures, et non un peu d'autre chose, ni des os des membres, ni du crâne, ni aucune partie quelconque ; pas un fragment de tout le système ! Bien sûr, il serait absurde d'imaginer que les bêtes n'avaient rien d'autre qu'une mâchoire inférieure ! La probabilité est, comme l'a montré le Dr Buckland, à la suite de ses observations sur des chiens morts dans la Tamise, que la mâchoire inférieure, n'étant pas fixée par des ligaments très fermes aux os de la tête, et étant une affaire lourde, être facilement renversé ou pourrait tomber du corps lorsqu'il flottait dans l'eau en état de décomposition. La mâchoire serait ainsi déposée immédiatement, tandis que le reste du corps flotterait et dériverait complètement, atteignant finalement la mer et pouvant être détruit. La mâchoire est recouverte et préservée dans le limon de la rivière, et c'est ainsi que nous avons une circonstance aussi curieuse que celle des mâchoires inférieures dans les ardoises de Stonesfield. De sorte que, voyez-vous, aussi défectueuses que soient ces couches de pierre dans la croûte terrestre, aussi défectueuses qu'elles soient nécessairement en tant que registre, le récit des phénomènes vitaux contemporains qu'elles présentent est, par la nécessité du cas, infiniment plus défectueux et fragmentaire. .

Il était nécessaire que je vous expose tout cela avec beaucoup de force, car autrement vous auriez pu être amené à penser différemment de l'intégralité de nos connaissances par les prochains faits que je vous exposerai.

Les recherches des derniers trois quarts de siècle ont en effet révélé une merveilleuse richesse de vie organique dans ces roches. Certes, pas moins de trente ou quarante mille espèces différentes de fossiles ont été découvertes. Vous n'avez pas plus de raisons de douter que ces créatures aient réellement vécu et sont mortes à l'endroit ou à proximité des endroits où nous les trouvons, que vous n'en avez pour le même scepticisme à l'égard d'un coquillage au bord de la mer. Les preuves sont aussi solides dans un cas que dans l'autre.

Notre prochaine affaire est d'examiner le caractère général de ces restes fossiles, et c'est un sujet qu'il faudra considérer avec soin ; et le premier point pour nous est d'examiner dans quelle mesure la *flore* et *la faune éteintes* dans leur *ensemble* — sans tenir compte de la *succession* de leurs constituants, dont je parlerai plus tard — diffèrent de la *flore* et de la *faune* d'aujourd'hui ; diffèrent dans ce que nous *savons* d'eux, laissant de côté les spéculations basées sur ce que nous *ne* savons pas.

J'imagine fortement que si ce n'était de l'apparence particulière des animaux fossilisés, n'importe lequel d'entre vous pourrait facilement se promener dans un musée contenant des restes fossiles mélangés à ceux des formes de vie actuelles, et je doute fort que votre personne non instruite les yeux vous amèneraient à voir toute différence vaste ou merveilleuse entre les deux. Si vous regardiez attentivement, vous remarqueriez d'abord un grand nombre de choses très semblables aux animaux que vous connaissez maintenant : vous verriez des différences de forme et de proportion, mais dans l'ensemble une similitude étroite.

l'autre jour ce que j'entendais par ORDRES , LORSQUE J'AI DÉCRIT LE RÈGNE ANIMAL COMME ÉTANT DIVISÉ EN SOUS-RÈGNES, CLASSES ET ORDRES. Si vous divisez le règne animal en ordres, vous constaterez qu'il y en a plus de cent vingt. Le nombre peut varier d'un côté ou de l'autre, mais il s'agit d'une estimation juste. C'est la somme totale des ordres de tous les animaux que nous connaissons aujourd'hui et qui ont été connus dans le passé, et qui restent derrière nous.

Or, combien d'entre eux ont complètement disparu ? Autrement dit, combien de ces ordres d'animaux ont vécu à une époque antérieure de l'histoire du monde, mais n'ont actuellement aucun représentant ? C'est dans ce sens que je voulais utiliser le mot « éteint ». Je veux dire que ces animaux ont vécu sur cette terre à une certaine époque, mais n'ont laissé aucun de leur espèce parmi nous à l'heure actuelle. Ainsi, estimer le nombre d'animaux disparus est une sorte de manière de comparer la création passée dans son ensemble avec le présent dans son ensemble. Parmi les mammifères et les oiseaux, aucun n'est éteint ; mais quand nous arrivons aux reptiles, il y a une chose des plus merveilleuses : sur les huit ordres, ou à peu près, que l'on peut former parmi les reptiles, la moitié sont éteints. Ces diagrammes du plésiosaure, de l'ichtyosaure, du ptérodactyle , vous donnent une idée de certains de ces reptiles disparus. Et voici un moulage du ptérodactyle et des ossements de l'ichtyosaure et du plésiosaure, aussi frais que s'ils avaient été récemment déterrés dans un cimetière. Ainsi, dans la classe des reptiles, il n'y a pas moins de la moitié des ordres qui sont absolument éteints. Si nous nous tournons vers les *Amphibiens* , il existait un ordre éteint, celui des Labyrinthodonts, caractérisé par la grande bête ressemblant à une salamandre représentée dans ce diagramme.

Aucun ordre de poissons n'est connu pour être éteint. Tous les poissons que nous trouvons dans les strates auxquelles j'ai fait allusion peuvent être identifiés et classés dans l'un des ordres qui existent aujourd'hui. On ne sait pas qu'il existe une seule forme ordinale d'insecte éteint. Parmi les *crustacés,* il n'existe que deux ordres éteints . On ne sait pas s'il existe un ordre éteint de ces créatures, des vers parasites et autres ; mais il existe deux, pour ne pas dire trois ordres absolument éteints de cette classe, les *Échinodermes* ; parmi tous les ordres de *Cœlenterata* et de *Protozoaires* , un seul, les Coraux rugueux.

De sorte que, voyez-vous, sur environ 120 ordres d'animaux, en les prenant au total, vous n'en trouverez pas, selon l'estimation extérieure, plus de dix ou une douzaine d'espèces éteintes. En résumant tous les ordres d'animaux qui ont laissé des restes derrière eux, vous n'en trouverez pas plus d'une dizaine ou d'une douzaine qui ne puissent se ranger avec ceux d'aujourd'hui ; c'est-à-dire que la différence ne dépasse pas beaucoup dix pour cent : et la proportion des ordres de plantes éteints est encore plus petite. Je pense que c'est un fait très étonnant, très étonnant : voir les énormes époques de temps qui se sont écoulées pendant la constitution de la surface de la terre telle qu'elle existe actuellement ; il est en effet très étonnant que la proportion de types ordinaux éteints soit si extrêmement petite.

Mais maintenant, il y a un autre point de vue sous lequel il faut regarder cette création passée. Supposons que nous creusions une fosse verticale dans le sol au-dessous de nous, et que je parvienne à faire une section de part en part en direction de la Nouvelle-Zélande, je trouverais dans chacun des différents lits par lesquels je faisais passer des restes d'animaux. que je devrais trouver dans cette strate et pas dans les autres. D'abord, je tomberais sur des lits de gravier ou de dérive contenant les os de gros animaux, tels que l'éléphant, le rhinocéros et le tigre des cavernes. Des choses plutôt curieuses à tomber à Piccadilly ! Si je creusais encore plus bas, je tomberais sur un lit de ce que nous appelons l'argile de Londres, et dans celui-ci, comme vous le verrez dans nos galeries à l'étage, on trouve des restes de bétail étrange, des restes de tortues, de palmiers et de grands arbres tropicaux. des fruits; avec des coquillages comme on n'en voit aujourd'hui que dans les régions tropicales. Si je descendais au-dessous, je tomberais sur la craie, et là je trouverais quelque chose de tout à fait différent, des restes d'ichtyosaures et de ptérodactyles , et d'ammonites, etc.

Je ne sais pas ce que dirait ensuite M. Godwin Austin, mais probablement des roches contenant plus d'ammonites, et plus d'ichtyosaures et de plésiosaures, avec un grand nombre d'autres choses ; et en dessous je rencontrerais des rochers encore plus anciens, contenant de nombreux coquillages et poissons étranges ; et en passant ainsi de la surface aux plus basses profondeurs de l'écorce terrestre, les formes de vie animale et de vie végétale que je rencontrerais dans les couches successives seraient, en les considérant au sens large, d'autant plus différentes que je descendrais plus loin. . Ou, en d'autres termes, dans la mesure où nous sommes partis du principe clair que dans une série de lits de boue naturellement disposés, les plus bas sont les plus anciens, nous devrions arriver à ce résultat, que plus nous remontons dans le temps, plus la différence existe. entre la vie animale et végétale d'une époque et celle qui existe aujourd'hui. C'est la conclusion à laquelle j'ai voulu vous amener à la fin de cette conférence.

VI

LA MÉTHODE PAR LAQUELLE LES CAUSES DES CONDITIONS PRÉSENTES ET PASSÉES DE LA NATURE ORGANIQUE DOIVENT ÊTRE DÉCOUVERTES . — L'ORIGINATION DES ÊTRES VIVANTS.

Dans les deux conférences précédentes, j'ai essayé de vous indiquer l'étendue du sujet de l'enquête dans laquelle nous sommes engagés ; et ayant ainsi acquis une certaine conception des phénomènes passés et présents de la nature organique, je dois maintenant me tourner vers ce qui constitue le grand problème que nous nous sommes posé : je veux dire, la question de savoir quelle connaissance nous avons des causes de ces phénomènes. phénomènes de nature organique et comment obtenir une telle connaissance.

Ici, au seuil de l'enquête, une objection se présente à nous. Il existe dans le monde un certain nombre de personnes extrêmement dignes et bien intentionnées, dont les jugements et les opinions méritent le plus grand respect en raison de leur sincérité, qui estiment que les phénomènes vitaux, et spécialement toutes les questions relatives à l'origine des forces vitales, phénomènes, sont des questions tout à fait éloignées du cadre ordinaire de l'enquête et sont, de par leur nature même, placées hors de notre portée. Ils disent que tous ces phénomènes ont eu une origine miraculeuse, ou d'une manière totalement différente du cours ordinaire de la nature, et qu'ils estiment donc qu'il est vain, pour ne pas dire présomptueux, de tenter de les étudier.

À des personnes aussi sincères et sérieuses, je dirai seulement qu'une question de ce genre ne doit pas être laissée de côté pour des raisons théoriques ou spéculatives. Vous vous souvenez peut-être de l'histoire du sophiste qui démontra à Diogène de la manière la plus complète et la plus satisfaisante qu'il ne pouvait pas marcher ; qu'en fait, tout mouvement était impossible ; et que Diogène le réfuta simplement en se levant et en faisant le tour de sa baignoire. Ainsi, de la même manière, l'homme de science répond à des objections de ce genre, en se levant simplement et en marchant, et en montrant ce que la science a fait et fait , en montrant cette immense masse de faits qui ont été constatés et systématisée sous les formes des grandes doctrines de la Morphologie, du Développement, de la Distribution, etc. Il voit une masse énorme de faits et de lois concernant les êtres organiques, qui reposent sur les mêmes bases solides que toutes les autres lois naturelles. Avec cette masse de faits et de lois devant nous, étant donné que, dans la mesure où les matières organiques ont été jusqu'ici accessibles et étudiées, elles se sont montrées capables de céder à l' investigation scientifique, nous pouvons accepter cela comme une preuve que l'ordre et la loi y règnent. ainsi que dans le reste de la nature. L'homme de science ne dit rien aux objections de ce genre, mais suppose que nous pouvons et devons marcher vers la connaissance de l'origine de la nature organique, de la même manière que nous avons marché vers la connaissance des lois et des principes du monde inorganique. .

Mais il y a des objecteurs qui disent la même chose par ignorance et par mauvaise volonté. A ceux-là, je répondrais que l'objection vient mal de leur part, et que la véritable présomption, je pourrais presque dire le véritable blasphème, en cette matière, est dans la tentative de limiter cette recherche aux causes des phénomènes, qui est la source de toutes les bénédictions humaines, et d'où sont issus toute la prospérité et le progrès humains ; car, après tout, nous pouvons accomplir relativement peu de choses ; l'étendue limitée de nos propres facultés nous limite de tous côtés, le champ de nos facultés d'observation est assez petit, et celui qui s'efforce de rétrécir la sphère de nos recherches ne fait que suivre une voie susceptible de produire le plus grand mal à nos yeux. ses semblables.

Mais maintenant, en supposant, comme nous le faisons tous, j'espère, que ces phénomènes sont correctement accessibles à l'enquête, et en nous lançant dans notre recherche des causes des phénomènes de nature organique, ou, en tout cas, en cherchant à découvrir dans quelle mesure nous savons actuellement que, sur ces questions abstruses, la question se pose de savoir quelle doit être notre ligne de conduite et quelle méthode nous devons établir pour nous guider. Je réponds à cette question que notre méthode doit être exactement la même que celle qui est poursuivie dans toute autre recherche scientifique, la méthode de recherche scientifique étant la même pour tous les ordres de faits et de phénomènes quels qu'ils soient.

Je dois m'attarder un peu sur ce point, car je souhaite que vous quittiez cette salle avec la conviction très claire que la recherche scientifique n'est pas, comme beaucoup semblent le supposer, une sorte d'art noir moderne. Je dis que vous pourriez facilement comprendre cette impression à la manière dont beaucoup de personnes parlent de recherche scientifique, ou parlent de philosophie inductive et déductive, ou des principes de la « philosophie baconienne ». Je proteste que, parmi le grand nombre d'absurdités dans ce monde, il n'y en a aucune, à mon avis, aussi méprisable que l'absurdité pseudo-scientifique dont on parle à propos de la « philosophie baconienne ».

À entendre parler du grand Chancelier, — et c'était certainement un très grand homme —, on croirait que c'est lui qui a inventé la science, et qu'il n'existait pas de bon raisonnement avant l'époque de la reine Elizabeth ! Bien sûr, dites-vous, cela ne peut pas être vrai ; vous vous apercevez, après un instant de réflexion, qu'une telle idée est absurdement fausse ; et pourtant, ce genre d' impression est si fermement enracinée — je ne peux pas appeler cela une idée ou une conception — la chose est trop absurde pour être envisagée, — mais elle existe si complètement au fond de l'esprit de la plupart des hommes, que cette est pour moi un sujet d'observation depuis de nombreuses années. Il y a beaucoup d'hommes qui, bien qu'ils ne sachent absolument rien du sujet dont ils traitent, souhaitent néanmoins nuire à l'auteur d'une opinion avec laquelle ils jugent bon de ne pas être d'accord. Ce qu'ils font donc, ce n'est pas d'aller apprendre quelque chose sur le sujet, ce qu'on considérerait naturellement comme la meilleure façon de le traiter équitablement ; mais ils abusent de l'auteur du point de vue qu'ils remettent en question, d'une manière générale, et finissent en disant : « Après tout, vous savez, les principes et la méthode de cet auteur sont totalement opposés aux canons de la philosophie baconienne. » Alors tout le monde applaudit, bien entendu, et convient qu'il doit en être ainsi. Mais si vous les arrêtiez tous au milieu de leurs applaudissements, vous constateriez probablement que ni l'orateur ni ses applaudisseurs ne pourraient vous dire comment et de quelle manière il en est ainsi ; ni l'un ni l'autre n'ayant la moindre idée de ce qu'ils veulent dire lorsqu'ils parlent de « philosophie baconienne ».

Vous comprendrez, je l'espère, que je n'ai pas le moindre désir de me joindre aux cris contre la morale, l'intelligence ou le grand génie du lord chancelier Bacon. C'était sans doute un très grand homme, qu'on dise de lui ce qu'on veut ; mais malgré tout ce qu'il a fait pour la philosophie, il serait totalement faux de supposer que les méthodes de recherche scientifique moderne sont nées de lui ou de son époque ; ils sont originaires du premier homme, quel qu'il soit ; et elle existait en fait bien avant lui, car bon nombre des processus essentiels du raisonnement sont exercés par l'ordre supérieur des brutes aussi complètement et efficacement que par nous-mêmes. Nous voyons dans beaucoup de créations brutes l'exercice d'un, au moins, des mêmes pouvoirs de raisonnement que celui que nous employons nous-mêmes.

La méthode de recherche scientifique n'est rien d'autre que l'expression du mode de fonctionnement nécessaire de l'esprit humain. C'est simplement le mode selon lequel tous les phénomènes sont raisonnés, rendus précis et exacts. Il n'y a plus de différence, mais il y a juste le même genre de différence entre les opérations mentales d'un homme de science et celles d'une personne ordinaire, comme il y en a entre les opérations et les méthodes d'un boulanger ou d'un boucher pesant son marchandises dans des balances communes, et les opérations d'un chimiste pour effectuer une analyse difficile et complexe au moyen de sa balance et de poids finement gradués. Ce n'est pas que l'action de la balance dans un cas et celle de la balance dans l'autre diffèrent par les principes de leur construction ou par leur manière de fonctionner ;

mais le faisceau de l'un est placé sur un axe infiniment plus fin que celui de l'autre, et tourne naturellement grâce à l'ajout d'un poids beaucoup plus petit.

Vous comprendrez peut-être mieux cela si je vous donne un exemple familier . Vous avez tous entendu répéter, j'ose le dire, que les hommes de science travaillent au moyen de l'induction et de la déduction, et qu'à l'aide de ces opérations, ils extraient en quelque sorte de la nature certaines autres choses qu'on appelle Les lois et les causes naturelles, et à partir de celles-ci, grâce à leur propre habileté, ils construisent des hypothèses et des théories. Et beaucoup imaginent que les opérations de l'esprit commun ne peuvent en aucun cas être comparées à ces processus, et qu'elles doivent être acquises par une sorte d'apprentissage spécial du métier. A entendre tous ces grands mots, on croirait que l'esprit d'un homme de science doit être constitué différemment de celui de ses semblables ; mais si vous ne vous laissez pas effrayer par les termes, vous découvrirez que vous avez tout à fait tort et que vous utilisez tous ces terribles appareils chaque jour et à chaque heure de votre vie.

Il est un incident bien connu dans une pièce de Molière, où l'auteur fait exprimer au héros une joie sans bornes en apprenant qu'il a parlé en prose toute sa vie. De la même manière, j'espère que vous serez réconfortés et ravis de vous-mêmes en découvrant que vous avez agi selon les principes de la philosophie inductive et déductive pendant la même période. Il n'y a probablement personne ici qui n'ait eu, au cours de la journée, l'occasion de mettre en mouvement un ensemble complexe de raisonnements, du même genre, bien que de degré différent, bien entendu, que celui qu'un homme de science suit pour tracer les causes des phénomènes naturels.

Une circonstance très banale servira d'exemple. Supposons que vous alliez chez un fruitier et que vous vouliez une pomme, que vous en preniez une et qu'en la mordant, vous trouviez qu'elle est aigre ; vous le regardez et voyez qu'il est dur et vert. Vous en prenez un autre, et celui-là aussi est dur, vert et aigre. Le commerçant vous en propose un troisième ; mais, avant de le mordre, vous l'examinez, vous trouvez qu'il est dur et vert, et vous dites aussitôt que vous ne l'aurez pas, car il doit être aigre, comme ceux que vous avez déjà essayés.

Rien de plus simple que cela, pensez-vous ; mais si vous prenez la peine d'analyser et de retracer dans ses éléments logiques ce qui a été fait par l'esprit, vous serez grandement surpris. En premier lieu, vous avez effectué l'opération d'Induction. Vous avez découvert que, au cours de deux expériences, la dureté et la verdure des pommes allaient de pair avec l'acidité. Il en était ainsi dans le premier cas, et cela s'est confirmé dans le second. Il s'agit certes d'une très petite base, mais elle suffit néanmoins pour en faire une induction ; vous généralisez les faits, et vous vous attendez à trouver de l'acidité dans les pommes là où vous obtenez de la dureté et de la verdure. Vous avez trouvé là-dessus une loi générale, selon laquelle toutes les pommes dures et vertes sont aigres ; et cela, en ce sens, est une induction parfaite. Eh bien, ayant ainsi compris votre loi naturelle, lorsqu'on vous propose une autre pomme que vous trouvez dure et verte, vous dites : « Toutes les pommes dures et vertes sont aigres ; cette pomme est dure et verte, donc cette pomme est aigre. Ce raisonnement est ce que les logiciens appellent un syllogisme, et comporte toutes ses diverses parties et termes, sa prémisse majeure , sa prémisse mineure et sa conclusion. Et, à l'aide d'un raisonnement plus poussé, qui, s'il était approfondi, devrait être exposé dans deux ou trois autres syllogismes, vous arrivez à votre détermination finale : « Je n'aurai pas cette pomme ». De sorte que, voyez-vous, vous avez d'abord établi une loi par induction, et sur cette base vous avez fondé une déduction et raisonné la conclusion spéciale du cas particulier. Eh bien maintenant, supposons qu'après avoir obtenu votre loi, vous discutiez quelque temps après des qualités des pommes avec un ami : vous lui direz : « C'est une chose très curieuse , mais je trouve que toutes ces pommes sont dures et vertes. les pommes sont aigres ! Votre ami vous dit : « Mais comment le sais-tu ? » Vous répondez immédiatement : « Oh, parce que je les ai essayés maintes et maintes fois et j'ai toujours trouvé qu'ils étaient tels. » Eh bien, si nous parlions de science plutôt que de bon sens, nous devrions appeler cela une vérification expérimentale. Et, si vous y êtes toujours opposé, vous allez plus loin et dites : « J'ai entendu dire par les habitants du Somersetshire et du Devonshire, où un grand nombre de pommes sont cultivées, qu'ils ont observé la même chose. C'est également le cas en Normandie et en Amérique du Nord. En bref, je considère que c'est l'expérience universelle de l'humanité partout où l'attention a été portée sur le sujet. » Sur ce, votre ami, à moins qu'il ne soit un homme très déraisonnable, est d'accord avec vous, et est convaincu que vous avez bien raison dans la conclusion que vous avez tirée. Il croit, même s'il ne sait peut-être pas qu'il le croit, que plus les vérifications sont étendues, plus les expériences ont été faites et les résultats du même genre sont obtenus, plus les conditions dans lesquelles les mêmes espèces sont obtenues sont variées. plus les résultats sont atteints, plus la conclusion finale est certaine, et il ne conteste pas davantage la question. Il voit que l'expérience a été tentée dans toutes sortes de conditions, quant au temps, au lieu et aux personnes, avec le même résultat ; et il dit donc avec vous que la loi que vous avez établie doit être bonne, et qu'il doit y croire.

En science, nous faisons la même chose : le philosophe exerce exactement les mêmes facultés, quoique d'une manière beaucoup plus délicate. Dans la recherche scientifique, il devient une question de devoir d'exposer une loi supposée à toutes sortes de vérifications possibles et de veiller, en outre, à ce que cela soit fait intentionnellement et non laissé à un simple accident, comme dans le cas des pommes. Et dans la science, comme dans la vie commune, notre confiance dans une loi est exactement proportionnelle à l'absence de variation dans le résultat de nos vérifications expérimentales. Par exemple, si vous lâchez un objet que vous avez dans la main, il tombera immédiatement au sol. Il s'agit d'une vérification très courante de l'une des lois de la nature les mieux établies : celle de la gravitation. La méthode par laquelle les hommes de science établissent l'existence de cette loi est exactement la même que celle par laquelle nous avons établi la proposition triviale sur l'acidité des pommes dures et vertes. Mais nous y croyons d'une manière si étendue, si approfondie et sans hésitation, parce que l'expérience universelle de l'humanité le vérifie, et nous pouvons le vérifier nous-mêmes à tout moment ; et c'est le fondement le plus solide possible sur lequel puisse reposer toute loi naturelle.

Voilà donc pour preuve que la méthode d'établissement des lois dans la science est exactement la même que celle suivie dans la vie commune. Passons maintenant à une autre question (bien qu'en réalité ce ne soit qu'une autre phase de la même question), c'est-à-dire la méthode par laquelle, à partir des relations de certains phénomènes, nous prouvons que certains se trouvent dans la position de causes à l'égard de l'autre. autres.

Je veux vous exposer clairement le cas et je vais donc vous montrer ce que j'entends par un autre exemple familier. Je suppose que l'un de vous, en descendant le matin au salon de votre maison, constate qu'une théière et quelques cuillères qui avaient été laissées dans la chambre la veille au soir ont disparu, - la fenêtre est ouverte, et vous remarquez la marque d'une main sale sur le cadre de la fenêtre, et peut-être, en plus de cela, remarquez-vous l'empreinte d'une chaussure clouée au fer sur le gravier extérieur. Tous ces phénomènes ont immédiatement attiré votre attention, et avant que deux secondes ne se soient écoulées, vous dites : « Oh ! quelqu'un a brisé la fenêtre, est entré dans la pièce et s'est enfui avec les cuillères et la théière ! Ce discours sera hors de votre bouche dans un instant. Et vous ajouterez probablement : « Je sais que c'est le cas ; J'en suis tout à fait sûr ! Vous voulez dire exactement ce que vous savez ; mais en réalité vous exprimez ce qui est, dans tous ses détails essentiels, une hypothèse. Vous ne le *savez pas* du tout ; ce n'est qu'une hypothèse rapidement formulée dans votre propre esprit ! Et c'est une hypothèse fondée sur une longue suite d'inductions et de déductions.

Quelles sont ces inductions et déductions, et comment en êtes-vous arrivé à cette hypothèse ? Vous avez remarqué d'abord que la fenêtre est ouverte ; mais par un raisonnement impliquant de nombreuses inductions et déductions, vous êtes probablement arrivé depuis longtemps à la loi générale — et elle est très bonne — selon laquelle les fenêtres ne s'ouvrent pas d'elles-mêmes ; et vous concluez donc que quelque chose a ouvert la fenêtre. Une deuxième loi générale à laquelle vous êtes parvenu de la même manière est que les théières et les cuillères ne sortent pas spontanément d'une fenêtre, et vous êtes convaincu que, comme elles ne sont plus là où vous les avez laissées, elles ont été enlevées. . En troisième lieu, vous regardez les marques sur le rebord de la fenêtre et les marques de chaussures à l'extérieur, et vous dites que dans toute expérience antérieure, le premier type de marque n'a jamais été produit par autre chose que la main d'un être humain. ; et la même expérience montre qu'aucun autre animal que l'homme ne porte actuellement des chaussures avec des clous tels qu'ils produiraient des marques dans le gravier. Je ne sais pas, même si nous pouvions découvrir l'un de ces « chaînons manquants » dont on parle, cela nous aiderait à tirer une autre conclusion ! En tout cas, la loi qui énonce notre expérience actuelle est suffisamment forte pour mon objectif actuel. Vous arrivez ensuite à la conclusion que, comme ces sortes de marques n'ont été laissées par aucun autre animal que l'homme, ou sont susceptibles d'être formées d'une autre manière que par la main et la chaussure d'un homme, les marques en question ont été formées par un l'homme de cette façon. Vous avez en outre une loi générale, fondée sur l'observation et l'expérience, et qui est aussi, j'ai le regret de le dire, une loi très universelle et irréprochable : que certains hommes sont des voleurs ; et vous supposez d'un coup de toutes ces prémisses — et c'est ce qui constitue votre hypothèse — que l'homme qui a fait les marques à l'extérieur et sur le rebord de la fenêtre, a ouvert la fenêtre, est entré dans la chambre et a volé votre théière et vos cuillères. . Vous êtes maintenant arrivé à une *Vera Causa* ; vous avez assumé une Cause qui, de toute évidence, est compétente pour produire tous les phénomènes que vous avez observés. On ne peut expliquer tous ces phénomènes que par l'hypothèse d'un voleur. Mais c'est une conclusion hypothétique, dont vous n'avez aucune preuve absolue de la justice ; elle n'est rendue hautement probable que par une série de raisonnements inductifs et déductifs.

Je suppose que votre première action, en supposant que vous êtes un homme de bon sens ordinaire et que vous avez établi cette hypothèse à votre propre satisfaction, sera très probablement d'aller chercher la police et de la mettre sur la trace du cambrioleur. en vue de la récupération de vos biens. Mais juste au moment où vous commencez avec cet objet, une personne entre et, apprenant ce que vous faites, vous dit : « Mon bon ami, vous allez beaucoup trop vite. Comment savez-vous que l'homme qui a réellement fait les marques a pris les cuillères ? Il se peut que ce soit un singe qui les ait pris, et que l'homme ait simplement regardé à l'intérieur par la suite. Vous répondriez probablement : « Eh bien, tout cela est très bien, mais vous voyez que cela est contraire à toute expérience de la façon dont les théières et les cuillères sont abstraites ; de sorte qu'en tout cas votre hypothèse est moins probable que la mienne. Pendant que vous discutez ainsi, arrive un autre ami, un de ces braves gens dont je parlais tout à l'heure. Et il pourrait dire : « Oh, mon cher monsieur, vous allez certainement beaucoup trop vite. Vous êtes très présomptueux. Vous admettez que tous ces événements se sont produits alors que vous dormiez profondément, à un moment où vous ne pouviez absolument rien savoir de ce qui se passait. Comment savez-vous que les lois de la Nature ne sont pas suspendues pendant la nuit ? Il se peut qu'il y ait eu une sorte d'interférence surnaturelle dans cette affaire. En fait, il déclare que votre hypothèse en est une dont vous ne pouvez nullement démontrer la vérité, et que vous n'êtes nullement sûr que les lois de la nature soient les mêmes quand vous dormez et quand vous êtes éveillé.

Eh bien, vous ne pouvez pas, pour le moment, répondre à ce genre de raisonnement. Vous sentez que votre digne ami vous désavantage quelque peu. Cependant, vous vous sentirez parfaitement convaincu dans votre propre esprit que vous avez tout à fait raison et vous lui direz : « Mon bon ami, je ne peux me laisser guider que par les probabilités naturelles de l'affaire, et si vous avez la gentillesse de écartez-vous et laissez-moi passer, j'irai chercher la police. Eh bien, nous supposerons que votre voyage est réussi et que, par chance, vous rencontrez un policier ; que finalement le cambrioleur est retrouvé avec vos biens sur lui, et que les marques correspondent à sa main et à ses bottes. N'importe quel jury considérerait probablement ces faits comme une très bonne vérification expérimentale de votre hypothèse, touchant la cause des phénomènes anormaux observés dans votre salon , et agirait en conséquence.

Or, dans ce cas supposé, j'ai pris des phénomènes d'une espèce très commune, afin que vous puissiez voir quelles sont les différentes étapes d'un processus ordinaire de raisonnement, si seulement vous preniez la peine de l'analyser soigneusement. Toutes les opérations que j'ai décrites, vous le verrez, sont impliquées dans l'esprit de tout homme sensé pour l'amener à une conclusion quant à la conduite à suivre pour réparer un vol et punir le contrevenant. Je dis que vous êtes conduit, dans ce cas, à votre conclusion exactement par le même raisonnement que celui que poursuit un homme de science lorsqu'il s'efforce de découvrir l'origine et les lois des phénomènes les plus occultes. Le processus est et doit toujours être le même ; et précisément le même mode de raisonnement a été employé par Newton et Laplace dans leurs efforts pour découvrir et définir les causes des mouvements des corps célestes, que vous, avec votre bon sens, emploieriez pour détecter un cambrioleur. La seule différence est que la nature de l'enquête étant plus abstruse, chaque étape doit être surveillée avec le plus grand soin, afin qu'il ne puisse y avoir une seule fissure ou un seul défaut dans votre hypothèse. Un défaut ou une fissure dans de nombreuses hypothèses de la vie quotidienne peut avoir peu ou pas d'importance pour affecter la justesse générale des conclusions auxquelles nous pouvons arriver ; mais dans une recherche scientifique, une erreur, grande ou petite, a toujours de l'importance et est sûre, à long terme, de produire constamment des résultats nuisibles, sinon fatals.

Ne vous laissez pas induire en erreur par l'idée courante selon laquelle une hypothèse n'est pas fiable simplement parce qu'il s'agit d'une hypothèse. On dit souvent, à propos d'une conclusion scientifique, qu'après tout ce n'est qu'une hypothèse . Mais qu'avons-nous de plus pour nous guider dans les neuf dixièmes des affaires les plus importantes de la vie quotidienne que des hypothèses, souvent très mal fondées ? De sorte qu'en science, où la preuve d' une hypothèse est soumise à l'examen le plus rigoureux, nous pouvons à juste titre suivre la même voie. Vous pouvez avoir des hypothèses et des hypothèses. On peut dire, s'il veut, que la lune est faite de fromage vert : c'est une hypothèse. Mais un autre homme, qui a consacré beaucoup de temps et d'attention à ce sujet, et qui a profité des télescopes les plus puissants et des résultats des observations d'autrui, déclare qu'à son avis il est probablement composé de matériaux très semblables à ceux dont est constituée notre propre terre : et cela aussi n'est qu'une hypothèse . Mais je n'ai pas besoin de vous dire qu'il existe une énorme différence dans la valeur des deux hypothèses. Celui qui est basé sur des connaissances scientifiques solides aura certainement une valeur correspondante ; et ce qui n'est qu'une simple supposition aléatoire n'a probablement que peu de valeur. Chaque grand pas dans notre progrès dans la découverte des causes a été fait exactement de la même manière que celui que je vous ai détaillé. Celui qui observe l'apparition de certains faits et phénomènes se demande, tout naturellement, quel processus, quel type d' opération connu se produire dans la nature, appliqué à un cas particulier, permettra de résoudre et d'expliquer le mystère ? Vous avez donc l'hypothèse scientifique ; et sa valeur sera proportionnelle au soin et à l'exhaustivité avec lesquels sa base aura été testée et vérifiée. Il en est dans ces matières comme dans les affaires les plus communes de la vie pratique : la conjecture de l'insensé sera une folie, tandis que la conjecture du sage contiendra de la sagesse. Dans tous les cas, vous voyez que la valeur du résultat dépend de la patience et de la fidélité avec laquelle l'enquêteur applique à son hypothèse toutes les vérifications possibles.

J'ose dire que je devrai peut-être revenir sur ce point de temps en temps ; mais ayant traité jusqu'à présent de nos méthodes logiques, je dois maintenant me tourner vers quelque chose que vous pourrez peut-être considérer comme plus intéressant, ou, en tout cas, plus tangible. Mais en réalité, il y a peu de choses qu'il est plus important pour vous de comprendre que les processus mentaux et les moyens par lesquels nous obtenons des conclusions et des théories scientifiques. [51] Ayant admis que l'enquête est appropriée et ayant déterminé la nature des méthodes que nous devons suivre et qui seules peuvent mener au succès, je dois maintenant passer à l'examen de notre connaissance de la nature des processus. qui ont abouti à l'état actuel de la nature organique.

Ici, permettez-moi de dire tout de suite, de peur que certains d'entre vous ne me comprennent mal, que j'ai extrêmement peu de choses à rapporter. La question de savoir comment est née la condition actuelle de la nature organique se résout en deux questions. La première est la suivante : Comment la matière organique ou vivante a-t-elle commencé son existence ? Et la seconde est : comment a-t-il été perpétué ? Sur la deuxième question, j'aurai plus à dire ci-après. Mais sur le premier point, ce que j'ai à dire maintenant sera pour l'essentiel négatif.

Si vous considérez le type de preuves que nous pouvons avoir sur cette question, elles se diviseront en deux sortes. Nous pouvons avoir des preuves historiques et des preuves expérimentales. Il est par exemple concevable que dans la mesure où la boue durcie qui constitue une partie considérable de l'épaisseur de la croûte terrestre contient des enregistrements fidèles des formes de vie passées, et dans la mesure où celles-ci diffèrent de plus en plus à mesure que l'on descend , — il est possible et concevable que nous puissions arriver à un lit ou une strate particulière qui devrait contenir les restes des créatures avec lesquelles la vie organique a commencé sur la terre. Et si nous le faisions, et si de telles formes de vie organique étaient préservées, nous aurions ce que j'appellerais des preuves historiques du mode par lequel la vie organique a commencé sur cette planète. Beaucoup de personnes vous le diront, et en effet vous le trouverez dans de nombreux ouvrages de géologie, que cela a été fait et que nous possédons réellement un tel document ; Certains imaginent que les premières formes de vie dont nous avons jusqu'à présent découvert des traces sont en réalité les formes sous lesquelles la vie animale a commencé sur le globe. Les raisons sur lesquelles ils fondent cette supposition sont les suivantes : si l'on parcourt l'énorme épaisseur de la croûte terrestre et qu'on descend jusqu'aux roches les plus anciennes, les animaux vertébrés supérieurs, les quadrupèdes, les oiseaux et les poissons, cessent d'être trouvés ; au-dessous d'eux, vous ne trouvez que les animaux invertébrés ; et dans les roches les plus profondes et les plus basses, ces restes deviennent de plus en plus rares, sans toutefois suivre une progression très graduelle, jusqu'à ce qu'enfin, dans ce que l'on suppose être les roches les plus anciennes, les restes d'animaux que l'on trouve se limitent presque toujours à quatre. formes, *Oldhamia* , dont la nature précise n'est pas connue, qu'elle soit végétale ou animale ; *Lingula* , sorte de mollusque ; *Les trilobites* , un animal crustacé, ayant le même plan de construction essentiel, bien que différant par de nombreux détails d'un homard ou d'un crabe ; et *Hymenocaris* , qui est aussi un crustacé. De sorte que vous avez toute la *faune* réduite, à cette époque, à quatre formes : une une sorte d'animal ou de plante dont nous ne savons rien, et trois animaux incontestables : deux crustacés et un mollusque .

Je pense, compte tenu de l'organisation de ces mollusques et crustacés, et de leur nature très complexe, qu'il faut effectivement une très forte imagination pour concevoir que ceux-ci ont été les premiers créés de tous les êtres vivants. Et il faut prendre en considération que nous n'avons pas la moindre preuve que ceux que nous appelons les lits les plus anciens le soient réellement : je le répète, nous n'en avons pas la moindre preuve. Quand on constate par endroits que, dans une énorme épaisseur de roches, il n'y a que très peu de traces de vie, ou absolument aucune trace de vie ; et que dans d'autres parties du monde, les roches de la même formation sont remplies de traces de formes vivantes, je pense qu'il est impossible de se fier à cette supposition, ou de se sentir justifié de supposer que ce sont les formes dans lesquelles la vie a commencé. Je n'ai pas le temps ici d'aborder les raisons techniques sur lesquelles je suis amené à cette conclusion – cela pourrait difficilement être fait correctement en une demi-douzaine de conférences sur cette seule partie ; – je dois me contenter de dire que je ne sais pas du tout. Je crois que ce sont les formes de vie les plus anciennes.

Je me tourne vers le côté expérimental pour voir quelles preuves nous avons là-bas. Pour nous permettre de dire que nous savons quelque chose sur l'origine expérimentale de l'organisation et de la vie, l'investigateur doit être capable de prendre des matières inorganiques, telles que l'acide carbonique, l'ammoniac, l'eau et les solutions salines, dans n'importe quelle sorte de combinaison inorganique, et d'être capable de les transformer en matière protéique, et alors cette matière protéique devrait commencer à vivre sous une forme organique. Cela, personne ne l'a encore fait, et je pense qu'il faudra beaucoup de temps avant que quiconque ne le fasse. Mais la chose n'est en aucun cas aussi impossible qu'elle le paraît ; car les recherches de la chimie moderne nous ont montré, je ne dirai pas le chemin qui y mène, mais, si je puis dire, elles nous ont montré le doigt indiquant le chemin qui peut y conduire.

Il n'y a pas si longtemps — et vous devez vous rappeler que la Chimie Organique est une science jeune, vieille de quelques générations seulement, il ne faut pas en attendre trop — il n'y a pas si longtemps qu'on disait qu'elle était parfaitement impossible de fabriquer un quelconque composé organique ; c'est-à-dire tout composé non minéral que l'on retrouve dans un être organisé. Il en fut ainsi pendant très longtemps ; mais il y a maintenant un nombre considérable d'années qu'un chimiste étranger distingué n'a pas réussi à fabriquer de l'urée, substance d'un caractère très complexe, qui constitue un des déchets des structures animales. Et ces dernières années, un certain nombre d'autres composés, tels que l'acide butyrique et d'autres, ont été ajoutés à la liste. Je n'ai pas besoin de vous dire que la chimie est très loin du but que j'indique ; tout ce que je souhaite vous faire remarquer, c'est qu'il n'est en aucun cas prudent de dire que cet objectif ne sera peut-être pas atteint un jour. Il se peut qu'il nous soit impossible de produire les conditions nécessaires à l'apparition de la vie ; mais il faut parler modestement de la question et se rappeler que la science a mis le pied au bas de l'échelle. En vérité, il serait un homme audacieux qui oserait prédire où elle sera dans cinquante ans.

Il y a une autre enquête qui porte indirectement sur cette question, et sur laquelle je dois dire quelques mots. Vous êtes tous conscients du phénomène de ce qu'on appelle la génération spontanée. Nos ancêtres, jusqu'au XVIIe siècle environ, imaginaient tous, en toute bonne foi, que certaines formes végétales et animales donnaient naissance, au cours de leur décomposition, à la vie des insectes. Ainsi, si l'on mettait un morceau de viande au soleil et qu'on le laissait se putréfier, on concevait que les larves qui commençaient bientôt à apparaître étaient le résultat de l'action d'un pouvoir de génération spontanée que contenait la viande. Et ils pourraient vous donner des reçus pour la fabrication de diverses préparations animales et végétales qui produiraient des espèces particulières d'animaux. Un naturaliste italien très distingué, nommé Redi, se saisit de la question, à une époque où tout le monde y croyait ; entre autres notre grand Harvey, le découvreur de la circulation du sang. Cependant, vous trouverez constamment son nom cité comme opposant à la doctrine de la génération spontanée ; mais le fait est, et vous le constaterez si vous prenez la peine d'examiner ses œuvres, Harvey y croyait aussi profondément que n'importe quel homme de son temps ; mais il lui arriva d'énoncer une proposition très curieuse : que tout être vivant venait d'un *œuf* ; il ne voulait pas utiliser le mot dans le sens dans lequel nous l'employons maintenant, il voulait seulement dire que tout être vivant avait son origine dans une petite particule arrondie de substance organisée ; et c'est probablement de cette circonstance qu'est née l'idée selon laquelle Harvey s'était opposé à la doctrine. Puis vint Redi, et il entreprit de bouleverser la doctrine d'une manière très simple. Il recouvrait simplement le morceau de viande d'une gaze très fine, puis il l'exposait aux mêmes conditions. Le résultat était qu'aucun larve ou insecte n'était produit ; il prouva que les larves provenaient des insectes qui venaient déposer leurs œufs dans la viande, et qu'ils éclosaient par la chaleur du soleil. Par ce genre d'enquête, il bouleversa complètement la doctrine de la génération spontanée, du moins pour son époque.

Vint ensuite la découverte et l'application du microscope aux recherches scientifiques, qui montrèrent aux naturalistes qu'outre les organismes qu'ils connaissaient déjà comme êtres vivants et plantes, il existait un nombre immense de choses infimes qui pouvaient être obtenues apparemment presque à volonté à partir de végétaux en décomposition. et les formes animales. Ainsi, si vous preniez du poivre noir ordinaire ou du foin et que vous le mettiez à tremper dans l'eau, vous constateriez au bout de quelques jours que l'eau s'est imprégnée d'un nombre immense d'animalcules nageant dans toutes les directions. A partir de faits de ce genre, les naturalistes furent amenés à ressusciter la théorie de la génération spontanée. Ils étaient dirigés ici par un naturaliste anglais, Needham, et ensuite en France par le savant Buffon. Ils disaient que ces choses étaient absolument engendrées dans l'eau des substances en décomposition à partir desquelles l'infusion était faite. Peu importe que vous preniez de la matière animale ou végétale, il suffisait de la tremper dans l'eau et de l'exposer, et vous auriez bientôt beaucoup d'animalcules. Ils ont émis à ce sujet une hypothèse qui était très juste. Ils disaient que cette matière du monde animal ou des plantes supérieures semble morte, mais en réalité elle a une sorte de vie obscure qui, si elle est placée dans des conditions équitables, la fera se briser. prendront la forme de ces petits animalcules, et ils traverseront leur vie de la même manière que l'animal ou la plante dont ils faisaient autrefois partie.

La question devint alors très vivement débattue. Spallanzani, naturaliste italien, adopta des vues opposées à celles de Needham et de Buffon, et, au moyen de certaines expériences, il montra qu'il était tout à fait possible d'arrêter le processus en faisant bouillir l'eau et en fermant le récipient dans lequel elle était contenue. "Oh!" disaient ses adversaires, « mais que savez-vous que vous faites lorsque vous chauffez ainsi l'air au-dessus de l'eau ? Vous détruisez peut-être certaines propriétés de l'air nécessaires à la génération spontanée des animalcules.

Cependant, les vues de Spallanzani étaient censées être du bon côté, et celles des autres tombèrent dans le discrédit ; même si le fait était que Spallanzani n'avait pas justifié ses vues. Eh bien, le sujet continua à être repris de temps en temps, et des expériences furent faites par plusieurs personnes ; mais ces expériences n'étaient pas entièrement satisfaisantes. Il a été constaté que si l'on mettait dans un récipient une infusion dans laquelle des animalcules apparaîtraient si elle était exposée à l'air et que l'on la faisait bouillir, puis que l'on fermait l'embouchure du récipient, de sorte qu'aucun air, sauf celui qui avait été chauffé à 212°, pourrait atteindre son contenu, de sorte qu'alors aucun animalcule ne serait trouvé ; mais si vous preniez le même récipient et exposiez l'infusion à l'air, vous obtiendriez des animalcules. De plus, il a été constaté que si l'on connectait l'embouchure du récipient à un tube chauffé au rouge de telle manière que l'air doive passer à travers le tube avant d'atteindre l'infusion, on n'obtiendrait alors aucun animalcule. On remarquait encore une autre chose : si l'on prenait deux flacons contenant la même sorte d'infusion, et qu'on en laissait un entièrement exposé à l'air, et qu'on plaçait dans la bouche de l'autre une boule de coton, afin que l'air doive se filtrer lui-même faites-le avant d'arriver à l'infusion, afin qu'alors, quoique vous ayez beaucoup d'animalcules dans le premier flacon, vous n'en obtiendriez certainement pas dans le second.

Ces expériences, voyez-vous, tendaient toutes vers une conclusion : que les infusoires se développaient à partir de petites spores ou œufs minuscules qui flottaient constamment dans l'atmosphère et qui perdent leur pouvoir de germination s'ils sont soumis à la chaleur. Mais un observateur fit alors une autre expérience, qui semblait aller complètement dans le sens inverse et le rendit complètement intrigué. Il prit un peu de cette infusion bouillie dont je parlais, et à l'aide d'un bain mercuriel, sorte d'auge utilisée dans les laboratoires, il retourna adroitement un récipient contenant l'infusion dans le mercure, de sorte que celui-ci atteignit un peu au-delà du niveau de l'embouchure du vaisseau *renversé* . Vous voyez qu'il a ainsi fait couper une quantité de l'infusion de toute communication possible avec l'air extérieur en la renversant sur un lit de mercure.

Il prépara ensuite de l'oxygène pur et de l'azote gazeux, et les fit passer au moyen d'un tube allant de l'extérieur du récipient, à travers le mercure jusqu'à l'infusion ; de sorte qu'il le fit ainsi exposer à une atmosphère parfaitement pure des mêmes constituants que l'air extérieur. Bien entendu, il s'attendait à ne recevoir aucun animalcule d'infusoires dans cette infusion ; mais, à sa grande consternation et déconvenue, il découvrit qu'il les obtenait presque toujours.

De plus, il a été constaté que les expériences faites de la manière décrite ci-dessus répondent bien à la plupart des infusions ; mais que si vous remplissez le récipient de lait bouilli, et que vous bouchez ensuite le col avec du coton, vous *aurez* des infusoires. De sorte que vous voyez qu'il y a eu deux expériences qui vous ont amené à une sorte de conclusion, et trois à une autre ; ce qui était un état de choses des plus insatisfaisants auquel arriver dans une enquête scientifique.

Quelques années plus tard, la question commença à être très vivement discutée en France. Il y avait M. Pouchet , professeur à Rouen, un homme très érudit, mais certainement pas un expérimentateur très rigide. Il a publié un certain nombre d'expériences personnelles, dont certaines étaient très ingénieuses, pour montrer que, si l'on se mettait au travail correctement, il y avait une vérité dans la doctrine de la génération spontanée. Eh bien, c'était une des choses les plus heureuses au monde que M. Pouchet ait abordé cette question, car cela a déterminé un éminent chimiste français, M. Pasteur, à reprendre la question de l'autre côté ; et il l'a certainement réalisé de la manière la plus parfaite. Je suis heureux de dire aussi qu'il a publié ses recherches à temps pour me permettre de vous en rendre compte. Il vérifia toutes les expériences que je viens de vous raconter, et puis, trouvant ces anomalies extraordinaires, comme dans le cas du bain de mercure et du lait, il se mit en devoir d'en découvrir la nature. Dans le cas du lait, il estime que c'est une question de température. Le lait frais est légèrement alcalin ; et c'est une circonstance bien curieuse, mais ce très léger degré d'alcalinité semble avoir pour effet de préserver les organismes qui y tombent de l'air d'être détruits à une température de 212°, qui est le point d'ébullition. Mais si vous augmentez la température de 10° lorsque vous le faites bouillir, le lait se comporte comme tout le reste ; et si l'air avec lequel il entre en contact, après avoir été bouilli à cette température, passe dans un tube chauffé au rouge, vous n'aurez aucune trace d'organismes.

Il tourna ensuite son attention vers le bain de mercure et constata en l'examinant que la surface du mercure était presque toujours recouverte d'une très fine poussière. Il découvrit que même le mercure lui-même était positivement plein de matières organiques ; qu'à force d'être constamment exposé à l'air, il avait collecté dans l'air un nombre immense de ces organismes infusoires. Eh bien, dans ces circonstances, il sentait que le cas était tout à fait clair et que le mercure n'était pas ce qu'il avait semblé être à M. Schwann , c'est-à-dire un obstacle à l'admission de ces organismes ; mais qu'en réalité, il agissait comme un réservoir à partir duquel l'infusion était immédiatement alimentée en grande quantité qui l'avait tant intrigué.

Mais non content d'expliquer les expériences des autres, M. Pasteur se mit au travail pour se satisfaire complètement. Il se dit : « Si mon point de vue est juste, et si en fait toutes ces apparences de génération spontanée sont toutes dues à la chute de minuscules germes en suspension dans l' atmosphère, eh bien, je ne devrais pas seulement pouvoir pour montrer les germes, mais je devrais être capable de les attraper et de les semer, et de produire les organismes qui en résultent. Il construisit donc un appareil très ingénieux pour lui permettre de piéger la « *poussière de germe* » dans l'air. Il fixa à la fenêtre de sa chambre un tube de verre, au centre duquel il avait placé une pelote de coton à canon, qui, comme vous le savez, est du coton ordinaire, qui, après avoir été trempé dans un acide fort, est transformé en une substance dotée d'un grand pouvoir explosif. Il est également soluble dans l'alcool et l'éther. Une extrémité du tube de verre était bien entendu ouverte à l'air extérieur ; et à l'autre extrémité il plaça un aspirateur, appareil destiné à faire passer un courant d'air extérieur à travers le tube. Il fit fonctionner cet appareil pendant vingt-quatre heures, puis enleva le coton-tige *épousseté et le dissout dans de l'alcool et de l'éther.* Il le laissa ensuite reposer quelques heures, et il en résulta qu'une poussière très fine se déposa peu à peu au fond. Cette poussière, une fois transférée sur la platine d'un microscope, s'est avérée contenir une quantité énorme de grains d'amidon. Vous savez que les matières de notre alimentation et la plus grande partie des plantes sont composées d'amidon, et que nous en faisons constamment usage de diverses manières, de sorte qu'il y en a toujours une quantité en suspension dans l'air. Ce sont ces grains d'amidon qui forment bon nombre de ces points brillants que nous voyons parfois danser dans un rayon de lumière. Mais à côté de celles-ci, M. Pasteur trouva aussi une immense quantité d'autres substances organiques, telles que des spores de champignons, qui flottaient dans l'air et étaient ainsi emprisonnées.

Il alla plus loin et se dit : « Si ce sont réellement ces choses qui donnent l'apparence d'une génération spontanée, je devrais pouvoir prendre une pelote de ce coton-tige *saupoudré et la mettre dans un de mes récipients.* contenant cette infusion bouillie qui a été gardée à l'abri de l'air, et dans laquelle aucun infusoire ne se développe actuellement, et alors, si j'ai raison, l'introduction de ce coton-tige donnera naissance à des organismes.

En conséquence, il prit un de ces vases à infusion, qui avait été conservé dix-huit mois, sans la moindre apparence de vie, et par un artifice des plus ingénieux, il parvint à le briser et à y introduire une telle boule de coton à canon : sans laisser l'infusion ou la boule de coton entrer en contact avec un autre air que celui qui avait été soumis à une chaleur rouge, et en vingt-quatre heures il eut la satisfaction de retrouver tous les indices de ce qu'on avait appelé jusqu'ici la génération spontanée. Il avait réussi à attraper les germes et à développer les organismes comme il l'avait prévu.

Il lui vint alors à l'esprit que la vérité de ses conclusions pouvait être démontrée sans tous les appareils qu'il avait employés. Pour ce faire, il prenait une substance animale ou végétale en décomposition, comme de l'urine, qui est une substance extrêmement décomposable, ou du jus de levure, ou peut-être une autre préparation artificielle, et il en remplissait un récipient à long col tubulaire. Il a ensuite fait bouillir le liquide et a plié ce long cou en forme de S ou en zigzag, le laissant ouvert à la fin. L'infusion ne donnait alors aucune trace d'une apparence de génération spontanée, si longue qu'elle fût laissée, car tous les germes de l'air se déposaient au début du cou courbé. Il coupa ensuite le tube près du vaisseau, et laissa à l'air ordinaire un accès libre et direct ; et il en résulta l'apparition d'organismes dans l'air, aussitôt qu'on eut laissé l'infusion reposer assez longtemps pour permettre la croissance de ceux qu'elle recevait de l'air, ce qui dura environ quarante-huit heures. Le résultat des expériences de M. Pasteur prouva donc de la manière la plus concluante que toutes les apparences de génération spontanée ne provenaient que du dépôt de germes d'organismes qui flottaient constamment dans l'air.

A cette conclusion, cependant, on a objecté que si telle était la cause, alors l'air contiendrait une si grande quantité de ces germes, qu'il formerait un brouillard continu. Mais M. Pasteur répond qu'ils ne sont pas là en nombre aussi grand qu'on pourrait le supposer, et qu'on a eu une opinion exagérée à ce sujet ; il a montré que les chances d'apparition de vie animale ou végétale dans les infusions dépendent entièrement des conditions dans lesquelles elles sont exposées. S'ils sont exposés à l'atmosphère ordinaire qui nous entoure, bien sûr, il se peut que des organismes apparaissent tôt. Mais, en revanche, s'ils sont exposés à l'air à une grande hauteur ou dans une cave très calme, vous n'y trouverez souvent aucune trace de vie.

De sorte que M. Pasteur arriva enfin au résultat clair et précis, que toutes ces apparences sont comme le cas des vers dans le morceau de viande, ce qui a été réfuté par Redi, de simples germes transportés par l'air et déposés dans les liquides du morceau de viande. qu'ils apparaissent ensuite. Pour ma part, je conçois qu'avec les détails des expériences de M. Pasteur devant nous, nous ne pouvons manquer d'arriver à ses conclusions ; et que la doctrine de la génération spontanée a reçu un dernier *coup de grâce* .

Vous comprenez bien entendu que tout cela n'interfère en rien avec la *possibilité* de fabrication de matières organiques par la méthode directe à laquelle j'ai fait allusion, si lointaine que soit cette possibilité.

NOTES DE BAS DE PAGE :

[51] Ceux qui souhaitent étudier à fond les doctrines dont j'ai essayé de donner quelques illustrations grossières et faciles, doivent lire le « Système de logique » de M. John Stuart Mill.

VII

LA PERPÉTUATION DES ÊTRES VIVANTS, TRANSMISSION HÉRÉDITAIRE ET VARIATION.

L'enquête que nous avons entreprise, lors de notre dernière réunion, sur l'état de nos connaissances sur les causes des phénomènes de nature organique, — du passé et du présent, — s'est résolue en deux questions subsidiaires : la première était de savoir si nous rien savoir, historiquement ou expérimentalement, du mode d'origine des êtres vivants ; la deuxième question subsidiaire était de savoir si, compte tenu de l'origine, nous savons quelque chose sur la perpétuation et les modifications des formes des êtres organiques. La réponse que j'ai dû donner à la première question a été entièrement négative, et le résultat principal de ma dernière conférence a été que, ni historiquement ni expérimentalement, nous ne savons actuellement rien de quoi que ce soit sur l'origine des formes vivantes. Nous avons vu que, historiquement, nous n'en savons probablement rien, même si nous pouvons peut-être apprendre quelque chose expérimentalement ; mais qu'à l'heure actuelle nous sommes très loin du but que j'ai indiqué.

J'aborde donc maintenant la question suivante : Que savons-nous de la reproduction, de la perpétuation et des modifications des formes des êtres vivants, en supposant que nous ayons mis de côté la question de leur origine et que nous ayons supposé qu'à l'heure actuelle les causes de leur origine nous échappent et que nous n'en savons rien ? Sur cette question, l'état de nos connaissances est extrêmement différent ; elle est extrêmement vaste : et, si elle n'est pas complète, notre expérience est certainement des plus étendues. Il serait impossible de tout exposer devant vous, et tout ce que je peux faire, ou devoir faire ce soir, c'est de reprendre les principaux points et de les présenter devant vous avec une telle importance qu'ils peuvent servir les objectifs de notre présent argument.

La méthode de perpétuation des êtres organiques est de deux sortes : la méthode asexuée et la méthode sexuelle. Dans le premier cas, la perpétuation a lieu à partir et par un acte particulier d'un organisme individuel, qui parfois ne peut être classé comme appartenant à aucun sexe. Dans le second cas, c'est la conséquence de l'action mutuelle et de l'interaction de certaines parties des organismes de deux individus habituellement distincts, le mâle et la femelle. Les cas de perpétuation asexuée ne sont en aucun cas aussi courants que les cas de perpétuation sexuelle ; et ils ne sont en aucun cas aussi communs dans le monde animal que dans le monde végétal. Vous savez probablement tous, par expérience, qu'il est possible de multiplier des plantes au moyen de ce qu'on appelle des « boutures » ; par exemple, qu'en prenant une bouture d'un géranium et en l'élevant correctement, en lui fournissant la lumière, la chaleur et la nourriture de la terre, il grandit et prend la forme de son parent, ayant toutes les propriétés et particularités du géranium. plante d'origine.

Parfois, ce processus, que le jardinier effectue artificiellement, se déroule naturellement ; c'est-à-dire qu'un petit bulbe, ou partie de la plante, se détache, tombe et devient capable de croître comme une chose séparée. C'est le cas de nombreuses plantes bulbeuses, qui rejettent ainsi des bulbes secondaires, qui se logent dans le sol et se développent en plantes. Il s'agit d'un processus asexué, d'où résulte la répétition ou la reproduction de la forme de l'être originel dont procède le bulbe.

Chez les animaux, la même chose se produit. Parmi les formes inférieures de la vie animale, les animalcules infusoires dont nous avons déjà parlé se détachent de certaines portions, ou se brisent dans diverses directions, tantôt transversalement, tantôt longitudinalement ; ou bien ils peuvent émettre des bourgeons qui se détachent et se développent pour prendre leur forme appropriée. Il existe par exemple le polype commun d'eau douce , qui se multiplie de cette manière. De la même manière que le jardinier est capable de multiplier et de reproduire les particularités et les caractères de plantes particulières au moyen de boutures, de même l' expérimentateur physiologique, comme l'a montré l'abbé Trembley il y a de nombreuses années, peut faire le même travail. même chose avec beaucoup de formes inférieures de vie animale. M. de Trembley a montré qu'on pouvait prendre un polype et le couper en deux, ou quatre, ou plusieurs morceaux, le mutilant dans toutes les directions, et que les morceaux grandiraient encore et reproduiraient complètement la forme originale de l'animal. Ce sont tous des cas de multiplication asexuée, et il existe d'autres cas, plus extraordinaires encore, dans lesquels ce processus se déroule naturellement, d'une manière plus cachée, plus obscure. Vous connaissez tous ce petit insecte vert, le *puceron* ou brûlure, comme on l'appelle. Ces petits animaux, pendant une partie très considérable de leur existence, se multiplient au moyen d'une sorte de bourgeonnement interne, les bourgeons se développant en animaux essentiellement asexués, qui ne sont ni mâles ni femelles ; ils se transforment en jeunes *pucerons* , qui répètent le processus, et leur progéniture après eux, et ainsi de suite ; vous pouvez continuer pendant neuf ou dix, ou même vingt successions ou plus ; et il n'y a aucune très bonne raison de dire combien de temps cela pourrait prendre fin, ou combien de temps cela pourrait ne pas durer si les conditions appropriées de chaleur et de nourriture étaient maintenues.

La reproduction sexuée est une question tout à fait différente. Ici, dans tous ces cas, ce qui est nécessaire, c'est le détachement de deux parties des organismes parentaux, parties que nous appelons l'ovule ou le spermatozoïde. Chez les plantes, c'est l'ovule et le grain de pollen, comme chez les plantes à fleurs, ou l'ovule et l' anthérozoïde , comme chez les plantes sans fleurs. Parmi toutes les formes de vie animale, les spermatozoïdes proviennent du sexe mâle et l'ovule est le produit de la femelle. Or, ce qu'il y a de remarquable dans ce mode de reproduction, c'est que l'ovule seul, ou les spermatozoïdes seuls, ne peuvent prendre la forme parentale ; mais si on les met en contact l'une avec l'autre, l'effet du mélange de substances organiques provenant de deux sources paraît conférer une vigueur toute nouvelle au produit mélangé. Ce processus est provoqué, comme nous le savons tous, par les rapports sexuels des deux sexes et est appelé acte d'imprégnation. Le résultat de cet acte de la part du mâle et de la femelle est que la formation d'un nouvel être s'établit dans l'ovule ou œuf ; cet ovule ou œuf commence bientôt à être divisé et subdivisé, à se transformer en divers organismes complexes, et finalement à se développer sous la forme d'un de ses parents, comme je l'ai expliqué dans la première conférence. Ce sont les processus par lesquels la perpétuation des êtres organiques est assurée. Pourquoi devrait-il y avoir ces deux modes ? Pourquoi cette revigoration devrait-elle être requise de la part de l'élément féminin, nous ne le savons pas ; mais c'est un fait très assuré et il est probable que, aussi longtemps que puisse durer le processus de multiplication asexuée, je dis qu'il y a de bonnes raisons de croire qu'il prendrait fin si un nouveau commencement n'était pas obtenu par une conjonction des deux éléments sexuels.

Le caractère commun à ces deux processus distincts est le suivant : que l'on considère la reproduction, ou la perpétuation, ou la modification des êtres organiques, telles qu'elles se produisent de manière asexuée, ou telles qu'elles peuvent avoir lieu sexuellement, — dans les deux cas, je dis : , la progéniture a une tendance constante à assumer, d'une manière générale, le caractère du parent. Comme je l'ai dit tout à l'heure, si vous prenez une bouture de plante et que vous la soignez avec soin, elle finira par grandir et se développera pour devenir une plante semblable à celle dont elle est issue ; et cette tendance est si forte que, comme les jardiniers le savent, ce mode de multiplication au moyen de boutures est le seul moyen sûr de propager de très nombreuses variétés de plantes ; la particularité de la souche primitive semble mieux conservée si on la propage au moyen d'un bouturage que si l'on recourt au mode sexuel.

De plus, dans les expériences sur les animaux inférieurs, tels que le polype , dont j'ai parlé, il est très extraordinaire que, bien que découpé en divers morceaux, chaque morceau particulier grandisse pour prendre la forme de la souche primitive ; la tête, si elle est séparée, reproduira le corps et la queue ; et si vous coupez la queue, vous constaterez qu'elle reproduira le corps et tout le reste des membres, sans s'écarter en aucune façon du plan de l'organisme dont ces portions ont été détachées. Et cela va si loin que certains expérimentateurs ont soigneusement examiné les ordres inférieurs d'animaux, parmi lesquels l'abbé Spallanzani, qui a fait un certain nombre d'expériences sur les escargots et les salamandres, et ont découvert qu'ils pouvaient les mutiler à un degré incroyable. ; que vous pourriez couper la mâchoire ou la plus grande partie de la tête, ou la patte ou la queue, et répéter l'expérience plusieurs fois, peut-être en coupant encore et encore le même membre ; et pourtant chacun de ces types se reproduirait selon le type primitif : la nature ne s'y trompant pas, ne revêtant jamais une nouvelle sorte de patte, ni de tête, ni de queue, mais tendant toujours à répéter et à revenir au type primitif.

Il en est de même dans la reproduction sexuée : c'est une expérience parfaitement courante que la tendance de la part de la progéniture est toujours, en gros, de reproduire la forme des parents. Le proverbe dit que le chardon ne produit pas de raisins ; ainsi, entre nous, il y a toujours une ressemblance plus ou moins marquée et distincte entre les enfants et leurs parents. C'est une question d'observation familière et ordinaire. Nous constatons la même chose dans le cas des animaux domestiques, des chiens, par exemple, et de leur progéniture. Dans tous ces cas de propagation et de perpétuation, il semble y avoir une tendance chez la progéniture à prendre les caractères des organismes parentaux. On donne à cette tendance un nom spécial — et comme je pourrai l'utiliser très souvent, je l'écrirai ici sur ce tableau pour que vous vous en souveniez — il s'appelle *Atavisme* ; il exprime cette tendance au retour au type ancestral, et vient du mot latin *atavus* , ancêtre.

Eh bien, cet *atavisme* dont je vais parler est, comme je l'ai déjà dit, l'une des tendances les plus marquées et les plus frappantes des êtres organisés ; mais, à côté de cette tendance héréditaire, il existe une tendance également distincte et remarquable à la variation. La tendance à reproduire le stock original a pour ainsi dire ses limites, et à côté d'elle, il y a une tendance à varier dans certaines directions, comme s'il y avait deux puissances opposées agissant sur l'être organique, l'une tendant à le prendre. en ligne droite, et l'autre tendant à la faire s'écarter de cette ligne droite, d'abord d'un côté, puis de l'autre.

Vous voyez donc que ces deux tendances ne se contredisent pas nécessairement, car le résultat final n'est pas toujours très éloigné de ce qui aurait été le cas si la ligne avait été tout à fait droite.

Cette tendance à la variation est moins marquée dans le mode de propagation qui a lieu de manière asexuée ; c'est sous ce mode que les caractères mineurs des structures animales et végétales sont le plus complètement conservés. Cependant, il arrive parfois que le jardinier, après avoir planté une bouture de quelque plante préférée , découvre, contrairement à son attente, que la tige pousse un peu différemment de la souche primitive, qu'elle produit des fleurs d'une couleur différente. couleur ou marque, ou une déviation d'une manière ou d'une autre. C'est ce qu'on appelle le « sport » des plantes.

Chez les animaux, les phénomènes de propagation asexuée sont si obscurs, qu'à l'heure actuelle, on ne peut pas dire que nous en sachions grand-chose ; mais si nous nous tournons vers ce mode de perpétuation qui résulte du processus sexuel, alors nous constatons que la variation est un phénomène parfaitement constant, dans une certaine mesure ; et, en effet, je pense qu'une certaine quantité de variation par rapport à la souche primitive est le résultat nécessaire de la méthode de propagation sexuée elle-même ; car, dans la mesure où la chose propagée provient de deux organismes de sexes différents, de marques et de tempéraments différents, et que la progéniture doit être soit de l'un soit de l'autre sexe, il est bien clair qu'elle ne peut pas être une diagonale exacte des deux. ou bien ce ne serait pas du tout sexuel ; il ne peut pas être une forme intermédiaire exacte entre celle de chacun de ses parents : il doit s'écarter d'un côté ou de l'autre. Vous ne trouvez pas que le mâle suit le type précis du parent mâle, et que la femelle n'hérite pas toujours des caractéristiques précises de la mère ; il y a toujours une proportion de caractère féminin dans la progéniture mâle, et de caractère mâle dans la descendance mâle. la progéniture femelle. Cela doit être bien clair pour vous tous qui avez regardé attentivement vos propres enfants ou ceux de vos voisins ; vous aurez remarqué combien souvent il peut arriver que le fils présente le type de caractère maternel, ou que la fille possède les caractéristiques de la famille du père. Il y a toutes sortes de mélanges et de conditions intermédiaires entre les deux, où le teint, ou la beauté, ou cinquante autres particularités différentes appartenant aux deux côtés de la maison, se reproduisent chez les autres membres de la même famille. En effet, il faut parfois remarquer dans ce genre de variation que la variété n'appartient, à proprement parler, à aucun des parents immédiats ; vous verrez un enfant dans une famille qui ne ressemble ni à son père ni à sa mère ; mais une personne âgée qui a connu son grand-père ou sa grand-mère, ou, peut-être, un oncle, ou peut-être même un parent plus éloigné, verra une grande similitude entre l'enfant et l'un d'eux. De cette façon, il arrive constamment que la caractéristique d'un membre antérieur de la famille ressorte et soit reproduite et reconnue de la manière la plus inattendue.

Mais en dehors de cette question d'expérience générale, il existe quelques cas qui mettent ce curieux mélange sous un jour très clair. Vous savez que le rejeton de l'Âne et du Cheval, ou plutôt de l'Âne et de la Jument, est ce qu'on appelle un Mulet ; et, d'autre part, la progéniture de l'étalon et de l'ânesse est ce qu'on appelle un *bardot*. C'est une chose très rare dans ce pays de voir un Hinny. Je n'en ai jamais vu moi-même; mais ils ont été très soigneusement étudiés. Or, ce qui est curieux, c'est que, bien que l'on ait les mêmes éléments dans l'expérience dans chaque cas, la progéniture a un caractère entièrement différent, selon que l'influence mâle vient de l'âne ou du cheval. Là où l'âne est le mâle, comme dans le cas du mulet, vous constatez que la tête est comme celle de l'âne, que les oreilles sont longues, la queue est touffue à l'extrémité, les pieds sont petits et la voix est un braie indubitable ; ce sont tous des points de similitude avec l'Âne ; mais, en revanche, le canon du corps et la coupe du cou ressemblent beaucoup plus à ceux de la Jument. Alors, si vous regardez le bardot, résultat de l'union de l'étalon et de l'ânesse, alors vous constatez que c'est le cheval qui a la prédominance ; que la tête ressemble plus à celle du cheval, les oreilles sont plus courtes, les pattes plus grossières et le type est complètement altéré ; tandis que la voix, au lieu d'être un braiement, est le hennissement ordinaire du cheval. Ici, voyez-vous, il y a une chose des plus curieuses : vous prenez exactement les mêmes éléments, l'Âne et le Cheval, mais vous combinez les sexes d'une manière différente, et le résultat est modifié en conséquence. On a là cependant un résultat qui n'est pas général et universel : il y a généralement une prépondérance importante, mais pas toujours du même côté.

Voici donc une cause de variation intelligible et peut-être nécessaire : le fait qu'il y a deux sexes partageant la production de la progéniture, et que la part prise par chacun est différente et variable, non seulement pour chaque combinaison. , mais aussi pour différents membres d'une même famille.

Deuxièmement, il y a une variation, dans une certaine mesure, bien que, selon toute probabilité, l'influence de cette cause ait été très exagérée, mais il ne fait aucun doute que la variation est produite, dans une certaine mesure, par ce qu'on appelle communément l'influence externe. conditions, telles que la température, la nourriture, la chaleur et l'humidité. À long terme, chaque variation dépend, dans un certain sens, des conditions extérieures, étant donné que chaque chose a sa propre cause. J'utilise maintenant le terme « conditions extérieures » dans le sens dans lequel il est habituellement employé : il est certain que les conditions extérieures ont un effet défini. Vous pouvez prendre une plante qui a des fleurs simples, et en vous occupant du sol, de la nourriture, etc., vous pouvez peu à peu transformer des fleurs simples en fleurs doubles et faire pousser des épines en branches. Vous pouvez épaissir ou apporter diverses modifications à la forme du fruit. Chez les animaux aussi, on peut produire de cette manière des changements analogues, comme dans le cas de cette couleur bronze profond que les gens perdent rarement après avoir passé un certain temps dans les pays tropicaux. On peut aussi altérer beaucoup le développement des muscles, à force d'entraînement ; tout le monde sait que l'exercice a un grand effet de cette manière ; on s'attend toujours à trouver le bras d'un forgeron dur et raide, et possédant un grand développement des muscles brachiaux. Sans doute, l'entraînement, qui est une des formes des conditions extérieures, transforme dans une large mesure ce qui n'est à l'origine que des instructions, des enseignements, en habitudes, ou, en d'autres termes, en organisations ; mais cette seconde cause de variation ne peut en aucun cas être considérée comme étant importante. Mais la troisième cause que je dois mentionner est très vaste. C'est une variation qui, faute d'un meilleur nom, a été appelée « variation spontanée » ; ce qui veut dire que quand on ne sait rien de la cause d'un phénomène, on dit que c'est spontané. Dans l'enchaînement ordonné des causes et des effets dans ce monde, il y a très peu de choses dont on puisse dire avec vérité qu'elles sont spontanées. Certainement pas dans ces matières physiques, car il n'y a rien de tel, tout dépend des conditions préalables. Mais lorsque nous ne pouvons pas retracer la cause des phénomènes, nous les appelons spontanés.

De ces variations, si nombreuses qu'elles soient, mais peu connues avec une parfaite exactitude, je vous citerai quelques deux ou trois cas, parce qu'ils sont très remarquables en eux-mêmes, et aussi parce que j'aurai envie de les utiliser par la suite. Réaumur , célèbre naturaliste français, a eu, il y a de nombreuses années, dans un essai qu'il a écrit sur l'art de couver les poules, et qui était en effet un essai très curieux, l'occasion de parler de variations et de monstruosités. Un cas très remarquable lui était venu à l'esprit : une variation dans la forme d'un membre humain, en la personne d'un Maltais, du nom de Gratio. Kelleia , qui est né avec six doigts à chaque main et le même nombre d'orteils à chacun de ses pieds. C'était un cas de variation spontanée. Personne ne sait pourquoi il est né avec autant de doigts et d'orteils, et comme nous ne le savons pas, nous appelons cela un cas de variation « spontanée ». Il existe également un autre cas remarquable. Je les sélectionne parce qu'ils ont été observés et notés très soigneusement à l'époque. Il arrive fréquemment qu'une variation se produit, mais les personnes qui la remarquent ne prennent aucun soin à noter les détails, jusqu'à ce qu'enfin, lorsqu'on vient à faire des recherches, les circonstances exactes soient oubliées ; et par conséquent, aussi innombrables que puissent être ces variations « spontanées », il est extrêmement difficile d'en déterminer l'origine.

Le deuxième cas en est un dont vous pouvez trouver tous les détails dans les « Transactions philosophiques » de l'année 1813, dans un document communiqué par le colonel Humphreys au président de la Royal Society : « Sur une nouvelle variété dans la race de mouton. ", rendant compte d'une race de mouton très remarquable, qui était autrefois bien connue dans les États du nord de l'Amérique, et qui portait le nom de race de mouton Ancon ou Loutre. En 1791, il y avait un fermier du nom de Seth Wright dans le Massachusetts, qui possédait un troupeau de moutons composé d'un bélier et, je pense, de douze ou treize brebis. De ce troupeau de brebis, une, au moment de la reproduction, mettait au monde un agneau qui était de forme très singulière ; il avait un corps très long, des jambes très courtes, et ces jambes étaient courbées ! Je vous raconterai peu à peu comment cette singulière variation dans la race des moutons a pu être remarquée et avoir l'importance qu'elle a aujourd'hui. Pour le moment, je ne mentionne que ces deux cas ; mais l'étendue des variations dans la race des animaux est parfaitement évidente pour quiconque a étudié l'histoire naturelle avec une attention ordinaire, ou pour quiconque compare les animaux avec d'autres de la même espèce. Il est strictement vrai qu'il n'y a jamais deux spécimens exactement identiques ; aussi semblables soient-ils, ils différeront toujours sur certains points particuliers.

Revenons maintenant à l'atavisme, à la tendance héréditaire dont j'ai parlé. Qu'adviendra-t-il d'une variation lorsque vous en tirerez une reproduction, lorsque l'atavisme viendra, si je puis dire, recouper la variation ? Les deux cas dont j'ai cité l'histoire donnent une excellente illustration de ce qui se passe. Merci Kelleia , le Maltais, s'est marié à l'âge de vingt-deux ans et, comme je suppose qu'il n'y avait pas de dames à six doigts à Malte, il a épousé une personne ordinaire à cinq doigts. Le résultat de ce mariage fut quatre enfants ; le premier, baptisé Salvator , avait six doigts et six orteils, comme son père ; le deuxième était George, qui avait cinq doigts et orteils, mais l'un d'eux était déformé, montrant une tendance à la variation ; le troisième était André ; il avait cinq doigts et cinq orteils, tout à fait parfaits ; la quatrième était une fille, Marie ; elle avait cinq doigts et cinq orteils, mais ses pouces étaient déformés, montrant une tendance vers le sixième.

Ces enfants ont grandi et, lorsqu'ils ont atteint l'âge adulte, ils se sont tous mariés, et bien sûr, il leur est arrivé qu'ils se marient tous avec des personnes à cinq doigts et à cinq orteils. Voyons maintenant quels ont été les résultats. Salvator a eu quatre enfants ; c'étaient deux garçons, une fille et un autre garçon : les deux premiers garçons et la fille avaient six doigts et six orteils comme leur grand-père ; le quatrième garçon n'avait que cinq doigts et cinq orteils. George n'avait que quatre enfants : il y avait deux filles avec six doigts et six orteils ; il y avait une fille avec six doigts et cinq orteils du côté droit, et cinq doigts et cinq orteils du côté gauche, de sorte qu'elle était moitié-moitié. Le dernier, un garçon, avait cinq doigts et cinq orteils. Le troisième, André , on s'en souvient, était parfaitement bien formé, et il eut de nombreux enfants dont les mains et les pieds étaient tous régulièrement développés. Marie, la dernière, qui a bien sûr épousé un homme qui n'avait que cinq doigts, a eu quatre enfants : le premier, un garçon, est né avec six orteils, mais les trois autres étaient normaux.

Observez maintenant quels phénomènes très extraordinaires sont présentés ici. Vous avez une variation accidentelle résultant de ce que vous pouvez appeler une monstruosité ; vous avez cette tendance ou variation de monstruosité diluée dans un premier temps par un mélange avec une femelle de construction normale, et vous vous attendriez naturellement à ce que, dans les résultats d'une telle union, la monstruosité, si elle se répétait, serait en proportion égale avec la monstruosité. type normal ; c'est-à-dire que les enfants seraient moitié-moitié, les uns prenant la particularité du père, et les autres étant du type purement normal de la mère ; mais vous voyez que nous avons une grande prépondérance du type anormal. Eh bien, cela vient se mélanger une fois de plus avec le type pur, le type normal, et l'anormal se produit à nouveau en grande proportion, malgré la seconde dilution. Maintenant, que serait-il arrivé si ces types anormaux s'étaient mariés entre eux ? c'est-à-dire, si les deux garçons de Salvator s'étaient mis en tête d'épouser leurs cousins germains, les deux premières filles de George, leur oncle ? Vous vous souviendrez qu'ils sont tous du type anormal de leur grand-père. Le résultat aurait probablement été que leur progéniture aurait été dans tous les cas un développement ultérieur de ce type anormal. Vous voyez, ce n'est que dans la quatrième, dans la personne de Marie, que la tendance, quand elle apparaît peu dans la deuxième génération, s'efface dans la troisième, tandis que la descendance d' Andrè , qui s'est échappée dans la première instance, échappe tout à fait.

Nous avons là un bon exemple de la tendance de la nature à perpétuer une variation. Ici, il s'agit certainement d'une variante qui n'apporte aucune utilité ni aucun bénéfice ; et cependant vous voyez que la tendance à la perpétuation peut être si forte, que, malgré un grand mélange dc sang pur, la variété se continue jusqu'à la troisième génération, qui en est largement marquée. Dans ce cas, comme je l'ai dit, il n'y avait aucun moyen pour la deuxième génération de se marier avec des personnes à cinq doigts, et la question se pose naturellement : quel aurait été le résultat d'un tel mariage ? Réaumur ne raconte ce cas que jusqu'à la troisième génération. Il eût certainement été extrêmement curieux de pouvoir remonter cette affaire plus loin ; si les cousins s'étaient mariés, une variété à six doigts de la race humaine aurait pu être créée.

Pour vous montrer que cette supposition n'est en aucun cas déraisonnable, permettez-moi maintenant de souligner ce qui s'est passé dans le cas du mouton de Seth Wright, où ce n'était qu'une question de moment pour lui d'obtenir une race ou d'élever un troupeau de moutons. les moutons aiment cette variété accidentelle que j'ai décrite — et je vais vous dire pourquoi. Dans cette partie du Massachusetts où vivait Seth Wright, les champs étaient séparés par des clôtures, et les moutons, très actifs et robustes, se promenaient à l'étranger et sautaient sans trop de difficultés par-dessus ces clôtures dans les fermes des autres. Bien entendu, cette activité exubérante des moutons suscitait constamment toutes sortes de querelles, de chicanes et de disputes entre les cultivateurs du voisinage ; ainsi, Seth Wright, qui était, comme ses successeurs, plus ou moins « mignon », pensa que s'il pouvait se procurer un cheptel de moutons comme ceux aux pattes bandées, ils ne pourraient pas sauter par-dessus les clôtures aussi facilement ; et il a agi sur cette idée. Il tuait son vieux bélier, et dès que le jeune arrivait à maturité, il se reproduisait entièrement. Le résultat fut encore plus frappant que dans l'expérience humaine dont je parlais tout à l'heure. Le colonel Humphreys témoigne qu'il arrivait toujours que la progéniture soit soit de purs Ancons , soit de purs moutons ordinaires ; qu'en aucun cas il n'y a eu de mélange des Ancons avec les autres. En conséquence, en très peu d'années, le fermier put acquérir un troupeau très considérable de cette variété, et un grand nombre d'entre eux furent répandus dans tout le Massachusetts. Mais malheureusement – je suppose que c'était parce qu'ils étaient si communs – personne n'y prêta suffisamment attention pour préserver leurs squelettes ; et bien que le colonel Humphreys déclare avoir envoyé un squelette au président de la Royal Society en même temps qu'il envoyait son papier, je crains que la variété n'ait entièrement disparu ; peu de temps après que ces moutons soient devenus répandus dans cette région, les moutons mérinos furent introduits ; et comme leur laine était beaucoup plus précieuse et qu'ils étaient une race de mouton tranquille et ne montraient aucune tendance à pénétrer ou à sauter par-dessus les clôtures, la race de mouton Loutre, dont la laine était inférieure à celle du Mérinos, fut progressivement laissé s'éteindre.

Vous voyez que ces faits illustrent parfaitement ce qu'on peut faire si l'on prend soin d'élever à partir de souches semblables les unes aux autres. Après avoir obtenu une variation, si, en croisant une variation avec la souche originale, vous multipliez cette variation, puis prenez soin de garder cette variation distincte de la souche originale et de les faire se reproduire ensemble, alors vous pouvez presque certainement produire une variation. race dont la tendance à poursuivre la variation est extrêmement forte.

C'est ce qu'on appelle la « sélection » ; et c'est exactement par le même procédé que celui par lequel Seth Wright a élevé son mouton Ancon, que nos races de bétail, de chiens et de volailles sont obtenues. Il existe quelques possibilités d'exception, mais néanmoins, d'une manière générale, je peux dire que c'est de cette manière que toutes nos diverses races d'animaux domestiques sont nées ; et vous devez comprendre que ce n'est pas une particularité ou un seul caractère dans lequel les animaux peuvent varier. Il n'existe pas une seule particularité ou caractéristique d'aucune sorte, physique ou mentale, dans laquelle la progéniture ne puisse différer dans une certaine mesure du parent et des autres animaux.

Entre nous, cela est bien connu. La particularité physique la plus simple est en grande partie reproduite. Je connais le cas d'une femme qui avait le lobe d'une de ses oreilles un peu aplati. Un observateur ordinaire pourrait à peine le remarquer, et pourtant chacun de ses enfants présente, dans une certaine mesure, une approximation de la même particularité. Si l'on considère également l'autre extrême, les maladies les plus graves, comme la goutte, la scrofule et la phtisie, peuvent se transmettre avec la même certitude et la même persistance que nous avons constatées dans la perpétuation des pattes bandées du mouton d'Ancon.

Cependant, ces faits sont mieux illustrés chez les animaux, et l'étendue de la variation, comme on le sait, est très remarquable chez les chiens. Par exemple, il existe des chiens beaucoup plus petits que d'autres ; en fait, la variation est si énorme que le plus petit chien aurait probablement à peu près la taille de la tête du plus grand ; il existe de très grandes variations dans les formes structurelles, non seulement du squelette, mais aussi dans la forme du crâne, dans les proportions de la face et dans la disposition des dents.

Le Pointer, le Retriever, le Bulldog et le Terrier diffèrent considérablement, et pourtant il y a toutes les raisons de croire que chacune de ces races est née de la même source, que toutes les races les plus importantes sont nées de cet élevage sélectif. d'une variation accidentelle.

Un cas encore plus frappant de ce qui peut être réalisé par la sélection sélective, et c'est un meilleur cas, car il n'y a aucune chance de cette infusion partielle d'erreur à laquelle j'ai fait allusion, a été étudié très attentivement par M. Darwin, le cas des pigeons domestiques. J'ose dire qu'il y en a peut-être parmi vous qui sont colombophiles , et je souhaite que vous compreniez qu'en abordant le sujet, je parlerais avec humilité et hésitation, car j'ai le regret de dire que je ne suis pas un colombophile. Je sais que c'est un grand art et un grand mystère, et une chose dont un homme ne doit pas parler à la légère ; mais je m'efforcerai , dans la mesure de mes connaissances, de vous donner un résumé des informations publiées et non publiées que j'ai obtenues de M. Darwin.

Parmi l'énorme variété — je crois qu'il existe environ cent cinquante espèces de pigeons — il y en a quatre espèces qui peuvent être choisies comme représentant les divergences les plus extrêmes d'une espèce à l'autre. Leurs noms sont le Carrier, le Pouter, le Fantail et le Tumbler. Dans ces grands diagrammes que j'ai ici, ils sont chacun représentés dans leurs tailles relatives les uns par rapport aux autres. Ce premier est le Carrier ; vous remarquerez cette grande excroissance sur son bec ; il a une tête relativement petite ; il y a un espace nu autour des yeux ; il a un long cou, un très long bec, des pattes très fortes, de grands pieds, de longues ailes, etc. Le deuxième est le Pouter, un très gros oiseau, avec de très longues pattes et un bec. On l'appelle Pouter car il a l'habitude de faire gonfler son œsophage en le gonflant d'air. Je dois vous dire que tous les pigeons ont parfois tendance à faire cela, mais chez le Pouter , cela est extrêmement répandu. Les oiseaux paraissent très fiers de leur pouvoir de se gonfler et de se gonfler ainsi ; et je pense que c'est un spectacle à peu près aussi drôle qu'on puisse le voir que de regarder une cage pleine de ces pigeons soufflant et se soufflant de cette manière ridicule.

Ce diagramme est une représentation du troisième type que j'ai mentionné : le Fantail. C'est, voyez-vous, un petit oiseau, avec des pattes extrêmement petites et un très petit bec. Il se distingue très curieusement par la taille et l'étendue de sa queue, qui, au lieu de contenir douze plumes, peut en avoir beaucoup plus, disons trente, ou même davantage ; je crois qu'il y en a jusqu'à quarante-deux. Cet oiseau a une curieuse habitude d'étaler les plumes de sa queue de manière à ce qu'elles s'étendent vers l'avant et touchent sa tête ; et si cela peut être accompli, je crois que cela est considéré comme un point d'une grande beauté.

Mais voici la dernière grande variété, le Tumbler ; et de cette grande variété, l'une des principales espèces, et l'une des plus prisées, est le spécimen représenté ici : le Tumbler à face courte. Son bec, voyez-vous, est réduit à néant. Comparez simplement le bec de celui-ci et celui du premier, le Carrier - je crois que la comparaison orthodoxe de la tête et du bec d'un Tumbler de bonne race consiste à enfoncer de l'avoine dans une cerise, et cela vous donnera le bon proportions relatives du bec et de la tête. Les pieds et les pattes sont extrêmement petits, et l'oiseau semble être tout à fait nain lorsqu'il est placé à côté de ce grand porteur.

Ce sont là des différences suffisantes quant à leur aspect extérieur ; mais ces différences ne constituent nullement la totalité, ni même la plus importante, des différences qui existent entre ces oiseaux. Il n'est guère un seul point de leur structure qui ne soit plus ou moins altéré ; et pour vous donner une idée de l'étendue de ces altérations, j'ai ici de très bons squelettes, pour lesquels je suis redevable à mon ami M. Tegetmeier, une grande autorité en ces matières ; grâce à quoi, si vous les examinez petit à petit, vous pourrez constater l'énorme différence dans leurs structures osseuses.

J'ai eu le privilège, il y a quelque temps, d'accéder à certains MSS importants. de M. Darwin, qui, je peux vous le dire, a pris beaucoup de peine et a consacré beaucoup de temps et d'attention précieux à l'étude de ces variations et à rassembler tous les faits qui les concernent. J'ai obtenu de ces MSS. le résumé suivant des différences entre les races domestiques de pigeons ; c'est-à-dire une notification des divers points sur lesquels leur organisation diffère. En premier lieu, l'arrière du crâne peut être très différent, et le développement des os de la face peut varier beaucoup ; le dos varie beaucoup ; la forme de la mâchoire inférieure varie ; la langue varie très considérablement, non seulement en corrélation avec la longueur et la taille du bec, mais elle semble aussi avoir une sorte de variation indépendante qui lui est propre. Alors la quantité de peau nue autour des yeux et à la base du bec peut varier énormément ; il en va de même pour la longueur des paupières, la forme des narines et la longueur du cou. J'ai déjà remarqué l'habitude de souffler l'œsophage, si remarquable chez le Pouter, et comparativement chez les autres. Il existe également de grandes différences dans la taille de la femelle et du mâle, la forme du corps, le nombre et la largeur des apophyses des côtes, le développement des côtes, ainsi que la taille, la forme et le développement des côtes. sternum. On peut remarquer aussi, et je mentionne ce fait parce qu'il a été contesté par ce que l'on suppose être une haute autorité, la variation dans le nombre des vertèbres sacrées . Le nombre de celles-ci varie de onze à quatorze, et cela sans aucune diminution du nombre des vertèbres du dos ou de la queue. Ensuite, le nombre et la position des plumes de la queue peuvent varier énormément, tout comme le nombre des plumes primaires et secondaires des ailes. De plus, la longueur des pieds et du bec, bien qu'ils n'aient aucun rapport l'un avec l'autre, semblent pourtant aller de pair, c'est-à-dire que vous avez un long bec partout où vous avez de longs pieds. Il existe également des différences dans les périodes d'acquisition du plumage parfait, dans la taille et la forme des œufs, dans la nature du vol et dans la puissance du vol, les oiseaux dits « *voyageurs* » ayant d'énormes capacités de vol ; [52] tandis que, d'un autre côté, le petit Tumbler est ainsi appelé à cause de sa faculté extraordinaire de se retourner tête baissée dans les airs, au lieu de suivre une direction distincte. Et enfin, les dispositions et les voix des oiseaux peuvent varier. Ainsi, le cas des pigeons vous montre qu'il n'y a guère un seul particulier, — que ce soit d'instinct, ou d'habitude, ou de structure osseuse, ou de plumage, — soit d'économie interne, soit de forme externe, dans lequel une variation ou un changement puisse se produire. n'a pas lieu, ce qui, par reproduction sélective, peut se perpétuer et former le fondement et donner naissance à une nouvelle race.

Si vous portez à l'esprit ces quatre variétés de pigeons, vous aurez peut-être avec vous une idée aussi bonne que possible de l'énorme mesure dans laquelle une déviation d'un type primitif peut être réalisée au moyen de ce processus de élevage sélectif.

NOTES DE BAS DE PAGE :

[52] Le « *Carrier* », j'apprends de M. Tegetmeier , ne *transporte pas* ; un oiseau de grande race de cette race ne vole pas bien. Les oiseaux qui volent sur de longues distances et reviennent à la maison, les oiseaux « voyageurs », et qui sont par conséquent utilisés comme transporteurs, ne sont pas des « transporteurs » au sens sophistiqué du terme.

VIII

LES CONDITIONS D'EXISTENCE AFFECTANT LA PERPÉTUATION DES ÊTRES VIVANTS.

Dans la dernière leçon, j'ai essayé de vous prouver que, si, en règle générale, les êtres organisés tendent à reproduire leur espèce, il y a aussi chez eux une tendance constamment récurrente à varier, à varier dans un sens plus ou moins grand. étendue. Une telle variété, je vous l'ai fait remarquer, pourrait provenir de causes que nous ne comprenons pas ; nous l'avons donc appelé spontané ; et il pourrait naître comme une chose définie et marquée, sans aucune gradation entre lui-même et la forme qui l'a précédé. J'ai en outre souligné qu'une telle variété, une fois apparue, pourrait se perpétuer dans une certaine mesure, et même dans une mesure très marquée, sans aucune interférence directe, ni sans aucun exercice de ce processus que nous appelons sélection. Et puis j'ai ajouté que par une telle sélection, lorsqu'elle est exercée artificiellement, si vous prenez soin de ne reproduire que les formes qui présentent les mêmes particularités de toute variété apparue de cette manière, la variation pourrait se perpétuer, autant que nous le pouvons. peut voir, indéfiniment.

La question suivante, et elle est importante pour nous, est la suivante : existe-t-il une limite au degré de variation par rapport au stock primitif qui peut être produit par ce processus de sélection sélective ? En considérant cette question, il sera utile de classer les caractères par rapport auxquels les êtres organiques varient, sous deux chefs : nous pouvons considérer les caractères structurels, et nous pouvons considérer les caractères physiologiques.

En premier lieu, quant aux caractères de structure, j'ai essayé de vous montrer, par les squelettes que j'avais sur la table, et par référence à un grand nombre de faits bien constatés, que les différentes races de Pigeons, les Transporteurs, les Pouteurs, et Tumblers, peuvent varier dans une très grande mesure dans chacun de leurs caractères structurels internes et importants ; non seulement il pourrait y avoir des changements dans les proportions du crâne, dans le caractère des pieds et du bec, etc. ; mais qu'il pourrait y avoir une différence absolue dans le nombre des vertèbres du dos, comme dans les vertèbres sacrées du Pouter ; et la variation de ces caractères et de caractères similaires est si grande que je vous ai signalé, en me référant aux squelettes et aux diagrammes, que ces variétés extrêmes peuvent absolument différer plus les unes des autres dans leurs caractères structurels que ne le font ce que les naturalistes appellent ESPÈCES distinctes de pigeons ; c'est-à-dire qu'ils diffèrent tellement dans leur structure qu'il y a une plus grande différence entre le Pouter et le Tumbler qu'il n'y en a entre des formes sauvages et distinctes comme le Pigeon biset ou le Pigeon annulaire, ou le Pigeon annulaire et le Tourterelle. ; et en effet les différences ont une plus grande valeur que cela, car les différences structurelles entre ces pigeons domestiques sont telles qu'un naturaliste l'admettrait, à supposer qu'il ne sache rien du tout de leur origine, pour leur permettre de constituer même des genres distincts.

Comme j'ai utilisé ce terme ESPÈCE , et que je l'utiliserai probablement beaucoup, je ferais peut-être mieux de consacrer un mot ou deux à expliquer ce que j'entends par là.

Les animaux et les plantes sont divisés en groupes, qui deviennent progressivement plus petits, en commençant par un ROYAUME divisé en SOUS-ROYAUMES ; puis viennent les divisions plus petites appelées PROVINCES ; et ainsi de suite d' une PROVINCE à une CLASSE , d' une CLASSE à un ORDRE , *des Ordres* aux *Familles* , et de celles - ci aux GENRES , jusqu'à ce que nous arrivions enfin aux plus petits groupes d' animaux qui peuvent être définis les uns des autres par des caractères constants . , qui ne sont pas sexuels ; et c'est ce que les naturalistes appellent en pratique ESPÈCES , quoi qu'ils fassent en théorie.

Si, dans un état de nature, vous trouvez deux groupes d'êtres vivants séparés l'un de l'autre par une caractéristique qui revient constamment, peu m'importe qu'elle soit légère et insignifiante, pourvu qu'elle soit définie et constante, et qu'elle soit réelle. ne dépendent pas de particularités sexuelles, alors tous les naturalistes s'accordent à les appeler deux espèces ; c'est ce que signifie l'emploi du mot espèce, c'est-à-dire qu'il s'agit, pour le naturaliste pratique, d'une simple question de différences structurelles. [53]

Nous avons vu maintenant — pour répéter ce point une fois de plus, et il est très essentiel que nous le comprenions bien — nous avons vu que les races, dont on sait qu'elles sont issues d'une souche commune par sélection, peuvent être aussi différentes dans leur structure de le stock d'origine car les espèces peuvent être distinctes les unes des autres.

Mais en est-il de même pour les caractéristiques physiologiques des animaux ? Les différences physiologiques des variétés s'élèvent-elles en degré à celles observées entre les formes que les naturalistes appellent espèces distinctes ? C'est un point très important à considérer pour nous.

Pour la grande majorité des caractères physiologiques, il ne fait aucun doute qu'ils sont susceptibles d'être développés, augmentés et modifiés par la sélection.

Il ne fait aucun doute que les races peuvent être aussi différentes que les espèces dans de nombreux caractères physiologiques. Je vous ai déjà indiqué très brièvement les différentes habitudes des races de Pigeons, qui dépendent toutes de leurs particularités physiologiques, — comme l'habitude particulière de culbuter, dans le Tumbler, — les particularités du vol, dans le « homing ». les oiseaux, l'étrange habitude d'étendre la queue et de marcher d'une manière particulière chez le Fantail, et enfin l'habitude de souffler l'œsophage, si caractéristique du Pouter. Tout cela est dû à des modifications physiologiques, et sous tous ces rapports, ces oiseaux diffèrent autant les uns des autres que deux espèces ordinaires.

Il en va de même pour les chiens dans leurs habitudes et leurs instincts. C'est une particularité physiologique qui conduit le Lévrier à poursuivre sa proie à vue, - qui permet au Beagle de la suivre à l'odeur, - qui pousse le Terrier à sa propension à chasser les rats, - et qui conduit le Retriever à ses habitudes de récupérer. Ces habitudes et ces instincts sont tous le résultat de différences et de particularités physiologiques, qui se sont développées à partir d'une souche commune, du moins il y a toutes les raisons de le croire. Mais c'est une circonstance des plus singulières que, tandis que vous pouvez parcourir presque toute la série de processus physiologiques sans trouver un frein à votre argument, vous arrivez finalement à un point où vous trouvez un frein, et c'est dans le système reproducteur. processus. Car il existe une circonstance des plus singulières en ce qui concerne les espèces naturelles – au moins pour certaines d'entre elles – et il suffirait pour les besoins de cet argument, si cela était vrai pour une seule d'entre elles, mais il existe, en fait, une un grand nombre de ces cas, c'est-à-dire que, si semblables qu'ils puissent paraître à de simples races ou races, ils présentent une particularité marquée dans le processus de reproduction. Si vous vous reproduisez à partir d'un mâle et d'une femelle de la même race, vous aurez bien sûr des descendants de même espèce, et si vous faites se reproduire les descendants ensemble, vous obtenez le même résultat, et si vous vous reproduisez à partir de ceux-ci, vous aurez toujours le même genre de progéniture ; il n'y a pas de chèque. Mais si vous prenez des membres de deux espèces distinctes, si semblables qu'ils soient entre eux, et que vous les faites se reproduire ensemble, vous trouverez un échec, avec quelques modifications et exceptions cependant, dont je parlerai tout à l'heure. Si vous croisez deux de ces espèces entre elles, bien que vous puissiez avoir une progéniture dans le cas du premier croisement, si vous essayez de vous reproduire à partir des produits de ce croisement, qui sont ce qu'on appelle DES HYBRIDES , c'est-à-dire si vous couplez un hybride mâle et femelle, le résultat est que dans quatre-vingt-dix-neuf cas sur cent, vous n'obtiendrez aucune descendance : il n'y aura aucun résultat.

La raison en est assez évidente dans certains cas ; les hybrides mâles, bien que possédant toutes les apparences extérieures et toutes les caractéristiques des animaux parfaits, sont physiologiquement imparfaits et déficients dans les parties structurelles des éléments reproducteurs nécessaires à la génération. C'est, dit-on, invariablement le cas du mulet mâle, croisement de l'âne et de la jument ; et c'est pourquoi, bien que le croisement du cheval avec l'âne soit assez facile et se fasse constamment, autant que je sache, si vous prenez deux mulets, un mâle et une femelle, et que vous essayez d'en faire une reproduction, vous n'ayez aucune progéniture du tout; aucune génération n'aura lieu. C'est ce qu'on appelle la stérilité des hybrides entre deux espèces distinctes.

Vous voyez que c'est une circonstance très extraordinaire ; on ne voit pas pourquoi il en serait ainsi. L'explication téléologique courante est qu'il s'agit d'empêcher l' impureté du sang résultant du croisement d'une espèce avec une autre, mais vous voyez que cela ne fait en réalité rien de tel. Il n'y a rien dans ce fait qui empêche les hybrides de se reproduire entre eux, pour établir une telle théorie ; rien n'empêche le Cheval de se reproduire avec l'Âne, ou l'Âne avec le Cheval. De sorte que cette explication s'effondre, comme le font un grand nombre d'explications de ce genre, qui ne sont fondées que sur de simples hypothèses.

ainsi qu'il y a une grande différence entre les « métis », qui sont des croisements entre races distinctes, et les « hybrides », qui sont des croisements entre espèces distinctes. Les métis sont, à notre connaissance, fertiles les uns avec les autres. Mais entre espèces, dans de nombreux cas, on ne parvient pas à obtenir même le premier croisement : en tout cas, il est bien certain que les hybrides sont souvent absolument stériles les uns avec les autres.

Voici donc un trait, grand ou petit, qui distingue les espèces naturelles d'animaux. Pouvons-nous trouver une approximation de cela dans les différentes races connues pour être produites par élevage sélectif à partir d'une souche commune ? Jusqu'à présent, la réponse à cette question est absolument négative. À notre connaissance, il n'existe actuellement rien de comparable à ce contrôle. En croisant les races entre le Fantail et le Pouter, le Carrier et le Tumbler, ou toute autre variété ou race que vous pourriez nommer — autant que nous le savons à l'heure actuelle — il n'y a aucune difficulté à élever ensemble les bâtards. Prenez le Carrier et le Fantail, par exemple, et laissez-les représenter le Cheval et l'Âne dans le cas d'espèces distinctes ; puis vous avez, comme résultat de leur reproduction, le bâtard Carrier-Fantail, — nous dirons le bâtard mâle et femelle, — et, autant que nous le sachions, ces deux-là, une fois croisés, ne seraient pas moins fertiles que le croisement original. ou que Transporteur avec Transporteur. Ici, voyez-vous, il y a un contraste physiologique entre les races produites par modification sélective et les espèces naturelles. Je m'enquerrai bientôt sur la valeur de ce fait et sur quelques circonstances modificatrices ; pour le moment, je me contente de vous l'exposer en termes généraux.

Mais en considérant cette question des limitations des espèces, il faut dire un mot de ce qu'on appelle LA RÉCURRENCE , la tendance des races qui se sont développées par sélection sélective à partir de variétés à revenir à leur type primitif. Beaucoup estiment que cela pose une limite absolue à l'étendue des variations sélectives et de toutes les autres variations. Les gens disent : « C'est très bien de parler de produire ces différentes races, mais vous savez très bien que si vous rendiez sauvages tous ces oiseaux, ces Pouters, ces Carriers, etc., ils retourneraient tous à leur souche primitive. » Ceci est très communément considéré comme un fait, et c'est un argument qui est généralement présenté comme concluant ; mais si vous prenez la peine de l'examiner d'assez près, je pense que vous constaterez que cela ne vaut pas grand-chose. La première question est évidemment la suivante : retournent -ils ainsi au stock primitif ? Et généralement, comme la chose est supposée et acceptée, il est extrêmement difficile d'en obtenir une quelconque preuve valable. On dit constamment, par exemple, que si les chevaux domestiques deviennent sauvages, comme cela a été le cas dans certaines régions de l'Asie Mineure et de l'Amérique du Sud, ils retournent immédiatement à la souche primitive à partir de laquelle ils ont été élevés. Mais la première réponse que vous faites à cette hypothèse est de demander qui sait ce qu'était la souche primitive ; et la seconde réponse est que, dans ce cas, les chevaux sauvages de l'Asie Mineure devraient être exactement comme les chevaux sauvages de l'Amérique du Sud. S'ils ressemblent tous les deux à la même chose, ils devraient manifestement se ressembler ! Les meilleures autorités vous disent cependant qu'il en va tout autrement. On dit que le cheval sauvage d'Asie est de couleur brun roux , avec une tête assez grosse et beaucoup d'autres particularités ; tandis que les meilleures autorités sur les chevaux sauvages de l'Amérique du Sud vous disent qu'il n'y a aucune similitude entre leurs chevaux sauvages et ceux de l'Asie Mineure ; la coupe de leur tête est très différente et ils sont généralement de couleur châtain ou bai . Il est donc tout à fait clair que, puisque ces faits auraient dû exister deux souches primitives, ils ne soutiennent en rien l'hypothèse selon laquelle les races se ramènent à une seule souche primitive, et en ce qui concerne cette preuve, il revient à le sol.

Supposons un instant qu'il en soit ainsi et que les races domestiquées, une fois devenues sauvages, reviennent à une condition commune, je ne vois pas que cela prouverait bien plus que le fait que des conditions similaires sont susceptibles de produire des résultats similaires ; et que lorsque vous ramenez des animaux domestiques dans ce que nous appelons des conditions naturelles, vous faites exactement la même chose que si vous défaisiez soigneusement tout le travail que vous aviez fait, dans le but de faire passer l'animal de son état sauvage à son état domestiqué. Je ne vois rien de bien merveilleux dans le fait que, s'il a fallu tant de peine pour l'extraire de l'état sauvage, il revienne à son état originel dès que l'on a supprimé les conditions qui ont produit la variation vers la forme domestiquée. Il y a cependant un fait important, souligné avec force par M. Darwin, et qui a été remarqué à propos de l'élevage des pigeons domestiques ; et c'est que, si différentes que puissent être ces races de pigeons les unes des autres, et nous avons déjà remarqué les grandes différences entre ces races, que si, parmi l'une de ces variations, vous avez la chance de voir apparaître un pigeon bleu, il sera assurez-vous d'avoir les barres noires sur les ailes, qui sont caractéristiques de la souche sauvage d'origine, le Pigeon biset.

Or, c'est certainement une circonstance très remarquable ; mais je ne vois pas moi-même en quoi cela se révèle très fortement dans un sens ou dans l'autre. Je pense en effet que cet argument en faveur du retour au type primitif pourrait s'avérer bien trop fort pour ceux qui l'avancent si constamment. Par exemple, M. Darwin a insisté avec force sur le fait que rien n'est plus commun que d'examiner un cheval brun, et j'ai eu l'occasion de vérifier cette illustration récemment, alors que j'étais dans les îles des West Highlands, où il y a un grand nombre de chevaux bruns. chevaux - constater que ce cheval présente une longue bande noire sur le dos, très souvent des rayures sur l'épaule et très souvent des rayures sur les jambes. J'ai moi-même vu un poney de cette description il y a peu de temps, dans la charrette d'un boulanger, près de Rothesay, à Bute : il avait la longue rayure sur le dos, et des rayures sur les épaules et les jambes, tout comme celles de l'Âne, le Quagga et le Zèbre. Or, si nous interprétons la théorie de la récurrence telle qu'appliquée à ce cas, ne pourrait-on pas dire qu'il s'agit ici d'un cas de variation présentant les caractères et les conditions d'un animal occupant quelque chose comme une position intermédiaire entre le cheval, l'âne, le Quagga et Zebra, et à partir de quoi ont-ils été développés ? Il en est de même pour l'Homme. Tout anatomiste vous dira qu'il n'y a rien de plus commun, dans la dissection du corps humain, que de rencontrer ce qu'on appelle des variations musculaires ; c'est-à-dire que si vous disséquez deux corps avec beaucoup de soin, vous constaterez probablement que les modes d'attachement et d'insertion des les muscles ne sont pas exactement les mêmes dans les deux cas, il y a de grandes particularités dans la manière dont les muscles sont disposés ; et il est très singulier que, dans certaines dissections du corps humain, vous rencontriez des dispositions de muscles très semblables à celles des mêmes parties chez les singes. Faut-il conclure dans ce cas que cela ressemble aux barres noires dans le cas du pigeon et que cela indique une réapparition du type primitif à partir duquel les animaux ont probablement été développés ? En vérité, je pense que les adversaires de la modification et de la variation feraient mieux de laisser de côté l'argument de la récurrence, sinon il pourrait s'avérer tout à fait trop fort pour eux.

En résumé , les preuves jusqu'à présent vont à l'encontre de l'argument selon lequel il existe une limite aux divergences, en ce qui concerne la structure ; et en faveur d'une limitation physiologique. Par la sélection sélective, nous pouvons produire des divergences structurelles aussi grandes que celles des espèces, mais nous ne pouvons pas produire des divergences physiologiques égales. Pour le moment, j'en laisse la question là.

Maintenant, le prochain problème qui se pose à nous – et il est extrêmement important – est le suivant : cette reproduction sélective se produit-elle dans la nature ? Car, s'il n'y en a aucune preuve, tout ce que je vous ai dit ne sert à rien pour rendre compte de l'origine des espèces. Les causes naturelles sont-elles compétentes pour jouer le rôle de sélection dans la perpétuation des variétés ? Ici, nous rencontrons de très grandes difficultés. Dans la dernière conférence, j'ai eu l'occasion de vous faire remarquer l'extrême difficulté d'obtenir la preuve même de l'origine première des variétés dont nous savons qu'elles se sont produites chez les animaux domestiques. Je vous ai dit que presque toujours l'origine de ces variétés est négligée, de sorte que je n'ai pu produire que deux ou trois caisses, comme celle de Gratio Kelleia et du mouton Ancon. Les gens les oublient ou n'y prêtent pas attention jusqu'à ce qu'ils acquièrent une certaine importance ; et si cela est vrai des cas artificiels, sous nos propres yeux, et chez les animaux dont nous avons la garde, combien plus difficile doit-il être d'avoir de première main une bonne preuve de l'origine des variétés dans la nature ! En effet, je ne sais pas s'il est possible, par des preuves directes, de prouver l'origine d'une variété dans la nature, ou de prouver la sélection sélective ; mais je vais vous dire ce que nous pouvons prouver — et cela revient au même — que les variétés existent dans la nature dans les limites des espèces, et, de plus, que lorsqu'une variété est venue à l'existence dans la nature, il y a des causes naturelles. et des conditions qui sont amplement compétentes pour jouer le rôle d'un sélectionneur sélectif ; et bien que ce ne soit pas tout à fait la preuve que l'on aimerait avoir – bien qu'il ne s'agisse pas d'un témoignage direct – il s'agit néanmoins d'une preuve extrêmement bonne et extrêmement puissante à sa manière.

Quant au premier point, concernant les variétés existant parmi les espèces naturelles, je pourrais faire appel à l'expérience universelle de tout naturaliste et de toute personne qui a jamais prêté une quelconque attention aux caractéristiques des plantes et des animaux à l'état de nature ; mais autant prendre quelques cas précis, et je commencerai par l'Homme lui-même.

Je suis de ceux qui croient qu'à l'heure actuelle, il n'existe aucune preuve permettant de dire que l'humanité est issue à l'origine de plus d'un seul couple ; Je dois dire que je ne vois aucun motif valable, ni même aucune sorte de preuve tenable, pour croire qu'il existe plus d'une espèce d'homme. Néanmoins, comme vous le savez, de même qu'il existe de nombreuses variétés chez les animaux, il existe de même chez les hommes des variétés remarquables. Je ne parle pas seulement de ces variations larges et distinctes que vous voyez d'un seul coup d'œil. Bien entendu, tout le monde connaît la différence entre un Noir et un Blanc, et peut distinguer un Chinois d'un Anglais. Ils ont chacun des caractéristiques particulières de couleur et de physionomie ; mais vous devez vous rappeler que les caractères de ces races vont bien plus loin : ils s'étendent à la structure osseuse et aux caractères de l'organe le plus important pour nous : le cerveau ; de sorte que, parmi les hommes appartenant à des races différentes, ou même à l'intérieur d'une même race, un homme aura un cerveau un tiers, ou la moitié, ou même soixante-dix pour cent plus gros qu'un autre ; et si vous prenez l'ensemble des cerveaux humains, vous constaterez dans certains cas une variation de cent pour cent. Hormis ces variations de taille du cerveau, les caractères du crâne varient. Ainsi , si je dessine au tableau les figures d'un Mongol et d'une tête de Nègre, dans le cas du dernier, la largeur serait d'environ les sept dixièmes, et dans l'autre, les neuf dixièmes de la longueur totale. Vous voyez donc qu'il existe de nombreuses preuves de variations entre les hommes dans leur condition naturelle. Et si vous vous tournez vers d'autres animaux, c'est exactement la même chose. Le renard, par exemple, qui a une très large répartition géographique dans toute l'Europe, dans certaines parties de l'Asie et sur le continent américain, est très varié. On y trouve principalement de gros renards au Nord et des plus petits au Sud. Rien qu'en Allemagne, les forestiers en comptent huit espèces différentes.

Du tigre, personne ne suppose qu'il existe plus d'une espèce ; ils s'étendent depuis les parties les plus chaudes du Bengale jusque dans les steppes sèches, froides et amères de la Sibérie, jusqu'à une latitude de 50 °, de sorte qu'ils peuvent même s'attaquer aux rennes. Ces tigres ont des caractéristiques extrêmement différentes, mais ils gardent néanmoins tous leurs traits généraux, de sorte qu'il n'y a aucun doute quant à leur appartenance à des tigres. Le tigre de Sibérie a une fourrure épaisse, une petite crinière et une bande longitudinale sur le dos, tandis que les tigres de Java et de Sumatra diffèrent à bien des égards importants des tigres d'Asie du Nord. Les lions varient donc ; ainsi les oiseaux varient ; et ainsi, si vous remontez plus en arrière et plus bas dans la création, vous constaterez que les poissons varient. Dans différents cours d'eau, même dans le même pays, vous trouverez des truites très différentes les unes des autres et facilement reconnaissables par ceux qui pêchent dans les cours d'eau particuliers. Il y a les mêmes différences chez les sangsues ; les collectionneurs de sangsues pourront facilement vous signaler les différences et les particularités qui vous échapperaient probablement vous-même ; il en est de même pour les moules d'eau douce ; donc, en fait, avec tous les animaux que vous pouvez mentionner.

Chez les plantes, on retrouve le même type de variation. Prenons par exemple la ronce commune. Les botanistes sont tous en guerre à ce sujet ; les uns voulant faire croire qu'il en existe plusieurs espèces, et les autres soutenant qu'il ne s'agit que de plusieurs variétés d'une même espèce ; et ils ne peuvent pas décider à ce jour ce qui est une espèce et laquelle est une variété !

De sorte qu'il ne peut y avoir aucun doute sur le fait que n'importe quelle plante et n'importe quel animal peut varier dans la nature ; que les variétés puissent surgir de la manière que je vous ai décrite, — comme variétés spontanées, — et que ces variétés puissent se perpétuer de la même manière que je vous ai montré que se perpétuent les variétés spontanées ; Je dis donc qu'il ne peut y avoir aucun doute quant à l'origine et à la perpétuation des variétés dans la nature.

Mais la question est maintenant : la sélection a-t-elle lieu dans la nature ? existe-t-il quelque chose qui ressemble à l'opération de l'homme dans l'exercice de la sélection sélective, qui se déroule dans la nature ? Vous remarquerez qu'à présent je ne dis rien des espèces ; Je veux me limiter à la considération de la production de ces races naturelles dont tout le monde admet l'existence. La question est de savoir s'il existe dans la nature des causes capables de produire des races, de la même manière que l'homme est capable de produire, par sélection, les races d'animaux que nous avons déjà signalées.

Lorsqu'une variété apparaît, les CONDITIONS D'EXISTENCE sont telles qu'elles exercent une influence exactement comparable à celle de la sélection artificielle. Par conditions d'existence, j'entends deux choses : il y a des conditions qui sont fournies par le monde physique, inorganique, et il y a des conditions d'existence qui sont fournies par le monde organique. Il y a d'abord LE CLIMAT ; sous cette rubrique, j'inclus uniquement la température et la quantité variée d'humidité de lieux particuliers. Ensuite, il y a ce qu'on appelle techniquement STATION , ce qui signifie : étant donné le climat, le genre particulier d'endroit dans lequel un animal ou une plante vit ou grandit ; par exemple, la station d'un poisson est dans l'eau, celle d'un poisson d'eau douce dans l'eau douce ; la station d'un poisson marin est dans la mer, et un animal marin peut avoir une station plus haute ou plus profonde. Il en est de même pour les animaux terrestres : les différences de stations sont celles des différents sols et des différents voisinages ; les uns étant mieux adaptés à un sol calcaire, les autres à un sol arénacé. La troisième condition d'existence est LA NOURRITURE , par laquelle j'entends la nourriture au sens le plus large, la fourniture des matériaux nécessaires à l'existence d'un être organique ; dans le cas d'une plante, les matières inorganiques, telles que l'acide carbonique, l'eau, l'ammoniaque et les sels terreux ou salins ; dans le cas de l'animal, les matières inorganiques et organiques dont nous avons vu qu'ils ont besoin ; alors ce sont toutes, au moins les deux premières, ce que nous pouvons appeler les conditions inorganiques ou physiques de l'existence. La nourriture occupe une place intermédiaire, puis viennent les conditions biologiques ; j'entends par là les conditions qui dépendent de l'état du reste de la création organique, du nombre et de l'espèce des êtres vivants dont un animal est entouré. Vous pouvez les classer sous deux catégories : il y a les êtres organiques, qui fonctionnent comme *des adversaires* , et il y a les êtres organiques qui fonctionnent comme *des assistants* pour toute créature organique donnée. Les adversaires peuvent être de deux sortes : il y a les *adversaires indirects* , qui sont ce que l'on peut appeler *des rivaux* ; et il y a les *adversaires directs* , ceux qui s'efforcent de détruire la créature ; et c'est ce que nous appelons *des ennemis* . Par rivaux, j'entends bien sûr, dans le cas des plantes, celles qui ont besoin pour leur support du même genre de sol et de la même position, et, parmi les animaux, celles qui ont besoin du même genre de position, de nourriture ou de climat ; ce sont les opposants indirects ; les adversaires directs sont, bien entendu, ceux qui s'attaquent à un animal ou à un végétal. Les *aides* peuvent également être considérées comme directes et indirectes : dans le cas d'un animal carnivore, par exemple, une plante herbacée particulière peut, en se multipliant, être une aide indirecte, en permettant à l' herbivore dont se nourrit le carnivore d'obtenir plus de nourriture, et ainsi nourrir plus abondamment le carnivore ; l'assistant direct peut être mieux illustré en faisant référence à une créature parasite, telle que le ténia. Le ténia existe dans les intestins humains, de sorte que moins il y aura d'hommes, moins il y aura de ténias, toutes choses étant égales par ailleurs. Il est peut-être humiliant de penser que nous pouvons être considérés comme des assistants directs du ténia, mais le fait est ainsi ; nous pouvons tous voir que s'il n'y avait pas d'hommes, il n'y aurait pas de ténia.

Il est extrêmement difficile d'évaluer correctement l'importance et le fonctionnement des Conditions d'Existence. Je ne pense pas qu'aucun d'entre nous ait eu la moindre idée de les estimer correctement jusqu'à la publication des travaux de M. Darwin, qui les a placés devant nous avec une clarté remarquable ; et je dois m'efforcer , autant que je peux, à ma manière, de vous donner une idée de leur fonctionnement. Nous trouverons qu'il est plus facile de prendre un cas simple et aussi exempt que possible de toute sorte de complication.

Je supposerai donc que toute la partie habitable de ce globe — la terre sèche, s'étendant sur environ 51 000 000 de milles carrés — je supposerai que l' ensemble de cette terre sèche a le même climat et qu'elle est composée des mêmes climats. sorte de roche ou de sol, de sorte qu'il y aura partout la même station ; nous nous débarrassons ainsi de l'influence particulière des différents climats et stations. J'imaginerai alors qu'il n'y aura qu'un seul être organique dans le monde, et ce sera une plante. En cela, nous commençons équitablement. Sa nourriture doit être de l'acide carbonique, de l'eau et de l'ammoniaque, ainsi que des matières salines du sol, qui sont, par hypothèse, semblables partout. Nous prenons une seule plante, sans adversaires, sans assistants et sans rivaux ; il s'agit d'un « champ équitable et sans faveur ». Maintenant, je vais vous demander d'imaginer en outre que ce sera une plante qui produira chaque année cinquante graines, ce qui est un nombre très modéré pour une plante ; et que, par l'action des vents et des courants, ces graines seront également et progressivement réparties sur toute la surface du terrain. Je veux que vous retraciez maintenant ce qui va se passer, et vous remarquerez que je ne parle pas plus fallacieusement qu'un mathématicien lorsqu'il expose son problème. Si vous montrez que les conditions de votre problème sont telles qu'elles peuvent réellement se produire dans la nature et ne transgressent aucune des lois connues de la nature dans l'élaboration de votre proposition, alors vous êtes aussi sûr dans la conclusion à laquelle vous arrivez que l'est le mathématicien dans sa conclusion. arriver à la solution de son problème. En science, la seule façon de se débarrasser des complications qui entourent un sujet de ce genre est de travailler selon cette méthode déductive. Quel sera alors le résultat ? Je suppose que chaque plante a besoin d'un pied carré de terrain pour vivre ; et le résultat sera qu'en l'espace de neuf ans, la plante aura occupé tous les endroits disponibles sur le globe ! J'ai écrit au tableau les chiffres par lesquels j'arrive au résultat :

Plantes.						Plantes.
1	× 50	dans	1er	année	=	50
50	× 50	,,	2ème	,,	=	2 500
2 500	× 50	,,	3ème	,,	=	125 000
125 000	× 50	,,	4ème	,,	=	6 250 000
6 250 000	× 50	,,	5ème	,,	=	312 500 000
312 500 000	× 50	,,	6ème	,,	=	15 625 000 000
15 625 000 000	× 50	,,	7ème	,,	=	781 250 000 000
781 250 000 000	× 50	,,	8ème	,,	=	39 062 500 000 000
39 062 500 000 000	× 50	,,	9ème	,,	=	1 953 125 000 000 000

51 000 000 de miles carrés : la surface sèche			
de la terre × 27 878 400 – le	}	=	pieds carrés 1 421 798 400 000 000

nombre de pieds carrés dans 1 mile carré			
			soit 531 326 600 000 000
pieds carrés de moins que ce qui serait nécessaire à la fin de la neuvième année.			

Vous verrez par là qu'à la fin de la première année, une seule plante en aura produit cinquante autres de son espèce ; à la fin de la deuxième année, ce nombre sera passé à 2 500 ; et ainsi de suite, au fil des années, vous dépassez même les milliards ; et je ne suis pas du tout sûr de pouvoir vous dire quelle est réellement la dénomination arithmétique appropriée du nombre total ; mais, en tout cas, vous comprendrez le sens de tous ces riens . Alors vous voyez qu'en bas, j'ai pris les 51,000,000 de milles carrés, constituant la surface de la terre ferme ; et comme le nombre de pieds carrés est placé sous et soustrait du nombre de graines qui seraient produites la neuvième année, vous pouvez voir immédiatement qu'il y aurait un nombre immense de plus de plantes qu'il n'y aurait de pieds carrés de terrain pour leur logement. Cela suffit certainement à prouver mon point de vue ; qu'entre la huitième et la neuvième année après avoir été plantée, la seule plante aurait approvisionné toute la surface disponible de la terre.

C'est une chose qui est à peine concevable – cela semble à peine imaginable – et pourtant c'est ainsi. Il s'agit en effet simplement de la loi de Malthus exemplifiée. M. Malthus était un ecclésiastique qui a étudié ce sujet de manière très minutieuse et honnête il y a quelques années ; il a montré très clairement — et bien qu'il ait été très injurié à l'époque pour ses conclusions, elles n'ont encore jamais été réfutées et ne le seront jamais — il a montré qu'en conséquence de l'augmentation du nombre des êtres organiques dans une raison géométrique, tandis que les moyens d'existence ne peuvent pas augmenter dans la même proportion, qu'il doit venir un moment où le nombre des êtres organiques dépassera la puissance de production de nourriture, et qu'ainsi un frein doit surgir à l'augmentation ultérieure de la nourriture. ces êtres organiques. A la fin de la neuvième année, nous avons vu que chaque plante ne pourrait pas obtenir tout son pied carré de terrain, et qu'à la fin d'une autre année elle devrait partager cet espace avec cinquante autres le produit des graines qu'elle a produites. dégagerait.

Que se passe-t-il alors ? Chaque plante pousse, s'épanouit, occupe son pied carré de terrain et donne ses cinquante graines ; mais remarquez ceci, que de ce nombre un seul peut arriver à quelque chose ; il y a ainsi, pour ainsi dire, quarante-neuf chances contre une contre sa croissance ; cela dépend des circonstances les plus fortuites si l'une de ces cinquante graines grandira et prospérera, ou si elle mourra et périra. C'est ce sur quoi M. Darwin a attiré l'attention et a appelé la « LUTTE POUR L'EXISTENCE » ; et j'ai pris ce cas simple d'une plante parce que certains imaginent que l'expression semble impliquer une sorte de combat.

J'ai pris cette plante et je vous ai montré qu'elle est le résultat du rapport de l'augmentation, le résultat nécessaire de l'arrivée d'un temps venant pour chaque espèce où exactement autant de membres doivent être détruits qu'il en est né ; c'est le résultat ultime et inévitable du taux de production. Maintenant, quel est le résultat de tout cela ? J'ai dit qu'il y en avait quarante-neuf qui luttent contre chacun ; et cela revient à ceci que le plus petit départ possible donné à une graine peut lui donner un avantage qui lui permettra de devancer toutes les autres ; tout ce qui permettra à l'une de ces graines de germer six heures avant les autres, toutes choses étant égales par ailleurs, lui permettra de les étouffer complètement. Je vous ai montré qu'il n'y a pas de particularité dans laquelle les plantes ne varient pas les unes des autres ; il est fort possible qu'une de nos plantes imaginaires varie dans un caractère tel que l'épaisseur du tégument de ses graines ; il pourrait arriver qu'une des plantes produise des graines ayant un tégument plus fin, et cela permettrait aux graines de cette plante de germer un peu plus vite que celles de n'importe laquelle des autres, et ces graines éteindraient inévitablement les quarante-neuf fois. autant de personnes aux prises avec eux.

Je l'ai présenté de cette manière, mais vous voyez que le résultat pratique du processus est le même que si quelqu'un avait nourri l'une et détruit les autres graines. La manière dont la variation est produite n'a pas d'importance, pourvu qu'on la laisse se produire une fois. La variation de la plante, une fois bien amorcée, tend à devenir héréditaire et à se reproduire ; les graines se répandraient de la même manière et participeraient à la lutte avec les quarante-neuf cents ou quarante-neuf mille avec lesquels elles pourraient être exposées. Ainsi, peu à peu, cette variété, avec quelque léger changement ou modification organique, doit se répandre sur toute la surface du globe habitable, et extirper ou remplacer les autres espèces. C'est ce qu'on entend par SÉLECTION NATURELLE ; c'est le genre d'argument par lequel il est parfaitement démontrable que les conditions d'existence peuvent jouer exactement le même rôle pour les variétés naturelles que l'homme pour les variétés domestiquées. Personne ne doute du tout que des circonstances particulières peuvent être plus favorables à une plante et moins à une autre, et dès que vous l'admettez, vous admettez le pouvoir sélectif de la nature. Bien que j'aie présenté un cas hypothétique, vous ne devez pas supposer que j'ai raisonné de manière hypothétique. Il existe de nombreuses expériences directes qui confirment ce que nous pourrions appeler la théorie de la sélection naturelle ; Il existe une très bonne autorité pour affirmer que si vous prenez des graines de variétés mélangées de blé et que vous les semez, que vous les récupérez l'année suivante et que vous les semez à nouveau, vous constaterez enfin que de toutes vos variétés, seulement deux ou trois ont survécu. , ou peut-être même un seul. Il y avait une ou deux variétés qui étaient les mieux adaptées à la croissance, et elles ont tué les autres espèces de la même manière et avec la même certitude que si vous aviez pris la peine de les supprimer. Comme je l'ai déjà dit, le fonctionnement de la nature est exactement le même que le fonctionnement artificiel de l'homme.

Mais si cela est vrai du cas simple que je vous ai soumis, où il n'y a rien d'autre que la rivalité d'un membre d'une espèce avec d'autres, quel doit être le jeu de conditions sélectives, quand vous vous souvenez en fait, que pour chaque espèce d'animal ou de plante, il y a cinquante ou cent espèces qui pourraient toutes, plus ou moins, être comprises dans le même climat, la même nourriture et la même station ; — que chaque plante a une multitude d'animaux qui s'en nourrissent et qui sont ses opposants directs ; et que ceux-ci ont d'autres animaux qui les attaquent, que chaque plante a ses aides indirectes dans les oiseaux qui dispersent ses graines et les animaux qui les fertilisent avec leurs excréments ; je dis, quand on considère ces choses, il semble impossible que toute variation qui peut survenir dans une espèce dans la nature ne doit pas tendre d'une manière ou d'une autre à être un peu meilleure ou pire que la souche précédente ; s'il va un peu mieux, il aura un avantage sur celui-ci et tendra à l'extirper dans cet écrasement et cette lutte ; et si la situation est un peu pire, elle disparaîtra elle-même.

Je ne connais rien qui exprime cela de manière plus appropriée que l'expression « la lutte pour l'existence » ; parce qu'il vous présente à l'esprit, d'une manière vivante, certaines des circonstances les plus simples possibles qui y sont liées. Lorsqu'une lutte est intense, il doit y en avoir certains qui sont sûrs d'être foulés aux pieds, écrasés et maîtrisés par d'autres ; et il y en aura qui ne parviendront à s'en sortir qu'à la faveur du moindre accident. Je me souviens avoir lu un récit de la fameuse retraite des troupes françaises, sous Napoléon, de Moscou. Épuisés, fatigués et abattus, ils arrivèrent enfin à un grand fleuve sur lequel il n'y avait qu'un seul pont pour le passage de la vaste armée. Aussi désorganisée et démoralisée que soit cette armée, la lutte devait certainement être terrible : chacun ne se souciant que de lui-même, écrasant les rangs et piétinant ses camarades. L'auteur du récit, qui était lui-même l'un de ceux qui ont eu la chance de réussir à s'en sortir, et non parmi les milliers qui ont été laissés sur place ou forcés de se jeter dans la rivière, a attribué sa fuite au fait qu'il a vu avancer à grands pas à travers le fleuve. Il s'agissait d'un gaillard très fort , un des cuirassiers français, qui portait un grand manteau bleu, et il avait assez de présence d'esprit pour attraper et retenir le manteau de cet homme fort. Il dit : « J'ai attrapé son manteau, et bien qu'il m'ait injurié et m'ait coupé et frappé tour à tour, et finalement, quand il s'est rendu compte qu'il ne pouvait pas me secouer, il s'est mis à me supplier de partir, sinon je devrais partir. Pour l'empêcher de s'échapper, en plus de ne pas m'aider moi-même, je le tenais toujours fermement et je ne lâcherais pas mon étreinte jusqu'à ce qu'il m'ait enfin entraîné à travers. Vous voyez ici qu'il s'agissait d'un cas de sauvegarde sélective — si l'on peut ainsi dire — dont le succès dépendait de la solidité du tissu de la cape du cuirassier. Il en est de même dans la nature ; chaque espèce a son pont de Bérésina ; il doit se frayer un chemin et lutter contre d'autres espèces ; et lorsqu'il est presque maîtrisé, il se peut que la moindre chance, quelque chose dans sa couleur , peut-être – la plus infime circonstance – fasse pencher la balance dans un sens ou dans l'autre.

Supposons que, par une variation de la race noire, elle ait produit l'homme blanc à un moment quelconque - vous savez que les Noirs croient que cela a été le cas et s'imaginent que Caïn fut le premier homme blanc et que nous sommes ses descendants - supposons que cela se soit jamais produit et que la première résidence de cet être humain soit sur la côte occidentale de l'Afrique. Il n'y a pas de grande différence structurelle entre l'homme blanc et le nègre, et pourtant il y a quelque chose de si singulièrement différent dans la constitution des deux, que les paludismes de ce pays, qui ne font aucun mal aux Noirs, coupent et détruisent l'homme noir. blanc. Alors vous voyez qu'une opération sélective aurait été effectuée ; si l'homme blanc s'était élevé de cette manière, il aurait été éliminé et éliminé à cause du paludisme. Or, il existe réellement un cas très curieux de sélection de ce genre chez les porcs, et il s'agit également d'un cas de sélection de couleur . Dans les bois de Floride, il y a un grand nombre de cochons, et c'est une chose très curieuse qu'ils soient tous noirs, tous. Le professeur Wyman était là il y a quelques années et, ne remarquant pas d'autre cochons que ces noirs, il demanda à quelques personnes comment il se faisait qu'ils n'avaient pas de cochons blancs, et la réponse fut que dans les bois de Floride il y avait une racine qu'ils appelé la Racine de Peinture, et que si les cochons blancs en mangeaient, cela avait pour effet de faire craquer leurs sabots et ils mouraient, mais si les cochons noirs en mangeaient, cela ne leur faisait pas de mal du tout. Voici un cas très simple de sélection naturelle. Un éleveur habile ne pourrait pas développer avec plus de soin la race de porcs noirs et éliminer tous les porcs blancs que ne le fait Paint Root.

Pour vous montrer à quel point les agents de sélection naturelle que j'ai mentionnés peuvent être remarquablement indirects, je terminerai en signalant un cas mentionné par M. Darwin, et qui est certainement l'un des plus curieux du genre. C'est celui de l'Humble Bee. On a remarqué qu'il y a beaucoup plus d'abeilles humbles dans le voisinage des villes qu'en rase campagne ; et l'explication de la chose est la suivante : les humbles abeilles construisent des nids dans lesquels elles emmagasinent leur miel et déposent les larves et les œufs. Les mulots sont étonnamment friands de miel et de larves ; c'est pourquoi, partout où il y a beaucoup de mulots, comme à la campagne, les humbles sont réprimées ; mais aux abords des villes, le nombre de chats qui rôdent dans les champs dévore les mulots, et naturellement plus ils mangent de souris, moins il y a de proie pour les larves d'abeilles - les chats sont donc les INDIRECTS. AIDES des abeilles. [54]

En remontant un peu plus loin, on peut dire que les vieilles filles sont aussi des amies indirectes des humbles abeilles, et des ennemies indirectes des mulots, puisqu'elles élèvent les chats qui mangent ces dernières ! Il s'agit peut-être d'une illustration un peu en deçà de la dignité du sujet, mais elle me vient à l'esprit en passant et c'est avec elle que je conclurai cette conférence.

NOTES DE BAS DE PAGE :

[53] J'insiste ici sur la signification *pratique* du mot « Espèce ». Qu'il existe ou non un test physiologique entre espèces, il n'est pratiquement jamais applicable par le naturaliste pratique.

[54] Les abeilles, au contraire, sont des aides directes de certaines plantes, telles que le trèfle rouge et le trèfle rouge, qui sont fécondés par les visites des abeilles ; et ils sont des assistants indirects des nombreux insectes qui sont plus ou moins complètement soutenus par le cœur et le trèfle rouge.

IX

UN EXAMEN CRITIQUE DE LA POSITION DE MR. TRAVAIL DE DARWIN, « SUR L'ORIGINE DES ESPÈCES », EN RELATION AVEC LA THÉORIE COMPLÈTE DES CAUSES DES PHÉNOMÈNES DE LA NATURE ORGANIQUE.

Dans les conférences précédentes, j'ai essayé de vous rendre compte de ces faits et de ces raisonnements à partir de faits, qui forment les données sur lesquelles doivent être fondées toutes les théories concernant les causes des phénomènes de la nature organique. Et bien que j'aie eu fréquemment l'occasion de citer M. Darwin – comme tous ceux qui parleront de ces sujets auront désormais l'occasion de citer son célèbre livre sur « l'Origine des Espèces », vous devez néanmoins vous rappeler que, partout où j'ai eu l'occasion de citer M. Darwin, Je l'ai cité, ce n'était pas sur des points théoriques, ni sur des déclarations liées de quelque manière que ce soit à ses spéculations particulières, mais sur des questions de fait, avancées par lui-même, ou recueillies par lui-même, et qui apparaissent incidemment dans son livre. Si un homme *veut* faire un livre, prétendant discuter d'une seule question, une encyclopédie , je n'y peux rien.

Maintenant, ayant eu l'occasion d'examiner de cette manière les différentes déclarations portant sur toutes les théories quelles qu'elles soient, je dois vous exposer, aussi équitablement que possible, quelle est la vision de M. Darwin sur la question et quelle est la position de ses théories. , lorsqu'on les juge d'après les principes que j'ai posés précédemment, comme déterminant nos jugements sur toutes les théories et hypothèses.

Je vous ai déjà dit que la recherche des causes des phénomènes de la nature organique se résout en deux problèmes : le premier est la question de l'origine des êtres vivants ou organiques ; et le second est le problème tout à fait distinct de la modification et de la perpétuation des êtres organisés lorsqu'ils ont déjà existé. La première question, M. Darwin ne la touche pas ; il ne s'en occupe pas du tout ; mais il dit : « Étant donné l'origine de la matière organique, en supposant que sa création ait déjà eu lieu, mon but est de montrer en conséquence de quelles lois et de quelles propriétés démontrables de la matière organique et de ses environnements, de tels états de nature organique comme ceux que nous connaissons ont dû se produire. Ceci, vous le remarquerez, est une proposition parfaitement légitime ; chacun a le droit de définir les limites de l'enquête qu'il se propose ; et pourtant, il est très singulier que, parmi toutes les attaques multiples et souvent ignorantes qui ont été faites contre « l'origine des espèces », il n'y ait rien qui ait été plus spécieusement critiqué que cette limitation particulière. Si les gens n'ont rien d'autre à reprocher au livre, ils disent : « Eh bien, après tout, vous voyez que l'explication de M. Darwin sur « l'origine des espèces » ne sert à rien, car, à long terme, il admet qu'il ne sait pas comment la matière organique a commencé à exister. Mais si vous admettez une création particulière pour la première particule de matière organique, vous pouvez tout aussi bien l'admettre pour tout le reste ; cinq cent ou cinq mille créations distinctes sont tout aussi intelligibles et aussi peu difficiles à comprendre qu'une seule. La réponse à ces objections est double. En premier lieu, toute recherche humaine doit s'arrêter quelque part ; toutes nos connaissances et toutes nos investigations ne peuvent nous conduire au-delà des limites fixées par le caractère fini et restreint de nos facultés, ni détruire l'inconnu sans fin, qui accompagne, comme son ombre, le cortège sans fin des phénomènes. Pour autant que je puisse oser émettre une opinion sur une telle question, le but de notre existence, le but le plus élevé que les êtres humains puissent se fixer, n'est pas la poursuite d'une chimère telle que l'anéantissement de l'inconnu ; mais il s'agit simplement d'un effort inlassable pour éloigner un peu plus ses limites de notre petite sphère d'action.

Je me demande si un historien admettrait un instant l'objection selon laquelle il est absurde de s'inquiéter de l'histoire de l'Empire romain, car nous ne savons rien de positif sur l'origine et la première construction de la ville de Rome ! Serait-il une objection juste d'inciter, à propos des découvertes sublimes d'un Newton ou d'un Kepler, ces grands philosophes, dont les découvertes ont été du plus grand bénéfice et du plus grand service à tous les hommes, à leur dire : « Après tout cela, vous Si vous nous avez expliqué comment les planètes tournent et comment elles sont maintenues sur leurs orbites, vous ne pouvez pas nous dire quelle est la cause de l'origine du soleil, de la lune et des étoiles. Alors à quoi sert ce que vous avez fait ? Pourtant, ces objections ne seraient pas du tout plus absurdes que les objections qui ont été faites à « l'origine des espèces ». M. Darwin avait donc parfaitement le droit de limiter son enquête à sa guise, et la seule question qui se pose pour nous, l'enquête étant si limitée, est de savoir si la méthode de son enquête est bonne ou mauvaise ; s'il a obéi aux canons qui doivent guider et régir toute enquête, ou s'il les a enfreints ; et c'est parce que notre enquête de ce soir se limite essentiellement à cette question, que j'ai passé beaucoup de temps dans une conférence précédente (qui, peut-être certains d'entre vous pensaient qu'elle aurait pu être mieux employée) à essayer d'illustrer la méthode et la nature de la recherche scientifique en général. Il va maintenant falloir mettre en pratique les principes que j'avais alors posés.

Je vous ai dit en substance, sinon en paroles, que partout où il y a des masses complexes de phénomènes à étudier, qu'il s'agisse de phénomènes de la vie quotidienne ou qu'ils appartiennent aux problèmes les plus abstrus et les plus difficiles soumis au philosophe, la manière dont nous procédons pour démêler cette chaîne complexe de phénomènes en vue d'en atteindre la cause est toujours la même ; dans tous les cas il faut inventer une hypothèse ; il faut se placer devant nous quelque supposition plus ou moins probable concernant cette cause ; et puis, après avoir supposé une hypothèse, après avoir supposé une cause pour les phénomènes en question, nous devons nous efforcer , d'une part, de démontrer notre hypothèse, ou, d'autre part, de la bouleverser et de la rejeter complètement, en la testant dans trois façons. Nous devons, en premier lieu, être prêts à prouver que les causes supposées des phénomènes existent dans la nature ; qu'elles sont ce que les logiciens appellent *vera causæ , c'est-à-dire des causes* vraies ; ensuite, nous devrions être prêts à montrer que les causes supposées des phénomènes sont compétentes pour produire des phénomènes tels que ceux que nous voulons expliquer par elles ; et enfin il faudrait pouvoir démontrer qu'aucune autre cause connue n'est compétente pour produire ces phénomènes. Si nous parvenons à satisfaire ces trois conditions , nous aurons démontré notre hypothèse ; ou plutôt devrais-je dire, nous l'aurons prouvé autant que la certitude nous est possible ; car, après tout, il n'est aucune de nos convictions les plus sûres qui ne puisse être bouleversée, ou du moins modifiée par un nouvel accroissement de la connaissance. C'est parce qu'elle remplissait ces conditions que nous avons retenu l'hypothèse de la disparition de la théière et des cuillères dans le cas que j'avais supposé dans une leçon précédente ; nous avons trouvé que notre hypothèse à ce sujet était tenable et valable, parce que la cause supposée existait dans la nature, parce qu'elle était compétente pour rendre compte des phénomènes, et parce qu'aucune autre cause connue n'était compétente pour les rendre compte ; et c'est pour des raisons similaires que toute hypothèse que vous choisissez de nommer est acceptée en science comme défendable et valable.

Quelle est l'hypothèse de M. Darwin ? Tel que je l'appréhende — car je l'ai mis sous une forme plus pratique pour des buts communs que celle que je pourrais trouver *textuellement* dans son livre — tel que je l'appréhende, je dis que tous les phénomènes de nature organique, passés et présents, résultent de, ou sont causés par, l'interaction de ces propriétés de la matière organique, que nous avons appelées ATAVISME et VARIABILITÉ , avec les CONDITIONS D'EXISTENCE ; ou, en d'autres termes, étant donné l'existence de la matière organique, sa tendance à transmettre ses propriétés et sa tendance occasionnelle à varier ; et enfin, étant donné les conditions d'existence dans lesquelles la matière organique est entourée, ces conditions réunies sont les causes des conditions présentes et passées de la NATURE ORGANIQUE .

Telle est l'hypothèse telle que je la comprends. Voyons maintenant comment il résistera aux diverses épreuves que je viens d'exposer. En premier lieu, ces causes supposées des phénomènes existent-elles dans la nature ? Est-il vrai que dans la nature, ces propriétés de la matière organique — l'atavisme et la variabilité — et ces phénomènes que nous avons appelés les conditions d'existence — sont-ils vrais ? Bien sûr, s'ils n'existent pas, tout ce que je vous ai dit au cours des trois ou quatre dernières conférences doit être incorrect, car j'ai tenté de prouver qu'ils existent, et je suppose qu'il existe de nombreuses preuves que ils existent; jusqu'à présent, l'hypothèse ne s'effondre donc pas.

Mais vient ensuite une question beaucoup plus difficile : les causes indiquées sont-elles capables de donner naissance aux phénomènes de nature organique ? Je soupçonne que cela est indubitable dans une certaine mesure. Il est démontrable, je pense, comme j'ai essayé de vous le montrer, qu'ils sont parfaitement compétents pour donner lieu à tous les phénomènes que manifestent les RACES dans la nature. En outre, je crois qu'ils sont tout à fait compétents pour rendre compte de tout ce que nous pouvons appeler les phénomènes purement structurels que manifestent les ESPÈCES dans la nature. Sur ce point également, j'ai déjà développé quelque peu. Encore une fois, je pense que les causes supposées sont compétentes pour expliquer la plupart des caractéristiques physiologiques des espèces, et je pense non seulement qu'elles sont compétentes pour les expliquer, mais je pense qu'elles expliquent de nombreuses choses qui autrement resteraient totalement inexplicables et inexplicable, et je pourrais dire incompréhensible. Pour un exposé complet des motifs sur lesquels repose cette conviction, je dois vous renvoyer à l'ouvrage de M. Darwin ; il ne me reste plus qu'à illustrer ce que j'ai dit par deux ou trois cas pris presque au hasard.

J'ai attiré votre attention la veille sur les faits qui sont incorporés dans nos systèmes de classification, qui sont les résultats de l'examen et de la comparaison des différents membres du règne animal les uns avec les autres. J'ai mentionné que l'ensemble du règne animal est divisible en cinq sous-règnes ; que chacun de ces sous-royaumes est encore divisible en provinces ; que chaque province peut être divisée en classes, et les classes en groupes, ordres, familles, genres et espèces successivement plus petits.

Or, dans chacun de ces groupes, la ressemblance de structure entre les membres du groupe est d'autant plus grande que le groupe est plus petit. Ainsi, l'homme et le ver sont membres du règne animal en raison de certaines ressemblances apparemment légères, mais en réalité fondamentales, qu'ils présentent. Mais un homme et un poisson sont membres du même sous-règne *des Vertébrés* , parce qu'ils se ressemblent beaucoup plus que l'un ou l'autre ne l'est à un ver, à un escargot, ou à tout autre membre des autres sous-règnes. Pour des raisons similaires, les hommes et les chevaux sont classés comme membres de la même classe, *Mammalia* ; les hommes et les singes comme membres d'un même Ordre, *les Primates* ; et s'il existait des animaux plus semblables aux hommes qu'aux singes, et pourtant différents des hommes par des détails importants et constants de leur organisation, nous les classerions comme membres de la même famille ou du même genre, mais comme d'espèces distinctes.

Qu'il soit possible de ranger toutes les formes variées d'animaux en groupes, ayant cette sorte de subordination singulière les unes aux autres, est une circonstance très remarquable ; mais, comme le remarque M. Darwin, c'est un résultat tout à fait prévisible, si les principes qu'il pose sont corrects. Prenons le cas des races dont on sait qu'elles sont produites par l'opération de l'atavisme et de la variabilité, et des conditions d'existence qui freinent et modifient ces tendances. Prenons le cas des pigeons que j'ai amenés devant vous : il a été montré qu'ils pouvaient tous être classés comme appartenant à l'une des cinq divisions principales, et qu'à l'intérieur de ces divisions d'autres groupes subordonnés pouvaient être formés. Les membres de ces groupes sont liés les uns aux autres de la même manière que les genres d'une famille, et les groupes eux-mêmes comme les familles d'un ordre ou les ordres d'une classe ; tandis que tous ont le même genre de relations structurelles avec le Pigeon biset sauvage, que les membres de tout grand groupe naturel ont avec une forme typique réelle ou imaginaire. Or, nous savons que toutes les variétés de pigeons de toutes espèces sont nées d'un processus d'élevage sélectif à partir d'une souche commune, le Pigeon biset ; par conséquent, voyez-vous, si toutes les espèces d'animaux étaient issues d'une souche commune, le caractère général de leurs relations structurelles et de nos systèmes de classification, qui expriment ces relations, serait exactement ce que nous les trouvons. En d'autres termes, la cause hypothétique est, jusqu'à présent, compétente pour produire des effets similaires à ceux de la cause réelle.

Prenons encore un autre ensemble de faits très remarquables : l'existence de ce qu'on appelle des organes rudimentaires, organes pour lesquels nous ne pouvons trouver aucune utilité évidente, dans l'économie animale particulière dans laquelle ils se trouvent et qui pourtant sont là.

Tels sont les os en forme d'attelles de la jambe du cheval, que je vous montre ici, et qui correspondent aux os qui appartiennent à certains orteils et doigts de la main et du pied humains. Chez le cheval, vous voyez, ils sont tout à fait rudimentaires et n'ont ni orteils ni doigts ; de sorte que le cheval n'a qu'un seul « doigt » à l'avant-pied et un « orteil » à l'arrière-pied. Mais c'est une chose bien curieuse que les animaux étroitement voisins du cheval montrent plus d'orteils que lui ; comme le rhinocéros, par exemple : il a ces orteils supplémentaires bien formés, et les faits anatomiques montrent très clairement qu'il est en effet très étroitement apparenté au cheval. Nous pouvons donc dire que les animaux, dans un sens anatomique très proche du cheval, ont les parties qui sont chez eux rudimentaires, pleinement développées.

Encore une fois, le mouton et la vache n'ont pas de dents coupantes, mais seulement un coussinet dur dans la mâchoire supérieure. C'est la caractéristique commune des ruminants en général. Mais le veau a dans sa mâchoire supérieure quelques rudiments de dents qui ne se développent jamais et ne jouent jamais le rôle de dents. Eh bien, si vous remontez dans le temps, vous découvrirez que certains des alliés les plus anciens, aujourd'hui disparus, des ruminants ont des dents bien développées dans la mâchoire supérieure ; et de nos jours, le porc (dont la structure est étroitement liée aux ruminants) a des dents bien développées dans la mâchoire supérieure ; de sorte que voici un autre exemple d'organes bien développés et très utiles, chez un animal, représenté par des organes rudimentaires, pour lesquels nous ne pouvons découvrir aucune utilité, chez un autre animal étroitement apparenté. La baleine à fanon de baleine, encore une fois, a des plaques cornées en « os de baleine » dans la bouche et pas de dents ; mais le jeune fœtus , avant de naître, a des dents dans la mâchoire ; cependant, ils ne sont jamais utilisés et n'aboutissent jamais à rien. Mais d'autres membres du groupe auquel appartient la baleine ont des dents bien développées dans les deux mâchoires.

Dans toute hypothèse de création spéciale, des faits de ce genre me paraissent totalement inexplicables et inexplicables, mais ils cessent de l'être si vous acceptez l'hypothèse de M. Darwin et voyez des raisons de croire que la baleine à os de baleine et la baleine à dents en sa bouche est issue d'une baleine qui avait des dents, et les dents de la baleine fœtale ne sont que des restes – des souvenirs, si l'on peut dire – de la baleine éteinte. Ainsi dans le cas du cheval et du rhinocéros : supposons que tous deux descendent par modification d'une forme antérieure qui avait le nombre normal d'orteils, et la persistance des os rudimentaires qui ne supportent plus les orteils chez le cheval devient compréhensible.

Dans la langue que nous parlons en Angleterre et dans la langue des Grecs, il y a des racines verbales identiques, ou des éléments entrant dans la composition des mots. Ce fait reste inintelligible aussi longtemps que nous supposons que l'anglais et le grec sont des langues créées indépendamment ; mais lorsqu'il est démontré que les deux langues descendent d'un seul original, le sanscrit , nous donnons une explication de cette ressemblance. De la même manière, l'existence de racines structurelles identiques, si je puis dire, entrant dans la composition d'animaux très différents, est une preuve frappante en faveur de la descendance de ces animaux à partir d'un original commun.

Passons à un autre type d'illustration : si vous considérez toute la série de roches stratifiées, cette énorme épaisseur de soixante ou soixante-dix mille pieds que j'ai mentionnée précédemment, constituant le seul enregistrement que nous ayons d'un laps de temps des plus prodigieux, ce temps n'étant, selon toute probabilité, qu'une fraction de ce dont nous n'avons aucune trace ; — si vous observez dans ces strates successives de roches des groupes successifs d'animaux naissant et s'éteignant, une succession constante, vous donnant le même genre d'impression, que vous voyagez d'un groupe de couches à un autre, comme vous le feriez en voyageant d'un pays à un autre ; — quand vous trouvez cette succession constante de formes, leurs traces effacées sauf pour l'homme de science, — quand vous regardez cette histoire merveilleuse et demandez ce que cela signifie, ce n'est qu'un jeu de mots si l'on vous propose la réponse : « Ils ont été ainsi créés ».

Mais si, au contraire, vous considérez toutes les formes d'êtres organisés comme le résultat de la modification graduelle d'un type primitif, les faits prennent un sens, et vous voyez que ces conditions plus anciennes sont les prédécesseurs nécessaires du présent. Vus sous cet angle, les faits de la paléontologie reçoivent un sens ; dans toute autre hypothèse, je suis incapable de voir, le moins du monde, quelle connaissance ou quelle signification nous devons en tirer. Notez encore, comme portant sur le même point, la singulière ressemblance qui existe entre les faunes et les flores successives , dont les restes sont conservés sur les rochers : vous ne trouvez jamais de différence grande et énorme entre les faunes et les flores immédiatement successives , à moins que vous n'ayez raison. croire qu'il y a eu aussi un grand laps de temps ou un grand changement de conditions. Les animaux, par exemple, des roches tertiaires les plus récentes, dans n'importe quelle partie du monde, se trouvent toujours et sans exception étroitement alliés à ceux qui vivent maintenant dans cette partie du monde. Par exemple, en Europe, en Asie et en Afrique, les grands mammifères sont actuellement les rhinocéros , les hippopotames, les éléphants, les lions, les tigres, les bœufs, les chevaux, etc. ; et si vous examinez les dépôts tertiaires les plus récents, qui contiennent les animaux et les plantes qui ont immédiatement précédé ceux qui existent aujourd'hui dans le même pays, vous ne trouvez pas de spécimens gigantesques de fourmiliers et de kangourous, mais vous trouvez des rhinocéros, des éléphants, des lions, des tigres. , & c., — d'espèces différentes de celles qui vivent actuellement, — mais toujours leurs proches alliés. Si vous vous tournez vers l'Amérique du Sud, où nous avons aujourd'hui de grands paresseux, des tatous et des créatures de ce genre, que trouvez-vous dans les tertiaires les plus récents ? Vous trouvez la grande créature ressemblant à un paresseux, le *Megatherium* , et le grand tatou, le *Glyptodon* , et ainsi de suite. Et si vous allez en Australie, vous constaterez que la même loi s'applique, à savoir que l'état de nature organique qui a précédé celui qui existe maintenant présente peut-être des différences d'espèces et de genres, mais que les grands types de structure organique sont différents. les mêmes que ceux qui fleurissent aujourd'hui.

Quel sens ce fait a-t-il dans une autre hypothèse ou supposition que celle de modifications successives ? Mais si la population du monde, à une époque quelconque, est le résultat de la modification graduelle des formes qui la peuplaient à l' époque précédente, si cela a été le cas, c'est assez intelligible ; parce que nous pouvons nous attendre à ce que la créature résultant de la modification d'un mammifère éléphantin ressemble à un éléphant, et que la créature produite par la modification d'un mammifère ressemblant à un tatou ressemble à un tatou. Dans cette supposition, dis-je, les faits sont intelligibles ; sur aucun autre, à ma connaissance, ils ne le sont pas.

Jusqu'à présent, les faits de la paléontologie sont cohérents avec presque toutes les formes de doctrine de la modification progressive ; elles ne seraient pas absolument incompatibles avec les spéculations extravagantes de De Maillet , ni avec l'hypothèse la moins répréhensible de Lamarck. Mais les vues de M. Darwin ont un mérite particulier ; c'est-à-dire qu'ils sont parfaitement cohérents avec un ensemble de faits qui sont totalement incompatibles et fatals avec toute autre hypothèse de modification progressive qui a déjà été avancée. C'est une particularité remarquable de l'hypothèse de M. Darwin qu'elle n'implique aucune progression nécessaire ni modification incessante, et qu'elle est parfaitement compatible avec la persistance pendant un certain temps d'un stock primitif donné, simultanément à ses modifications. Pour revenir au cas des races domestiques de pigeons, par exemple ; vous avez le pigeon colombier, qui ressemble beaucoup au pigeon biset, dont ils sont tous issus, existant en même temps que les autres. Et si les espèces se développent de la même manière dans la nature, une souche primitive et ses modifications peuvent, occasionnellement, trouver toutes les conditions propres à leur existence ; et bien qu'elles entrent, dans une certaine mesure, en compétition les unes avec les autres, les espèces dérivées ne peuvent pas nécessairement extirper l'espèce primitive, ou *vice versa* .

Or, la paléontologie nous montre de nombreux faits qui sont parfaitement en harmonie avec ces effets observés du processus par lequel M. Darwin suppose que les espèces sont nées, mais qui me paraissent totalement incompatibles avec toute autre hypothèse qui a été proposée. Il existe dans le monde fossile certains groupes d'animaux et de plantes que l'on dit appartenir à des « types persistants », parce qu'ils ont persisté, avec très peu de changements en fait, pendant une très longue période de temps, alors que tout en eux a persisté. a largement changé. Il existe des familles de poissons dont le type de construction a persisté depuis la roche carbonifère jusqu'au Crétacé ; et d'autres qui ont duré à travers presque toute la gamme des roches secondaires, et depuis les lias jusqu'aux roches tertiaires plus anciennes. C'est quelque chose de prodigieux que de considérer un genre qui a duré sans modifications essentielles pendant tout cet énorme laps de temps, alors que presque tout le reste a été changé et modifié.

Ainsi, je n'ai aucun doute que l'hypothèse de M. Darwin sera jugée compétente pour expliquer la majorité des phénomènes manifestés par les espèces dans la nature ; mais dans une conférence précédente, j'ai parlé avec prudence de son pouvoir d'expliquer toutes les particularités physiologiques des espèces.

Il existe en fait un ensemble de ces particularités que la théorie de la modification sélective, telle qu'elle se présente actuellement, n'est pas entièrement compétente pour expliquer, et c'est le groupe de phénomènes que je vous ai mentionnés sous le nom d'hybridisme. que j'ai expliqué comme consistant dans la stérilité de la progéniture de certaines espèces lorsqu'elles sont croisées entre elles. Peu importe que cette stérilité soit universelle ou qu'elle n'existe que dans un seul cas. Toute hypothèse est tenue d'expliquer, ou, en tout cas, de ne pas être incompatible avec l'ensemble des faits dont elle prétend rendre compte ; et s'il y a un seul de ces faits qui peut s'avérer incompatible avec (je ne veux pas simplement dire inexplicable par, mais contraire à) l'hypothèse, l'hypothèse tombe à terre , elle ne vaut rien. Un fait avec lequel il est positivement incompatible vaut autant, et est aussi puissant pour réfuter l'hypothèse, que cinq cents. Si j'ai raison de définir ainsi les obligations d' une hypothèse, M. Darwin, afin de placer ses vues hors de portée de toute attaque possible, devrait être capable de démontrer la possibilité de développer à partir d'une souche particulière par élevage sélectif, deux formes, qui devraient soit être incapables de se croiser les unes avec les autres, soit dont les descendants croisés devraient être stériles les uns avec les autres.

Car, voyez-vous, si vous ne l'avez pas fait, vous n'avez pas strictement rempli toutes les conditions du problème ; vous n'avez pas montré que vous pouviez produire, par la cause supposée, tous les phénomènes que vous avez dans la nature. Voici les phénomènes de l'hybridisme qui vous regardent en face, et vous ne pouvez pas dire : « Je peux, par modification sélective, produire ces mêmes résultats. » Or, il est reconnu de tous qu'à l'heure actuelle, aussi loin que les expériences soient allées, il n'a pas été trouvé possible de produire cette divergence physiologique complète par une sélection sélective. Je l'ai déjà dit très clairement, et j'y reviens maintenant, parce que, s'il pouvait être prouvé, non seulement que cela *n'a* pas été fait, mais que cela *ne peut pas* être fait ; s'il pouvait être démontré qu'il est impossible de reproduire sélectivement, à partir d'une souche quelconque, une forme qui ne peut se reproduire avec une autre, issue de la même souche ; et si l'on nous montrait que cela doit être le résultat nécessaire et inévitable de toutes les expériences, je soutiens que l'hypothèse de M. Darwin serait complètement brisée.

Mais est-ce que cela a été fait ? ou quel est réellement l'état de l'affaire ? C'est simplement que, jusqu'à présent, dans notre élevage, nous n'avons pas produit d'une souche commune deux races qui ne soient pas plus ou moins fertiles l'une par rapport à l'autre.

Je ne sais pas s'il existe un seul fait qui permettrait à quiconque de dire qu'un quelconque degré de stérilité ait été observé entre des races dont on sait absolument qu'elles ont été produites par élevage sélectif à partir d'une souche commune. D'un autre côté, je ne crois pas qu'il existe un seul fait qui puisse justifier qui que ce soit d'affirmer qu'une telle stérilité ne peut être produite par une expérimentation appropriée. Pour ma part, je vois toutes les raisons de croire que cela peut et se produira ainsi. Car, comme M. Darwin l'a très justement souligné, quand nous considérons les phénomènes de stérilité, nous trouvons qu'ils sont des plus capricieux ; nous ne savons pas de quoi dépend la stérilité. Certains animaux ne se reproduisent pas en captivité ; si cela vient ou non du simple fait qu'ils sont enfermés et privés de liberté, nous ne le savons pas, mais ils ne se reproduiront certainement pas. Quelle chose étonnante que de voir l'une des fonctions les plus importantes de toutes être anéantie par le simple emprisonnement !

Ainsi, encore une fois, il existe des cas connus d'animaux que les naturalistes ont considérés comme des espèces incontestables, qui ont donné des hybrides parfaitement fertiles ; tandis qu'il existe d'autres espèces qui présentent ce que tout le monde croit être des variétés [55] plus ou moins stériles les unes par rapport aux autres. Il y a d'autres cas vraiment extraordinaires ; il y en a une, par exemple, qui a été soigneusement examinée, de deux sortes d'algues, dont l'élément mâle de l'une, que nous pouvons appeler A, féconde l'élément femelle de l'autre, B ; tandis que l'élément mâle de B ne fécondera pas l'élément femelle de A ; de sorte que, tandis que la première expérience semble nous montrer qu'il s'agit de *variétés* , la seconde conduit à la conviction qu'il s'agit *d'espèces* .

Quand on voit combien cette stérilité est capricieuse et incertaine, combien inconnues les conditions dont elle dépend, je dis que nous n'avons pas le droit d'affirmer que ces conditions ne seront pas mieux comprises peu à peu, et nous n'avons aucune raison de supposer que nous ne sera peut-être pas en mesure d'expérimenter pour obtenir ce résultat crucial que je viens de mentionner. De sorte que, bien que l'hypothèse de M. Darwin ne nous tire pas complètement de cette difficulté pour le moment, nous n'avons pas le moindre droit de dire qu'elle ne le fera pas.

Il y a un grand fossé entre ce que vous ne pouvez pas expliquer et ce qui vous bouleverse complètement. Il n'y a pratiquement aucune hypothèse dans ce monde qui ne soit liée à un fait qui n'a pas été expliqué, mais c'est une affaire très différente d'un fait qui s'oppose entièrement à votre hypothèse ; dans ce cas, tout ce que vous pouvez dire, c'est que votre hypothèse est dans la même position que bien d'autres.

Maintenant, quant au troisième test, qu'il n'y a pas d'autres causes compétentes pour expliquer les phénomènes, je vous ai expliqué qu'on devrait pouvoir dire d' une hypothèse, qu'aucune autre cause connue que celles qu'elle suppose n'est compétente pour donner naissance à des phénomènes. aux phénomènes. Ici, je pense que le point de vue de M. Darwin est assez fort. Je crois vraiment que l'alternative est soit le darwinisme, soit rien, car je ne connais aucune conception ou théorie rationnelle de l'univers organique qui ait une quelconque position scientifique à côté de celle de M. Darwin. Je ne connais aucune proposition qui nous ait été présentée dans l'intention d'expliquer les phénomènes de la nature organique, qui ait en sa faveur un millième de preuves qui peuvent être avancées en faveur des vues de M. Darwin. Quelles que soient les objections à ses vues, toutes les autres théories sont absolument hors de propos.

Prenons par exemple l'hypothèse lamarckienne. Lamarck était un grand naturaliste et, dans une certaine mesure, suivait la bonne voie pour travailler ; il argumentait sur ce qui était sans doute une véritable cause de certains phénomènes de la nature organique. Il a dit que c'est une question d'expérience qu'un animal puisse être modifié plus ou moins en conséquence de ses désirs et des actions qui en résultent. Ainsi, si un homme s'exerce comme forgeron, ses bras deviendront forts et musclés ; une telle modification organique est le résultat de cette action et de cet exercice particuliers. Lamarck pensait que par une supposition très simple, basée sur cette vérité, il pouvait expliquer l'origine des différentes espèces animales : il disait, par exemple, que les oiseaux à pattes courtes, qui se nourrissent de poissons, avaient été transformés en échassiers à longues pattes par désireux d'attraper le poisson sans mouiller leurs plumes, et ainsi se dégourdir les pattes de plus en plus au fil des générations successives. Si Lamarck avait pu démontrer expérimentalement que même des races d'animaux pouvaient être produites de cette manière, ses spéculations auraient pu être fondées . Mais il n'a rien pu montrer de tel, et son hypothèse est tombée dans l'oubli, comme elle le méritait. J'ai dit dans une conférence précédente qu'il y avait des hypothèses et des hypothèses, et quand les gens vous diront que l'hypothèse fortement fondée de M. Darwin n'est rien d'autre qu'une simple modification de celle de Lamarck, vous saurez quoi penser de leur capacité à former un jugement sur ce point. sujet.

Mais vous devez vous rappeler que lorsque je dis que je pense que c'est soit l'hypothèse de M. Darwin, soit rien ; que soit nous devons adopter son point de vue, soit considérer la nature organique dans son ensemble comme une énigme dont le sens nous est entièrement caché ; vous devez comprendre que je veux dire que je l'accepte provisoirement, exactement de la même manière que j'accepte toute autre hypothèse. Les hommes de science ne s'engagent pas dans des croyances ; ils ne sont liés par des articles d'aucune sorte ; il n'y a pas une seule croyance que ce n'est pas pour eux un devoir impérieux de tenir la main légère et de s'en séparer, joyeusement, dès qu'il s'avère réellement contraire à un fait, grand ou petit. Et si, avec le temps, je vois de bonnes raisons pour une telle démarche, je n'hésiterai pas à venir devant vous et à signaler tout changement dans mon opinion sans trouver la moindre occasion d'en rougir. Je dis donc que nous acceptons cette vision comme n'importe quelle autre, pour autant qu'elle nous aide, et nous nous sentons obligés de la retenir aussi longtemps qu'elle servira notre grand objectif : l'amélioration du domaine de l'homme et l'élargissement de son champ d'action. connaissance. Dès que cette conception, ou toute autre conception, cesse d'être utile à ces fins, emportez-la aux quatre vents ; nous ne nous soucions pas de ce qu'il adviendra !

Mais à vrai dire, bien qu'il ait été de mon devoir de suivre de près les controverses suscitées par la publication du livre de M. Darwin, je pense qu'aucune de l'énorme masse d'objections et d'obstacles qui ont été soulevés n'a une très grande valeur. , sauf ce cas de stérilité que je viens de vous présenter. Tous les autres sont des malentendus de quelque sorte, provenant soit de préjugés, soit d'un manque de connaissances, ou plus encore d'un manque de patience et de soin dans la lecture de l'ouvrage.

Car vous devez vous rappeler que ce n'est pas un livre qui se lit avec autant de facilité que son style agréable peut vous le laisser croire. Vous le parcourez comme s'il s'agissait d'un roman la première fois que vous le lisez et pensez tout savoir ; la deuxième fois que vous le lisez, vous pensez en savoir un peu moins ; et la troisième fois, vous êtes étonné de constater à quel point vous avez peu appréhendé sa vaste portée et ses objets. Je peux affirmer avec certitude que je ne l'aborde jamais sans y trouver une nouvelle vision, une nouvelle lumière ou une suggestion que je n'avais pas remarquée auparavant. C'est la meilleure caractéristique d'un livre complet et profond ; et je crois que cette caractéristique de « l'Origine des espèces » explique pourquoi tant de personnes se sont aventurées à porter sur elle des jugements et des critiques qui ne valent en aucun cas le papier sur lequel ils sont écrits.

Avant de conclure ces conférences, il y a un point sur lequel je dois mentionner, bien que, comme M. Darwin n'a rien dit de l'homme dans son livre, cela me concerne plutôt que lui ; car j'ai fermement soutenu à diverses occasions que si M. Les vues de Darwin sont fondées ; elles s'appliquent aussi bien à l'homme qu'aux mammifères inférieurs, puisqu'il est parfaitement démontrable que les différences structurelles qui séparent l'homme des singes ne sont pas plus grandes que celles qui séparent certains singes des autres. Il ne peut y avoir le moindre doute que l'argument qui s'applique à l'amélioration du cheval à partir d'une souche antérieure, ou du singe à partir du singe, s'applique à l'amélioration de l'homme à partir d'une souche plus simple et inférieure que l'homme. Il n'y a pas une seule faculté – fonctionnelle ou structurelle, morale, intellectuelle ou instinctive ; il n'y a aucune faculté quelle qu'elle soit qui ne soit capable de s'améliorer ; il n'y a aucune faculté qui ne dépende de la structure, et comme la structure tend à varier, elle est susceptible d'être améliorée.

Eh bien, j'ai pris beaucoup de peine à diverses reprises pour le prouver, et j'ai essayé de répondre aux objections de ceux qui soutiennent que les différences structurelles entre l'homme et les animaux inférieurs sont d'un caractère si vaste et d'une étendue énorme. que même si les vues de M. Darwin sont correctes, vous ne pouvez pas imaginer que cette modification particulière ait lieu. Il est, en effet, facile de prouver que, en ce qui concerne la structure, l'homme ne diffère pas plus des animaux qui sont immédiatement au-dessous de lui que ceux-ci ne diffèrent des autres membres du même ordre. D'un autre côté, personne n'apprécie plus que moi la dignité de la nature humaine et l'ampleur du gouffre intellectuel et moral qui sépare l'homme de la création tout entière.

Mais je trouve que cet argument est avancé avec véhémence par certains. « Vous dites que l'homme est issu d'une modification de quelque animal inférieur, et vous vous efforcez de prouver que les différences structurelles qui existent dans son cerveau n'existent pas du tout, et vous enseignez que toutes les fonctions, intellectuelles, morales, et d'autres, sont l'expression ou le résultat, à la longue, de structures et des forces moléculaires qu'elles exercent. C'est bien vrai que je le fais.

« Eh bien, mais », me répond-on aussitôt, quelque peu triomphalement, « vous dites du même souffle qu'il existe un grand gouffre moral et intellectuel entre l'homme et les animaux inférieurs. Comment est-ce possible quand vous déclarez que les caractéristiques morales et intellectuelles dépendent de la structure, et pourtant nous dites qu'il n'y a pas un tel abîme entre la structure de l'homme et celle des animaux inférieurs ?

Je pense que cette objection repose sur une conception erronée des relations réelles qui existent entre structure et fonction, entre mécanisme et travail. La fonction est sans aucun doute l'expression de forces et d'arrangements moléculaires ; mais s'ensuit-il que la variation de fonction dépend tellement de la variation de structure que la première est toujours exactement proportionnelle à la seconde ? S'il n'existe pas une telle relation, si la variation de fonction qui suit une variation de structure peut être énormément plus grande que la variation de structure, alors, voyez-vous, l'objection tombe.

Prenez quelques montres, fabriquées par le même fabricant et aussi semblables que possible ; posez-les sur la table, et la fonction de chacun, qui est sa vitesse d'avancement, sera remplie de la même manière, et vous ne pourrez distinguer aucune différence entre eux ; mais permettez-moi de prendre une paire de pinces, et si ma main est assez ferme pour le faire, permettez-moi d'écraser légèrement les roulements du balancier, ou de forcer à un angle légèrement différent les dents de l'échappement de l'un d'eux. , et bien sûr vous savez que le résultat immédiat sera que la montre, ainsi traitée, cessera de fonctionner à partir de ce moment. Mais quelle proportion y a-t-il entre la modification structurelle et le résultat fonctionnel ? N'est-il pas parfaitement évident que l'altération est de l'espèce la plus infime, et pourtant, si minime soit-elle, elle a produit une différence infinie dans l'exécution des fonctions de ces deux instruments ?

Eh bien, maintenant, appliquez cela à la question actuelle. Qu'est-ce qui constitue et fait de l'homme ce qu'il est ? Qu'est-ce que son pouvoir de langage, ce langage qui lui donne les moyens d'enregistrer son expérience, rendant chaque génération un peu plus sage que la précédente, plus conforme à l'ordre établi de l'univers ?

Qu'est-ce que ce pouvoir sinon ce pouvoir de parole, d'enregistrement de l'expérience, qui permet aux hommes d'être des hommes, de regarder avant et après et, dans un sens obscur, de comprendre le fonctionnement de cet univers merveilleux, et qui distingue l'homme de l'ensemble du monde brut ? ? Je dis que cette différence fonctionnelle est vaste, insondable et vraiment infinie dans ses conséquences ; et je dis en même temps que cela peut dépendre de différences structurelles qui nous seront absolument inappréciables avec nos moyens d'investigation actuels. Quel est ce discours dont nous parlons ? Je vous parle en ce moment, mais si vous modifiiez le plus infime degré la proportion des forces nerveuses actuellement actives dans les deux nerfs qui irriguent les muscles de ma glotte, je deviendrais tout à coup muet. La voix n'est produite que tant que les cordes vocales sont parallèles ; et ceux-ci ne sont parallèles qu'aussi longtemps que certains muscles se contractent avec une exacte égalité ; et cela dépend encore de l'égalité d'action de ces deux nerfs dont j'ai parlé. De sorte qu'un changement de l'espèce la plus infime dans la structure de l'un de ces nerfs, ou dans la structure de la partie d'où il prend son origine, ou dans l'apport de sang à cette partie, ou dans l'un des muscles auxquels il est distribué, , pourrait nous rendre tous stupides. Mais une race d'hommes muets, privés de toute communication avec ceux qui savent parler, ne serait guère éloignée des brutes. Et la différence morale et intellectuelle entre eux et nous serait pratiquement infinie, même si le naturaliste ne devrait pas être capable de trouver la moindre ombre de différence structurelle, même spécifique.

Mais permettez-moi d'écarter cette question maintenant et, en conclusion, permettez-moi de dire que vous pouvez partir avec ma conviction mûre, que le travail de M. Darwin est la plus grande contribution qui ait été apportée à la science biologique depuis la publication du " Règne Animale » de Cuvier, et depuis celle de « l'Histoire du Développement », de Von Baer. Je crois que si vous l'enlevez de sa partie théorique , elle reste toujours l'une des plus grandes encyclopédies de doctrine biologique qu'un homme ait jamais produites ; et je crois que, si vous le considérez comme l'incarnation d'une hypothèse, il est destiné à guider la spéculation biologique et psychologique pour les trois ou quatre générations à venir.

NOTES DE BAS DE PAGE :

[55] Et comme je le conçois avec très bonne raison ; mais si un objecteur soutient que nous ne pouvons pas prouver qu'ils ont été produits par sélection artificielle ou naturelle, l'objection doit être admise, aussi ultra-sceptique soit-elle. Mais en science, le scepticisme est un devoir.

X

SUR LA VALEUR ÉDUCATIVE DES SCIENCES D'HISTOIRE NATURELLE.

Le sujet sur lequel je dois attirer votre attention au cours de l'heure qui suit est « Les relations de la science physiologique avec d'autres branches de la connaissance ».

Si les circonstances avaient permis de prononcer, dans leur strict ordre logique, cette série de discours dont la présente conférence fait partie, j'aurais précédé mon ami et collègue M. Henfrey , qui s'est adressé à vous lundi dernier ; mais tandis que, pour le bien de cet ordre, je dois vous prier de supposer que cette discussion sur les incidences éducatives de la biologie en général *précède* celle de la zoologie spéciale et de la botanique, je suis heureux de pouvoir profiter ainsi déjà de la lumière. jeté sur la tendance et les méthodes de la science physiologique.

En ce qui concerne donc la science physiologique, dans son sens le plus large – en tant qu'équivalent de *la biologie* – la science de la vie individuelle – nous devons considérer successivement :

1. Sa position et sa portée en tant que branche du savoir.

2. Sa valeur comme moyen de discipline mentale.

3. Cela vaut comme information pratique.

Et enfin,

4. A quelle époque il serait préférable d'en faire une branche de l'éducation.

Nos conclusions sur le premier de ces points doivent dépendre, bien entendu, de la nature du sujet de la biologie ; et je pense que quelques considérations préliminaires vous feront clairement comprendre la grande différence qui existe entre les corps vivants dont s'occupe la science physiologique et le reste de l' univers ; de la force Chimique, d'une part, et celles de la Vie, d'autre part.

Le mathématicien, le physicien et le chimiste contemplent les choses dans un état de repos ; ils considèrent un état d'équilibre comme celui vers lequel tendent normalement tous les corps.

Le mathématicien ne suppose pas qu'une quantité va changer, ou qu'un point donné de l'espace va changer spontanément de direction par rapport à un autre point. Et c'est la même chose avec le physicien. Lorsque Newton a vu la pomme tomber, il a immédiatement conclu que l'acte de tomber n'était pas le résultat d' un pouvoir inhérent à la pomme, mais qu'il était le résultat de l'action de quelque chose d'autre sur la pomme. De la même manière, toute force physique est considérée comme la perturbation d'un équilibre vers lequel les choses tendaient avant son exercice, et vers lequel elles tendront de nouveau après sa cessation.

Le chimiste considère également le changement chimique dans un corps comme un changement dans l'effet de l'action de quelque chose d'extérieur au corps. Un composé chimique une fois formé persisterait pour toujours si aucune altération ne se produisait dans les conditions environnantes.

Mais pour celui qui étudie la Vie, l'aspect de la nature est inversé. Ici, le changement incessant et, autant que nous le sachions, spontané est la règle, reste l'exception – l'anomalie dont il faut tenir compte. Les êtres vivants n'ont pas d'inertie et ne tendent à aucun équilibre.

Permettez-moi cependant de donner plus de force et de clarté à ces considérations quelque peu abstraites, par une ou deux illustrations.

Imaginez un récipient rempli d'eau, à la température ordinaire, dans une atmosphère saturée de vapeur . La *quantité* et la *forme* de cette eau ne changeront pas, à notre connaissance, pour toujours .

Supposons qu'un morceau d'or soit jeté dans le récipient : un mouvement et une perturbation de la silhouette exactement proportionnels à l'élan de l'or se produiront. Mais après un certain temps , les effets de cette perturbation s'atténueront : l'équilibre sera rétabli et l'eau reviendra à son état passif.

Exposez l'eau au froid – elle se solidifiera – et ce faisant, ses particules s'organiseront selon des formes cristallines définies. Mais une fois formés, ces cristaux ne changent plus.

Remplacez encore le morceau d'or par une substance capable d'entrer en relations chimiques avec l' eau : par exemple, une masse de cette substance qu'on appelle « protéine », la substance de la chair : il se produira un déséquilibre très considérable. — toutes sortes de compositions chimiques et de décompositions se produiront ; mais en fin de compte, comme auparavant, le résultat sera le retour à un état de repos.

, au lieu d'une telle masse de protéines *mortes* , prenez une particule de protéine *vivante* – un de ces minuscules êtres vivants microscopiques qui peuplent nos piscines et que l'on appelle Infusoria – une créature telle qu'une Euglena, par exemple, et placez-la. dans notre récipient d'eau. C'est une masse ronde munie d'un long filament et, sauf cette particularité de forme, ne présente aucune différence physique ou chimique appréciable par laquelle elle pourrait être distinguée de la particule de protéine morte.

Mais la différence dans les phénomènes auxquels elle donnera lieu est immense : en premier lieu elle développera une grande quantité de force physique, fendant l' eau dans toutes les directions, avec une rapidité considérable, au moyen des vibrations du long filament ou cil.

La quantité d'énergie chimique que possède la petite créature n'est pas non plus moins frappante. C'est un laboratoire parfait en soi, et il agira et réagira sur l'eau et les matières qu'elle contient ; les convertissant en de nouveaux composés ressemblant à sa propre substance et, en même temps, abandonnant des parties de sa propre substance devenues obsolètes.

De plus, l'Euglena augmentera en taille ; mais cette augmentation n'est en aucun cas illimitée, comme pourrait l'être l'augmentation d'un cristal. Après avoir grandi dans une certaine mesure, il se divise, et chaque partie prend la forme de l'original et recommence le processus de croissance et de division.

Et ce n'est pas tout. Car après une série de divisions et de subdivisions, ces petites pointes prennent une forme totalement nouvelle, perdent leurs longues queues, s'entourent d'elles-mêmes et secrètent une sorte d'enveloppe ou de boîte dans laquelle elles restent enfermées pendant un certain temps, pour ensuite reprendre leur forme. directement ou indirectement, leur mode d'existence primitif.

Or, autant que nous le savons, il n'y a pas de limite naturelle à l'existence de l'Euglena, ni de tout autre germe vivant. Une fois lancée, une espèce vivante a tendance à vivre éternellement .

Considérez à quel point cette particule vivante est très différente des atomes morts avec lesquels le physicien et le chimiste ont affaire !

La particule d'or tombe au fond et se repose - la particule de protéine morte se décompose et disparaît - elle se repose aussi : mais la masse protéique *vivante* ne tend ni à l'épuisement de ses forces ni à aucune permanence de forme, mais se distingue essentiellement comme un perturbateur. d'équilibre en ce qui concerne la force, — comme subissant une métamorphose et un changement continus, au point de vue de la forme.

La tendance à l'équilibre des forces et à la permanence de la forme sont donc les caractères de cette partie de l'univers qui ne vit pas - le domaine du chimiste et du physicien.

La tendance à perturber l'équilibre existant, à prendre des formes qui se succèdent selon des cycles définis, est le caractère du monde vivant.

Quelle est la cause de cette merveilleuse différence entre la particule morte et la particule vivante de matière qui paraissent identiques à d'autres égards ? cette différence à laquelle on donne le nom de Vie ?

Pour ma part, je ne peux pas vous le dire. Il se peut que peu à peu les philosophes découvrent quelques lois supérieures dont les faits de la vie sont des cas particuliers ; très probablement ils découvriront un lien entre les phénomènes physico -chimiques d'une part, et les phénomènes vitaux de l'autre. Mais à l'heure actuelle, nous n'en connaissons assurément aucun ; et je pense que nous ferons preuve d'une sage humilité en avouant que, pour nous du moins, cette hypothèse successive d'états différents - (les conditions extérieures restant les mêmes) - cette *spontanéité de l'action* - si je puis utiliser un terme qui implique plus que ce que je voudrais être responsable de ce qui constitue une distinction pratique si vaste et si claire entre les corps vivants et ceux qui ne vivent pas, est un fait ultime ; indiquant en tant que tel l'existence d'une large ligne de démarcation entre la matière de la biologie et celle de toutes les autres sciences.

Car je voudrais faire comprendre que cette simple Euglène est le type de *tous* les êtres vivants, en ce qui concerne la distinction entre ceux-ci et la matière inerte. Ce cycle de changements, qui n'est peut-être constitué que de deux ou trois étapes dans l'Euglena, se manifeste aussi clairement dans les innombrables étapes par lesquelles passe le germe d'un chêne ou d'un homme. Quelles que soient les formes que revêt l'être vivant, qu'elles soient simples ou complexes, *la production* , *la croissance* , *la reproduction* , ce sont les phénomènes qui le distinguent de ce qui ne vit pas.

Si cela est vrai, il est clair que l'étudiant, en passant des sciences physico - chimiques aux sciences physiologiques, entre dans un ordre de faits totalement nouveau ; et il nous appartiendra ensuite de considérer dans quelle mesure ces faits nouveaux impliquent *de nouvelles* méthodes, ou exigent une modification de celles qu'il connaît déjà. Or, on parle beaucoup de la particularité de la méthode scientifique en général et des différentes méthodes suivies dans les différentes sciences. On dit que les mathématiques ont une méthode spéciale ; La physique en troisième, la biologie en troisième, et ainsi de suite. Pour ma part, je dois avouer que je ne comprends pas cette phraséologie. Pour autant que je puisse parvenir à une compréhension claire de la question, la science n'est pas, comme beaucoup semblent le supposer, une modification de l'art noir, adaptée aux goûts du XIXe siècle et florissante principalement en raison du déclin de l'art. l'Inquisition.

La science n'est, je crois, rien d'autre que *le bon sens entraîné et organisé* , qui ne diffère de ce dernier que comme un vétéran peut différer d'une recrue brute : et ses méthodes ne diffèrent de celles du sens commun que dans la mesure où les coups et les poussées du garde diffèrent de ceux du bon sens. manière dont un sauvage manie sa massue. Le pouvoir primaire est le même dans chaque cas, et peut-être le sauvage inculte possède-t-il le bras le plus musclé des deux. Le *véritable* avantage réside dans la pointe et le polissage de l'arme de l'épéiste ; dans l'œil exercé, prompt à déceler la faiblesse de l'adversaire ;

dans l'invite prête à l'emploi pour le suivre à l'instant. Mais après tout, l'exercice de l'épée n'est que la taille et le coup de poing du clubman développés et perfectionnés.

Ainsi, les vastes résultats obtenus par la science ne sont obtenus par aucune faculté mystique, ni par aucun processus mental, autres que ceux que chacun de nous pratique dans les affaires les plus humbles et les plus mesquines de la vie. Un policier détective découvre un cambrioleur grâce aux marques faites par sa chaussure, par un processus mental identique à celui par lequel Cuvier a restauré les animaux disparus de Montmartre à partir de fragments de leurs os. Le processus d'induction et de déduction par lequel une dame, trouvant une tache particulière sur sa robe, conclut que quelqu'un a renversé l'encrier dessus, ne diffère en aucune façon, en nature, de celui par lequel Adams et Leverrier ont découvert une tache particulière. nouvelle planète.

L'homme de science, en effet, utilise simplement, avec une exactitude scrupuleuse, les méthodes que nous utilisons tous, habituellement et à tout moment, avec insouciance ; et l'homme d'affaires doit autant recourir à la méthode scientifique – doit être aussi véritablement un homme de science – que le plus vrai des rats de bibliothèque de nous tous ; mais je ne doute pas que l'homme d'affaires se découvre philosophe avec autant de surprise que M. Jourdain en manifesta lorsqu'il découvrit qu'il avait parlé toute sa vie en prose. Toutefois, s'il n'y a pas de différence réelle entre les méthodes de la science et celles de la vie commune, il semblerait, à première vue, hautement improbable qu'il y ait une quelconque différence entre les méthodes des différentes sciences ; néanmoins, on tient constamment pour acquis qu'il existe une très grande différence entre la physiologie et les autres sciences, au point de vue de la méthode.

En premier lieu, on dit — et je prends ce point en premier, parce que l'imputation est trop souvent admise par les physiologistes eux-mêmes — que la biologie diffère des sciences physico -chimiques et mathématiques, en ce qu'elle est « inexacte ».

Or, cette expression « inexact » doit se référer soit aux *méthodes* , soit aux *résultats* de la science physiologique.

Il ne peut pas être correct de l'appliquer aux méthodes ; car, comme j'espère vous le montrer bientôt, celles-ci sont identiques dans toutes les sciences, et tout ce qui est vrai de la méthode physiologique est vrai de la méthode physique et mathématique.

Est-ce alors les *résultats* de la science biologique qui sont « inexacts » ? Je crois que non. Si je dis que la respiration est assurée par les poumons ; que la digestion s'effectue dans l'estomac ; que l'œil est l'organe de la vue ; que les mâchoires d'un animal vertébré ne s'ouvrent jamais latéralement, mais toujours de haut en bas ; tandis que celles d'un animal annulaire s'ouvrent toujours de côté, et jamais de haut en bas, j'énumère des propositions aussi exactes que n'importe quoi chez Euclide. Comment est alors née cette notion d'inexactitude de la science biologique ? Je crois pour deux raisons : premièrement, parce que, en raison de la grande complexité de la science et de la multitude de conditions perturbatrices, nous ne sommes très souvent capables de prédire qu'approximativement ce qui se passera dans des circonstances données ; et deuxièmement, parce que, en raison de la jeunesse relative des sciences physiologiques, un grand nombre de leurs lois sont encore imparfaitement élaborées. Mais au point de vue pédagogique, il est très important de distinguer l'essence d'une science des accidents qui l'entourent ; et essentiellement, les méthodes et les résultats de la Physiologie sont aussi exacts que ceux de la Physique ou des Mathématiques.

On dit que la méthode physiologique est surtout *comparative* [56] ; et ce dicton trouve également grâce aux yeux de beaucoup. Je serais au regret de suggérer que les spéculateurs sur la classification scientifique ont été induits en erreur par le hasard du nom d'une branche majeure de la biologie : l' *anatomie comparée* ; mais je demanderais si *la comparaison* et cette classification qui est le résultat de la comparaison ne sont pas l'essence de toute science quelle qu'elle soit ? Comment est-il possible de découvrir une relation de cause à effet de *quelque* nature que ce soit sans comparer une série de cas dans lesquels la cause et l'effet supposés se produisent seuls ou combinés ? Loin que la comparaison soit en quoi que ce soit particulière à la science biologique , elle est, je pense, l'essence de toute science.

Un philosophe spéculatif nous dit encore que les sciences biologiques se distinguent par le fait d'être des sciences d'observation et non d'expérimentation ! [57]

De toutes les affirmations étranges auxquelles la spéculation sans connaissance pratique d'un sujet peut conduire même un homme capable, je pense que celle-ci est la plus étrange. La physiologie n'est pas une science expérimentale ! Pourquoi n'existe-t-il pas une fonction d'un seul organe du corps qui n'ait été déterminée entièrement et uniquement par l'expérience ? Comment Harvey a-t-il déterminé la nature de la circulation, sinon par expérience ? Comment Sir Charles Bell a-t-il déterminé les fonctions des racines des nerfs spinaux, sauf par expérience ? Comment pouvons-nous connaître l'utilité d'un nerf, sinon par expérience ? Bien plus, comment savez-vous même que votre œil est votre appareil visuel, à moins que vous ne fassiez l'expérience de le fermer ? ou que votre oreille est votre appareil auditif, à moins que vous ne la fermiez et que vous découvriez ainsi que vous devenez sourd ?

Il serait en réalité bien plus vrai de dire que la physiologie est *la* science expérimentale *par excellence* de toutes les sciences ; celle dans laquelle il y a le moins à apprendre par la simple observation, et celle qui offre le plus grand champ d'exercice aux facultés qui caractérisent le philosophe expérimental. J'avoue que si quelqu'un me demandait un modèle d'application de la logique de l'expérience, je ne connaîtrais pas de meilleur ouvrage à lui remettre que les dernières Recherches de Bernard sur les fonctions du foie. [58]

Cependant, pour ne pas donner à cette conférence un ton trop controversé, je dois seulement mentionner une doctrine supplémentaire, défendue par un penseur de notre époque et de notre pays, dont les opinions sont dignes de tout respect. C'est que les sciences biologiques diffèrent de toutes les autres, dans la mesure où *la* classification s'y fait par type et non par définition. [59]

On dit, en bref, qu'une classe d'histoire naturelle n'est pas susceptible d'être définie ; que la classe des Rosacées , par exemple, ou la classe des Poissons, ne sont pas définissables de manière précise et absolue, dans la mesure où ses membres présenteront des exceptions à chaque cas. définition possible ; et que les membres de la classe ne sont unis entre eux que par le fait qu'ils ressemblent tous plus à une rose moyenne ou à un poisson moyen imaginaire qu'à autre chose.

Mais ici comme auparavant, je pense que la distinction vient entièrement de la confusion entre une imperfection transitoire et un caractère essentiel. Tant que notre information à leur sujet est imparfaite, nous classons tous les objets ensemble selon des ressemblances que nous *ressentons* , mais que nous ne pouvons *définir* : nous les groupons autour *de types* , en un mot. Ainsi, si vous demandez à une personne ordinaire quelles sortes d'animaux il existe, elle vous répondra probablement : bêtes, oiseaux, reptiles, poissons, insectes, etc. Demandez-lui de définir une bête à partir d'un reptile, et il ne peut pas le faire ; mais il dit que des choses comme une vache ou un cheval sont des bêtes, et des choses comme une grenouille ou un lézard sont des reptiles. Vous voyez , *il fait* des classes par type, et non par définition. Mais en quoi cette classification diffère-t-elle de celle du zoologiste scientifique ? En quoi la signification du nom de classe scientifique « Mammalia » diffère-t-elle de la signification non scientifique de « Bêtes » ?

Pourquoi, précisément parce que la première dépend d'une définition, la seconde d'un type. La classe Mammalia est scientifiquement définie comme « tous les animaux qui possèdent un squelette vertébré et allaitent leurs petits ». Il n'y a ici aucune référence au type, mais une définition assez rigoureuse pour un géomètre. Et tel est le caractère que tout naturaliste scientifique reconnaît comme celui auquel ses classes doivent aspirer, sachant, comme lui, que la classification par type n'est qu'une reconnaissance de l'ignorance et un procédé temporaire.

Voilà autant d'arguments négatifs contre les différences réputées entre les méthodes biologiques et les autres. Je crois qu'il n'existe pas vraiment de telles différences. La matière de la science biologique est différente de celle des autres sciences, mais les méthodes de toutes sont identiques ; et ces méthodes sont—

1. *Observation* des faits, y compris sous ce titre cette *observation artificielle* qu'on appelle *expérience* .

2. Ce processus consistant à regrouper des faits similaires en paquets, étiquetés et prêts à l'emploi, qui est appelé *Comparaison* et *Classification* , — les résultats du processus, les paquets étiquetés, étant nommés *Propositions générales* .

3. *La déduction* , qui nous ramène de la proposition générale aux faits, nous apprend, si je puis dire, à anticiper à partir du ticket ce qu'il y a à l'intérieur du paquet. Et enfin-

4. *La vérification* , qui est le processus consistant à vérifier si, en fait, notre anticipation est correcte.

Telles sont les méthodes de toute science, quelle qu'elle soit ; mais peut-être me permettrez-vous de vous donner une illustration de leur emploi dans la science de la Vie ; et je prendrai comme cas particulier, l'établissement de la doctrine de la *Circulation du Sang* .

Dans ce cas, *la simple observation* nous fait connaître l'existence du sang de quelque hémorragie accidentelle , dirons-nous : nous pouvons même admettre qu'elle nous informe de la localisation de ce sang dans des vaisseaux particuliers, le cœur, etc., de une coupure accidentelle ou similaire. Il enseigne aussi l'existence d'un pouls dans diverses parties du corps et nous fait connaître la structure du cœur et des vaisseaux.

Mais ici s'arrête *la simple observation* et il faut recourir à *l'expérimentation* .

Vous ligaturez une veine et vous constatez que le sang s'accumule du côté de la ligature opposé au cœur. Vous liez une artère et vous constatez que le sang s'accumule du côté proche du cœur. Ouvrez la poitrine et vous voyez le cœur se contracter avec une grande force. Faites des ouvertures dans ses principales cavités, et vous verrez que tout le sang s'écoule, et qu'il n'y a plus de pression de part et d'autre de la ligature artérielle ou veineuse.

Or tous ces faits pris ensemble constituent la preuve que le sang est propulsé par le cœur à travers les artères et revient par les veines, qu'en un mot le sang circule.

Supposons que nos expériences et observations aient été faites sur des chevaux, alors nous les regroupons et les classons dans une proposition générale, ainsi : — *tous les chevaux ont une circulation de leur sang* .

Désormais, un cheval est une sorte d'indication ou d'étiquette, nous indiquant où nous trouverons une série particulière de phénomènes appelés circulation du sang.

Voici donc notre *proposition générale* .

Comment et quand sommes-nous justifiés de franchir la prochaine étape – d'en *déduire* ?

Supposons que notre physiologiste, dont l'expérience se limite aux chevaux, rencontre pour la première fois un zèbre, supposera-t-il que sa généralisation vaut également pour les zèbres ?

Cela dépend beaucoup de sa tournure d'esprit. Mais nous supposerons que c'est un homme audacieux. Il dira : « Le zèbre n'est certainement pas un cheval, mais il en ressemble beaucoup , à tel point qu'il doit être aussi le « ticket » ou la marque d'une circulation sanguine ; et j'en conclus que le zèbre a une circulation.

C'est une déduction, une déduction très juste, mais qui ne doit en aucun cas être considérée comme scientifiquement sûre. Cette dernière qualité ne peut en effet être donnée que par *vérification* , c'est-à-dire en faisant du zèbre le sujet de toutes les expériences faites sur le cheval. Bien entendu, dans le cas présent, la *déduction* serait *confirmée* par ce processus de vérification, et le résultat serait non seulement un élargissement positif des connaissances, mais une augmentation considérable de la confiance dans la véracité de ses généralisations dans d'autres cas.

Ainsi, ayant réglé le problème chez le zèbre et le cheval, notre philosophe aurait une grande confiance dans l'existence d'une circulation chez l'âne. Bien plus, j'imagine que la plupart des gens l'excuseraient si, dans ce cas, il ne prenait pas la peine de passer par le processus de vérification ; et ce ne serait pas sans parallèle dans l'histoire de l'esprit humain, si notre physiologiste imaginaire soutenait maintenant qu'il connaissait *a priori la circulation stupide* .

Cependant, si je dois mettre en garde votre esprit, c'est à propos de la nature totalement conditionnelle de toutes nos connaissances, du danger de négliger le processus de vérification en toutes circonstances ; et le film sur lequel nous nous appuyons, au moment où nos déductions nous emportent hors de portée de ce grand processus de vérification. Il n'y a pas de meilleur exemple de cela que celui fourni par l'histoire de nos connaissances sur la circulation du sang dans le règne animal jusqu'en 1824. Chez tout animal possédant une circulation, qui avait été observée jusqu'alors, la on savait que le courant sanguin prenait une direction définie et invariable. Or, il existe une classe d'animaux appelés *Ascidies* , qui possèdent un cœur et une circulation, et jusqu'à l'époque dont je parle, personne n'aurait songé à mettre en doute l'opportunité de déduire que ces créatures ont une circulation dans un seul endroit. direction; et personne ne le ferait J'ai pensé qu'il valait la peine de vérifier ce point. Mais, cette année-là, M. von Hasselt examinant par hasard un animal transparent de cette classe, constata avec une infinie surprise qu'après que le cœur eut battu un certain nombre de fois, il s'arrêta, puis se remit à battre dans le sens inverse. comme pour inverser le cours du courant, qui revenait peu à peu à sa direction originelle.

J'ai moi-même chronométré le cœur de ces petits animaux. Je l'ai trouvé aussi régulier que possible dans ses périodes de retournement : et je ne connais pas de spectacle dans le règne animal plus merveilleux que celui qu'il présente, d'autant plus merveilleux qu'il reste encore aujourd'hui un fait unique, propre à cette classe parmi les autres. tout un monde animé. En même temps , je ne connais pas de cas plus frappant de la nécessité de *vérifier* même les déductions qui semblent fondées sur les inductions les plus larges et les plus sûres.

Telles sont les méthodes de la biologie, méthodes qui sont évidemment identiques à celles de toutes les autres sciences, et par conséquent totalement incapables de fonder une quelconque distinction entre elle et elles. [60]

Mais on me demandera tout de suite : voulez-vous dire qu'il n'y a aucune différence entre l'habitude d'esprit d'un mathématicien et celle d'un naturaliste ? Croyez-vous que Laplace aurait pu être mis au Jardin des Plantes , et Cuvier à l'Observatoire, avec un égal avantage pour le progrès des sciences qu'ils professaient ?

A quoi je répondrais que rien ne pourrait être plus éloigné de mes pensées. Mais les habitudes différentes et les tendances particulières des deux sciences n'impliquent pas des méthodes différentes. Le montagnard et l'homme des plaines ont des habitudes de progression très différentes, et chacun se trouverait perdu à la place de l'autre ; mais la méthode de progression, en mettant une jambe avant l'autre, est la même dans chaque cas. Chaque pas de chacun est une combinaison d'un soulèvement et d'une poussée ; mais le montagnard soulève davantage et celui qui habite la plaine pousse davantage. Et je pense que le cas de deux sciences ressemble à ceci.

Je ne remets pas en question un seul instant que, tandis que le mathématicien s'occupe de déductions *à partir de* propositions générales, le biologiste s'occupe plus particulièrement de l'observation, de la comparaison et des processus qui conduisent *à* des propositions générales. Tout ce sur quoi je veux insister, c'est que cette différence ne dépend d'aucune distinction fondamentale dans les sciences elles-mêmes, mais des accidents de leur objet, de leur complexité relative et de la perfection relative qui en résulte.

Le mathématicien s'occupe uniquement de deux propriétés des objets, le nombre et l'étendue, et toutes les inductions qu'il souhaite ont été formées et terminées depuis des lustres. Il ne s'occupe plus que de déduction et de vérification.

Le biologiste s'occupe d'un grand nombre de propriétés des objets, et ses inductions ne seront pas complètes, je le crains, avant des siècles ; mais quand ils le seront, sa science sera aussi déductive et aussi exacte que les mathématiques elles-mêmes.

Telle est la relation de la biologie avec les sciences qui s'occupent d'objets ayant moins de propriétés qu'elle. Mais de même que l'étudiant, en arrivant à la biologie, se tourne vers des sciences d'une nature moins complexe et donc plus parfaite, de même, d'un autre côté, il attend avec impatience d'autres branches de la connaissance plus complexes et moins parfaites. La biologie ne s'occupe que des êtres vivants comme de choses isolées - elle ne traite que de la vie de l'individu : mais il existe encore une division supérieure de la science, qui considère les êtres vivants comme des agrégats - qui s'occupe des relations des êtres vivants les uns avec les autres - la science qui *observe* les hommes – dont *les expériences* sont faites par les nations les unes sur les autres, sur les champs de bataille – dont *les propositions générales* sont incarnées dans l'histoire, la morale et la religion – dont *les déductions* conduisent à notre bonheur ou à notre malheur, – et dont *les vérifications* viennent si souvent aussi tard et servir seulement

"Pour montrer une morale ou embellir un conte" -

Je veux dire la science de la société ou *la sociologie* .

Je pense que c'est l'une des caractéristiques les plus remarquables de la biologie qu'elle occupe cette position centrale dans la connaissance humaine. Il n'y a aucun côté de l'esprit humain que l'étude physiologique laisse inculte. Liée par d'innombrables liens avec la science abstraite, la physiologie est pourtant dans la relation la plus intime avec l'humanité ; et en nous enseignant que la loi et l'ordre, ainsi qu'un schéma précis de développement, régulent même les manifestations les plus étranges et les plus folles de la vie individuelle, elle prépare l'étudiant à chercher un but même au milieu des errances erratiques de l'humanité, et à croire que l'histoire offre quelque chose de plus qu'un chaos divertissant – le journal d'une marche pénible et tragi-comique qui ne mène nulle part.

Les considérations précédentes ont, je l'espère, servi à indiquer les réponses qui conviennent aux deux premières des questions que je vous ai posées en commençant, à savoir. Quelle est l'étendue et la position de la science physiologique en tant que branche de la connaissance, et quelle est sa valeur en tant que moyen de discipline mentale ?

Son *objet* est une grande partie de l'univers – sa *position* se situe à mi-chemin entre les sciences physico-chimiques et les sciences sociales. Sa *valeur* en tant que branche de la discipline réside en partie dans ce qu'elle a en commun avec toutes les sciences : la formation et le renforcement du bon sens ; en partie ce qui lui est le plus particulier : le grand exercice qu'il offre aux facultés d'observation et de comparaison ; et je puis ajouter, l' *exactitude* des connaissances qu'elle exige de la part de ceux parmi ses adeptes qui désirent étendre ses frontières.

Si ce qui a été dit sur la position et la portée de la biologie est exact, notre troisième question – quelle est la valeur pratique de l'enseignement physiologique ? – pourrait, semble-t-il, être laissée à sa réponse.

A d'autres égards même, si l'humanité méritait le titre de « rationnel » qu'elle s'arroge à elle-même, il ne fait aucun doute qu'elle considérerait comme la plus nécessaire de toutes les branches d'instruction pour elle-même et pour ses enfants : celle qui prétend les familiariser avec les conditions d'existence qu'ils apprécient tant - ce qui leur apprend à éviter la maladie et à chérir la santé, en eux-mêmes et en ceux qui leur sont chers.

Je m'adresse, j'imagine, à un public de personnes instruites ; et pourtant j'ose affirmer qu'à l'exception de ceux de mes auditeurs qui peuvent par hasard avoir reçu une éducation médicale, il n'y en a pas un qui puisse me dire quel est le sens et l'utilité d'un acte qu'il accomplit une vingtaine de fois. fois par minute, et dont la suspension entraînerait sa mort immédiate ; — je veux dire l'acte de respirer — ou qui pourrait expliquer en termes précis pourquoi une atmosphère confinée est nocive pour la santé.

La *valeur pratique* des connaissances physiologiques ! Comment se fait-il que des hommes instruits soutiennent qu'un abattoir au milieu d'une grande ville est plutôt une bonne chose que autrement ? Pourquoi les mères s'obstinent-elles à exposer au froid la plus grande surface possible de leurs enfants ? par le style vestimentaire absurde qu'ils adoptent, puis s'émerveillent de la dispensation particulière de la Providence, qui enlève leurs enfants par bronchite et fièvre gastrique ? Pourquoi le charlatanisme sévit-il sur le pays ? et qu'il n'y a pas si longtemps, l'une des plus grandes salles publiques de cette grande ville pouvait être remplie par un auditoire écoutant gravement le révérend exposant la doctrine selon laquelle les phénomènes physiologiques simples connus sous le nom de frappe spirituelle, de retournement de table, de phréno-magnétisme , et par je ne sais quels autres noms absurdes et inappropriés, sont dus à l'action directe et personnelle de Satan ?

Pourquoi tout cela, si ce n'est l'ignorance totale des lois les plus simples de leur propre vie animale, qui prévaut même parmi les personnes les plus instruites de ce pays ?

Mais il existe d'autres branches de la science biologique, outre la physiologie proprement dite, dont l'influence pratique, quoique moins évidente, n'est pas, comme je le crois, moins certaine. J'ai entendu des hommes instruits parler avec un mépris mal déguisé des études naturalistes et demander, non sans hausser les épaules : « À quoi sert de tout savoir sur ces misérables animaux ? quelle incidence cela a-t-il sur la vie humaine ?

Je vais m'efforcer de répondre à cette question. Je suppose que tout le monde admettra qu'il existe un gouvernement défini de cet univers, que ses plaisirs et ses peines ne sont pas dispersés au hasard, mais sont distribués conformément à des lois ordonnées et fixes, et qu'il est uniquement conforme à tout ce que nous savons de l'univers. reste du monde, qu'il devrait y avoir un accord entre une partie de la création sensible et une autre sur ces questions.

Il est donc certainement intéressant pour nous de connaître le sort des autres créatures animales : même si elles sont loin au-dessous de nous, elles restent les seules créatures qui partagent avec nous la capacité de plaisir et la susceptibilité à la douleur.

Je ne peux m'empêcher de penser que celui qui trouve une certaine proportion de douleur et de mal inséparablement tissées dans la vie même des vers, supportera sa propre part avec plus de courage et de soumission ; et considérera, en tout cas, avec suspicion ces théories faiblement aimables sur le gouvernement divin, qui voudraient nous faire croire que la douleur est un oubli et une erreur, à corriger peu à peu. D'un autre côté, la prédominance du bonheur parmi les êtres vivants, leur somptueuse beauté, l'harmonie secrète et merveilleuse qui les imprègne tous, du plus haut au plus bas, sont des réfutations également frappantes de cette doctrine manichéenne moderne, qui présente le monde comme un moulin à esclaves, travaillé avec beaucoup de larmes, à des fins purement utilitaires.

Il existe encore une autre manière par laquelle l'histoire naturelle peut, j'en suis convaincu, exercer une profonde influence sur la vie pratique, c'est-à-dire par son influence sur nos sentiments les plus raffinés, comme la plus grande de toutes les sources du plaisir qui découle de la beauté. . Je ne prétends pas que la connaissance de l'histoire naturelle, en tant que telle, puisse accroître notre sens du beau dans les objets naturels. Je ne suppose pas que l'âme morte de Peter Bell, dont dit le grand poète de la nature :

"Une primevère au bord de la rivière, Une primevère jaune était pour lui,— Et ce n'était rien de plus.

aurait été quelque peu tiré de son apathie, par l'information que la primevère est un exogène dicotylédone, à corolle monopétale et à placentation centrale. Mais je préconise la connaissance de l'histoire naturelle de ce point de vue, car elle nous conduirait à *rechercher* les beautés des objets naturels, au lieu de compter sur le hasard pour les imposer à notre attention. Pour quelqu'un qui n'est pas instruit en histoire naturelle, sa promenade à la campagne ou au bord de la mer est une promenade dans une galerie remplie d'œuvres d'art merveilleuses, dont les neuf dixièmes ont le visage tourné vers le mur. Apprenez-lui quelque chose d'histoire naturelle, et vous lui remettrez entre les mains un catalogue de celles qui valent la peine d'être feuilletées. Il est certain que nos plaisirs innocents ne sont pas si abondants dans cette vie que nous puissions nous permettre de mépriser ceci ou toute autre source de ceux-ci. Nous devrions craindre d'être bannis pour notre négligence dans ces limbes, où le grand Florentin nous dit que sont ceux qui, au cours de cette vie, « ont pleuré alors qu'ils pouvaient être joyeux ».

Mais j'empiéterais de manière injustifiée sur votre gentillesse si je n'abordais pas immédiatement mon dernier point : le moment auquel la science physiologique devrait pour la première fois faire partie du programme d'éducation.

La distinction entre l'enseignement des faits d'une science en tant qu'instruction et son enseignement systématique en tant que connaissance vous a déjà été présentée dans une conférence précédente : et il me semble que, comme pour les autres sciences, les *faits communs* de La biologie — l'usage des parties du corps — les noms et les habitudes des créatures vivantes qui nous entourent — peut être enseignée avec avantage au plus jeune enfant. En fait, l'avidité des enfants pour ce genre de connaissances et la facilité relative avec laquelle ils les conservent est quelque chose de tout à fait merveilleux . Je doute qu'un jouet soit aussi acceptable pour les jeunes enfants qu'un vivarium, du même genre, mais bien sûr à une échelle plus petite, que ces admirables appareils des jardins zoologiques.

D'autre part, l'enseignement systématique de la biologie ne peut être tenté avec succès tant que l'étudiant n'a pas atteint une certaine connaissance de la physique et de la chimie : car, bien que les phénomènes de la vie ne dépendent ni des forces physiques ni des forces chimiques, mais des forces vitales, ils entraînent toutes sortes de changements physiques et chimiques, qui ne peuvent être jugés que par leurs propres lois.

Et maintenant, résumons en quelques mots les conclusions auxquelles j'espère que vous voyez des raisons de me suivre.

La biologie n'a pas besoin d'apologie lorsqu'elle réclame une place – et une place de premier plan – dans tout système d'éducation digne de ce nom. Laissez de côté les sciences physiologiques de votre programme, et vous lancez l'étudiant dans le monde, indiscipliné dans cette science dont la matière développerait le mieux ses pouvoirs d'observation ; ignorant les faits de la plus haute importance pour son propre bien-être et celui des autres ; aveugle aux sources de beauté les plus riches de la création de Dieu ; et dépourvu de cette croyance en une loi vivante et en un ordre se manifestant dans et à travers des changements et des variétés sans fin, qui pourraient servir à freiner et à modérer cette phase de désespoir à travers laquelle, s'il s'intéresse sérieusement aux problèmes sociaux, il réussira assurément. passer tôt ou tard.

Enfin, un mot pour moi. Je n'ai pas hésité à parler avec force là où je me sentais fortement ; et je ne suis que trop conscient du fait que les modes indicatif et impératif ont trop souvent remplacé les modes subjonctif et conditionnel, plus convenables. Je sens donc combien il est nécessaire de vous prier d'oublier la personnalité de celui qui a ainsi osé s'adresser à vous, et de ne considérer que la vérité ou l'erreur dans ce qui a été dit.

NOTES DE BAS DE PAGE :

[56] « En troisième lieu, il faut revoir la méthode de comparaison, si spécialement adaptée à l'étude des corps vivants, et par laquelle, entre toutes, cette étude doit être avancée. En Astronomie, cette méthode est nécessairement inapplicable ; et ce n'est que lorsqu'on arrive à la Chimie que ce troisième moyen d'investigation peut être utilisé, et alors seulement en subordination aux deux autres. C'est dans l'étude tant statique que dynamique des corps vivants qu'elle acquiert d'abord son plein développement ; et son usage ailleurs ne peut se faire que par son application ici. » — *Philosophie positive de Comte* , traduit par Miss Martineau. Vol. je . p. 372.

Par quelle méthode M. Comte suppose-t-il que l'égalité ou l'inégalité des forces et des quantités et la dissemblance ou similitude des formes, points d'une certaine importance non-seulement en astronomie et en physique, mais même en mathématiques, — sont constatées, sinon par comparaison ? ?

[57] « Passant à la seconde classe de moyens : L'expérience ne peut qu'être de moins en moins décisive, à mesure de la complexité des phénomènes à explorer ; et c'est pourquoi nous avons vu cette ressource moins efficace en chimie qu'en physique : et nous trouvons maintenant qu'elle est éminemment utile en chimie par rapport à la physiologie. *En fait, la nature des phénomènes semble offrir des obstacles presque insurmontables à toute application étendue et prolifique d'une telle procédure en biologie.* » — COMTE , vol. je . p. 367.

M. Comte, quelle que soit sa manière, se contredit deux pages plus loin, mais cela ne le dégagera guère de la responsabilité d'un paragraphe comme celui-ci.

[58] Nouvelle Fonction du Foie considérée comme organe producteur de matière sucrée chez l'Homme et les Animaux , par M. Claude Bernard.

[59] « *Groupes naturels donnés par type, non par définition*... La classe est régulièrement fixée, bien que non précisément limitée ; il est donné, mais non circonscrit ; elle est déterminée, non par une ligne de démarcation à l'extérieur, mais par un point central à l'intérieur ; non par ce qu'il exclut strictement, mais par ce qu'il inclut éminemment ; par un exemple, non par un précepte ; bref, au lieu d'une Définition, nous avons un *Type* pour notre directeur. Un type est un exemple d'une classe quelconque, par exemple une espèce d'un genre, qui est considérée comme possédant éminemment les caractères de la classe. Toutes les espèces qui ont une plus grande affinité avec cette espèce type qu'avec toute autre, forment le genre et sont rangées autour de lui, s'en écartant dans diverses directions et à différents degrés. "- *Whewell, The Philosophy of the Inductive Sciences* , vol . . je . p. 476-7.

[60] Sauf pour le plaisir de le faire, j'ai à peine besoin de souligner mes obligations envers le « Système de logique » de MJS Mill dans cette vision de la méthode scientifique.

<h1 style="text-align:center">XI</h1>

SUR LES TYPES PERSISTANTS DE LA VIE ANIMALE.

Les modifications successives que les vues des géologues physiques ont subies depuis l'enfance de leur science, quant à l'ampleur et à la nature des changements qu'a subis la croûte du globe, ont toutes tendu dans une seule direction, à savoir. vers l'établissement de la croyance que, tout au long de cette vaste série d'âges qui fut occupée par le dépôt des roches stratifiées, et que l'on peut appeler « temps géologique » (pour le distinguer du « temps historique » qui suivit et du « époque prégéologique », qui l'a précédé), l'intensité et le caractère des forces physiques qui ont été à l'œuvre n'ont varié que dans des limites étroites ; de sorte que, même à l'époque silurienne ou cambrienne, l'aspect de la nature physique devait être à peu près ce qu'il est aujourd'hui.

Cette vision uniformitariste des conditions telluriques, en ce qui concerne le temps géologique, est cependant parfaitement cohérente avec la notion d'un état de choses totalement différent dans les époques antérieures, et le plus ardent défenseur d'une telle « uniformité physique » au cours de laquelle Nous disposons d'un dossier qui pourrait, avec une parfaite cohérence, soutenir ce que l'on appelle « l'hypothèse nébulaire », ou toute autre vision impliquant la conception d'une longue série d'états très différents de celui que nous connaissons aujourd'hui, et dont la succession a occupé le temps pré-géologique. .

La doctrine de l'uniformité physique et celle de la progression physique sont donc parfaitement cohérentes, si l'on considère le temps géologique comme ayant le même rapport au temps prégéologique que le temps historique à lui.

Les doctrines acceptées de la paléontologie ne sont en aucun cas en harmonie avec ces tendances de la géologie physique. On croit généralement qu'il existe un vaste contraste entre les mondes organiques anciens et modernes ; on suppose sans cesse que nous connaissons le début de la vie et la manifestation primitive de chacune de ses formes typiques ; les découvertes de chaque année obligent les tenants de ces vues à changer de terrain, semblent affecter sensiblement la ténacité de leur adhésion.

Sans nier aucunement les différences positives considérables qui existent réellement entre les formes de vie anciennes et modernes, et sans laisser les autres argumentations répondre aux différences négatives, un examen impartial des faits révélés par la paléontologie semble montrer que ces différences sont considérables. les différences et les contrastes ont été grandement exagérés.

Ainsi, sur quelque deux cents ordres de plantes connus, aucun n'est exclusivement fossile. Parmi les animaux, il n'existe pas une seule classe totalement éteinte ; et des ordres, à l'extérieur pas plus de sept pour cent. ne sont pas représentés dans la création existante.

De plus, certaines formes bien marquées d'êtres vivants ont existé à travers d'énormes époques, survivant non seulement aux changements des conditions physiques, mais persistant relativement inchangées, tandis que d'autres formes de vie sont apparues et ont disparu. Certaines formes peuvent être qualifiées de « types de vie persistants » ; et les exemples en sont assez abondants dans le monde animal et végétal.

Parmi les plantes, par exemple, les fougères, les mousses et *les conifères* , dont quelques-unes semblent génériquement identiques à celles qui vivent aujourd'hui, se rencontrent dès l'époque carbonifère ; le cône de l' oolithique *L'Araucaria* se distingue à peine de celle des espèces existantes ; une espèce de *Pinus* a été découverte dans les Purbecks et un noyer (*Juglans*) dans les roches du Crétacé. [61] Ce sont tous des types de structures végétales qui abondent de nos jours ; et c'est sûrement un fait des plus remarquables que de les voir persister avec si peu de changements à travers des époques aussi vastes.

Chaque sous-règne d'animaux donne des exemples du même genre. La *Globigerina* des sondages atlantiques est identique aux espèces crétacées du même genre ; et les moulages des *foraminifères du Silurien inférieur* , récemment décrits par Ehrenberg, nous assurent de la ressemblance très étroite entre les formes les plus anciennes et les plus récentes de nombreux *protozoaires* .

Chez les *Cœlenterata* , les coraux tabulés de l'époque silurienne ressemblent merveilleusement aux millepores de nos mers, comme peut s'en convaincre quiconque compare *les héliolites* aux *hélioporas* .

En ce qui concerne les *mollusques* , les genres *Crania* , *Discina* et *Lingula* ont persisté depuis l'époque silurienne jusqu'à nos jours, avec si peu de changements, que les malacologues très compétents sont parfois perplexes quant à la distinction entre les espèces anciennes et les espèces modernes. *Les Nautili* ont une portée similaire, et la coque du Liasique *Loligo* est semblable à celui du « calamar » de nos propres mers. Chez les *Annulosa* , les insectes carbonifères sont dans plusieurs cas rattachables à des genres existants, de même que les *Arachnides* , dont le groupe le plus élevé, les scorpions, est représenté dans le charbon par un genre ne différant de ses congénères vivants que par la disposition de ses yeux. .

Le sous-règne des vertébrés fournit de nombreux exemples du même genre. On sait que les *Ganoidei* et *les Elasmobranchii* ont persisté depuis au moins le milieu de l' époque paléozoïque jusqu'à nos jours, sans présenter une plus grande déviation des caractères typiques de ces ordres que l'on peut trouver dans leurs limites à l'heure actuelle.

Parmi les *Reptilia* , le groupe le plus élevé, celui des *Crocodilia* , était représenté au début de l'époque mésozoïque, sinon plus tôt, par des espèces identiques dans le caractère essentiel de leur organisation à celles qui vivent aujourd'hui, et ne présentant des différences que sur des points tels que la forme des faces articulaires de leurs vertèbres , la mesure dans laquelle les voies nasales sont séparées de la bouche par des os, et les proportions des membres. Même la connaissance imparfaite que nous possédons de l'ancienne faune mammifère conduit à croire que certains de ses types, comme celui des *Marsupialia* , ont persisté sans plus grand changement pendant un laps de temps aussi vaste.

Il est difficile de comprendre la signification de tels faits, si nous supposons que chaque espèce animale et végétale, ou chaque grand type d'organisation, a été formé et placé à la surface du globe à de longs intervalles par un acte distinct d'activité créatrice. pouvoir; et il est bon de se rappeler qu'une telle hypothèse est aussi peu étayée par la tradition ou la révélation qu'elle est opposée à l'analogie générale de la nature.

Si, en revanche, nous considérons les « types persistants » par rapport à cette hypothèse qui suppose que les espèces d'êtres vivants vivant à un moment donné sont le résultat de la modification progressive d'espèces préexistantes – hypothèse qui, bien que non prouvée, et tristement endommagé par certains de ses partisans, est pourtant le seul auquel la physiologie prête quelque visage - leur existence semblerait montrer que la quantité de modifications que les êtres vivants ont subies au cours des temps géologiques n'est que très petite par rapport à l'ensemble de l'espèce. série de changements qu'ils ont subis. En fait, la paléontologie et la géologie physique sont en parfaite harmonie et coïncident pour indiquer que tout ce que nous savons des conditions de notre monde au cours des temps géologiques n'est que le dernier terme d'une vaste et, dans la mesure où nos connaissances actuelles s'étendent, une progression non enregistrée. .

NOTES DE BAS DE PAGE :

[61] J'énonce ces faits sous l'autorité de mon ami le Dr Hooker. — THH

XII

TEMPS ET VIE.

« L'ORIGINE DES ESPÈCES » DE M. DARWIN

Chacun sait que cette pellicule superficielle de la substance terrestre, d'à peine dix milles d'épaisseur, accessible à l'investigation humaine, est composée pour la plupart de lits ou de strates de pierre, de boues et de sables consolidés d'anciennes mers et lacs, qui ont été déposés les uns sur les autres, et donc plus ils sont anciens, plus ils se trouvent profondément. Ces couches innombrables présentent entre elles de telles ressemblances et différences qu'elles sont capables d'être classées en groupes ou formations, et ces formations sont à leur tour regroupées en assemblages encore plus vastes, appelés par les géologues plus anciens, primaires, secondaires et tertiaires ; par les modernes, paléozoïque , mésozoïque et caïnozoïque : la base de l'ancienne nomenclature étant l'âge relatif des groupes de strates ; celui de ces derniers, les espèces de formes vivantes qu'ils contiennent.

Bien qu'elle ne soit qu'un film si on la compare au diamètre total de notre planète, la série totale de formations est en effet vaste lorsqu'elle est mesurée par n'importe quel standard humain, et, comme toute action implique du temps, nous sommes également obligés de considérer ces masses minérales comme une mesure de l'espace. le temps qui s'est écoulé pendant leur accumulation. La durée qu'ils représentent est, bien entendu, en proportion inverse de l'intensité des forces qui ont été à l'œuvre. Si, dans le monde antique, la boue et le sable s'accumulaient sur les fonds marins à un rythme dix fois plus élevé qu'aujourd'hui, il est clair qu'un lit de boue ou de sable de dix pieds d'épaisseur se serait alors formé en même temps qu'une couche de matériaux similaires. un pied d'épaisseur serait formé maintenant, et *vice versa*
.

Dès le début de ses études, le géologue physicien devait donc choisir entre deux hypothèses ; soit, tout au long des âges représentés par les couches accumulées, et que nous pouvons appeler *temps géologique* , les forces de la nature ont opéré à peu près avec la même intensité moyenne qu'aujourd'hui, et par conséquent l'intervalle de temps qu'elles représentent doit être quelque chose de prodigieux. et inconcevable, ou, dans les époques primitives, les pouvoirs naturels étaient infiniment plus intenses qu'aujourd'hui, et par conséquent le temps pendant lequel ils agissaient pour produire les effets que nous voyons était relativement court.

Les géologues antérieurs ont adopté ce dernier point de vue presque d'un commun accord. Car ils avaient peu de connaissances sur le fonctionnement actuel de la nature, et ils lisaient les archives des temps géologiques comme un enfant lit l'histoire de Rome ou de la Grèce, et s'imaginent que l'Antiquité était grande, héroïque et différente du présent parce qu'elle est différente de son petit monde. expérience du présent.

Même ainsi, les premiers observateurs étaient émerveillés par le contraste apparent entre l'ordre ancien et actuel de la nature. Les forces élémentaires semblaient avoir été plus grandes et plus énergiques aux temps primitifs. Soulevées et déformées, fendues et fissurées, percées de dykes de matière en fusion ou usées sur de vastes étendues par l'action de l'eau, les roches les plus anciennes semblaient témoigner d'un état de choses bien différent de celui manifesté par l'époque paisible où le sort de l'homme est tombé.

Mais peu à peu, les étudiants en géologie réfléchis ont été amenés à comprendre que les premiers efforts de la nature n'ont en aucun cas été les plus grandioses. Les Alpes et les Andes sont des enfants d'hier si on les compare à Snowdon et aux collines de Cumberland ; et l'époque dite glaciaire, celle au cours de laquelle se sont produits peut-être les changements physiques les plus étendus dont il reste des traces, est la dernière et la plus récente des révolutions du globe. Et à mesure que la géographie physique – qui est la géologie de notre époque – est devenue une science et que l'ordre naturel actuel a été saccagé pour trouver ce que, *hibernicè* , nous pouvons appeler des précédents pour les phénomènes du passé, de même La nécessité apparente de supposer que le passé est très différent du présent a diminué.

La puissance de transport du plus grand déluge qu'on puisse imaginer devient insignifiante à côté de celle de l'iceberg qui flotte lentement et qui fond lentement, ou du glacier qui avance à la vitesse d'un escargot d'un mètre par jour. L'étude des deltas du Nil, du Gange et du Mississipi nous a appris combien est lente l'action d'usure de l'eau, combien ses effets sont vastes lorsqu'on lui laisse le temps de s'exercer. Les récifs du Pacifique, les sondages des profondeurs de l'Atlantique montrent que c'est au corail à croissance lente et à l'animalcule imperceptible qui vit son bref espace et ajoute ensuite sa minuscule coquille au cairn boueux laissé par ses congénères. et ancêtres, que nous devons considérer comme les agents de la formation du calcaire et de la craie, et non vers d'hypothétiques océans saturés de sels calcaires et les déposant soudainement.

Et tandis que le chercheur a ainsi appris que les forces existantes – *donnez-leur le temps* – sont capables de produire tous les phénomènes physiques que nous rencontrons dans les roches, de même, d'un autre côté, l'étude des marques laissées dans les couches anciennes par les phénomènes physiques passés. Les actions montrent que celles-ci étaient similaires à celles qui existent actuellement. On y rencontre des plages anciennes dont les galets ressemblent à ceux qu'on trouve sur les rivages modernes ; les sables marins durcis des époques les plus anciennes présentent des rides, comme on en trouve aujourd'hui sur toutes les côtes sablonneuses ; bien plus, les fosses laissées par les anciennes gouttes de pluie prouvent que même dans les âges les plus reculés, « l'arc dans les nuages » devait orner le firmament paléozoïque . De sorte que si nous pouvions renverser la légende des Sept Dormants, si nous pouvions dormir dans le passé et nous réveiller un million de siècles avant notre époque, au milieu des temps géologiques les plus anciens, il n'y aurait aucune raison de croire que la mer, ou le ciel, ou l'aspect de la terre nous avertiraient de la merveilleuse rétrospection.

Telles sont les convictions des géologues physiques modernes, ou, en tout cas, qu'ils tendent à adopter. Mais, ce faisant, il est évident qu'ils ne préjugent en rien de la question de savoir quelle pouvait être la condition physique du globe avant le début de nos chapitres de son histoire, dans ce qu'on peut appeler (avec cette licence qui est implicite dans le terme souvent utilisé « époque préhistorique ») « temps prégéologique ». En fait, les opinions indiquées ne sont pas seulement tout à fait cohérentes avec l'hypothèse selon laquelle, dans la période encore plus ancienne évoquée, la condition de notre monde était très différente ; mais certains peuvent considérer qu'ils nécessitent cette hypothèse. Le philosophe physique qui connaît avec précision la vitesse d'un boulet de canon et le caractère précis de la ligne qu'il parcourt sur un mètre de sa course est obligé, par ce qu'il connaît des lois de la nature, de conclure qu'il vient de un certain endroit, d'où il a été poussé par une certaine force, et qu'il a suivi une certaine trajectoire. De la même manière, l'étudiant en géologie physique, qui croit pleinement à l'uniformité de l'état général de la Terre à travers les temps géologiques, peut se sentir obligé par ce qu'il sait de la causalité et par l'analogie générale de la nature, de supposer que notre planète solaire système était autrefois une masse nébuleuse, qu'il s'est progressivement condensé, qu'il s'est divisé en ce merveilleux groupe de boules roulant harmonieusement que nous appelons planètes et satellites, et qu'ensuite chacune d'elles a subi sa métamorphose désignée, jusqu'à ce qu'enfin notre propre part du monde cosmique. la vapeur est passée dans cet état dans lequel nous rencontrons pour la première fois des enregistrements précis de son état, et dans lequel elle est restée depuis, avec relativement peu de changements.

La doctrine de l'uniformité et la doctrine de la progression sont donc parfaitement cohérentes ; peut-être, en effet, pourrait-on démontrer qu'ils sont nécessairement liés les uns aux autres.

Si, cependant, l'état du monde, qui s'est produit tout au long des temps géologiques, n'est que la suite d'une vaste série de changements qui ont eu lieu dans les temps prégéologiques , alors il ne semble pas improbable que la durée de ces derniers soit celle de l'époque géologique. aussi ancienne que la vaste étendue du temps géologique est aussi longue que la brève époque que nous appelons la période historique ; et que même les roches les plus anciennes sont des témoignages d'une époque presque infiniment éloignée de celle qui aurait pu être le témoin de la première formation de notre globe.

Il est probable qu'aucun géologue moderne n'hésiterait à admettre la validité générale de ces raisonnements appliqués à la physique de son sujet, d'où il est d'autant plus remarquable qu'au moment où la question passe d'une question de physique et de chimie à une question d'histoire naturelle, les opinions scientifiques et les préjugés populaires, qui les reflètent sous une forme déformée, subissent une métamorphose soudaine. Les géologues et les paléontologues écrivent sur le « début de la vie » et les « premières formes d'êtres vivants créés », comme s'il s'agissait des choses les plus familières au monde ; et même des écrivains prudents semblent être en bons termes avec « l'archétype » par lequel le Créateur était guidé « au milieu de l'effondrement des mondes en chute libre ». Tout comme on imaginait autrefois que l'univers antique était physiquement opposé au présent, de même il est encore largement admis que la population vivante de notre globe, qu'elle soit animale ou végétale, aux époques les plus anciennes, présentait des formes contrastant de manière si frappante avec celles qui nous voyons autour de nous qu'il n'y a presque rien de commun entre les deux. On suppose constamment tacitement que nous avons devant nous toutes les formes de vie qui ont jamais existé ; et bien que les progrès de la connaissance, chaque année et presque chaque mois, chassent les défenseurs de cette position de leur terrain, ils se retranchent dans la nouvelle ligne de défense comme si de rien n'était et proclament que le *nouveau* départ est le *véritable* commencement.

Sans nier un seul instant ni tenter d'atténuer les différences positives considérables (les différences négatives sont combattues par un autre argument) qui existent sans aucun doute entre les mondes de la vie antique et moderne, nous pensons qu'elles ont été largement surestimées et exagérées, et cette croyance se fonde sur certains faits dont la valeur ne semble pas avoir été pleinement appréciée, quoiqu'ils soient depuis longtemps plus ou moins complètement connus.

Les innombrables espèces d'animaux et de plantes, récentes et fossiles, sont, comme on le sait, classées par les zoologistes et les botanistes, conformément à leurs relations naturelles, en groupes qui reçoivent les noms de sous-règnes, classes, ordres, familles, genres et espèces. Or, c'est une circonstance des plus remarquables que, vu à grande échelle, les êtres vivants ont si peu varié au cours de tous les temps géologiques qu'il n'y a pas même sous-règne ni de classe complètement éteints ou sans représentants vivants.

Si nous descendons aux groupes plus petits, nous constatons que le nombre des ordres de plantes est d'environ deux cents ; et > Je sais de source sûre qu'aucun d'entre eux n'est exclusivement fossile ; de sorte qu'il n'existe absolument pas un seul type ordinal de vie végétale éteint ; et ce n'est que lorsque nous descendons au groupe suivant, ou aux familles, que nous trouvons des types complètement éteints. Le nombre des ordres d'animaux, au contraire, peut être estimé à cent vingt, ou à peu près, et parmi ceux-ci, huit ou neuf n'ont pas de représentants vivants. La proportion des types ordinaux d'animaux éteints par rapport aux types existants ne dépasse donc pas sept pour cent – une proportion merveilleusement petite si l'on considère l'immensité des temps géologiques.

Une autre classe de considérations, d'une nature différente, il est vrai, mais allant dans le même sens, semble avoir été négligée. Non seulement il est vrai que le plan général de construction des animaux et des plantes a été le même de tous les temps qu'il est aujourd'hui, mais il existe des espèces particulières d'animaux et de plantes qui ont existé à travers de vastes époques, parfois à travers toute la gamme des sources enregistrées. temps, avec très peu de changement. En raison de cette persistance, la forme typique d'un tel type pourrait être appelée un « type persistant », par opposition aux types qui ne sont apparus que pendant une courte période au cours de l'histoire du monde. Les exemples de ces types persistants sont suffisamment abondants dans les règnes végétal et animal. Le groupe de plantes le plus ancien que nous connaissons bien est celui dont les restes sont constitués de charbon ; et, pour autant qu'on puisse les identifier, les plantes carbonifères sont des fougères, des lys ou des conifères , dans de nombreux cas génériquement identiques à celles qui vivent actuellement !

Parmi les animaux, des exemples du même genre peuvent être trouvés dans tous les sous-règnes. La *Globigerina* des sondages atlantiques est identique à celle qui se rencontre dans la craie ; et les moulages du Silurien inférieur *Les foraminifères* , qu'Ehrenberg a récemment décrit, semblent indiquer l'existence, à cette époque reculée, de formes singulièrement semblables à celles qui existent aujourd'hui. Parmi les coraux, le paléozoïque *Les tabulata* sont construites exactement sur le même type que les millepores modernes ; et si nous nous tournons vers les mollusques , les malacologues les plus compétents ne découvrent aucune distinction générique entre les *Craniæ* , *Lingulæ* et *Discinæ* des roches siluriennes et ceux qui vivent actuellement. Notre *Nautilus existant* a ses espèces représentatives dans chaque grande formation, de la plus ancienne à la plus récente ; et *Loligo* , le calmar des mers modernes, apparaît dans le lias , ou au bas de la série mésozoïque , sous une forme, tout au plus, spécifiquement différente de ses congénères vivants. Dans le grand assemblage d' animaux annuloses , les deux classes les plus élevées, les insectes et la tribu des araignées, présentent une merveilleuse persistance de type. Les blattes de l'époque carbonifère ressemblent beaucoup à celles qui courent aujourd'hui dans nos caves à charbon ; et ses criquets, termites et libellules sont étroitement alliés aux membres des mêmes groupes qui gazouillent maintenant dans nos champs, minent nos maisons ou naviguent avec une grâce rapide sur les rives de nos étangs à sedgy. De même, les scorpions paléozoïques ne peuvent être distingués des scorpions modernes que par l'œil d'un naturaliste.

Enfin, en ce qui concerne les *Vertébrés*, la même loi s'applique : certains types, comme ceux des poissons ganoïdes et placoïdes, ayant persisté depuis l' époque paléozoïque jusqu'à nos jours sans un plus grand écart par rapport au standard normal que celui qui est perçu dans les limites du groupe tel qu'il existe aujourd'hui. Même parmi les *Reptilia* – la classe qui présente la plus grande proportion de formes entièrement éteintes – un type, celui des *Crocodilia*, a persisté depuis au moins le début de l'époque mésozoïque jusqu'à nos jours avec une telle constance que la la quantité de changement qu'elle présente peut à juste titre, par rapport au temps qui s'est écoulé, être qualifiée d'insignifiante. Et la connaissance imparfaite que nous avons de l'ancienne population de mammifères de notre Terre conduit à croire que certains de ses types, comme celui des *Marsupialia*, ont persisté avec peu de changements au cours d'une période de temps similaire.

donc démontrable que, malgré les grands changements manifestés par la population animale du monde dans son ensemble, certains types ont persisté relativement sans altération, et la question se pose de savoir quelle importance de tels faits ont sur notre vie. notions de l'histoire de la vie à travers les temps géologiques ? La réponse à cette question semble dépendre de l'opinion que nous portons sur l'origine des espèces en général. Si nous supposons que chaque espèce animale et végétale a été formée par un acte distinct de puissance créatrice, et si les espèces qui se sont succédées sans cesse ont été placées sur le globe par ces actes séparés, alors l'existence de types persistants n'est qu'un phénomène. irrégularité inintelligible. Une telle hypothèse, cependant, est aussi peu étayée par la tradition ou par la Révélation que s'y oppose l'analogie avec le reste des opérations de la nature ; et ceux qui s'imaginent qu'en adoptant une telle hypothèse ils renforcent les mains des partisans de la lettre du récit mosaïque se trompent tout simplement. Si, au contraire, nous adoptons cette hypothèse à laquelle seule l'étude de la physiologie apporte quelque soutien, cette hypothèse qui, après avoir lutté hors de portée de ces partisans fatals, les Telliamed et les Vestigiariens , qui ont failli provoquer son étouffement par le vent en petite enfance, gagne maintenant au moins l'assentiment provisoire de tous les meilleurs penseurs de l'époque - l'hypothèse selon laquelle les formes ou espèces d'êtres vivants, telles que nous les connaissons, ont été produites par la modification progressive d'espèces préexistantes - puis l'existence de types persistants semble nous apprendre beaucoup. De même qu'une petite partie d'une grande courbe paraît droite, l'absence apparente de changement de direction de la ligne étant l'exposant de la vaste étendue de l'ensemble, en proportion de la partie que nous voyons ; ainsi, s'il est vrai que toutes les espèces vivantes sont le résultat de la modification d'autres formes plus simples, l'existence de ces types persistants peu altérés, s'étendant à travers tous les temps géologiques, doit indiquer qu'ils ne sont que les termes finaux d'une énorme série. de modifications qui ont eu lieu dans le grand laps de temps prégéologique et qui sont maintenant peut-être à jamais perdues.

En d'autres termes, lorsqu'ils sont correctement étudiés, les enseignements de la paléontologie ne font qu'un avec ceux de la géologie physique. Nos explorations les plus lointaines ne nous ramènent qu'un peu au-dessus de l'embouchure du grand fleuve de la Vie : l'endroit où il naquit et par quels canaux la noble marée a atteint le point où elle se brise pour la première fois à notre vue nous est caché.

Les pages qui précèdent contiennent l'essentiel d'une conférence prononcée devant la Royal Institution de Grande-Bretagne il y a plusieurs mois, et bien sûr bien avant la parution du remarquable ouvrage sur « l'origine des espèces », que vient de publier M. Darwin, qui arrive à des conclusions très similaires. Bien que, dans un certain sens, je puisse dire à juste titre que mes propres opinions ont été formulées de manière indépendante, je ne sais pas si je peux y revendiquer un quelconque droit de propriété équitable ; car j'ai depuis longtemps le privilège de jouir de l'amitié de M. Darwin et de profiter de ma correspondance avec lui et, dans une certaine mesure, de me familiariser avec les rouages de son esprit singulièrement original et bien stocké. C'était en raison de ma connaissance de la teneur générale des recherches dans lesquelles M. Darwin avait été si longtemps engagé ; parce que j'avais la plus entière confiance en sa persévérance, en ses connaissances et, par-dessus tout, en son noble amour de la vérité ; et, de plus, parce que je trouvais que plus je connaissais les opinions des meilleurs naturalistes sur la question épineuse des espèces, moins elles semblaient fixes et plus enclines à l'hypothèse d'une modification graduelle, que je J'ai osé parler avec autant de force que je l'ai fait dans les derniers paragraphes de mon discours.

Ainsi, mon père ayant tant de plumes empruntées, je ne vois aucune opportunité de conclure ce bref article en prenant une autre poignée de plumes de M. Darwin ; en s'efforçant d'indiquer en quelques mots, en fait, ce que sont réellement, comme je le comprends à la lecture de son livre, ses doctrines et sur quelle sorte de base elles reposent. Et je le fais d'autant plus volontiers que je constate que déjà les critiques les plus hâtives ont commencé, non pas à examiner le livre de mon ami, mais à le hurler d'une manière qui doit tendre grandement à distraire l'esprit du public.

Personne ne sera plus satisfait que moi de voir le livre de M. Darwin réfuté, si quelqu'un est compétent pour accomplir cet exploit ; mais je dirais que la réfutation est retardée, et non facilitée, par de simples fausses déclarations sarcastiques. Quiconque a étudié l'élevage de bétail, ou est devenu colombophile ou « pomologiste », doit avoir été frappé par l'extrême modifiabilité ou plasticité de ces espèces d'animaux et de plantes qui ont été soumises à des conditions artificielles imposées par la domestication. . Les races de chiens sont plus différentes les unes des autres que ne le sont le chien et le loup ; et les races purement artificielles de pigeons, si leur origine était inconnue, seraient certainement considérées par les naturalistes comme des espèces et même des genres distincts.

Ces races sont toujours produites de la même manière. L'éleveur sélectionne un couple, l'un ou l'autre, ou les deux, dont l'un ou l'autre présente une indication de la particularité qu'il veut perpétuer, puis sélectionne parmi leurs descendants ceux qui sont les plus caractéristiques, en rejetant les autres. A partir de la progéniture sélectionnée, il se reproduit à nouveau et, en prenant les mêmes précautions qu'auparavant, répète le processus jusqu'à ce qu'il ait obtenu le degré précis de divergence par rapport au type primitif qu'il visait.

S'il élève maintenant à partir de la variété ainsi établie depuis quelques générations, en ayant soin de toujours garder la souche pure, la tendance à produire cette variété particulière devient de plus en plus fortement héréditaire ; et il ne semble pas qu'il y ait de limite à la persistance de la race ainsi développée.

Des hommes comme Lamarck, comprenant ces faits, et sachant que des variétés comparables à celles produites par le sélectionneur se trouvent en abondance dans la nature, et trouvant qu'il est impossible de faire la distinction dans certains cas entre les variétés et les espèces véritables, ne pourraient guère manquer de deviner la possibilité que des espèces même les plus distinctes n'étaient, après tout, que des variétés extrêmement persistantes, et qu'elles étaient nées de la modification de quelque souche commune, tout comme on croit avec raison que les tourniquets et les lévriers, les pigeons voyageurs et les pigeons culbuteurs sont apparus.

Mais il y avait un lien qui voulait compléter le parallèle. Où se trouve dans la nature l'analogue de l'éleveur ? Comment cette opération de sélection, qui est sa fonction essentielle, pourrait-elle être réalisée par de simples agents naturels ? Lamarck n'a pas apprécié ce problème ; il n'a pas non plus admis son impuissance à le résoudre ; mais il devina une solution. Or, deviner en science est une démarche très hasardeuse, et la réputation de Lamarck a terriblement souffert des absurdités dans lesquelles l'ont conduit ses suppositions sans fondement.

Les conjectures de Lamarck, munis d'un chapeau et d'un bâton neufs, comme avait coutume de dire Sir Walter Scott d'une vieille histoire rénovée, formèrent le fondement des spéculations biologiques des « Vestiges », œuvre qui a fait plus de mal au progrès du son. pensé à ces questions que tout ce qui pourrait être nommé; et, en effet, je le mentionne ici simplement dans le but de nier qu'il ait quoi que ce soit de commun avec ce qui caractérise essentiellement l'œuvre de M. Darwin.

La particularité de cette dernière est, en effet, qu'elle prétend nous dire ce qui, dans la nature, remplace l'éleveur ; Qu'est-ce qui favorise le développement d'une variété dans laquelle une espèce peut se reproduire, et freine celui d'une autre ? et enfin, il montre comment cette sélection naturelle, comme on l'appelle, peut être la cause physique de la production d'espèces par modification.

Ce qui remplace l'éleveur et le sélectionneur dans la nature, c'est la Mort. Dans un chapitre des plus remarquables, « Sur la lutte pour l'existence », M. Darwin attire l'attention sur la merveilleuse destruction de la vie qui se produit constamment dans la nature. Pour chaque espèce d'être vivant, comme pour l'homme, " *Eine Bresche est un jeder Tag* . » — Chaque espèce a ses ennemis ; chaque espèce doit rivaliser avec les autres pour les nécessités de l'existence ; le plus faible va au mur, et la mort est le châtiment infligé à tous les retardataires et retardataires. Chaque variété à laquelle une espèce peut donner naissance est soit pire, soit mieux adaptée aux circonstances environnantes que son parent. Dans le pire des cas, il ne peut pas se maintenir contre la mort et disparaît rapidement. Mais s'il est mieux adapté, il devra, tôt ou tard, « améliorer » son ancêtre sur la surface de la terre et prendre sa place. Si les circonstances changent, le vainqueur sera également supplanté par sa propre descendance ; et ainsi, par l'action de causes naturelles, des modifications illimitées peuvent se produire au cours de longs âges.

Pour une explication de ce que j'ai appelé ici vaguement « les circonstances environnantes » et pourquoi elles changent continuellement – pour une preuve suffisante que la « lutte pour l'existence » est une très grande réalité et *tend assurément* à exercer l'influence qu'on lui prête – je dois se référer au livre de M. Darwin. Je crois avoir exposé équitablement la position sur laquelle toute sa théorie doit reposer ou échouer ; et ce n'est pas mon intention d'anticiper une revue complète de son œuvre. S'il peut être prouvé que le processus de sélection naturelle, opérant sur n'importe quelle espèce, peut donner naissance à des variétés d'espèces si différentes les unes des autres qu'aucun de nos tests ne pourra les distinguer des espèces véritables, l'hypothèse de M. Darwin sur l'origine des espèces prendra sa place parmi les théories scientifiques établies, quelles qu'en soient les conséquences. Si, d'un autre côté, M. Darwin s'est trompé, soit dans les faits, soit dans le raisonnement, ses collègues découvriront bientôt les points faibles de ses doctrines, et leur extinction par une approximation plus proche de la vérité illustrera son propre principe. de la sélection naturelle.

Dans les deux cas, la question ne peut être résolue que par l'enquête minutieuse et véridique de naturalistes qualifiés. C'est le devoir du grand public d'attendre patiemment le résultat ; et, par-dessus tout, décourager, comme pour tout autre crime, la tentative d'enrôler les préjugés des ignorants, ou le manque de charité des bigots, de part et d'autre de la controverse.

XIII

DARWIN SUR L'ORIGINE DES ESPÈCES.

L'éminence scientifique de longue date et bien méritée de M. Darwin le rend probablement indifférent à cette notoriété sociale qui passe sous le nom de succès ; mais si l'esprit calme du philosophe n'a pas encore complètement surpassé l'ambition et la vanité de l'homme charnel qui est en lui, il doit être très satisfait des résultats de son entreprise en publiant « L'Origine des espèces ». Débordant les limites étroites des cercles purement scientifiques, la « question des espèces » partage avec l'Italie et les Volontaires l'attention de la société en général. Tout le monde a lu le livre de M. Darwin, ou, du moins, a émis une opinion sur ses mérites ou ses démérites ; les piétistes, qu'ils soient laïcs ou ecclésiastiques, le dénoncent avec cette douce injure qui semble si charitable ; les fanatiques le dénoncent avec des invectives ignorantes ; les vieilles dames des deux sexes le considèrent comme un livre décidément dangereux, et même les savants , qui n'ont pas de meilleure boue à jeter, citent des écrivains surannés pour montrer que son auteur ne vaut pas mieux qu'un singe lui-même ; tandis que tout penseur philosophique le salue comme un véritable pistolet Whitworth dans l' arsenal du libéralisme, et tous les naturalistes et physiologistes compétents, quelles que soient leurs opinions quant au sort ultime des doctrines avancées, reconnaissent que l'ouvrage dans lequel elles sont incarnées est un solide contribution à la connaissance et inaugure une nouvelle époque de l'histoire naturelle.

La discussion sur ce sujet n'a pas non plus été limitée aux limites de la conversation. Quand le public est avide et intéressé, les critiques doivent subvenir à ses besoins, et le véritable *littérateur* a trop l'habitude d'acquérir ses connaissances dans le livre qu'il juge, comme on dit que l'Abyssin se procure les steaks du bœuf qui porte le livre. lui - être empêché de critiquer un travail scientifique profond par le simple manque des connaissances scientifiques préliminaires requises ; tandis que, d'un autre côté, les hommes de science qui souhaitent du bien aux nouvelles vues, tout autant que ceux qui contestent leur validité, ont naturellement cherché des occasions d'exprimer leurs opinions. Il n'est donc pas surprenant que presque toutes les revues critiques aient remarqué plus ou moins longuement l'œuvre de M. Darwin et tant de dissertations, de tous degrés d'excellence, depuis le pauvre produit de l'ignorance, trop souvent stimulé par les préjugés, jusqu'au juste et un essai réfléchi de l'étudiant franc de la nature, ont paru qu'il semble une tâche presque désespérée d'essayer de dire quoi que ce soit de nouveau sur la question.

Mais on peut se demander si les connaissances et la perspicacité des opposants scientifiques préjugés, ou la subtilité des plaideurs orthodoxes spéciaux, ont encore exercé toute leur force pour mystifier les véritables enjeux de la grande controverse qui a été déclenchée et dont la fin est peu probable. être vu par cette génération; de sorte qu'à cette onzième heure, et même à défaut de nouveauté, il peut être utile de répéter ce qui est vrai et de présenter les positions fondamentales préconisées par M. Darwin sous une forme telle qu'elles puissent être comprises par ceux dont les études spéciales mentir dans d'autres directions; et l'adoption de cette voie peut être d'autant plus recommandée que, malgré ses grands mérites, et même en partie à cause d'eux, l'Origine des Espèces n'est en aucun cas un livre facile à lire, si la lecture implique la pleine compréhension. du sens d'un auteur.

Nous ne plaisantons pas en disant que c'est le malheur de M. Darwin d'en savoir plus sur la question qu'il a abordée que n'importe quel homme vivant. Exercé personnellement et pratiquement en zoologie, en anatomie minutieuse, en géologie ; un étudiant de la répartition géographique, non seulement sur les cartes et dans les musées, mais par de longs voyages et une collecte laborieuse ; ayant largement fait progresser chacune de ces branches de la science et ayant passé de nombreuses années à rassembler et à trier les matériaux pour son travail actuel, la réserve de faits enregistrés avec précision sur laquelle l'auteur de « L'Origine des espèces » est capable de puiser à volonté est prodigieuse. .

Mais cette surabondance même de matière a dû être embarrassante pour un écrivain qui, pour le moment, ne peut présenter qu'un résumé de ses vues, et il en résulte peut-être que, malgré la clarté du style, ceux qui tentent de digérer équitablement Le livre y voit en grande partie une sorte de pemmican intellectuel – une masse de faits écrasés et mis en forme, plutôt que maintenus ensemble par le support ordinaire d'un lien logique évident : l'attention voulue découvrira, sans aucun doute, ce lien, mais il est souvent difficile à trouver.

Encore une fois, par simple manque de place, il faut tenir pour acquis beaucoup de choses qui pourraient être assez facilement prouvées, et par conséquent, pendant que l'adepte, qui peut fournir les chaînons manquants dans les preuves à partir de ses propres connaissances, découvre une nouvelle preuve de la minutie singulière avec lequel toutes les difficultés ont été considérées et toute supposition injustifiable évitée, à chaque réécoute des paragraphes riches de M. Darwin, le novice en biologie a tendance à se plaindre de la fréquence de ce qu'il considère comme une hypothèse gratuite.

Ainsi, même si l'on peut douter que, pendant quelques années, quelqu'un soit susceptible d'être compétent pour prononcer un jugement sur toutes les questions soulevées par M. Darwin, il y a assurément beaucoup de place pour celui qui, assumant le rôle plus humble, mais peut-être aussi utile, , office d'interprète entre « l'Origine des Espèces » et le public, se contente de s'efforcer de souligner la nature des problèmes dont il discute ; faire la distinction entre les faits constatés et les vues théoriques qu'ils contiennent ; et enfin, montrer dans quelle mesure l'explication qu'elle propose satisfait aux exigences de la logique scientifique. C'est en tout cas ce travail que nous nous proposons d'entreprendre dans les pages suivantes.

On peut supposer avec certitude que nos lecteurs ont une conception générale de la nature des objets auxquels le mot « espèce » est appliqué ; mais peu de gens, même ceux qui sont naturalistes , ont peut-être pensé *ex professo* , pour réfléchir que, tel qu'il est communément employé, le terme a un double sens et désigne deux ordres de relations très différents. Lorsque nous appelons un groupe d'animaux ou de plantes une espèce, nous pouvons impliquer par là soit que tous ces animaux ou plantes ont quelque particularité commune de forme ou de structure ; ou bien nous pouvons vouloir dire qu'ils possèdent un caractère fonctionnel commun. La partie de la science biologique qui traite de la forme et de la structure est appelée Morphologie – celle qui s'occupe de la fonction, la Physiologie – de sorte que nous pouvons commodément parler de ces deux sens ou aspects de « l'espèce », l'un comme morphologique, l'autre comme physiologique. . Considérée du premier point de vue, une espèce n'est rien d'autre qu'une sorte d'animal ou de plante qui se distingue distinctement de toutes les autres par certaines particularités morphologiques constantes et non seulement sexuelles. Ainsi les chevaux forment une espèce, parce que le groupe d'animaux auquel ce nom est appliqué se distingue de tous les autres dans le monde par les caractères suivants, constamment associés. Ils ont 1. Une colonne vertébrale ; 2. Mamans ; 3. Un embryon placentaire ; 4. Quatre pattes ; 5. Un seul orteil bien développé dans chaque pied muni d'un sabot ; 6. Une queue touffue ; et 7. Callosités sur les côtés intérieurs des pattes antérieures et postérieures. Les ânes forment encore une espèce distincte, parce que, avec les mêmes caractères, jusqu'au cinquième de la liste ci-dessus, tous les ânes ont la queue touffue et n'ont de callosités que sur la face interne des pattes antérieures. Si l'on découvrait des animaux ayant les caractères généraux du cheval, mais quelquefois avec des callosités seulement sur les pattes antérieures, et des queues plus ou moins touffues ; ou des animaux ayant les caractères généraux de l'âne, mais avec une queue plus ou moins touffue, et quelquefois avec des callosités sur les deux paires de pattes, en plus d'être intermédiaires sous d'autres rapports, il faudrait confondre les deux espèces en une seule. Ils ne pourraient plus être considérés comme des espèces morphologiquement distinctes, car ils ne seraient pas clairement définissables les uns des autres.

Aussi simple et simple que puisse paraître cette définition des espèces, nous faisons appel avec confiance à tous les naturalistes pratiques, qu'ils soient zoologistes, botanistes ou paléontologues , pour nous dire si, dans la grande majorité des cas, ils savent ou veulent affirmer quelque chose de plus. du groupe d'animaux ou de plantes qu'ils désignent ainsi que ce qui vient d'être dit. Même les défenseurs les plus ardents des doctrines reçues concernant les espèces l'admettent.

« Je crains, dit le professeur Owen [62], que peu de naturalistes de nos jours, lorsqu'ils décrivent et proposent un nom pour ce qu'ils appellent « une nouvelle *espèce* », utilisent ce terme pour signifier ce que l'on entend par là vingt ou il y a trente ans, c'est-à-dire une création originellement distincte, conservant sa distinction primitive par des particularités génératives obstructives. Celui qui propose la nouvelle espèce n'entend maintenant rien dire de plus que ce qu'il sait réellement ; comme par exemple que les différences dans lesquelles il fonde le caractère spécifique sont constantes chez les individus des deux sexes, autant que l'observation est arrivée ; et qu'ils ne sont pas dus à la domestication ou à des circonstances extérieures artificiellement induites, ou à toute influence extérieure dont il a connaissance ; que l'espèce est sauvage ou telle qu'elle apparaît par nature.

Si l'on considère, en fait, que la plus grande partie des espèces existantes recensées n'est connue que par l'étude de leur peau, de leurs os ou d'autres exuvies sans vie ; que nous ne connaissons aucune, ou presque aucune, de leurs particularités physiologiques, en dehors de celles qui peuvent être déduites de leur structure, ou qui se prêtent à une observation superficielle ; et que nous ne pouvons espérer en apprendre davantage sur aucune de ces formes de vie éteintes qui constituent aujourd'hui une proportion non négligeable de la flore et de la faune connues du monde ; il est évident que les définitions de ces espèces ne peuvent être que d'un caractère purement structural ou morphologique. Il est probable que les naturalistes auraient évité bien des confusions d'idées s'ils avaient plus fréquemment eu à l'esprit ces limitations nécessaires de nos connaissances. Mais s'il est permis d'admettre que nous ne connaissons que les caractères morphologiques de la grande majorité des espèces, les particularités fonctionnelles ou physiologiques de quelques-unes ont été soigneusement étudiées, et le résultat de cette étude constitue une partie importante et très intéressante de l'étude. la physiologie de la reproduction.

Celui qui étudie la nature s'étonne d'autant plus et s'étonne moins, qu'il devient plus au courant de ses opérations ; mais de tous les miracles éternels qu'elle offre à son inspection, le plus digne d'admiration est peut-être le développement d'une plante ou d'un animal à partir de son embryon. Examinez l'œuf récemment pondu d'un animal commun, comme une salamandre ou un triton. C'est un minuscule sphéroïde dans lequel le meilleur microscope ne révélera rien d'autre qu'un sac sans structure, renfermant un liquide glaireux, retenant des granules en suspension. Mais d'étranges possibilités sommeillent dans ce globule semi-fluide. Qu'un apport modéré de chaleur atteigne son berceau aqueux, et la matière plastique subit des changements si rapides et pourtant si réguliers et si déterminés dans leur succession, qu'on ne peut que les comparer à ceux opérés par un modeleur habile sur un morceau d'argile sans forme. . Comme avec une truelle invisible, la masse est divisée et subdivisée en portions de plus en plus petites, jusqu'à ce qu'elle soit réduite à un agrégat de granules pas trop gros pour construire avec eux les tissus les plus fins de l'organisme naissant. Et alors, c'est comme si un doigt délicat traçait la ligne que doit occuper la colonne vertébrale et modelait le contour du corps ; pincer la tête à une extrémité, la queue à l'autre, et façonner les flancs et les membres dans des proportions de salamandre , d'une manière si artistique, qu'après avoir observé le processus heure par heure, on est presque involontairement possédé par l'idée que une aide à la vision plus subtile qu'un achromatique montrerait l'artiste caché, avec son plan devant lui, s'efforçant par une manipulation habile de perfectionner son œuvre.

À mesure que la vie avance et que le jeune amphibien parcourt les eaux, terreur de ses insectes contemporains, non seulement les particules nutritives fournies par sa proie, par l'intermédiaire desquelles sa croissance a lieu, sont déposées chacune à son endroit approprié. , et dans des proportions telles que le reste, de manière à reproduire la forme, la couleur et la taille caractéristiques de la souche parentale ; mais même les merveilleux pouvoirs de reproduction des parties perdues que possèdent ces animaux sont contrôlés par la même tendance directrice. Coupez les pattes, la queue, les mâchoires, séparément ou toutes ensemble, et, comme Spallanzani l'a montré il y a longtemps, ces parties non seulement repoussent, mais le membre réintégré se forme sur le même type que ceux qui ont été perdus. La nouvelle mâchoire ou patte est celle d'un triton et ne ressemble jamais, par hasard, à celle d'une grenouille. Ce qui est vrai du triton est vrai de tout animal et de toute plante ; le gland tend à se reconstituer en un géant des bois, semblable à celui dont il est tombé ; la spore du plus humble lichen reproduit l'incrustation verte ou brune qui lui a donné naissance ; et à l'autre extrémité de l'échelle de la vie, l'enfant qui ne ressemblait ni au côté paternel ni au côté maternel de la maison serait considéré comme une sorte de monstre.

De sorte que le seul but vers lequel tend chez tous les êtres vivants l'impulsion formatrice, le seul projet que l' Archéus des vieux spéculateurs s'efforce de réaliser, semble être de façonner la progéniture à l'image du parent. C'est la première grande loi de la reproduction, selon laquelle la progéniture a tendance à ressembler plus à son ou ses parents qu'à toute autre chose.

La science nous montrera un jour comment cette loi est une conséquence nécessaire des lois plus générales qui gouvernent la matière ; mais pour le moment, on ne peut guère dire davantage que le fait qu'il semble être en harmonie avec eux. Nous savons que les phénomènes de vitalité ne sont pas distincts des autres phénomènes physiques, mais ne font qu'un avec eux ; et matière et force sont les deux noms d'un seul artiste qui façonne le vivant aussi bien que le sans vie. C'est pourquoi les corps vivants doivent obéir aux mêmes grandes lois que toute autre matière ; et il n'existe pas non plus, dans toute la nature, de loi d'application plus large que celle-ci, selon laquelle un corps poussé par deux forces prend la direction de leur résultante. Mais les corps vivants peuvent être considérés comme rien d'autre que des faisceaux de forces extrêmement complexes retenus dans une masse de matière, comme les forces complexes d'un aimant sont retenues dans l'acier par sa force coercitive ; et comme les différences entre les sexes sont relativement légères, ou, en d'autres termes, la somme des forces dans chacun d'eux a une tendance très similaire, on peut raisonnablement s'attendre à ce que leur résultante, la progéniture, ne s'écarte que peu d'une trajectoire parallèle à l'une ou l'autre. ou aux deux.

Représentons-nous la raison de la loi par quelle métaphore ou analogie physique nous voulons, cependant, la grande affaire est d'appréhender son existence et l'importance des conséquences qui en peuvent être déduites. Car les choses qui sont semblables aux mêmes sont semblables les unes aux autres, et si, dans une grande série de générations, chaque descendance est comme son parent, il s'ensuit que toute la descendance et tous les parents doivent être semblables les uns aux autres ; et que, étant donné une lignée parentale originale ayant la possibilité de se multiplier sans perturbation, la loi en question nécessite la production, au fil du temps, d'un groupe indéfiniment grand, dont l'ensemble des membres sont à la fois très semblables et sont des parents de sang, ayant descendant du même parent ou du même couple de parents. La preuve que tous les membres d'un groupe donné d'animaux ou de plantes sont ainsi descendus serait normalement considérée comme suffisante pour leur donner droit au rang d'espèces physiologiques, car la plupart des physiologistes considèrent que les espèces peuvent être définies comme « la progéniture d'un seul souche primitive.

Mais s'il est tout à fait vrai que tous ces groupes que nous appelons espèces *peuvent* , selon les lois connues de la reproduction, descendre d'une seule souche, et bien qu'il soit très probable qu'ils l'aient effectivement fait, cette conclusion repose néanmoins sur la déduction et peut être n'espère guère s'établir sur une base d'observation. Et le caractère primitif du prétendu stock unique, qui est après tout l'essentiel du problème, n'est pas seulement une hypothèse, mais une hypothèse qui n'a pas l'ombre d'un fondement, si par « primitif » on entend « indépendant de tout autre ». être vivant." Une définition scientifique, dont une hypothèse injustifiable constitue une partie essentielle, porte en elle sa condamnation ; mais même en supposant qu'une telle définition soit tenable, sur la forme, le physiologiste qui tenterait de l'appliquer à la nature se trouverait bientôt impliqué dans de grandes difficultés, sinon inextricables. Comme nous l'avons dit, il est indubitable que la progéniture *tend* à ressembler à l'organisme parental, mais il est également vrai que la similitude atteinte ne constitue jamais une identité, ni dans la forme ni dans la structure. Il y a toujours une certaine déviation, non seulement par rapport aux caractères précis d'un seul parent, mais lorsque, comme chez la plupart des animaux et dans beaucoup de plantes, les sexes sont logés dans des individus distincts, par rapport à une moyenne exacte entre les deux parents. Et, en effet, d'un point de vue général, cette légère déviation semble aussi intelligible que la similarité générale, si l'on considère la complexité des « faisceaux de forces » coopérants et combien il est improbable que, de toute façon, leur véritable résultante soit coïncider avec n'importe quelle moyenne entre les caractères les plus évidents des deux parents. Cependant, quelle qu'en soit la cause, la coexistence de cette tendance à des variations mineures avec la tendance à une similitude générale est d'une grande importance dans son rapport avec la question de l'origine des espèces.

En règle générale, la mesure dans laquelle une progéniture diffère de son parent est assez minime ; mais, parfois, la quantité de différence est beaucoup plus fortement marquée, et alors la progéniture divergente reçoit le nom de variété . Des multitudes de ce qu'il y a tout lieu de croire être de telles variétés sont connues, mais l'origine de très peu d'entre elles a été enregistrée avec précision, et parmi celles-ci nous en choisirons deux comme illustrant plus particulièrement les principales caractéristiques de la variation. Le premier d'entre eux est celui du mouton « Ancon », ou « Otter », dont le colonel David Humphreys, FRS, rend compte soigneusement dans une lettre à Sir Joseph Banks, publiée dans les Philosophical Transactions de 1813. Il semble que celui-ci, Seth Wright, propriétaire d'une ferme sur les bords de la rivière Charles, dans le Massachusetts, possédait un troupeau de quinze brebis et un bélier de l'espèce ordinaire. En 1791, une des brebis présenta à son propriétaire un agneau mâle, se distinguant, sans raison identifiable, de ses parents par un corps proportionnellement long et des pattes courtes et bandées, d'où il était incapable d'imiter ses parents dans ces sauts sportifs. les clôtures des voisins , auxquelles ils avaient l'habitude de se livrer, au grand dam du bon fermier.

Le deuxième cas est celui détaillé par une autorité non moins irréprochable que Réaumur , dans son « Art de faire éclorre les poulets ». Un couple maltais, nommé Kelleia , dont les mains et les pieds étaient construits sur le modèle humain ordinaire, leur avait donné un fils, Gratio , qui possédait six doigts parfaitement mobiles à chaque main et six orteils, moins bien formés, à chaque pied. . Aucune cause n'a pu être attribuée à l'apparition de cette variété inhabituelle de l'espèce humaine.

Deux circonstances méritent d'être remarquées dans ces deux cas. Dans chacun d'eux, la variété semble être apparue en pleine force et, pour ainsi dire, *per saltum* ; une différence large et nette apparaissant immédiatement entre le bélier Ancon et le mouton ordinaire ; entre le Gratio à six doigts et à six doigts Kelleia et les hommes ordinaires. Dans aucun des deux cas, il n'est possible d'identifier une raison évidente pour l'apparition de la variété. Il y avait sans doute des causes déterminantes à ces phénomènes comme à tous les autres phénomènes ; mais ils n'apparaissent pas, et nous pouvons être à peu près certains que ce qui est ordinairement compris comme des changements dans les conditions physiques, comme dans le climat, dans la nourriture, etc., n'a pas eu lieu et n'a rien à voir avec l'affaire. Il ne s'agissait pas de ce qu'on appelle communément une adaptation aux circonstances ; mais, pour employer une expression commodément erronée, les variations sont apparues spontanément. La recherche infructueuse des causes finales mène très loin ceux qui le poursuivent ; mais même les téléologues les plus endurcis, prêts à briser toutes les lois de la physique à la poursuite de leur feu follet préféré, seront peut-être perplexes de découvrir à quoi pourraient servir les jambes rabougries du bélier ou du feu follet de Seth Wright . les membres hexadactyles de Gratio Kellia .

Des variétés apparaissent alors sans que nous sachions pourquoi ; et il est plus que probable que la majorité des variétés sont apparues de manière spontanée, bien que nous soyons, bien entendu, loin de nier qu'elles puissent être attribuées, dans certains cas, à des influences extérieures distinctes, qui sont assurément compétentes pour modifier la nature. caractère du revêtement tégumentaire , changer de couleur , augmenter ou diminuer la grosseur des muscles, modifier la constitution, et, chez les plantes, donner lieu à la métamorphose des étamines en pétales, etc. Mais quelle qu'en soit l'origine, ce qui nous intéresse particulièrement à présent est de remarquer que, une fois créées, les variétés obéissent à la loi fondamentale de la reproduction selon laquelle le semblable tend à produire le semblable, et que leur progéniture l'illustre en tendant à présenter la même déviation de la même espèce. la souche parentale comme eux-mêmes. En fait, il semble y avoir, dans de nombreux cas, une influence pré-puissante sur une variété nouvellement apparue, ce qui lui confère ce que l'on peut appeler un avantage injuste sur les descendants normaux de la même souche. Le cas de Gratio en est un exemple frappant. Kelleia , qui épousa une femme aux extrémités pentadactyles ordinaires , et eut de ses quatre enfants, Salvator , George, André et Marie. De ces enfants, Salvator , l'aîné, avait six doigts et six orteils, comme son père ; les deuxième et troisième, également des garçons, avaient cinq doigts et orteils, comme leur mère, bien que les mains et les pieds de

George fussent légèrement déformés ; la dernière, une fille, avait cinq doigts et orteils, mais les pouces étaient légèrement déformés. La variété se reproduisait ainsi purement chez l'aînée, tandis que le type normal se reproduisait purement chez la troisième, et presque purement chez la seconde et la dernière : de sorte qu'il semblerait, au premier abord, que le type normal était plus puissant que la variété. . Mais tous ces enfants ont grandi et se sont mariés avec des épouses et des maris normaux, et ensuite, notez ce qui s'est passé : Salvator a eu quatre enfants, dont trois présentaient les membres hexadactyles de leur grand-père et de leur père, tandis que le plus jeune avait les membres pentadactyles de la mère. et grand-mère; de sorte qu'ici, malgré une double dilution du sang en pentadactyle , la variété hexadactyle avait le dessus. La même prépuissance de la variété était encore plus clairement illustrée dans la descendance de deux des autres enfants, Marie et George. Marie (dont seuls les pouces étaient déformés) donna naissance à un garçon à six orteils et à trois autres enfants normalement formés ; mais Georges, qui n'était pas un pentadactyle aussi pur , engendra d'abord deux filles, dont chacune avait six doigts et six orteils ; puis une fille avec six doigts à chaque main et six orteils au pied droit, mais seulement cinq orteils au gauche ; et enfin, un garçon avec seulement cinq doigts et orteils. Dans ces cas donc, la variété, pour ainsi dire, a sauté d'une génération à l'autre pour se reproduire pleinement dans la suivante. Enfin, André, purement pentadactyle , fut le père de nombreux enfants, dont aucun ne s'écartait du type parental normal.

Si une variation qui se rapproche de la nature d'une monstruosité peut s'efforcer ainsi de se reproduire avec force, il n'est pas étonnant que des modifications moins aberrantes tendent à se conserver encore plus fortement ; et l'histoire du mouton Ancon est, à cet égard, particulièrement instructive. Avec la « gentillesse » caractéristique de leur nation, les voisins du fermier du Massachusetts imaginaient que ce serait une excellente chose si tous ses moutons étaient imprégnés de la tendance au séjour à la maison imposée par la nature au bélier nouvellement arrivé ; et ils conseillèrent à Wright de tuer le vieux patriarche de son troupeau et d'installer le bélier Ancon à sa place. Le résultat justifiait leurs sagaces anticipations et coïncidait très près avec ce qui arriva à la progéniture de Gratio. Kellia . Les jeunes agneaux étaient presque toujours soit de purs Ancons , soit de purs moutons ordinaires. [63] Mais lorsqu'on obtint suffisamment de moutons Ancon pour se croiser entre eux, on constata que la progéniture était toujours du pur Ancon. Le colonel Humphreys déclare en effet n'avoir eu connaissance que d'« un seul cas douteux de nature contraire ». Voici donc un exemple remarquable et bien établi, non seulement d'une race très distincte établie *par saltum* , mais de cette race se reproduisant « vraie » immédiatement et ne montrant aucune forme mixte, même lorsqu'elle est croisée avec une autre race.

En prenant soin de sélectionner des Ancons des deux sexes pour la reproduction, il devenait ainsi facile d'établir une race extrêmement bien marquée, si particulière que même lorsqu'ils étaient en troupeau avec d'autres moutons, on remarquait que les Ancons restaient ensemble, et il y a tous des raisons de croire que l'existence de cette race aurait pu se prolonger indéfiniment ; mais l'introduction des moutons mérinos, qui étaient non seulement très supérieurs aux Ancons en laine et en viande, mais tout aussi calmes et ordonnés, conduisit à la négligence complète de la nouvelle race, de sorte qu'en 1813, le colonel Humphreys eut du mal à pour obtenir le spécimen dont le squelette a été présenté à Sir Joseph Banks. Nous pensons que depuis de nombreuses années, il n'en reste aucun vestige aux États-Unis.

Merci Kelleia n'était pas l'ancêtre d'une race d'hommes à six doigts, puisque le bélier de Seth Wright est devenu une nation de moutons Ancon, bien que la tendance de la variété à se perpétuer semble avoir été aussi forte dans un cas que dans l'autre. Et la raison de cette différence n'est pas loin à chercher. Seth Wright a pris soin de ne pas affaiblir le sang Ancon en faisant correspondre ses brebis Ancon avec des mâles de la même variété, tandis que Gratio Les fils de Kelleia étaient trop éloignés de l'époque patriarcale pour se marier avec leurs sœurs ; et ses petits-enfants ne semblent pas avoir été attirés par leurs cousins à six doigts. En d'autres termes, dans le premier exemple, une race a été créée parce que, pendant plusieurs générations, on a pris soin de *sélectionner* les deux parents des reproducteurs, parmi des animaux présentant une tendance à varier dans le même sens, alors que dans l'autre aucune race n'a été créée. évolué, car aucune sélection de ce type n'a été exercée. Une race est une variété propagée et comme, selon les lois de la reproduction, la progéniture a tendance à prendre la forme parentale, elle sera plus susceptible de propager une variation présentée par les deux parents que celle possédée par un seul.

Il n'y a aucun organe du corps d'un animal qui ne puisse pas, et qui ne varie occasionnellement, plus ou moins du type normal ; et il n'y a aucune variation qui ne puisse être transmise et qui, si elle est transmise sélectivement, ne puisse devenir le fondement d'une race. Cette grande vérité, parfois oubliée des philosophes, est connue depuis longtemps des agriculteurs et des éleveurs pratiques : c'est sur elle que reposent toutes les méthodes d'amélioration des races d'animaux domestiques, qui depuis un siècle ont été suivies avec tant de succès en Angleterre. Couleur , forme, taille, texture des cheveux ou de la laine, proportions des diverses parties, force ou faiblesse de constitution, tendance à engraisser ou à rester maigre, à donner beaucoup ou peu de lait, rapidité, force, caractère, intelligence, instincts particuliers ; il n'y a pas un seul de ces caractères dont la transmission ne soit quotidienne dans l'expérience des éleveurs, des éleveurs, des marchands de chevaux et des amateurs de chiens et de volailles. Bien plus, ce n'est que l'autre jour qu'un éminent physiologiste, le Dr Brown Séquard, a fait part à la Royal Society de sa découverte que l'épilepsie, produite artificiellement chez les cobayes, par un moyen qu'il a découvert, se transmet à leur progéniture.

Mais une race, une fois produite, n'est pas plus une entité fixe et immuable que la souche d'où elle est issue ; des variations apparaissent parmi ses membres, et comme ces variations se transmettent comme toutes les autres, de nouvelles races peuvent se développer à partir des races préexistantes. *à l'infini* , ou, du moins, dans toute limite actuellement déterminée. Avec suffisamment de temps et une sélection suffisamment minutieuse, la multitude de races qui peuvent naître d'une souche commune est aussi étonnante que le sont les différences structurelles extrêmes qu'elles peuvent présenter. Un exemple remarquable de ceci se trouve dans le pigeon biset, dont M. Darwin a, à notre avis, démontré de manière satisfaisante qu'il est l'ancêtre de tous nos pigeons domestiques, dont il existe certainement plus d'une centaine de races bien marquées. . Les plus remarquables de ces races sont les quatre grandes souches connues des « fantaisies » sous le nom de tumblers, moudeurs, porteurs et fantails ; des oiseaux qui diffèrent singulièrement non-seulement par la taille, la couleur et les habitudes, mais encore par la forme du bec et du crâne ; dans les proportions du bec par rapport au crâne ; dans le nombre de plumes de la queue ; dans la taille absolue et relative des pieds ; en présence ou en l'absence de la glande uropygiale ; dans le nombre de vertèbres du dos ; en un mot, précisément par les caractères par lesquels les genres et les espèces d'oiseaux diffèrent les uns des autres.

Et il est très remarquable et instructif d'observer qu'aucune de ces races ne peut être démontrée comme étant née de l'action de changements survenus dans ce qu'on appelle communément des circonstances extérieures, sur le pigeon biset sauvage. Au contraire, depuis des temps immémoriaux, les colombophiles ont eu des méthodes essentiellement similaires pour traiter leurs animaux de compagnie, qui ont été hébergés, nourris, protégés et soignés de la même manière dans tous les pigeonniers . En fait, il n'y a pas de cas mieux adapté que celui des pigeons, pour réfuter la doctrine qu'on voit émettre de haute autorité, selon laquelle « aucun autre caractère que ceux fondés sur le développement des os pour l'attachement des muscles » n'est capable de variation. En contradiction exacte avec cette affirmation hâtive, les recherches de M. Darwin prouvent que le squelette des ailes des pigeons domestiques n'a guère varié de celui du type sauvage ; tandis que, d'un autre côté, c'est exactement dans les domaines, tels que la longueur relative du bec et du crâne, le nombre des vertèbres et le nombre des plumes de la queue, sur lesquels l'effort musculaire ne peut avoir aucune influence importante, que la plus grande quantité de variation a eu lieu.

Nous avons dit que suivre les propriétés manifestées par les espèces physiologiques nous conduirait à des difficultés, et à ce stade elles commencent à être évidentes ; car, si, à la suite d'une variation spontanée et d'une reproduction sélective, la descendance d'une souche commune peut être séparée en groupes distincts les uns des autres par des caractères morphologiques constants et non sexuels, il est clair que la définition physiologique de l'espèce est probablement entrer en conflit avec la définition morphologique. Personne n'hésiterait à décrire la boudeuse et le gobelet comme des espèces distinctes, s'ils étaient trouvés fossiles, ou si leurs peaux et leurs squelettes étaient importés, comme le sont généralement ceux des oiseaux sauvages exotiques - et, sans aucun doute, pris isolément, ils sont espèces morphologiques bonnes et distinctes. En revanche, ce ne sont pas des espèces physiologiques, car ils descendent d'une souche commune, le pigeon biset.

Dans ces circonstances, comme il est admis de tous côtés que les races existent dans la nature, comment pouvons-nous savoir si des animaux apparemment distincts appartiennent réellement ou non à des espèces physiologiques différentes, étant donné que l'ampleur des différences morphologiques n'est pas un indicateur sûr ? Existe-t-il un test d'une espèce physiologique ? La réponse habituelle des physiologistes est affirmative. On dit qu'un tel test se trouve dans les phénomènes d'hybridation, dans les résultats des croisements de races comparés aux résultats des croisements d'espèces.

Autant qu'on en dispose actuellement, les individus de ce qui est certainement connu pour être de simples races produites par sélection, aussi distinctes qu'elles puissent paraître, non seulement se reproduisent librement entre eux, mais les descendants de ces races croisées sont également parfaitement fertiles avec un autre. Ainsi, l'épagneul et le lévrier, le cheval de trait et l'Arabe, le boudeur et le tumbler, se reproduisent en toute liberté, et leurs bâtards, s'ils sont mis en parallèle avec d'autres bâtards de la même espèce, sont également fertiles.

D'un autre côté, il ne fait aucun doute que les individus de nombreuses espèces naturelles ou bien sont absolument stériles s'ils sont croisés avec des individus d'autres espèces, ou bien, s'ils donnent naissance à une descendance hybride, les hybrides ainsi produits sont stériles lorsqu'ils sont accouplés. Le cheval et l'âne, par exemple, s'ils sont ainsi croisés, donnent naissance au mulet, et il n'y a aucune preuve certaine qu'une progéniture ait jamais été produite par un mulet mâle et une femelle. Les unions du biset et du pigeon à bagues semblent également stériles. Ici donc, dit le physiologiste, nous avons un moyen de distinguer deux espèces vraies de deux variétés quelconques. Si un mâle et une femelle, sélectionnés dans chaque groupe, produisent une progéniture et que cette progéniture est fertile avec d'autres produits de la même manière, les groupes sont des races et non des espèces. Si, au contraire, aucun résultat n'en résulte, ou si les descendants sont stériles avec d'autres produits de la même manière, ce sont de véritables espèces physiologiques. Le test serait admirable , si, en premier lieu, il était toujours possible de l'appliquer, et si, en second lieu, il donnait toujours des résultats susceptibles d'une interprétation définie. Malheureusement, dans la grande majorité des cas, cette référence aux espèces est totalement inapplicable.

La constitution de nombreux animaux sauvages est tellement altérée par le confinement qu'ils ne peuvent même pas se reproduire avec leurs propres femelles, de sorte que les résultats négatifs obtenus par croisements sont sans valeur, et l'antipathie des animaux sauvages d'espèces différentes les uns pour les autres, voire même de membres sauvages et apprivoisés de la même espèce, est ordinairement si grande, qu'il est inutile de rechercher de telles unions dans la nature. L'hermaphrodisme de la plupart des plantes, la difficulté de s'assurer de l'absence du leur ou du bon fonctionnement des autres pollens, sont des obstacles non moins importants pour leur appliquer le test. Et chez les animaux comme chez les plantes s'ajoute une autre difficulté, c'est qu'il faut poursuivre les expériences pendant une longue période dans le but de s'assurer de la fertilité de la descendance bâtarde ou hybride, ainsi que des premiers croisements dont ils sont issus.

Non seulement ces grandes difficultés pratiques résident dans la manière d'appliquer le test d'hybridation, mais même lorsque cet oracle peut être interrogé, ses réponses sont parfois aussi douteuses que celles de Delphes. Par exemple, M. Darwin cite des cas de plantes qui sont plus fertiles avec le pollen d'une autre espèce qu'avec le leur propre ; et il y en a d'autres, comme certains *fuci* , dont l'élément mâle fécondera l'ovule d'une plante d'espèce distincte, tandis que les mâles de cette dernière espèce sont inefficaces avec les femelles de la première. De sorte que, dans ce dernier cas, un physiologiste, qui croiserait les deux espèces dans un sens, déciderait qu'elles sont de véritables espèces ; tandis qu'un autre, qui les traverserait dans le sens inverse, les déclarerait, avec une égale justice, selon la règle, comme de simples races. Plusieurs plantes, qu'il y a de grandes raisons de croire comme de simples variétés, sont presque stériles lorsqu'on les croise ; tandis que les animaux et les plantes, qui ont toujours été considérés par les naturalistes comme appartenant à des espèces distinctes, se révèlent, lorsque le test est appliqué, parfaitement fertiles. Encore une fois, la stérilité ou la fertilité des croisements ne semble avoir aucun rapport avec les ressemblances ou les différences structurelles entre les membres de deux groupes. M. Darwin a discuté cette question avec une habileté et une circonspection singulières, et ses conclusions sont résumées comme suit à la page 276 de son ouvrage :

« Les premiers croisements entre des formes suffisamment distinctes pour être classées comme espèces, et leurs hybrides, sont très généralement, mais pas universellement, stériles. La stérilité est à tous les degrés, et elle est souvent si légère que les deux expérimentateurs les plus minutieux qui aient jamais vécu sont parvenus à des conclusions diamétralement opposées en classant les formes selon ce test. La stérilité est intrinsèquement variable chez les individus de la même espèce et est éminemment sensible aux conditions favorables et défavorables . Le degré de stérilité ne suit pas strictement une affinité systématique, mais est régi par plusieurs lois curieuses et complexes. Elle est généralement différente, et parfois très différente, dans les croisements réciproques entre les deux mêmes espèces. Il n'est pas toujours égal en degré dans un premier croisement et dans l'hybride issu de ce croisement.

« De la même manière que dans le greffage d'arbres, la capacité d'une espèce ou d'une variété à s'en prendre à une autre est accessoire à des différences généralement inconnues dans leurs systèmes végétatifs, de même, dans le croisement, la plus ou moins grande facilité d'une espèce à s'unir à une autre est accessoire. sur des différences inconnues dans leurs systèmes reproducteurs. Il n'y a pas plus de raison de penser que les espèces ont été spécialement dotées de divers degrés de stérilité pour les empêcher de se croiser et de se reproduire dans la nature, que de penser que les arbres ont été spécialement dotés de degrés de difficulté divers et quelque peu analogues pour être greffés ensemble, en afin d'éviter qu'ils ne s'encastrent dans nos forêts.

« La stérilité des premiers croisements entre espèces pures, dont le système reproducteur est parfait, semble dépendre de plusieurs circonstances ; dans certains cas, en grande partie sur la mort précoce de l'embryon. La stérilité des hybrides dont le système reproducteur est imparfait, et qui ont vu ce système et toute leur organisation perturbés par le fait d'être composés de deux espèces distinctes, semble étroitement liée à cette stérilité qui affecte si souvent les espèces pures lorsque leurs conditions naturelles de vie ont été modifiées. perturbé. Cette vision est étayée par un parallélisme d'un autre type ; à savoir que le croisement de formes peu différentes est favorable à la vigueur et à la fertilité de la descendance ; et que de légers changements dans les conditions de vie sont apparemment favorables à la vigueur et à la fertilité de tous les êtres organisés. Il n'est pas surprenant que le degré de difficulté à unir deux espèces et le degré de stérilité de leur progéniture hybride correspondent généralement, bien que cela soit dû à des causes distinctes ; car les deux dépendent de l'importance d'une certaine différence entre les espèces croisées. Il n'est pas non plus surprenant que la facilité d'effectuer un premier croisement, la fertilité des hybrides qui en sont issus et la capacité de se greffer ensemble – bien que cette dernière capacité dépende évidemment de circonstances très différentes – soient toutes, dans une certaine mesure, parallèles à la affinité systématique des formes soumises à l'expérimentation ;

car l'affinité systématique tente d'exprimer toutes sortes de ressemblances entre toutes les espèces.

« Les premiers croisements entre des formes connues pour être des variétés, ou suffisamment semblables pour être considérées comme des variétés, et leurs descendants métis, sont très généralement, mais pas tout à fait universellement, fertiles. Cette fécondité presque générale et parfaite n'est d'ailleurs pas surprenante, si l'on songe à quel point nous sommes susceptibles de discuter en cercle au sujet des variétés à l'état de nature ; et quand on se souvient que la plupart des variétés ont été produites sous domestication par la sélection de simples différences extérieures, et non de différences dans le système reproducteur. À tous autres égards, hormis la fertilité, il existe une étroite ressemblance générale entre les hybrides et les bâtards » (pp. 276-8).

Nous sommes entièrement d'accord avec la teneur générale de ce passage important, mais si puissants que soient ces arguments, et aussi peu que puisse être la valeur de la fertilité ou de l'infertilité en tant que test d'espèce, il ne faut pas oublier que le fait réellement important, dans la mesure où La recherche sur l'origine des espèces consiste à dire qu'il existe dans la nature des groupes d'animaux et de plantes dont les membres sont incapables d'une union féconde avec ceux d'autres groupes ; et qu'il existe des choses comme les hybrides, qui sont absolument stériles lorsqu'on les croise avec d'autres hybrides. Car si de tels phénomènes n'étaient manifestés que par deux de ces assemblages d'objets vivants auxquels est donné le nom d'espèce (qu'il soit utilisé dans son sens physiologique ou dans son sens morphologique), il faudrait en rendre compte par n'importe quel théorie de l'origine des espèces, et toute théorie qui ne pourrait pas en rendre compte serait, jusqu'à présent, imparfaite.

Jusqu'à présent, nous avons traité de questions de fait, et les déclarations que nous avons présentées au lecteur seraient, au meilleur de nos connaissances, considérées comme contenant une exposition juste de ce qui est actuellement connu concernant les propriétés essentielles de espèce, par tous ceux qui ont étudié la question. Et quelles que soient ses vues théoriques, aucun naturaliste ne sera probablement disposé à s'opposer au résumé suivant de cette exposition :

Les êtres vivants, qu'ils soient animaux ou végétaux, sont divisibles en multitudes d'espèces distinctement définissables, qui sont des espèces morphologiques. Ils sont également divisibles en groupes d'individus, qui se reproduisent librement ensemble, tendant à se reproduire entre eux, et constituent des espèces physiologiques. Normalement, ressemblant à leurs parents, la descendance des membres de ces espèces est encore susceptible de varier, et la variation peut se perpétuer par sélection, en tant que race, laquelle race présente, dans bien des cas, tous les caractères d'une espèce morphologique. Mais il n'est pas encore prouvé qu'une race présente jamais, lorsqu'elle est croisée avec une autre race de la même espèce, les phénomènes d'hybridation que présentent de nombreuses espèces lorsqu'elles sont croisées avec d'autres espèces. D'un autre côté, non seulement il n'est pas prouvé que toutes les espèces donnent naissance à des hybrides infertiles *entre elles* , mais il y a de nombreuses raisons de croire que, lors des croisements, les espèces présentent toutes les gradations depuis la parfaite stérilité jusqu'à la parfaite fertilité.

Telles sont les caractéristiques les plus essentielles des espèces. Même si l'homme n'en faisait pas partie, membre du même système et soumis aux mêmes lois, la question de leur origine, de leur lien causal , c'est-à-dire avec les autres phénomènes de l'univers, aurait dû attirer son attention dès que possible. comme son intelligence s'était élevée au-dessus du niveau de ses besoins quotidiens.

En fait , l'histoire raconte que tel fut le cas et elle nous a embaumé les spéculations sur l'origine des êtres vivants, qui furent parmi les premiers produits de l'activité intellectuelle naissante de l'homme. À cette époque, la connaissance positive n'était pas disponible, mais il fallait, à tout prix, satisfaire son désir, et selon le pays ou la tournure de pensée du spéculateur, la suggestion que tous les êtres vivants provenaient de la boue du Nil, provenant d'un œuf primitif ou de quelque agent plus anthropomorphe, offrait un lieu de repos suffisant à sa curiosité. Les mythes du paganisme sont aussi morts qu'Osiris ou Zeus, et l'homme qui les ressusciterait, en opposition à la connaissance de notre temps, serait à juste titre ridiculisé et méprisé ; mais les imaginations contemporaines courantes parmi les habitants grossiers de la Palestine, rapportées par des écrivains dont le nom et l'âge sont reconnus comme inconnus par tous les érudits, n'ont malheureusement pas encore partagé leur sort, mais, même à ce jour, sont considérées par les neuf dixièmes. du monde civilisé comme norme de fait faisant autorité et critère de la justice des conclusions scientifiques, dans tout ce qui concerne l'origine des choses et, parmi elles, des espèces. En ce XIXe siècle, comme à l'aube de la science physique moderne, la cosmogonie de l'hébreu semi-barbare est l'incube du philosophe et l'opprobre de l'orthodoxe. Qui comptera les chercheurs patients et sérieux de la vérité depuis l'époque de Galilée jusqu'à nos jours, dont la vie a été aigrie et leur réputation détruite par le zèle erroné des bibliothécaires ? Qui peut compter la multitude d'hommes plus faibles dont le sens de la vérité a été détruit dans la tentative d'harmoniser des impossibilités - dont la vie a été gâchée dans la tentative de forcer le vin nouveau généreux de la science dans les vieilles bouteilles du judaïsme, contraints par le tollé des le même parti fort ?

Il est vrai que si les philosophes ont souffert, leur cause a été amplement vengée. Des théologiens éteints gisent autour du berceau de toute science comme des serpents étranglés à côté de celui d'Hercule, et l'histoire rapporte que chaque fois que la science et le dogmatisme ont été opposés, ce dernier a été contraint de se retirer de la lice, saignant et écrasé, sinon anéanti ; écorché, voire tué. Mais l'orthodoxie est le Bourbon du monde de la pensée. Il n'apprend pas, il ne peut pas non plus oublier ; et bien qu'actuellement déconcerté et effrayé de bouger, il est plus disposé que jamais à insister sur le fait que le premier chapitre de la Genèse contient le début et la fin de la science saine, et à nous frapper avec les petits éclairs que ses mains à moitié paralysées peuvent lancer. ceux qui refusent de dégrader la nature au niveau du judaïsme primitif.

Les philosophes, en revanche, n'ont pas de telles tendances agressives. Les yeux fixés sur le noble but vers lequel ils tendent « per aspera et ardua », ils peuvent, de temps à autre, être excités à une colère momentanée par les obstacles inutiles dont les ignorants ou les malveillants s'combent, s'ils ne peuvent pas empêcher, le chemin difficile ; mais pourquoi leurs âmes devraient-elles être profondément tourmentées ? La majesté des Faits est de leur côté, et les formes élémentaires de la matière travaillent pour eux. Pas une étoile ne vient au méridien à l'heure calculée sans témoigner de la justesse de leurs méthodes : leurs croyances « ne font qu'un avec la pluie qui tombe et avec le maïs qui pousse ». Le doute les a établis, et l'enquête ouverte est leur amie intime. De tels hommes n'ont aucune crainte des traditions, aussi vénérables soient-elles, et aucun respect pour elles lorsqu'elles deviennent malveillantes et obstructives ; mais ils ont en main bien plus que de simples affaires d'antiquaire, et si des dogmes, qui devraient être fossiles mais ne le sont pas, ne leur sont pas imposés, ils sont trop heureux de les traiter comme inexistants.

Les hypothèses concernant l'origine des espèces, qui prétendent reposer sur une base scientifique et, comme telles, seules exigent une attention sérieuse, sont de deux sortes. La première, l'hypothèse de la « création spéciale », suppose que chaque espèce est issue d'une ou de plusieurs souches, celles-ci n'étant pas le résultat de la modification d'une autre forme de matière vivante – ni résultant d'agents naturels – mais étant produites, en tant que telles. , par un acte créateur surnaturel.

L'autre, dite de la « transmutation », considère que toutes les espèces existantes sont le résultat de la modification d'espèces préexistantes et de celles de leurs prédécesseurs, par des agents semblables à ceux qui produisent aujourd'hui des variétés et des races, et donc d'une manière tout à fait naturelle ; et c'est une conséquence probable, quoique non nécessaire, de cette hypothèse, que tous les êtres vivants sont issus d'une seule souche. En ce qui concerne l'origine de ce ou de ces stocks primitifs, la doctrine de l'origine des espèces n'est évidemment pas nécessairement concernée. L'hypothèse de la transmutation, par exemple, est parfaitement cohérente soit avec la conception d'une création spéciale du germe primitif, soit avec la supposition qu'elle est née, comme modification de la matière inorganique, par des causes naturelles.

La doctrine de la création spéciale doit en grande partie son existence à la prétendue nécessité de mettre la science en accord avec la cosmogonie hébraïque ; mais il est curieux d'observer que, telle que la doctrine est actuellement soutenue par les hommes de science, elle est aussi désespérément incompatible avec la vision hébraïque que toute autre hypothèse.

S'il y a un résultat qui est ressorti plus clairement qu'un autre des recherches géologiques, c'est que la vaste série d'animaux et de plantes disparus n'est pas divisible, comme on le croyait autrefois, en groupes distincts, séparés par des frontières nettement marquées. . Il n'y a pas de grands abîmes entre les époques et les formations, pas de périodes successives marquées par l'apparition *en masse des plantes, des animaux aquatiques et des animaux terrestres* . Chaque année s'ajoute à la liste des liens entre ce que les géologues plus anciens considéraient comme des époques très éloignées ; témoin des rochers reliant la dérive aux tertiaires plus anciens ; les lits de Maestricht reliant les tertiaires à la craie ; les lits de Saint-Cassien présentant une faune abondante de types mixtes mésozoïques et paléozoïques , dans des roches d'une époque autrefois supposée éminemment pauvre en vie ; témoin, enfin, des disputes incessantes pour savoir si une couche donnée doit être considérée comme dévonienne ou carbonifère, silurienne ou dévonienne , cambrienne ou silurienne .

Cette vérité est encore illustrée de la manière la plus intéressante par le témoignage impartial et très compétent de M. Pictet , dont les calculs sur le pourcentage des genres d'animaux existant dans une formation quelconque ont vécu pendant la formation précédente, il résulte qu'en aucun cas il n'est la proportion est inférieure à *un tiers* , soit 33 pour cent. C'est la formation du Trias , ou le début de l' époque mésozoïque , qui a reçu le plus petit héritage des âges précédents. Les autres formations en présentent assez souvent 60, 80, voire 94 pour cent. de genres en commun avec ceux dont les restes sont incrustés dans leur prédécesseur. Non seulement cela est vrai, mais les subdivisions de chaque formation présentent de nouvelles espèces caractéristiques et que l'on ne trouve que dans elles, et dans de nombreux cas, comme dans les lias par exemple, les lits séparés de ces subdivisions se distinguent par des espèces bien marquées et particulières. formes de vie. Une section d'une centaine de pieds d'épaisseur présentera à différentes hauteurs une douzaine d'espèces d'ammonites, dont aucune ne dépasse sa zone particulière de calcaire ou d'argile dans la zone au-dessous ou dans celle au-dessus ; de sorte que ceux qui adoptent la doctrine de la création spéciale doivent être prêts à admettre qu'à des intervalles de temps correspondant à l'épaisseur de ces lits, le Créateur a jugé bon d'interférer avec le cours naturel des événements dans le but de créer une nouvelle ammonite. . Il n'est pas facile de se transplanter dans l'état d'esprit de ceux qui peuvent accepter une telle conclusion, sur la base de n'importe quelle preuve, sauf démonstration absolue ; et il est difficile de voir ce qu'on y gagnerait en procédant ainsi, puisque, comme nous l'avons dit, il est évident qu'une telle vision de l'origine des êtres vivants est totalement opposée à la cosmogonie hébraïque. Ne méritant aucune aide de la part du puissant bras de la bibliolâtrie, la forme reçue de l'hypothèse d'une création spéciale tire-t-elle donc un quelconque soutien de la science ou de la saine logique ? Assurément pas grand chose. Les arguments avancés en sa faveur prennent tous une forme : si les espèces n'étaient pas créées de manière surnaturelle, nous ne pouvons pas comprendre les faits x , ou y , ou z ; nous ne pouvons pas comprendre la structure des animaux ou des plantes, à moins de supposer qu'ils ont été conçus dans un but spécial ; nous ne pouvons comprendre la structure de l'œil qu'en supposant qu'il a été fait pour voir avec ; nous ne pouvons comprendre les instincts, à moins de supposer que les animaux en ont été miraculeusement dotés.

Question de dialectique, il faut admettre que ce genre de raisonnement n'est pas très redoutable à ceux qui ne doivent pas être effrayés par les conséquences. C'est un argument ad ignorantiam : acceptez cette explication ou soyez ignorant. Mais supposons que nous préférions admettre notre ignorance plutôt que d'adopter une hypothèse en contradiction avec tous les enseignements de la nature ? Ou supposons que nous admettions un instant l'explication, puis que nous nous demandions sérieusement dans quelle mesure sommes-nous plus sages ? qu'explique l'explication ? Est-ce autre chose qu'une manière grandiloquente d'annoncer que nous n'en savons vraiment rien ? Un phénomène est expliqué lorsqu'il se révèle être le cas d'une loi générale de la nature ; mais l'intervention surnaturelle du Créateur ne peut, de par la nature du cas, illustrer aucune loi, et si les espèces sont réellement apparues de cette manière, il est absurde de tenter de discuter de leur origine.

Ou, enfin, demandons-nous si la quantité de preuves que la nature de nos facultés nous permet d'atteindre peut nous justifier en affirmant qu'un phénomène quelconque est hors de portée de la causalité naturelle. Pour cela, il est évidemment nécessaire que nous connaissions toutes les conséquences auxquelles peuvent donner lieu toutes les combinaisons possibles, poursuivies dans un temps illimité. Si nous les connaissions et n'en trouvions aucune capable de donner naissance à des espèces, nous aurions de bonnes raisons de nier leur origine par causalité naturelle. Tant que nous ne les connaissons pas, toute hypothèse vaut mieux que celle qui nous entraîne dans une si misérable présomption.

Mais l'hypothèse d'une création spéciale n'est pas seulement un simple masque spécieux pour notre ignorance ; son existence en biologie marque la jeunesse et l'imperfection de la science. Car qu'est-ce que l'histoire de toute science sinon l'histoire de l'élimination de la notion d'interférences créatrices ou autres avec l'ordre naturel des phénomènes qui sont l'objet de cette science ? Quand l'Astronomie était jeune, « les étoiles du matin chantaient ensemble de joie » et les planètes étaient guidées dans leur trajectoire par des mains célestes. Or, l'harmonie des étoiles s'est résolue en gravitation selon les carrés inverses des distances, et les orbites des planètes se déduisent des lois des forces qui permettent à une pierre d'écolier de briser une vitre. L'éclair était l'ange du Seigneur ; mais il a plu à la Providence, en ces temps modernes, que la science en fasse l'humble messager de l'homme, et nous savons que chaque éclair qui effleure l'horizon un soir d'été est déterminé par des conditions vérifiables, et que sa direction et sa luminosité pourraient, si notre connaissance de ces éléments était suffisamment grande, aurait été calculée.

La solvabilité des grandes sociétés commerciales repose sur la validité des lois, qui ont été établies pour régir l'apparente irrégularité de cette vie humaine que le moraliste déplore comme la plus incertaine des choses ; La peste, la peste et la famine sont admises, par tous sauf les imbéciles, comme le résultat naturel de causes pour la plupart entièrement sous le contrôle de l'homme, et non comme les tortures inévitables infligées par l'Omnipotence courroucée à son œuvre impuissante.

Ordre harmonieux gouvernant le progrès éternellement continu – la toile et la trame de la matière et de la force s'entrelaçant par degrés lents, sans un fil rompu, ce voile qui s'étend entre nous et l'Infini – cet univers que nous seuls connaissons ou pouvons connaître – tel est le Nous pouvons être sûrs qu'il est correctement peint du monde que la science dessine du monde, et dans la mesure où une partie de ce tableau est à l'unisson avec le reste, nous pouvons être sûrs qu'il est correctement peint. La biologie, seule, restera-t-elle en désaccord avec ses sciences sœurs ?

De tels arguments contre l'hypothèse de la création directe des espèces sont assez clairement déductibles de considérations générales, mais il existe, en outre, des phénomènes manifestés par les espèces elles-mêmes, et pourtant ne faisant pas tellement partie de leur essence même qu'il aurait fallu plus tôt ce qui laisse perplexe au plus haut point si l'on adopte l'hypothèse communément admise. Tels sont les faits de répartition dans l'espace et dans le temps ; les phénomènes singuliers mis en lumière par l'étude du développement ; les relations structurelles des espèces sur lesquelles sont fondés nos systèmes de classification ; les grandes doctrines de l'anatomie philosophique, comme celle de l'homologie, ou de la communauté de plans structurels manifestée par de grands groupes d'espèces différant très largement dans leurs habitudes et leurs fonctions.

Les espèces d'animaux qui habitent la mer des côtés opposés de l'isthme de Panama sont tout à fait distinctes ; les animaux et les plantes qui habitent les îles sont généralement distincts de ceux des îles voisines. continents , et ont pourtant une similitude d'aspect. Les mammifères de la dernière époque tertiaire de l'Ancien et du Nouveau Monde appartiennent aux mêmes genres, ou groupes familiaux, que ceux qui habitent aujourd'hui la même grande zone géographique. Les reptiles crocodiliens qui existaient dans la première époque secondaire étaient similaires dans leur structure générale à ceux qui vivent aujourd'hui, mais présentent de légères différences dans leurs vertèbres , leurs voies nasales et un ou deux autres points. Le cobaye a des dents qui tombent avant sa naissance et ne peuvent donc jamais remplir le but masticatoire pour lequel elles semblent conçues, et, de la même manière, la femelle dugong a des défenses qui ne coupent jamais la gencive. Tous les membres d'un même grand groupe traversent des conditions similaires dans leur développement, et toutes leurs parties, à l'état adulte, sont disposées selon le même plan. L'homme ressemble plus à un gorille qu'un gorille ne ressemble à un lémurien. Tels sont quelques-uns, pris au hasard, parmi la multitude de faits similaires que les recherches modernes ont établis ; mais lorsque l'étudiant en cherche une explication auprès des partisans de l'hypothèse reçue sur l'origine des espèces, la réponse qu'il reçoit est, en substance, d'une simplicité et d'une brièveté orientales : « Mashallah ! ça plaît tellement à Dieu ! Il existe différentes espèces sur les côtés opposés de l'isthme de Panama, car elles ont été créées différemment des deux côtés. Les mammifères du pliocène sont comme ceux qui existent déjà, car tel était le plan de la création ; et nous trouvons des organes rudimentaires et une similitude de plan, parce qu'il a plu au Créateur de se présenter un « modèle ou archétype divin » et de le copier dans ses œuvres ; et quelque peu malades, sous-entendent chez certains d'entre eux ceux qui soutiennent ce point de vue. Qu'un tel tour de passe-passe verbal soit considéré comme une science sera un jour considéré comme une preuve du faible état de l'intelligence au XIXe siècle, tout comme nous nous amusons avec la phraséologie sur l'horreur de la nature pour le vide, avec laquelle les compatriotes de Torricelli se contentaient de dire expliquer la montée de l'eau dans une pompe. Et il ne faut pas oublier que cette sorte de satisfaction produit un mal non seulement négatif mais positif, en décourageant la recherche, et en privant ainsi l'homme de l'usufruit d'un des champs les plus fertiles de son grand patrimoine, la nature.

Les objections qui ont été détaillées à la doctrine de l'origine des espèces par création spéciale ont dû se présenter avec plus ou moins de force à l'esprit de quiconque a sérieusement et indépendamment considéré le sujet. Il n'est donc pas étonnant que, de temps en temps, cette hypothèse se soit heurtée à des contre-hypothèses, toutes aussi bien fondées, et certaines meilleures, qu'elle ; et il est curieux de remarquer que les inventeurs des vues opposées semblent y avoir été conduits autant par leur connaissance de la géologie que par leur connaissance de la biologie. En fait, une fois que l'esprit aura admis la conception d'une production graduelle de l'état physique actuel de notre globe, par des causes naturelles agissant pendant de longues périodes de temps, il sera peu disposé à admettre que les êtres vivants aient fait leur apparition dans un autre endroit. Ainsi, les spéculations de De Maillet et de ses successeurs sont le complément naturel de la démonstration de Scilla sur la véritable nature des fossiles.

Contemporain de Newton et de Leibnitz, partageant ainsi l'activité intellectuelle de l'époque remarquable qui vit naître la science physique moderne, Benoît de Maillet passa une longue vie comme agent consulaire du gouvernement français dans divers ports méditerranéens. Pendant seize ans, en effet, il exerça la charge de consul général en Egypte, et les phénomènes merveilleux qu'offre la vallée du Nil semblent avoir fortement impressionné son esprit, avoir attiré son attention sur tous les faits du même ordre qui est venu à son observation et l'a amené à spéculer sur l'origine de l'état actuel de notre globe et de ses habitants. Mais, malgré toute son ardeur pour la science, de Maillet semble avoir hésité à publier des vues qui, malgré les ingénieuses tentatives pour les concilier avec l'hypothèse hébraïque contenue dans la préface de « Telliamed » (et que nous recommandons à la lecture de M. MacCausland) , n'étaient guère susceptibles d'être accueillis avec faveur par ses contemporains.

Mais peu de temps s'était écoulé depuis que plus d'un des grands anatomistes et physiciens de l'école italienne avaient payé cher leurs efforts pour dissiper quelques-unes des erreurs répandues ; et leur illustre élève, Harvey, le fondateur de la physiologie moderne, ne s'était pas assez bien comporté, dans un pays moins opprimé par les influences engourdissantes de la théologie, pour inciter quiconque à suivre son exemple. Probablement non épargné par ces considérations, le consul général de Sa Majesté catholique pour l'Égypte garda ses théories pour lui tout au long de sa vie, car « Telliamed », le seul ouvrage scientifique connu comme étant sorti de sa plume, ne fut imprimé qu'en 1735. lorsque son auteur eut atteint l'âge de soixante-dix-neuf ans ; et bien que de Maillet ait vécu trois ans de plus, son livre n'a pas été donné au monde avant 1748. Même alors, il était anonyme pour ceux qui ne connaissaient pas le secret du caractère anagrammatique de son titre, et la préface et la dédicace sont rédigées de manière à , en cas de nécessité, pour donner à l'imprimeur une bonne chance de se rabattre sur l'excuse que l'ouvrage était destiné à un simple jeu d'esprit.

Les spéculations du prétendu sage indien, bien qu'aussi solides que celles de nombreux ouvrages sur la « géologie mosaïque » qui se vendent extrêmement bien, n'ont pas grande valeur si nous les considérons à la lumière de la science moderne. Les eaux sont censées avoir initialement recouvert le globe entier ; avoir déposé les masses rocheuses qui composent ses montagnes par des procédés comparables à ceux qui forment aujourd'hui de la boue, du sable et des galets ; puis d'avoir progressivement abaissé leur niveau, laissant les dépouilles des habitants animaux et végétaux incrustés dans les strates. Au fur et à mesure de l'apparition de la terre ferme, certains animaux aquatiques s'y sont habitués et se sont progressivement adaptés aux modes d'existence terrestre et aérien. Mais si l'on considère la teneur générale et le style du raisonnement par rapport à l'état des connaissances du moment, deux circonstances semblent tout à fait dignes de remarque. La première, que De Maillet avait une notion de la modifiabilité des formes vivantes (bien que sans aucune information précise sur le sujet), et comment une telle modifiabilité pouvait rendre compte de l'origine des espèces ; la seconde, qu'il a très clairement compris la grande doctrine géologique moderne, sur laquelle Hutton a si fortement insisté, et si habilement et de manière si complète exposée par Lyell, que nous devons nous tourner vers les causes existantes pour expliquer les événements géologiques passés. Le passage suivant de la préface, dans lequel De Maillet est censé parler du philosophe indien Telliamed , son *alter ego* , aurait pu être écrit par l'uniformitariste le plus philosophique d'aujourd'hui.

«Ce qu'il ya d'étonnant , est que pour arriver à ces connaissances il semble avoir pervers l'ordre naturel, puisqu'au lieu de s'attacher d'abord à rechercher l'origine de notre globe il a commencé par travailler à s'instruire de la nature. Mais à l'entendre , ce renversement de l'ordre a été pour lui l'effet d'un génie favorable qui l'a conduit pas à pas et comme par la main aux découvertes les plus sublimes. C'est fr décomposant la substance de ce globe par une anatomie exacte de toutes ses fêtes qu'il a premièrement connaître quelles matières il était composé et quels arrangemens ces mêmes matières observaient entre elles . Ces lumières joints à l'esprit de comparaison toujours nécessaire à quiconque entreprend de percer les voiles dont la nature aime à se cacher , ont servi de guide à notre philosophe pour parvenir à des connaissances plus intéressantes . Par la matière et l'arrangement de ces compositions il prétend avoir reconnu quelle est la véritable origine de ce globe que nous habitons , comment et par qui il a été pour moi ." —(Pp. XIX. XX.)

Mais de Maillet était avant son âge, et comme cela ne pouvait manquer d'arriver à celui qui spéculait sur une question zoologique et botanique avant

Linné , et sur un problème physiologique avant Haller, il tombait ici et là dans de grandes erreurs ; et de là, peut-être, la négligence générale de son travail. Les spéculations de Robinet sont plutôt en retard qu'en avance sur celles de De Maillet , et bien que Linné ait pu jouer avec l'hypothèse de la transmutation, elle n'a obtenu aucun soutien sérieux jusqu'à ce que Lamarck l'adopte et la défende avec une grande habileté dans sa « Philosophie Zoologique ».

Poussé vers l'hypothèse de la transmutation des espèces, en partie par ses vues cosmologiques et géologiques générales ; en partie par la conception d'une échelle graduée, bien que irrégulièrement ramifiée, issue de son étude approfondie des plantes et des formes inférieures de la vie animale, Lamarck, dont la ligne de pensée générale ressemble souvent beaucoup à celle de De Maillet , a fait un grand progrès par rapport à la manière grossière et purement spéculative avec laquelle cet écrivain traite la question de l'origine des êtres vivants, en s'efforçant de trouver les causes physiques capables d'effectuer ce changement d'une espèce en une autre que De Maillet avait seulement supposé se produire. Et Lamarck croyait avoir trouvé dans la nature de telles causes, amplement suffisantes pour le but visé. C'est un fait physiologique, dit-il, que les organes grossissent par l'action, atrophiés par l'inaction ; c'est un autre fait physiologique que les modifications produites sont transmissibles à la descendance. Changez donc les actions d'un animal, et vous changerez sa structure, en augmentant le développement des parties nouvellement mises en usage et en diminuant celles qui sont moins utilisées ; mais en modifiant les circonstances qui l'entourent, vous modifierez ses actions, et donc, à long terme, un changement de circonstances doit produire un changement d'organisation. Toutes les espèces animales sont donc, selon Lamarck, le résultat de l'action indirecte de changements de circonstances sur les germes primitifs qu'il considérait comme étant originairement nés, par génération spontanée, dans les eaux du globe. Il est curieux cependant que Lamarck insiste si fortement, ^{comme} il l'a fait, que les circonstances ne modifient jamais à aucun degré directement la forme ou l'organisation des animaux, mais opèrent seulement en changeant leurs besoins, et par conséquent leurs actions ; car il se pose ainsi la question évidente : comment, alors, les plantes, dont on ne peut pas dire qu'elles ont des désirs ou des actions, se modifient-elles ? A cela il répond qu'ils sont modifiés par les changements dans leurs processus nutritifs, qui sont effectués par des circonstances changeantes ; et il ne semble pas lui être venu à l'esprit que de tels changements pourraient aussi bien se produire chez les animaux.

Quand nous avons dit que Lamarck estimait que la simple spéculation n'était pas le moyen d'arriver à l'origine des espèces, mais qu'il était nécessaire, pour l'établissement de toute théorie solide sur le sujet, de découvrir par l'observation ou autrement, une *vera causa* , compétent pour leur donner naissance ; qu'il affirmait que le véritable ordre de classification devait coïncider avec l'ordre de leur développement les uns par rapport aux autres ; qu'il a insisté très fortement sur la nécessité de prévoir suffisamment de temps ; et que toutes les variétés de l'instinct et de la raison étaient remontées par lui à la même cause que celle qui a donné naissance aux espèces, nous avons énuméré ses principales contributions à l'avancement de la question. D'autre part, par son ignorance de tout pouvoir de la nature capable de modifier la structure des animaux, hormis le développement de certaines parties ou leur atrophie, par suite d'un changement des besoins, Lamarck fut amené à attacher un poids infiniment plus grand qu'il n'en avait besoin. mérite cette agence, et les absurdités dans lesquelles il a été entraîné ont été condamnées à juste titre. De la lutte pour l'existence, sur laquelle, comme nous le verrons, M. Darwin insiste tant, il n'avait aucune idée ; en fait, il doute qu'il existe réellement des espèces éteintes, à moins qu'il ne s'agisse d'animaux si gros qu'ils ont pu mourir des mains de l'homme ; et il rêve si peu qu'il y ait d'autres causes destructrices à l'œuvre, que, en discutant de l'existence possible de coquilles fossiles, il demande : « Pourquoi d'ailleurs seroient-ils perdus dès que l'homme n / A pu opérer leur destruction ? (« Phil. Zool. », vol. I. p. 77). De l'influence de la sélection, Lamarck n'a que peu de notion, et il n'utilise pas les phénomènes merveilleux que présentent les animaux domestiques et qui illustrent ses pouvoirs. La vaste influence de Cuvier fut employée contre les vues lamarckiennes, et comme le caractère intenable de certaines de ses conclusions fut facilement démontré, ses doctrines tombèrent sous l'opprobre de l'hétérodoxie scientifique aussi bien que théologique. Les efforts déployés ces dernières années pour les faire revivre n'ont pas non plus contribué à rétablir leur crédit dans l'esprit des penseurs sains et informés des faits de l'affaire ; en fait , on peut douter que Lamarck n'ait pas plus souffert de ses amis que de ses ennemis.

Il y a deux ans, en fait, même si nous osons nous demander si même les partisans les plus fervents de l'hypothèse de la création spéciale n'avaient pas, de temps en temps, la conscience inquiète que tout n'allait pas bien, leur position semblait plus imprenable que jamais, ne serait-ce que par sa position. sa propre force inhérente, du moins par l'échec évident de toutes les tentatives qui avaient été faites pour le réaliser. D'un autre côté, si peu nombreux que fussent les dogmes généralement reçus, ceux qui réfléchissaient profondément à la question des espèces ne voyaient aucun moyen d'y échapper, sinon en adoptant des suppositions si peu justifiées par l'expérience ou l'expérience. par observation, comme étant au moins tout aussi déplaisant ; Le choix se trouvait entre deux absurdités et un état intermédiaire de scepticisme inquiet ; ce dernier état d'esprit, aussi désagréable et insatisfaisant soit-il, était évidemment le seul état d'esprit justifiable dans les circonstances.

Telle étant l'effervescence générale dans l'esprit des naturalistes, il n'est pas étonnant qu'ils se soient rassemblés en force dans les salles de la Linnæan Society, le premier juillet de l'année 1858, pour entendre deux articles rédigés par des auteurs vivant aux extrémités opposées du globe. , élaborant leurs résultats de manière indépendante, et pourtant prétendant avoir découvert une seule et même solution à tous les problèmes liés aux espèces. L'un de ces auteurs était un naturaliste habile, M. Wallace, qui avait été employé depuis quelques années à étudier les productions des îles de l'archipel indien, et qui avait envoyé un mémoire exposant ses vues à M. Darwin pour communication au Société Linnéenne . En parcourant l'essai, M. Darwin ne fut pas peu surpris de constater qu'il incarnait certaines des idées principales d'un grand ouvrage qu'il préparait depuis vingt ans et dont certaines parties, contenant un développement des mêmes vues, avaient été été parcouru par ses amis privés quinze ou seize ans auparavant. Perplexe quant à la manière de rendre pleinement justice à la fois à son ami et à lui-même, M. Darwin remit l'affaire entre les mains du Dr Hooker et de Sir Charles Lyell, sur les conseils desquels il communiqua un bref résumé de ses propres vues à la Linnæan Society . , en même temps que l'article de M. Wallace était lu. De ce résumé, l'ouvrage sur « l'Origine des espèces » est un agrandissement, mais un énoncé complet de la doctrine de M. Darwin est recherché dans le vaste ouvrage bien illustré dont il prépare, dit-on, la publication. [65]

L'hypothèse darwinienne a le mérite d'être éminemment simple et compréhensible dans son principe, et ses positions essentielles peuvent être énoncées en très peu de mots : toutes les espèces ont été produites par le développement de variétés à partir de souches communes, par la conversion de celles-ci, d'abord en races permanentes, puis en espèces nouvelles, par le processus de *sélection naturelle* , processus qui est essentiellement identique à cette sélection artificielle par laquelle l'homme a donné naissance aux races d'animaux domestiques - la *lutte pour l'existence* prenant la place de l'homme et s'exerçant, dans le cas de sélection naturelle, cette action sélective qu'il accomplit dans la sélection artificielle.

Les preuves avancées par M. Darwin à l'appui de son hypothèse sont de trois sortes. Premièrement, il s'efforce de prouver que les espèces peuvent être issues de la sélection ; deuxièmement, il tente de montrer que les causes naturelles sont compétentes pour exercer la sélection ; et troisièmement, il essaie de prouver que les phénomènes les plus remarquables et apparemment anormaux manifestés par la distribution, le développement et les relations mutuelles des espèces peuvent être déductibles de la doctrine générale de leur origine, qu'il propose, combinée avec les connaissances connues. faits de changement géologique; et que, même si tous ces phénomènes ne sont pas actuellement explicables par elle, aucun n'est nécessairement incompatible avec elle.

Il ne fait aucun doute que la méthode d'enquête adoptée par M. Darwin est non seulement rigoureusement conforme aux canons de la logique scientifique, mais qu'elle est la seule méthode adéquate. Les critiques exclusivement formés aux classiques ou aux mathématiques, qui n'ont jamais déterminé un fait scientifique de leur vie par induction à partir de l'expérience ou de l'observation, parlent savantement de la méthode de M. Darwin, qui n'est pas assez inductive, pas assez baconienne, en vérité, pour eux. Mais même si la connaissance pratique du processus de recherche scientifique leur est refusée, ils peuvent apprendre, par la lecture de l'admirable chapitre de M. Mill « De la méthode déductive », qu'il existe une multitude de recherches scientifiques dans lesquelles la méthode de l'induction pure n'aide l'enquêteur que de très peu.

« Le mode d'investigation » (dit M. Mill) « qui, du fait de l'inapplicabilité avérée des méthodes directes d'observation et d'expérimentation, reste pour nous comme la source principale des connaissances que nous possédons ou pouvons acquérir, en respectant les conditions et les lois de récurrence de l'expérience. les phénomènes les plus complexes sont appelés, dans son expression la plus générale, méthode déductive, et consistent en trois opérations : la première, une d'induction directe ; la seconde, de ratiocination ; et le troisième, de vérification.

Or, les conditions qui ont déterminé l'existence des espèces sont non seulement extrêmement complexes, mais, en ce qui concerne la grande majorité d'entre elles, elles échappent nécessairement à notre connaissance . Mais ce que M. Darwin a tenté de faire est exactement conforme à la règle énoncée par M. Mill ; il a essayé de déterminer certains grands faits par induction, par l'observation et l'expérience ; il a ensuite raisonné à partir des données ainsi fournies ; et enfin, il a testé la validité de son raisonnement en comparant ses déductions avec les faits naturels observés. De manière inductive, M. Darwin s'efforce de prouver que les espèces apparaissent d'une manière donnée. De manière déductive, il désire montrer que, s'ils surviennent de cette manière, les faits de distribution, de développement, de classification, etc., peuvent être expliqués, c'est-à-dire *peuvent* être déduits de leur mode d'origine, combiné avec des changements admis dans la géographie physique et dans la nature. climat, pendant une période indéterminée. Et cette explication, ou coïncidence entre des faits observés et des faits déduits, est, dans la mesure où elle s'étend, une vérification de la vision darwinienne.

Il n'y a donc aucun défaut à trouver dans la méthode de M. Darwin ; mais c'est une autre question de savoir s'il a rempli toutes les conditions imposées par cette méthode. Est-il en fait prouvé de manière satisfaisante que les espèces peuvent être issues de la sélection ? qu'il existe une sélection naturelle ? qu'aucun des phénomènes présentés par les espèces n'est ainsi incompatible avec l'origine des espèces ? Si l'on peut répondre à ces questions par l'affirmative, le point de vue de M. Darwin passe du rang des hypothèses à celui des théories prouvées ; mais aussi longtemps que les preuves présentées actuellement ne suffiront pas à renforcer cette affirmation, aussi longtemps, à notre avis, la nouvelle doctrine devra se contenter de rester parmi les premières – une doctrine extrêmement précieuse et au plus haut degré probable, en fait la seule hypothèse existante qui vaut quelque chose d'un point de vue scientifique ; mais encore une hypothèse, et pas encore la théorie des espèces.

Après mûre réflexion, et sans aucun préjugé contre les vues de M. Darwin, nous sommes clairement convaincus que, dans l'état actuel des choses, il n'est pas absolument prouvé qu'un groupe d'animaux, possédant tous les caractères présentés par les espèces dans la nature, ait jamais sont issus d'une sélection, qu'elle soit artificielle ou naturelle. Des groupes ayant le caractère morphologique d'espèces, des races distinctes et permanentes en fait, ont été ainsi produits à maintes reprises ; mais il n'existe aucune preuve positive à l'heure actuelle qu'un groupe d'animaux quelconque ait, par variation et reproduction sélective, donné naissance à un autre groupe qui était, même au moindre degré, stérile par rapport au premier. M. Darwin est parfaitement conscient de ce point faible, et avance une multitude d'arguments ingénieux et importants pour diminuer la force de l'objection. Nous reconnaissons la valeur de ces arguments dans toute leur mesure ; bien plus, nous irons jusqu'à exprimer notre conviction que des expériences, conduites par un physiologiste habile , obtiendraient très probablement la production désirée de races mutuellement plus ou moins stériles à partir d'une souche commune, en relativement peu d'années ; mais néanmoins, dans l'état actuel des choses, cette « petite faille au sein du luth » ne doit pas être déguisée ni négligée.

Dans le reste de l'argumentation de M. Darwin, notre propre ingéniosité ne nous a pas permis jusqu'ici de repérer des failles de grande importance ; et à en juger par ce que l'on entend et lit, d'autres aventuriers du même domaine ne semblent pas avoir été beaucoup plus chanceux. On a soutenu, par exemple, que dans ses chapitres sur la lutte pour l'existence et sur la sélection naturelle, M. Darwin ne prouve pas tant que la sélection naturelle se produit, mais plutôt qu'elle doit se produire ; mais, en fait, aucune autre sorte de démonstration n'est réalisable. Une race n'attire notre attention dans la nature que lorsqu'elle existe, selon toute probabilité, depuis un temps considérable, et alors il est trop tard pour rechercher les conditions de son origine. On dit encore qu'il n'y a pas d'analogie réelle entre la sélection qui s'opère lors de la domestication, sous l'influence humaine, et toute opération qui peut être effectuée par la nature, car l'homme intervient intelligemment. Réduit à ses éléments, cet argument implique qu'un effet produit avec difficulté par un agent intelligent doit, *a fortiori,* être plus gênant, voire impossible, pour un agent inintelligent. Même en mettant de côté la question de savoir si la nature, agissant comme elle le fait selon des lois définies et invariables, peut à juste titre être qualifiée d'agent inintelligent, une telle position est totalement intenable. Mélangez le sel et le sable, et le plus sage des hommes, avec ses simples appareils naturels, intriguera de séparer tous les grains de sable de tous les grains de sel ; mais une averse de pluie affectera le même objet dans dix minutes. Ainsi, même si l'homme trouve difficile toute son intelligence de séparer toute variété qui surgit et de se reproduire sélectivement à partir d'elle, les agents destructeurs qui travaillent sans cesse dans la nature, s'ils trouvent qu'une variété est plus soluble dans les circonstances que l'autre, ne le feront pas. inévitablement, à long terme, l'éliminer.

Une objection fréquente et juste à l'hypothèse lamarckienne de la transmutation des espèces repose sur l'absence de formes transitionnelles entre de nombreuses espèces. Mais contre l'hypothèse darwinienne, cet argument n'a aucune force. En fait, l'une des parties les plus précieuses et les plus suggestives de l'ouvrage de M. Darwin est celle dans laquelle il prouve que l'absence fréquente de transitions est une conséquence nécessaire de sa doctrine, et que la souche d'où sont issues deux ou plusieurs espèces a besoin en aucun respect ne peut être intermédiaire entre ces espèces. Si deux espèces quelconques sont issues d'une souche commune de la même manière que le porteur et le bouc-bec, par exemple, sont issus du pigeon biset, alors la souche commune de ces deux espèces n'a pas besoin d'être plus intermédiaire entre les deux que la souche commune. -le pigeon est entre le porteur et le boudeur. Il faut bien apprécier la force de cette analogie, et tous les arguments contre l'origine des espèces par sélection, fondés sur l'absence de formes transitionnelles, tombent à l'eau. Et la position de M. Darwin aurait pu, à notre avis, être encore plus forte qu'elle ne l'est s'il ne s'était pas embarrassé avec l'aphorisme « *Natura non facit saltum* », qui revient si souvent dans ses pages. Nous croyons, comme nous l'avons dit plus haut, que la nature fait effectivement des sauts de temps en temps, et la reconnaissance de ce fait n'est pas d'une importance négligeable pour éliminer de nombreuses objections mineures à la doctrine de la transmutation.

Mais nous devons faire une pause. La discussion détaillée des arguments de M. Darwin nous conduirait bien au-delà des limites dans lesquelles nous proposions, au départ, d'enfermer cet article. Notre objectif a été atteint si nous avons donné un compte rendu intelligible, aussi bref soit-il, des faits établis liés aux espèces, et de la relation entre l'explication de ces faits proposée par M. Darwin et les vues théoriques soutenues par ses prédécesseurs et ses contemporains. , et surtout aux exigences de la logique scientifique. Nous avons osé souligner qu'il ne répond pas encore à toutes ces exigences ; mais nous n'hésitons pas à affirmer qu'elle est aussi supérieure à toute hypothèse antérieure ou contemporaine, dans l'étendue des bases observationnelles et expérimentales sur lesquelles elle repose, dans sa méthode rigoureusement scientifique et dans sa capacité à expliquer les phénomènes biologiques, que l'était l'hypothèse hypothèse de Copernic aux spéculations de Ptolémée. Mais les orbites planétaires se sont avérées finalement pas tout à fait circulaires, et si grand que soit le service rendu par Copernic à la science, Kepler et Newton ont dû lui succéder. Et si l'orbite du darwinisme était un peu trop circulaire ? Et si les espèces offraient ici et là des phénomènes résiduels, non explicables par la sélection naturelle ? Dans vingt ans, les naturalistes seront peut-être en mesure de dire si tel est ou non le cas ; mais dans les deux cas, ils devront à l'auteur de « L'Origine des Espèces » une immense dette de gratitude. Nous laisserions une très mauvaise impression dans l'esprit du lecteur si nous lui permettions de supposer que la valeur de cet ouvrage dépend entièrement de la justification ultime des vues théoriques qu'il contient. Au contraire, s'ils étaient réfutés demain, le livre serait toujours le meilleur de son genre, l'exposé le plus complet de faits soigneusement examinés concernant la doctrine des espèces qui ait jamais paru. Les chapitres sur la variation, sur la lutte pour l'existence, sur l'instinct, sur l'hybridisme, sur l'imperfection des archives géologiques, sur la répartition géographique, n'ont non seulement pas d'égal, mais, à notre connaissance, aucun concurrent, dans la gamme de la littérature biologique. Et dans l'ensemble, nous ne croyons pas que, depuis la publication des Recherches sur le développement de Von Baer, il y a trente ans, aucun travail ait paru capable d'exercer une influence aussi grande, non seulement sur l'avenir de la biologie, mais aussi sur l'extension de la science. domination de la Science sur des domaines de la pensée dans lesquels elle a encore à peine pénétré.

NOTES DE BAS DE PAGE :

[62] « Sur l'ostéologie des chimpanzés et des orangs. » Transactions de la Société Zoologique, 1858.

[63] Les déclarations du colonel Humphreys sont extrêmement explicites sur ce point : « Lorsqu'une brebis Ancon est fécondée par un bélier commun, l'augmentation ressemble entièrement soit à la brebis, soit au bélier. L'augmentation de la brebis commune fécondée par un bélier Ancon suit entièrement l'une ou l'autre, sans mélanger aucune des particularités distinctives et essentielles de l'une et de l'autre. Des cas fréquents se sont produits où des brebis communes ont eu des jumeaux par des béliers Ancon, lorsque l'un présentait les marques et les caractéristiques complètes de la brebis, l'autre du bélier. Le contraste est devenu singulièrement frappant lorsqu'on a vu un agneau à pattes courtes et un agneau à pattes longues, mis

bas à la naissance, tétant la mère en même temps. » – Philosophical Transactions, 1813, Pt. I. p. 89, 90.

[64] Voir Phil. Zoologique , vol. je . p. 222 *et suiv*.

[65] Le lecteur se souviendra que Huxley écrivait en 1860.

XIV

L'HYPOTHESE DARWINIENNE.

DARWIN SUR L'ORIGINE DES ESPÈCES

Il existe une immensité croissante dans les spéculations scientifiques à laquelle aucune chose ou pensée humaine à ce jour n'est comparable. Outre les résultats que la science nous rapporte et récolte en toute sécurité, il y a une force et une latitude expansive dans ses efforts hésitants, qui nous élèvent hors de nous-mêmes et transfigurent notre mortalité. Nous pouvons avoir une préférence pour les thèmes moraux, comme le sage homérique, qui avait beaucoup vu et connu :

« Villes d'hommes Et les mœurs, les climats, les conseils, les gouvernements ; »

mais il faut finir par avouer que

« Les voies venteuses des hommes Ne sont que poussière qui monte Et est à nouveau légèrement posé, "

en comparaison avec le travail de la nature, dont témoigne la science, mais qui n'a pas de limites dans le temps ou dans l'espace dont la science puisse se rapprocher.

Il y a quelque chose qui est totalement hors de portée de la science, et pourtant l'étendue de la science est pratiquement illimitée. C'est pourquoi nous sommes de temps en temps surpris et perplexes devant des théories qui n'ont pas d'équivalent dans le monde moral restreint ; car les généralisations de la science se propagent dans des cercles toujours plus larges et dans des envolées toujours plus aspirantes, bien qu'il s'agisse d'une création illimitée. Tandis que l'astronomie, avec son télescope, s'étend au-delà des étoiles connues, et la physiologie, avec son microscope, subdivise des minuties infinies , nous pouvons nous attendre à ce que nos siècles historiques soient traités comme des compteurs inadéquats dans l'histoire de la planète sur laquelle nous sommes placés. Nous devons nous attendre à de nouvelles conceptions de la nature et des relations de ses habitants, à mesure que la science acquiert les matériaux nécessaires à de nouvelles généralisations ; Nous n'avons pas non plus lieu de nous alarmer si une connaissance très avancée, comme celle de l'éminent naturaliste avant nous, nous confronte à une hypothèse aussi vaste que nouvelle. Cette hypothèse peut être ou non viable par la suite ; il peut céder la place à quelque chose d'autre, et la science supérieure peut renverser ce que la science a construit ici avec tant d'habileté et de patience, mais sa suffisance doit être testée par les *seules épreuves de la science* , si nous voulons maintenir notre position d'héritiers de Bacon et les acquitteurs de Galilée. Il faut peser cette hypothèse strictement dans la controverse à venir, par les seuls tests appropriés, et par aucun autre.

L'hypothèse que nous invoquons, et dont le présent ouvrage de M. Darwin n'est que l'esquisse préliminaire, peut être formulée dans son propre langage comme suit : « Les *espèces sont nées au moyen de la sélection naturelle ou de la préservation de l' espèce favorisée . courses dans la lutte pour la vie* . Pour rendre cette thèse intelligible, il est nécessaire d'en interpréter les termes. Tout d'abord, qu'est-ce qu'une espèce ? La question est simple, mais il est difficile de trouver la bonne réponse, même si nous faisons appel à ceux qui devraient le mieux la connaître. Ce sont tous ces animaux ou plantes qui descendent d'une seule paire de parents ; c'est le plus petit groupe d'organismes vivants clairement définissable ; c'est une entité éternelle et immuable ; c'est une simple abstraction de l'intellect humain n'ayant aucune existence dans la nature. Telles sont quelques-unes des significations attachées à ce simple mot qui peuvent être tirées de sources faisant autorité ; et si, laissant de côté les termes et les subtilités théoriques, nous nous tournons vers les faits et essayons de trouver un sens pour nous-mêmes, en étudiant les choses auxquelles, en pratique, le nom d'espèce est appliqué, cela ne nous profite pas beaucoup. Car la pratique varie autant que la théorie. Que le botaniste ou le zoologiste examine et décrive les productions d'un pays, l'un sera certainement en désaccord avec l'autre sur le nombre, les limites et les définitions des espèces dans lesquelles il groupe exactement les mêmes choses. Dans ces îles, nous avons l'habitude de considérer l'humanité comme appartenant à une seule espèce, mais en quinze jours de vapeur nous atterrirons dans un pays où les théologiens et les savants , pour une fois d'accord, rivalisent d'affirmation bruyante, sinon de force de discours. la preuve que les hommes sont d'espèces différentes ; et, plus particulièrement, que l'espèce nègre est si distincte de la nôtre que les Dix Commandements n'ont en réalité aucune référence à elle. Même dans la région calme de l'entomologie, où, si quelque part dans ce monde pécheur, la passion et les préjugés ne parvenaient pas à remuer l'esprit, un savant coléoptère remplira dix volumes attrayants de descriptions d'espèces de coléoptères, dont les neuf dixièmes sont immédiatement déclarés. par ses frères coléoptères, il ne s'agit pas d'une espèce du tout.

La vérité est que le nombre d'êtres vivants distinctifs dépasse presque l'imagination. Au moins cent mille espèces d'insectes à elles seules ont été décrites et peuvent être identifiées dans des collections, et le nombre d'espèces séparables d'êtres vivants est sous-estimé à un demi-million. Étant donné que la plupart de ces espèces évidentes ont leurs variétés accidentelles, et qu'elles se mêlent souvent à d'autres par degrés imperceptibles, on peut facilement imaginer que la tâche consistant à distinguer ce qui est permanent et ce qui est éphémère, ce qui est une espèce et ce qui n'est qu'une simple variété, , est suffisamment redoutable.

Mais n'est-il pas possible d'appliquer un test permettant de reconnaître une véritable espèce à partir d'une simple variété ? N'y a-t-il pas de critère d'espèce ? De grandes autorités affirment qu'il y en a, que les unions de membres d'une même espèce sont toujours fécondes, tandis que celles d'espèces distinctes sont stériles, ou que leurs descendants, appelés hybrides, le sont. On affirme non seulement que c'est un fait expérimental, mais que c'est une disposition pour la conservation de la pureté des espèces. Un tel critère serait inestimable ; mais, malheureusement, non seulement il n'est pas évident de savoir comment l'appliquer dans la grande majorité des cas où son aide est nécessaire, mais sa validité générale est catégoriquement niée. Le député. et le révérend M. Herbert, une autorité des plus dignes de confiance, affirme non seulement, à la suite de ses propres observations et expériences, que de nombreux hybrides sont tout aussi fertiles que l'espèce mère, mais il va jusqu'à affirmer que la plante particulière *Crinum capense* est bien plus fertile lorsqu'il est croisé par une espèce distincte que lorsqu'il est fécondé par son propre pollen ! D'un autre côté , le célèbre Gaertner, bien qu'il ait pris le plus grand soin de croiser la primevère et la primevère, n'y est parvenu qu'une ou deux fois en plusieurs années ; et pourtant c'est un fait bien établi que la primevère et la primevère ne sont que des variétés d'une même espèce végétale. Encore une fois, des cas tels que les suivants sont bien établis. La femelle de l'espèce A si elle est croisée avec le mâle de l'espèce B est fertile, mais si la femelle de B est croisée avec le mâle de A, elle reste stérile. Des faits de ce genre détruisent la valeur du prétendu critère.

Si, las des difficultés sans fin impliquées dans la détermination des espèces, le chercheur, se contentant de la distinction pratique grossière des espèces séparables, s'efforce de les étudier telles qu'elles se présentent dans la nature, de déterminer leurs relations avec les conditions qui les entourent, leurs relations avec les conditions qui les entourent. des harmonies mutuelles et des discordances de structure, du lien d'union de leurs parties et de leur histoire passée, il se trouve, selon les notions reçues, dans un immense labyrinthe, et avec, tout au plus, l'esquisse la plus vague d'un plan. S'il part d'une conviction claire, c'est que chaque partie d'un être vivant est astucieusement adaptée à un usage particulier dans sa vie. Son Paley ne lui a-t-il pas dit que cet organe apparemment inutile, la rate, est magnifiquement ajusté comme un élément de remplissage entre les autres organes ? Et pourtant, au début de ses études, il découvre qu'aucune raison adaptative ne peut être donnée pour la moitié des particularités de la structure végétale ; il découvre aussi des dents rudimentaires, qui ne sont jamais utilisées, dans les gencives du jeune veau et dans celles du fœtus baleine ; les insectes qui ne piquent jamais ont des mâchoires rudimentaires, et d'autres qui ne volent jamais ont des ailes rudimentaires ; les créatures naturellement aveugles ont des yeux rudimentaires ; et les haltes ont des membres rudimentaires. Ainsi, encore une fois, aucun animal ni aucune plante ne prend sa forme parfaite d'un seul coup, mais tous doivent partir du même point, quelle que soit la diversité de la voie que chacun doit suivre. Non seulement les hommes et les chevaux, les chats et les chiens, les homards et les coléoptères, les bigorneaux et les moules, mais même les éponges et les animalcules commencent leur existence sous des formes essentiellement impossibles à distinguer ; et cela est vrai de toute la variété infinie des plantes. Bien plus, tous les êtres vivants marchent côte à côte sur la grande route du développement, et se séparent d'autant plus qu'ils se ressemblent davantage ; comme les gens qui sortent de l'église, qui descendent tous dans l'allée, mais arrivés à la porte, les uns se dirigent vers le presbytère, d'autres descendent le village, et d'autres encore ne se séparent que dans la paroisse voisine. Un homme dans son développement court pendant un petit moment parallèlement à la forme du ver le plus méchant, sans jamais la traverser, puis voyage pendant un certain temps à côté du poisson, puis voyage avec l'oiseau et le reptile pour ses compagnons de voyage ; et ce n'est qu'enfin, après une brève compagnie avec le plus haut du monde à quatre pattes et à quatre mains, qu'il s'élève à la dignité de la pure virilité. Aucun penseur compétent d' aujourd'hui ne rêve d'expliquer ces faits indubitables par la notion de l'existence d'adaptations inconnues et impossibles à découvrir. Et nous voudrions rappeler à ceux qui, ignorant les faits, doivent se laisser influencer par l'autorité, que personne n'a affirmé l'incompétence de la doctrine des causes finales, dans son application à la physiologie et à l'anatomie, plus fortement que notre éminent anatomiste, le professeur Owen. , qui, parlant de tels cas, dit (*On the Nature of Limbs* , pp. 39, 40) : « Je pense qu'il sera évident que le principe des adaptations finales ne parvient pas à satisfaire toutes les conditions du problème. »

Mais, si la doctrine des causes finales ne nous aide pas à comprendre les anomalies de la structure vivante, le principe d'adaptation doit sûrement nous amener à comprendre pourquoi certains êtres vivants se trouvent dans certaines régions du monde et pas dans d'autres. Le palmier, comme nous le savons, ne poussera pas sous notre climat, ni le chêne au Groenland. L'ours blanc ne peut pas vivre là où prospère le tigre, ni *vice versa* , et plus on examine les habitudes naturelles des espèces animales et végétales, plus elles semblent, dans l'ensemble, limitées à des provinces particulières. Mais lorsque l'on examine les faits établis par l'étude de la répartition géographique des animaux et des plantes, il semble absolument vain de tenter de comprendre les relations étranges et apparemment capricieuses qu'ils présentent. On serait porté à supposer *a priori* que chaque pays doit être naturellement peuplé des animaux les plus aptes à y vivre et à s'y prospérer. Et pourtant, comment, dans cette hypothèse, expliquer l'absence de bétail dans la Pampa d'Amérique du Sud au moment de la découverte de ces régions du Nouveau Monde ? Ce n'est pas qu'ils étaient impropres au bétail, car des millions de bovins y sont désormais sauvages ; et il en va de même pour l'Australie et la Nouvelle-Zélande. Il est en fait curieux de constater que les animaux et les plantes de l'hémisphère nord sont non seulement aussi bien adaptés à la vie dans l'hémisphère sud que ses propres autochtones, mais qu'ils sont dans de nombreux cas absolument mieux adaptés et qu'ils envahissent et extirpent ainsi l'hémisphère sud. aborigènes. Il est donc évident que les espèces qui habitent naturellement un pays ne sont pas nécessairement les mieux adaptées à son climat et à ses autres conditions. Les habitants des îles sont souvent distincts de toute autre espèce connue d'animaux ou de plantes (en témoignent nos récents exemples tirés des travaux de Sir Emerson Tennent, sur Ceylan), et pourtant ils ont presque toujours une sorte d'air de famille général avec les animaux et les plantes. du continent le plus proche. D'un autre côté, il n'existe pratiquement aucune espèce de poisson, de coquillage ou de crabe commune aux côtés opposés de l'isthme étroit de Panama. Partout où nous regardons, la nature vivante nous offre des énigmes difficiles à résoudre, si nous supposons que ce que nous voyons est tout ce que nous pouvons en savoir.

Mais notre connaissance de la vie ne se limite pas au monde existant. Quelles que soient leurs différences mineures, les géologues sont d'accord sur la vaste épaisseur des couches accumulées qui composent la partie visible de notre terre, et sur l'immensité inconcevable du temps dont ils sont les témoins imparfaits, mais les seuls accessibles. Or, dans la plus grande partie de cette longue série de roches stratifiées sont disséminés, parfois très abondamment, des multitudes de restes organiques, les fossiles des exuvies d'animaux et de plantes qui vivaient et mouraient tandis que la boue dont les roches sont formées n'était encore qu'un limon mou, et pouvaient les recevoir et les enterrer. Ce serait une grave erreur de supposer que ces restes organiques étaient des reliques fragmentaires. Nos musées exposent des coquilles fossiles d'une antiquité incommensurable, aussi parfaites que le jour où elles se sont formées, des squelettes entiers sans qu'un membre soit dérangé – voire même la chair transformée, les embryons en développement et même les traces mêmes d' organismes primitifs . Ainsi le naturaliste trouve dans les entrailles de la terre des espèces aussi bien définies et, dans certains groupes d'animaux, plus nombreuses que celles qui respirent l'air supérieur. Mais, chose singulière, la majorité de ces espèces ensevelies sont totalement distinctes de celles qui vivent aujourd'hui. Cette dissemblance n'est pas non plus sans règle et sans ordre. De manière générale, plus on remonte dans le temps, moins les espèces enfouies ressemblent aux formes existantes ; et plus les groupes de créatures disparues sont éloignés les uns des autres, moins ils se ressemblent. En d'autres termes, il y a eu une succession régulière d'êtres vivants, chaque ensemble plus jeune étant, dans un sens très large et général, un peu plus semblable à ceux qui vivent aujourd'hui.

On croyait autrefois que cette succession avait été le résultat de vastes catastrophes successives, de destructions et de recréations *en masse* ; mais les catastrophes sont désormais presque éliminées de la spéculation géologique, ou du moins paléontologique ; et il est admis de tous que les ruptures apparentes dans la chaîne de l'être ne sont pas absolues, mais seulement relatives à notre connaissance imparfaite ; que les espèces ont remplacé les espèces, non pas en assemblages, mais une à une ; et que s'il était possible de nous présenter tous les phénomènes du passé, les époques et les formations qui conviennent au géologue, bien qu'ayant une certaine distinction, se fondraient les unes dans les autres avec des limites aussi indéfinissables que celles des époques distinctes et pourtant distinctes. couleurs séparables du spectre solaire.

Tel est un bref résumé des principales vérités établies concernant les espèces. Ces vérités sont-elles des faits ultimes et insolubles, ou leurs complexités et perplexités sont-elles de simples expressions d'une loi supérieure ?

Un grand nombre de personnes supposent pratiquement que la première position est correcte. Ils croient que l'auteur du Pentateuque a été habilité et chargé de nous enseigner la vérité scientifique ainsi que d'autres vérités, que le récit que nous y trouvons de la création des êtres vivants est simplement et littéralement correct, et que tout ce qui semble le contredire l'est, par la nature du cas, faux. Tous les phénomènes qui ont été détaillés sont, de ce point de vue, le produit immédiat d'un décret créateur et sont par conséquent totalement hors du domaine de la science.

Que cette opinion se révèle finalement vraie ou fausse, elle n'est, en tout cas, pas actuellement étayée par ce qui est communément considéré comme une preuve logique, même si elle est susceptible d'être discutée par la raison ; c'est pourquoi nous nous considérons libres de passer outre et de nous tourner vers les opinions qui prétendent reposer uniquement sur une base scientifique et qui, par conséquent, peuvent être argumentées sur leurs conséquences. Et nous le faisons avec d'autant moins d'hésitation que ceux qui sont pratiquement au courant des faits de la cause (ce qui constitue manifestement un avantage considérable) ont toujours jugé bon de se ranger dans cette dernière catégorie.

La majorité de ces personnes compétentes ont soutenu jusqu'à présent deux positions : la première, que toute espèce est, dans certaines limites définies ou définissables, fixe et incapable de modification ; la seconde, que chaque espèce a été produite à l'origine par un acte créateur distinct. La seconde position est évidemment incapable de preuve ou de réfutation, les opérations directes du Créateur n'étant pas des sujets de science ; et il faut donc le considérer comme un corollaire du premier, dont la vérité ou la fausseté est une question de preuve. La plupart des gens s'imaginent que les arguments en sa faveur sont écrasants ; mais pour quelques esprits, et ceux-ci, il faut l'avouer, des intelligences d'une grande puissance et d'une grande capacité de connaissance, ils n'ont pas apporté la conviction. Parmi ces esprits, celui du célèbre naturaliste Lamarck, qui possédait une plus grande connaissance des formes inférieures de la vie que n'importe quel homme de son temps, Cuvier non excepté, et qui était par ailleurs un bon botaniste, occupe une place éminente.

Deux faits semblent avoir fortement influencé le cours de la pensée de cet homme remarquable : le premier, que des liens d'affinité plus fins ou plus forts relient tous les êtres vivants les uns aux autres, et qu'ainsi la créature la plus élevée passe par des échelons innombrables jusqu'à la créature la plus inférieure ; l'autre, qu'un organe peut se développer dans des directions particulières en s'exerçant d'une manière particulière, et que les modifications une fois induites peuvent être transmises et devenir héréditaires. En rassemblant ces faits, Lamarck s'efforce de rendre compte du premier par le fonctionnement du second. Placez un animal dans des circonstances nouvelles, dit-il, et ses besoins seront modifiés ; les nouveaux besoins créeront de nouveaux désirs, et la tentative de satisfaire ces désirs aura pour conséquence une modification appropriée des organes exercés. Faites d'un homme un forgeron, et ses muscles brachiaux se développeront conformément aux exigences qui lui sont imposées, et de la même manière, dit Lamarck, « les efforts de quelque oiseau au cou court pour attraper du poisson sans se mouiller ont, avec du temps et de la persévérance, donné élevez-vous à tous nos hérons et échassiers à long cou.

L'hypothèse lamarckienne a depuis longtemps été condamnée à juste titre, et c'est une pratique établie pour tout débutant de lever le talon contre la carcasse du lion mort. Mais il est rarement sage ou instructif de traiter même les erreurs d'un très grand homme avec de simples ridicules, et dans le cas présent, la forme logique de la doctrine se trouve sur un pied très différent de sa substance.

Si les espèces sont réellement apparues sous l'effet de conditions naturelles, nous devrions être capables de constater que ces conditions sont actuellement à l'œuvre ; nous devrions pouvoir découvrir dans la nature quelque pouvoir suffisant pour modifier une espèce donnée d'animal ou de plante de manière à donner naissance à une autre espèce, qui serait admise par les naturalistes comme une espèce distincte. Lamarck croyait avoir découvert cette *vera causa* dans le fait admis que certains organes peuvent être modifiés par l'exercice ; et que les modifications , une fois produites, sont susceptibles de transmission héréditaire. Il ne semble pas lui être venu à l'esprit de se demander s'il existe des raisons de croire qu'il existe des limites à la quantité de modifications pouvant être produites, ni de se demander combien de temps un animal est susceptible de s'efforcer de satisfaire un désir impossible. L'oiseau, dans notre exemple, aurait sûrement renoncé aux dîners de poisson bien avant que cela n'ait produit le moindre effet sur la patte ou le cou.

Depuis l'époque de Lamarck, presque tous les naturalistes compétents ont laissé les spéculations sur l'origine des espèces à des rêveurs tels que l'auteur des *Vestiges* , par les efforts bien intentionnés duquel la théorie lamarckienne a reçu sa condamnation définitive dans l'esprit de tous les penseurs sensés. Malgré ce silence, cependant, la théorie de la transmutation, comme on l'a appelée, a été un « squelette dans le placard » pour de nombreux zoologistes et botanistes honnêtes qui avaient une âme au-dessus de la simple dénomination de plantes et de peaux séchées. Assurément, selon une telle pensée, la nature est un tout puissant et cohérent, et l'ordre providentiel établi dans le monde de la vie doit, si seulement nous pouvions le voir correctement, être cohérent avec celui qui domine les formes multiformes de la matière brute. Mais qu'est-ce que l'histoire de l'astronomie, de toutes les branches de la physique, de la chimie, de la médecine, sinon un récit des étapes par lesquelles l'esprit humain a été contraint, souvent cruellement contre sa volonté, de reconnaître l'action de causes secondaires dans des événements où l'ignorance a vu une intervention immédiate d'une puissance supérieure ? Et quand nous savons que les êtres vivants sont formés des mêmes éléments que le monde inorganique, qu'ils agissent et réagissent sur lui, liés par mille liens de piété naturelle, est-il probable, et même possible, qu'eux, et eux seuls, , ne devraient avoir aucun ordre dans leur désordre apparent, aucune unité dans leur apparente multiplicité, ne devraient souffrir aucune explication par la découverte de quelque loi centrale et sublime de connexion mutuelle ?

Des questions de ce genre se sont certes souvent posées, mais il aurait fallu longtemps avant qu'elles reçoivent une expression qui aurait retenu le respect et l'attention du monde scientifique, sans la publication de l'ouvrage qui a motivé cet article. Son auteur, M. Darwin, héritier d'un nom autrefois célèbre, a fait ses armes dans le domaine scientifique alors que la plupart de ceux qui se distinguent aujourd'hui étaient de jeunes hommes, et occupe depuis vingt ans une place au premier rang des philosophes britanniques. Après un voyage circumnavigateur entrepris uniquement par amour de sa science, M. Darwin publia une série de recherches qui arrêtèrent aussitôt l'attention des naturalistes et des géologues ; ses généralisations ont depuis reçu de nombreuses confirmations et recueillent désormais l'assentiment universel, et il n'est pas non plus douteux qu'elles aient eu l'influence la plus importante sur le progrès de la science. Plus récemment, M. Darwin, avec une polyvalence qui est parmi les dons les plus rares, a tourné son attention vers une question très difficile de zoologie et d'anatomie minutieuse ; et aucun naturaliste et anatomiste vivant n'a publié une meilleure monographie que celle qui résulte de ses travaux . Un tel homme, en tout cas, n'est pas entré dans le sanctuaire les mains sales, et lorsqu'il nous présente le résultat de vingt années d'enquête et de réflexion, nous devons l'écouter, même si nous sommes disposés à frapper. Mais, en lisant son œuvre, il faut admettre que l'attention qui pouvait d'abord être consciencieusement portée, devient bientôt volontaire, étant donné la clarté de la pensée de l'auteur, la franchise de sa conviction, l'honnêteté et la justesse de l'expression franche de ses doutes. Ceux qui veulent juger le livre doivent le lire ; nous nous efforcerons seulement de rendre son argumentaire et sa position philosophique intelligibles au lecteur général, à notre manière.

Le Baker-street Bazaar vient de présenter son spectacle annuel familier. Des bœufs au dos droit, à petite tête et aux gros canons , aussi différents de toutes les espèces sauvages qu'on peut l'imaginer, rivalisaient pour attirer l'attention et les éloges avec des moutons d'une demi-douzaine de races différentes et des élevages de porcs gonflés et absurdes, pas plus comme un sanglier ou une truie qu'un échevin de ville est comme un ourang -outang. L'exposition de bétail a été, et peut-être sera peut-être à nouveau, remplacée par une exposition de volailles, dont les prodiges du chant et du gloussement, on ne peut que prédire avec certitude qu'ils seront très différents du *Phasianus Gallus aborigène* . Si le chercheur d'anomalies animales n'est pas satisfait, un tour ou deux dans Seven Dials le convaincra que les races de pigeons sont tout aussi extraordinaires et différentes les unes des autres et de leurs parents, tandis que la Société Horticole lui fournira un certain nombre d'anomalies correspondantes. aberrations végétales des types naturels. Il apprendra aussi avec surprise, au cours de ses voyages, que les propriétaires et les producteurs de ces anomalies animales et végétales les considèrent comme des espèces distinctes, avec une ferme conviction dont la force est exactement proportionnelle à leur ignorance des connaissances. biologie scientifique, et ce qui est d'autant plus remarquable qu'ils sont tous fiers de leur savoir-faire dans *la création* de telles « espèces ».

Après une enquête minutieuse, on découvre que toutes ces races, ainsi que de nombreuses autres races artificielles d'animaux et de plantes, ont été produites par une seule méthode. L'éleveur — et un éleveur habile doit être une personne dotée de beaucoup de sagacité et de facultés de perception naturelles ou acquises — remarque une légère différence, survenant il ne sait comment, chez certains individus de sa souche. S'il souhaite perpétuer la différence, former une race avec la particularité en question fortement marquée, il sélectionne les individus mâles et femelles qui présentent le caractère désiré et se reproduit à partir d'eux. Leur progéniture est ensuite soigneusement examinée, et ceux qui présentent la particularité le plus distinctement sont sélectionnés pour la reproduction, et cette opération est répétée jusqu'à ce que le degré souhaité de divergence par rapport à la souche primitive soit atteint. On constate alors qu'en poursuivant le processus de sélection, toujours en se reproduisant, c'est-à-dire à partir de formes bien marquées, et en ne laissant aucun croisement impur intervenir, on peut former une race dont la tendance à se reproduire est extrêmement forte ; on ne connaît pas non plus la limite du degré de divergence qui peut être ainsi produit, mais une chose est certaine, c'est que, si certaines races de chiens, ou de pigeons, ou de chevaux, n'étaient connues qu'à l'état fossile, aucun naturaliste n'hésiterait en les considérant comme des espèces distinctes.

Mais dans tous ces cas, nous avons *une interférence humaine* . Sans l'éleveur, il n'y aurait pas de sélection, et sans la sélection, pas de race. Avant d'admettre la possibilité que les espèces naturelles soient nées d'une manière similaire, il faut prouver qu'il existe dans la nature un pouvoir qui remplace l'homme et effectue une sélection *suâ sponte* . M. Darwin affirme avoir découvert l'existence et le *mode opératoire* de cette sélection naturelle, comme il l'appelle ; et, s'il a raison, le processus est parfaitement simple et compréhensible, et irrésistiblement déductible de faits très familiers mais presque oubliés.

Qui, par exemple, a dûment réfléchi à toutes les conséquences de la merveilleuse lutte pour l'existence qui se déroule jour et heure entre les êtres vivants ? Non seulement chaque animal vit aux dépens d'un autre animal ou d'une autre plante, mais les plantes elles-mêmes sont en guerre. Le sol est plein de graines qui ne peuvent pas germer ; les plants se volent mutuellement l'air, la lumière et l'eau, le voleur le plus fort remportant la victoire et éteignant ses concurrents. D'année en année, les animaux sauvages sur lesquels l'homme ne s'attaque jamais ne sont, en moyenne, ni plus ni moins nombreux qu'avant ; et pourtant nous savons que le produit annuel de chaque couple est d'un à peut-être un million de petits, de sorte qu'il est mathématiquement certain qu'en moyenne, autant sont tués par des causes naturelles qu'il y en a qui naissent chaque année, et ceux-ci ne font qu'échapper. qui se trouvent être un peu mieux préparés à résister à la destruction que ceux qui meurent. Les individus d'une espèce sont comme l'équipage d'un navire coulé, et seuls les bons nageurs ont une chance d'atteindre la terre.

Telles étant incontestablement les conditions nécessaires dans lesquelles existent les êtres vivants, M. Darwin découvre en elles l'instrument de la sélection naturelle. Supposons qu'au milieu de cette compétition incessante certains individus d'une espèce (A) présentent des variations accidentelles qui se trouvent les adapter un peu mieux que leurs congénères à la lutte dans laquelle ils sont engagés, alors les chances sont en faveur , non seulement de ces individus étant mieux nourris que les autres, mais de prédominer sur leurs semblables par d'autres moyens, et d'avoir plus de chances de laisser une descendance, qui tendra bien entendu à reproduire les particularités de leurs parents. Leur progéniture aura, par parité de raisonnement, tendance à prédominer sur leurs contemporains, et comme il n'y a (supposons) pas de place pour plus d'une espèce telle que A, la variété la plus faible sera finalement détruite par la nouvelle influence destructrice qui est jetée dans l'échelle, et le plus fort prendra sa place. Les conditions environnantes restant inchangées, la nouvelle variété (que l'on peut appeler B) - censée, pour les besoins de l'argumentation, être la mieux adaptée à ces conditions et pouvant être extraite du stock d'origine - restera inchangée, toutes les déviations accidentelles par rapport au type s'éteignant aussitôt, comme moins apte à son poste que B lui-même. La tendance de B à persister augmentera avec sa persistance au fil des générations successives et il acquerra tous les caractères d'une nouvelle espèce.

Mais, d'un autre côté, si les conditions de vie changent à un degré quelconque, si léger soit-il, B peut ne plus être la forme la mieux adaptée pour résister à leur influence destructrice et profiter de leur influence entretenue ; auquel cas si elle devait donner naissance à une variété plus compétente (C), celle-ci prendra sa place et deviendra une espèce nouvelle ; et ainsi, par *sélection naturelle*, les espèces B et C dériveront successivement de A.

Que cette hypothèse la plus ingénieuse permette de rendre compte de nombreuses anomalies apparentes dans la répartition des êtres vivants dans le temps et dans l'espace, et qu'elle ne soit pas contredite par les principaux phénomènes de la vie et de l'organisation, nous paraît incontestable, et jusqu'à présent il faut admettre qu'il présente un immense avantage sur aucun de ses prédécesseurs. Mais c'est une tout autre affaire d'affirmer absolument soit la vérité, soit la fausseté des vues de M. Darwin au stade actuel de l'enquête. Goethe a un excellent aphorisme définissant cet état d'esprit qu'il appelle *Thätige Skepsis* : le doute actif. C'est le doute qui aime tellement la vérité qu'il n'ose ni se reposer dans le doute, ni s'éteindre par une croyance injustifiée ; et nous recommandons cet état d'esprit aux étudiants qui étudient les espèces, en ce qui concerne l'hypothèse de M. Darwin ou toute autre hypothèse quant à leur origine. Les recherches combinées d'une vingtaine d'années supplémentaires permettront peut-être aux naturalistes de dire si les causes modificatrices et le pouvoir sélectif, dont M. Darwin a démontré de manière satisfaisante l'existence dans la nature, sont capables de produire tous les effets qu'il leur attribue, ou si , en revanche, il a été amené à surestimer la valeur de son principe de sélection naturelle, autant que Lamarck a surestimé sa *vera causa* de modification par l'exercice.

Mais il y a, en tout cas, un avantage que possède l'écrivain le plus récent sur son prédécesseur. M. Darwin a horreur de la simple spéculation, tout comme la nature a horreur du vide. Il est aussi avide de cas et de précédents que n'importe quel constitutionnaliste, et tous les principes qu'il pose sont susceptibles d'être soumis à l'épreuve de l'observation et de l'expérimentation. Le chemin qu'il nous propose de suivre ne prétend pas être une simple piste aérienne, fabriquée de toiles d'araignées idéales, mais un pont solide et large de faits. S'il en est ainsi, cela nous fera franchir en toute sécurité bien des gouffres dans notre connaissance et nous conduira dans une région libérée des pièges de ces Vierges fascinantes mais stériles, les Causes Finales, contre lesquelles une haute autorité nous a si justement mis en garde. « Mes fils, cultivez la vigne », furent les derniers mots du vieillard dans la fable ; et, bien que les fils n'aient trouvé aucun trésor, ils ont fait fortune grâce aux raisins.

XV

UN HOMARD ; OU, L'ÉTUDE DE LA ZOOLOGIE.

L'histoire naturelle est le nom familièrement appliqué à l'étude des propriétés des corps naturels tels que les minéraux, les plantes et les animaux ; les sciences qui incarnent les connaissances que l'homme a acquises sur ces sujets sont communément appelées sciences naturelles, par opposition aux autres sciences dites « physiques » ; et ceux qui se consacrent spécialement à la recherche de telles sciences ont été et sont communément appelés « naturalistes ».

Linné était un naturaliste dans ce sens large, et son « Systema Naturæ » était un ouvrage sur l'histoire naturelle dans le sens le plus large du terme ; en lui, ce grand esprit méthodiste incarnait tout ce qu'on savait à son époque des caractères distinctifs des minéraux, des animaux et des plantes. Mais l'énorme impulsion que Linné donna à l'étude de la nature rendit bientôt impossible à un homme d'écrire un autre Systema Naturæ , et extrêmement difficile pour quiconque de devenir un naturaliste comme Linné l'était.

Aussi grands qu'aient été les progrès réalisés par les trois branches de la science, autrefois incluses sous le titre d'histoire naturelle, il ne fait aucun doute que la zoologie et la botanique se sont développées dans un rapport énormément plus grand que la minéralogie, et par conséquent, comme je le suppose , le nom d'« histoire naturelle » est progressivement devenu de plus en plus définitivement attaché à ces divisions importantes du sujet, et par « naturaliste », les gens ont entendu de plus en plus clairement impliquer un étudiant de la structure et des fonctions des êtres vivants.

Quoi qu'il en soit, il est certain que le progrès des connaissances a progressivement élargi la distance entre la minéralogie et ses anciennes associées, en même temps qu'il a rapproché la zoologie et la botanique ; de sorte que ces dernières années, il s'est avéré commode (et même nécessaire) d'associer les sciences qui traitent de la vitalité et de tous ses phénomènes sous le chef commun de la « biologie » ; et les biologistes en sont venus à répudier tout lien de sang avec leurs frères de lait, les minéralogistes.

Certaines lois générales ont une application générale à la fois dans le monde animal et dans le monde végétal, mais le terrain commun à ces règnes de la nature n'est pas d'une très grande étendue, et la multiplicité des détails est si grande que l'étudiant des êtres vivants se trouve obligé consacrer son attention exclusivement à l'un ou à l'autre. S'il choisit d'étudier les plantes, sous quelque aspect que ce soit, nous savons immédiatement comment l'appeler ; il est botaniste et sa science est la botanique. Mais si l'étude de la vie animale est son choix, le nom généralement appliqué à lui variera selon le genre d'animaux qu'il étudie, ou selon les phénomènes particuliers de la vie animale auxquels il limite son attention. Si l'étude de l'homme est son objet, on l'appelle anatomiste, ou physiologiste, ou ethnologue ; mais s'il dissèque les animaux ou examine la manière dont leurs fonctions sont remplies, il est anatomiste comparé ou physiologiste comparé. S'il s'intéresse aux animaux fossiles , il est paléontologue . Si son esprit est plus particulièrement dirigé vers la description, la discrimination spécifique, la classification et la répartition des animaux, il est appelé zoologiste.

Cependant, pour les besoins du présent discours, je ne reconnaîtrai aucun de ces titres sauf le dernier, que j'emploierai comme l'équivalent de botaniste, et j'utiliserai le terme zoologie pour désigner toute la doctrine de la vie animale, par opposition à la botanique, qui signifie toute la doctrine de la vie végétale.

Employée dans ce sens, la zoologie, comme la botanique, est divisible en trois sciences grandes mais subordonnées, la morphologie, la physiologie et la répartition, dont chacune peut, dans une très large mesure, être étudiée indépendamment de l'autre.

La morphologie zoologique est la doctrine de la forme ou de la structure animale. L'anatomie est une de ses branches, le développement en est une autre ; tandis que la classification est l'expression des relations que les différents animaux entretiennent entre eux, quant à leur anatomie et à leur développement.

La distribution zoologique est l'étude des animaux par rapport aux conditions terrestres qui existent actuellement ou qui ont existé à n'importe quelle époque antérieure de l'histoire de la Terre.

La physiologie zoologique, enfin, est la doctrine des fonctions ou actions des animaux. Il considère les corps animaux comme des machines mues par certaines forces et effectuant une quantité de travail qui peut être exprimée en termes de forces ordinaires de la nature. Le but final de la physiologie est de déduire les faits de morphologie d'une part, et ceux de répartition d'autre part, des lois des forces moléculaires de la matière.

Telle est la portée de la zoologie. Mais si je devais me contenter de l'énonciation de ces définitions sèches, je donnerais un mauvais exemple de cette méthode d'enseignement de cette branche de la science physique, que mon principal devoir ce soir est de recommander. Détournons-nous donc des définitions abstraites. Prenons un être vivant concret, un animal, le plus commun possible, le mieux, et voyons comment l'application du bon sens et de la logique commune aux faits évidents qu'il présente nous conduit inévitablement à toutes ces branches de la science zoologique.

J'ai devant moi un homard. Quand je l'examine, quel est le caractère le plus frappant qu'il présente ? Eh bien, j'observe que cette partie que l'on appelle la queue du homard, est composée de six anneaux durs distincts et d'un septième morceau terminal. Si je sépare l'un des anneaux du milieu, disons le troisième, je trouve qu'il porte sur sa surface inférieure une paire de membres ou appendices, dont chacun consiste en une tige et deux pièces terminales. Pour que je puisse représenter ainsi une section transversale de l'anneau et de ses appendices sur le tableau à schémas.

Si je prends maintenant le quatrième anneau, je trouve qu'il a la même structure, tout comme le cinquième et le deuxième ; de sorte que dans chacune de ces divisions de la queue je trouve des parties qui se correspondent, un anneau et deux appendices ; et dans chaque appendice une tige et deux embouts. Ces parties correspondantes sont appelées dans le langage technique de l'anatomie « parties homologues ». L'anneau de la troisième division est « l'homologue » de l'anneau de la cinquième, l'appendice de la première est l'homologue de l'appendice de la seconde. Et comme chaque division présente des parties correspondantes dans des lieux correspondants, on dit que toutes les divisions sont construites sur le même plan. Mais considérons maintenant la sixième division. Il est semblable et pourtant différent des autres. L'anneau est essentiellement le même que dans les autres divisions ; mais les appendices paraissent d'abord très différents ; et pourtant, quand on les regarde de près, que trouve-t-on ? Une tige et deux divisions terminales exactement comme dans les autres, mais la tige est très courte et très épaisse, les divisions terminales sont très larges et plates, et l'une d'elles est divisée en deux morceaux.

Je puis dire donc que le sixième segment est comme les autres en plan, mais qu'il est modifié dans ses détails.

Le premier segment est comme les autres, en ce qui concerne son anneau, et bien que ses appendices diffèrent de tous ceux encore examinés par la simplicité de leur structure, les parties correspondant à la tige et à l'une des divisions des appendices de l'autre des segments peuvent y être facilement discernés.

ainsi que la queue du homard est composée d'une série de segments fondamentalement semblables, quoique chacun présente des modifications particulières du plan commun à tous. Mais quand je me tourne vers l'avant du corps, je ne vois d'abord rien d'autre qu'une grande coquille en forme de bouclier, appelée techniquement « carapace », se terminant à l'avant par une épine acérée, de chaque côté de laquelle se trouvent de curieux yeux composés. , posés aux extrémités de grosses tiges mobiles. Derrière celles-ci, sur la face inférieure du corps, se trouvent deux paires de longues antennes ou antennes , suivies de six paires de mâchoires repliées l'une contre l'autre au-dessus de la bouche, et de cinq paires de pattes, la première d'entre elles étant les grandes pinces. ou pinces, du homard.

Il paraît d'abord un peu désespéré de tenter de retrouver dans cette masse complexe une série d'anneaux, chacun avec sa paire d'appendices, comme je vous l'ai montré dans l'abdomen, et pourtant il n'est pas difficile de démontrer leur existence. Enlevez les jambes et vous constaterez que chaque paire est attachée à un segment très défini de la paroi inférieure du corps ; mais ces segments, au lieu d'être les parties inférieures d'anneaux libres, comme dans la queue, sont des parties d'anneaux qui sont toutes solidement unies et liées ensemble ; et il en est de même pour les mâchoires, les palpeurs et les tiges oculaires, dont chaque paire est portée sur son propre segment spécial. Ainsi s'impose peu à peu la conclusion que le corps du homard est composé d'autant d'anneaux qu'il y a de paires d'appendices, soit vingt en tout, mais que les six anneaux postérieurs restent libres et mobiles, tandis que les quatorze anneaux antérieurs deviennent fermement soudés ensemble, leurs dos formant un bouclier continu : la carapace.

L'unité du plan, la diversité dans l'exécution, telle est la leçon enseignée par l'étude des anneaux du corps, et la même instruction est donnée avec encore plus d'insistance par les appendices. Si j'examine la mâchoire la plus externe, je trouve qu'elle se compose de trois parties distinctes, une interne, une médiane et une externe, montées sur une tige commune ; et si je compare cette mâchoire avec les pattes en arrière, ou avec les mâchoires en avant, je trouve assez facile de voir que, dans les pattes, c'est la partie de l'appendice qui correspond à la division intérieure, qui devient modifié en ce que nous appelons familièrement la « jambe », tandis que la division médiane disparaît et la division externe est cachée sous la carapace. Il n'est pas non plus plus difficile de discerner que, dans les appendices de la queue, la division médiane réapparaît et la division externe disparaît ; tandis que dans la mâchoire antérieure, appelée mandibule, il ne reste que la division intérieure ; et, de la même manière, les parties des palpeurs et des tiges oculaires peuvent être identifiées avec celles des pattes et des mâchoires.

mène tout cela ? A la conclusion très remarquable qu'une unité de plan, du même genre que celle que l'on découvre dans la queue ou l'abdomen du homard, imprègne toute l'organisation de son squelette, de sorte que je peux revenir au diagramme représentant n'importe lequel des anneaux de la queue, que j'ai dessinée sur la planche, et en ajoutant une troisième division à chaque appendice, je peux l'utiliser comme une sorte de schéma ou de plan de n'importe quel anneau du corps. Je peux donner des noms à toutes les parties de cette figure, et alors si je prends n'importe quel segment du corps du homard, je peux vous indiquer exactement quelle modification le plan général a subi dans ce segment particulier ; quelle partie est restée mobile, et quelle partie est devenue fixe à une autre ; ce qui a été excessivement développé et métamorphosé, et ce qui a été supprimé.

Mais j'imagine que j'entends la question : comment tester tout cela ? C'est sans aucun doute une façon jolie et ingénieuse d'observer la structure de n'importe quel animal, mais est-ce autre chose ? La nature reconnaît-elle de manière plus profonde cette unité de plan que nous semblons tracer ?

L'objection suggérée par ces questions est très valable et importante, et la morphologie était dans un état peu solide, aussi longtemps qu'elle reposait sur la simple perception des analogies qui existent entre des parties entièrement formées. L'ingéniosité incontrôlée des anatomistes spéculatifs s'est révélée pleinement compétente pour fabriquer un certain nombre d'hypothèses contradictoires à partir des mêmes faits, et des rêves morphologiques sans fin menaçaient de supplanter la théorie scientifique.

Heureusement, cependant, il existe un critère de vérité morphologique et un test sûr de toutes les homologies. Notre homard n'a pas toujours été tel que nous le voyons; c'était autrefois un œuf, masse semi-fluide de jaune, pas aussi grosse qu'une tête d'épingle, contenue dans une membrane transparente, et ne présentant pas la moindre trace d'aucun de ces organes, dont la multiplicité et la complexité, chez l'adulte, sont tellement surprenants. Après un certain temps , une délicate tache de membrane cellulaire apparut sur une face de ce jaune, et cette tache était le fondement de la créature entière, l'argile à partir de laquelle elle serait moulée . En investissant progressivement le jaune, il se subdivisa par des constrictions transversales en segments, précurseurs des anneaux du corps. Sur la face ventrale de chacun des anneaux ainsi esquissés, une paire de protubérances en forme de bourgeon faisait leur apparition, rudiments des appendices de l'anneau. Au début, tous les appendices étaient semblables, mais, à mesure qu'ils grandissaient, la plupart d'entre eux se distinguaient par une tige et deux divisions terminales, auxquelles, dans la partie médiane du corps, s'ajoutait une troisième division externe ; et ce n'est que plus tard que, par la modification ou l'avortement de certains de ces constituants primitifs, les membres acquièrent leur forme parfaite.

Ainsi, l'étude du développement prouve que la doctrine de l'unité du plan n'est pas simplement une fantaisie, qu'elle n'est pas simplement une façon de voir les choses, mais qu'elle est l'expression de faits naturels profondément enracinés. Les pattes et les mâchoires du homard ne peuvent pas simplement être considérées comme des modifications d'un type commun ; elles le sont en fait et dans la nature ; la patte et la mâchoire du jeune animal étant, au premier abord, impossibles à distinguer.

Ce sont des vérités merveilleuses, d'autant plus que le zoologiste les trouve d'application universelle. L'étude d'un polype , d'un limaçon, d'un poisson, d'un cheval ou d'un homme nous aurait conduit, quoique par un chemin moins facile peut-être, exactement au même point. L'unité du plan se cache partout sous le masque de la diversité des structures : le complexe est partout né du simple. Tout animal a d'abord la forme d'un œuf, et tout animal et chaque partie organique, en arrivant à l'état adulte, passe par des conditions communes aux autres animaux et aux autres parties adultes ; et cela m'amène à un autre point. Jusqu'à présent, j'ai parlé comme si le homard était seul au monde, mais, comme je n'ai pas besoin de vous le rappeler, il existe des myriades d'autres organismes animaux. Parmi eux, certains, comme les hommes, les chevaux, les oiseaux, les poissons, les limaces, les huîtres, les coraux et les éponges, ne ressemblent en rien au homard. Mais d'autres animaux, même s'ils diffèrent beaucoup du homard, ou bien lui ressemblent beaucoup, ou bien ressemblent à quelque chose qui lui ressemble. L'écrevisse, la langouste, la crevette et la crevette, par exemple, si différentes soient-elles, ressemblent tellement aux homards qu'un enfant les grouperait comme étant du genre homard, par opposition aux escargots et aux limaces ; et ces derniers formeraient encore une espèce à part, par opposition aux vaches, aux chevaux et aux moutons, l'espèce bovine.

Mais ce regroupement spontané en « espèces » est le premier essai de l'esprit humain en matière de classification, ou d'appel par un nom commun de choses qui se ressemblent, et de les disposer de manière à suggérer au mieux la somme de leurs ressemblances. et des différences avec d'autres choses.

Les espèces qui ne comportent d'autres subdivisions que les sexes ou les diverses races sont appelées, en langage technique, espèces. Le homard anglais est une espèce, notre écrevisse en est une autre, notre crevette en est une autre. Dans d'autres pays, cependant, il existe des homards, des écrevisses et des crevettes, très semblables aux nôtres, et présentant cependant suffisamment de différences pour mériter une distinction. Les naturalistes expriment donc cette ressemblance et cette diversité en les regroupant en espèces distinctes d'un même « genre ». Mais le homard et l'écrevisse, quoique appartenant à des genres distincts, ont de nombreux traits communs, et sont par conséquent regroupés dans un assemblage qu'on appelle une famille. Des ressemblances plus lointaines relient le homard à la crevette et au crabe, qui s'expriment en mettant tout cela dans le même ordre. Encore des ressemblances plus lointaines, mais néanmoins très nettes, unissent le homard au cloporte, au crabe royal, à la puce d'eau et à la balane, et les séparent de tous les autres animaux ; d'où ils constituent collectivement le plus grand groupe, ou classe, *des crustacés* . Mais les *crustacés* présentent de nombreuses caractéristiques particulières en commun avec les insectes, les araignées et les mille-pattes, de sorte que ceux-ci sont regroupés dans l'assemblage encore plus vaste ou « province » *Articulata* , et, enfin, les relations qu'ils entretiennent avec les vers et autres animaux inférieurs sont exprimé en combinant l'ensemble du vaste agrégat dans le sous-royaume *Annulosa* .

Si j'avais travaillé à partir d'une éponge au lieu d'un homard, je l'aurais trouvé associé, par des liens similaires, à un grand nombre d'autres animaux du sous-règne des *Protozoaires* ; si j'avais sélectionné un polype d'eau douce ou un corail, les membres de ce que les naturalistes appellent le sous-règne *des Cœlenterata* se seraient groupés autour de mon type ; si un escargot avait été choisi, les habitants de tous les univalves et bivalves, des coquilles terrestres et aquatiques, des coquilles de lampe, des calamars et des nattes marines se seraient progressivement liés à lui comme membres du même sous-règne des *Mollusques* ; et enfin, partant de l'homme, j'aurais dû admettre d'abord dans la même classe le singe, le rat, le cheval, le chien, puis l'oiseau, le crocodile, la tortue, la grenouille et le poisson. dans le même sous-règne des *Vertébrés* .

Et si j'avais suivi à fond toutes ces diverses lignes de classification, je découvrirais enfin qu'il n'y avait pas d'animal, récent ou fossile, qui ne tombât d'emblée dans l'un ou l'autre de ces sous-règnes. En d'autres termes, chaque animal est organisé selon l'un ou l'autre des cinq plans, ou plus, dont l'existence rend possible notre classification. Et la structure de chaque animal est si clairement et si précisément marquée que, dans l'état actuel de nos connaissances, il n'existe pas la moindre preuve pour prouver qu'une forme, au moindre degré de transition entre deux des groupes *Vertébrés* , *Annulosa* , *Mollusque* , et *Cœlenterata* , existent ou ont existé pendant la période de l'histoire de la Terre enregistrée par le géologue. Néanmoins, vous ne devez pas supposer un seul instant, parce qu'aucune forme de transition de ce type n'est connue, que les membres des sous-règnes sont déconnectés ou indépendants les uns des autres. Au contraire, dans leur état le plus précoce, ils sont tous semblables, et les germes primordiaux d'un homme, d'un chien, d'un oiseau, d'un poisson, d'un coléoptère, d'un escargot et d'un polype ne sont, sous aucun rapport structurel essentiel, distinguables.

organisation omniprésente , de même caractère, bien que non égale en degré, à celle qui nous permet de discerner un seul et même plan parmi les vingt segments différents du corps d'un homard. On a dit avec vérité que, pour un œil clair, le plus petit fait est une fenêtre à travers laquelle l'Infini peut être vu.

Laissant ces considérations purement morphologiques, examinons maintenant la manière dont l'étude attentive du homard nous pousse à d'autres voies de recherche.

Les homards se trouvent dans toutes les mers européennes ; mais sur les rives opposées de l'Atlantique et dans les mers de l'hémisphère sud, ils n'existent pas. Ils sont cependant représentés dans ces régions par des formes très voisines, mais distinctes, le *Homarus Americanus* et le *Homarus Capensis* , de sorte que l'on peut dire que l'Européen a une espèce de *Homarus* ; l'Américain, un autre ; l'Africain, un autre ; et c'est ainsi que les faits remarquables de la répartition géographique commencent à nous apparaître.

De plus, si nous examinons le contenu de la croûte terrestre, nous trouverons dans le dernier de ces dépôts, qui ont servi de grands cimetières des âges passés, d'innombrables animaux ressemblant à des homards, mais aucun n'est aussi semblable à notre homard vivant qu'il ne l'est. assurez-vous que les zoologistes appartiennent même au même genre. Si l'on remonte encore plus loin dans le temps, on découvre dans les roches les plus anciennes de toutes, des restes d'animaux, construits sur le même plan général que le homard, et appartenant au même grand groupe de *crustacés* ; mais pour la plupart totalement différent du homard, et même de toute autre forme vivante de crustacé ; et ainsi nous acquérons une idée de ce changement successif de la population animale du globe, dans les âges passés, qui est le fait le plus frappant révélé par la géologie.

Considérons maintenant où nos recherches nous ont menés. Nous avons étudié notre type morphologiquement, lorsque nous avons déterminé son anatomie et son développement, et en le comparant, sous ces rapports, avec d'autres animaux, nous avons déterminé sa place dans un système de classification. Si nous devions examiner chaque animal de la même manière , nous établirions un ensemble complet de morphologie zoologique.

Nous avons encore étudié la répartition de notre espèce dans l'espace et dans le temps, et si la même chose avait été faite pour tous les animaux, les sciences de la répartition géographique et géologique auraient atteint leurs limites.

Mais vous remarquerez une circonstance remarquable, c'est que jusqu'ici la question de la vie de ces organismes n'a pas été envisagée. La morphologie et la distribution pourraient être étudiées presque aussi bien si les animaux et les plantes étaient une espèce particulière de cristaux et ne possédaient aucune de ces fonctions qui distinguent si remarquablement les êtres vivants. Mais les faits de morphologie et de répartition doivent être pris en compte, et la science dont le but est d'en rendre compte est la physiologie.

Revenons encore une fois à notre homard. Si nous observions l'animal dans son élément natif, nous le verrions escalader activement les rochers submergés, parmi lesquels il se plaît à vivre, au moyen de ses fortes pattes ; ou nageant par de puissants coups de sa grande queue, dont les appendices de la sixième articulation sont étalés en une large hélice en forme d'éventail ; saisissez-le et il vous montrera que ses grandes griffes ne sont pas de mauvaises armes offensives ; suspendez un morceau de charogne parmi ses repaires, et il le dévorera avidement, déchirant et écrasant la chair au moyen de ses innombrables mâchoires.

Supposons que nous n'ayons connu le homard que comme une masse inerte, un cristal organique, si je puis utiliser l'expression, et que nous puissions soudainement le voir exercer tous ces pouvoirs, quelles merveilleuses nouvelles idées et quelles nouvelles questions surgiraient dans nos esprits. ! La grande nouvelle question serait : « Comment tout cela se passe-t-il ? la principale idée nouvelle serait celle de l'adaptation à un but, la notion selon laquelle les constituants des corps animaux ne sont pas de simples parties sans rapport, mais des organes travaillant ensemble dans un but. Considérons à nouveau la queue du homard sous ce point de vue. La morphologie nous a appris qu'il s'agit d'une série de segments composés de parties homologues, qui subissent diverses modifications, au-dessous et à travers lesquelles se discerne un plan commun de formation. Mais si j'examine physiologiquement cette même partie, je vois que c'est un organe de locomotion des plus joliment construit, au moyen duquel l'animal peut se propulser rapidement soit en arrière, soit en avant.

Mais comment cette remarquable machine propulsive est-elle conçue pour remplir ses fonctions ? Si je tuais subitement un de ces animaux et en retirais toutes les parties molles, je trouverais la coquille parfaitement inerte, n'ayant pas plus de pouvoir de se mouvoir que n'en possède la machinerie d'un moulin, lorsqu'elle est débranchée de l'alimentation électrique. sa machine à vapeur ou sa roue hydraulique. Mais si je l'ouvrais et n'en retirais que les viscères, en laissant la chair blanche, je m'apercevrais que le homard pourrait plier et étendre sa queue aussi bien qu'avant. Si je devais couper la queue , je n'y trouverais plus aucun mouvement spontané, mais en pinçant une partie quelconque de la chair, je remarquerais qu'elle subit un changement très curieux, chaque fibre devenant plus courte et plus épaisse. Par cet acte de contraction, comme on l'appelle, les parties auxquelles les extrémités de la fibre sont attachées sont, bien entendu, rapprochées - et selon les relations de leurs points d'attache avec les centres de mouvements des différents anneaux, le il en résulte une flexion ou une extension de la queue. Une observation attentive du homard nouvellement ouvert montrerait bientôt que tous ses mouvements sont dus à la même cause : le raccourcissement et l'épaississement de ces fibres charnues , qui sont techniquement appelées muscles.

Voilà donc un fait capital. Les mouvements du homard sont dus à la contractilité musculaire. Mais pourquoi un muscle se contracte-t-il à un moment et pas à un autre ? Pourquoi un groupe entier de muscles se contracte-t-il lorsque le homard souhaite étendre sa queue, et un autre groupe lorsqu'il souhaite la plier ? Qu'est-ce qui engendre , dirige et contrôle la force motrice ?

L'expérience, grand instrument de détermination de la vérité en science physique, répond pour nous à cette question. Dans la tête du homard se trouve une petite masse de ce tissu particulier qu'on appelle substance nerveuse. Des cordons de matière semblable relient ce cerveau du homard, directement ou indirectement, aux muscles. Or, si ces cordons communicants sont coupés, le cerveau restant entier, la puissance d'exercer ce que nous appelons le mouvement volontaire dans les parties situées au-dessous de la section est détruite, et d'autre part, si, les cordons restant entiers, la masse cérébrale est détruite. , la même mobilité volontaire est également perdue. D'où la conclusion inévitable est que le pouvoir de provoquer ces mouvements réside dans le cerveau et se propage le long des cordes nerveuses.

Chez les animaux supérieurs, les phénomènes qui accompagnent cette transmission ont été étudiés, et l'exercice de l'énergie particulière qui réside dans les nerfs s'est avéré accompagné d'une perturbation de l'état électrique de leurs molécules.

Si l'on pouvait estimer exactement la signification de ce trouble ; si l'on pouvait obtenir la valeur d'un effort donné de force nerveuse en déterminant la quantité d'électricité ou de chaleur dont il est l'équivalent ; si nous pouvions déterminer de quel arrangement ou autre état des molécules de la matière dépend la manifestation des énergies nerveuses et musculaires (et sans doute la science déterminera un jour ou l'autre ces points), les physiologistes auraient atteint leur but ultime dans ce domaine. direction; ils auraient déterminé le rapport de la force motrice des animaux avec les autres formes de force trouvées dans la nature ; et si le même processus avait été accompli avec succès pour toutes les opérations qui s'effectuent dans et par le corps animal, la physiologie serait parfaite, et les faits de morphologie et de distribution seraient déductibles des lois que les physiologistes ont établies, combinées. avec ceux qui déterminent l'état de l'univers environnant.

Il n'existe pas un fragment de l'organisme de cet humble animal dont l'étude ne nous conduirait dans des régions de pensée aussi vastes que celles que je vous ai brièvement ouvertes ; mais ce que je viens de dire, j'espère, vous a non seulement permis de vous faire une idée de la portée et de la portée de la zoologie, mais vous a donné un exemple imparfait de la manière dont, à mon avis, cette science, ou même toute autre science, la science physique, peut être mieux enseignée. La grande question est de rendre l'enseignement réel et pratique, en fixant l'attention de l'étudiant sur des faits particuliers, mais en même temps il doit être rendu large et complet par une référence constante aux généralisations dont tous les faits particuliers sont des illustrations. Le homard a servi de type à tout le règne animal, et son anatomie et sa physiologie nous ont illustré certaines des plus grandes vérités de la biologie. L'étudiant qui a une fois vu par lui-même les faits que j'ai décrits, s'est fait expliquer leurs relations et les a clairement compris, a jusqu'à présent une connaissance de la zoologie qui est réelle et authentique, si limitée qu'elle soit, et ce qui vaut plus que toutes les simples connaissances scientifiques qu'il pourrait jamais acquérir. Ses informations zoologiques sont, jusqu'à présent, des connaissances et non de simples ouï-dire.

Et s'il s'agissait de vous préparer au certificat de science zoologique accordé par ce département, je suivrais un cours exactement semblable en principe à celui que j'ai suivi ce soir. Je devrais choisir une éponge d'eau douce, un polype d'eau douce ou un *Cyanæa* , une moule d'eau douce, un homard, une volaille, comme types des cinq divisions primaires du règne animal. Je devrais expliquer très complètement leur structure et montrer comment chacun d'entre eux illustre les grands principes de la zoologie. Après avoir parcouru ce sujet très soigneusement et en profondeur, je sentirais que vous disposiez d'une base sûre, et je vous guiderais alors de la même manière, mais de manière moins minutieuse, sur des types illustratifs de classes choisis de la même manière ; et puis je devrais attirer votre attention sur les formes spéciales énumérées sous la tête des types, dans ce programme, et sur les autres faits qui y sont mentionnés.

Tel serait, d'une manière générale, mon plan. Mais j'ai entrepris de vous expliquer le meilleur moyen d'acquérir et de communiquer une connaissance en zoologie, et vous pouvez donc à juste titre me demander un compte rendu plus détaillé et plus précis de la manière dont je me proposerais de vous fournir les informations que je fais référence. à.

Ma propre impression est que le meilleur modèle pour toutes sortes de formation en sciences physiques est celui offert par la méthode d'enseignement de l'anatomie, utilisée dans les facultés de médecine. Cette méthode se compose de trois éléments : cours magistraux, démonstrations et examens.

Le but des cours est avant tout d'éveiller l'attention et de susciter l'enthousiasme de l'étudiant ; et cela, j'en suis sûr, peut être réalisé dans une bien plus grande mesure par le discours oral et par l'influence personnelle d'un professeur respecté que par toute autre manière. Deuxièmement, les cours ont le double usage de guider l'étudiant vers les points saillants d'un sujet, et en même temps de l'obliger à s'occuper de l'ensemble du sujet, et non seulement de la partie qui lui plaît. Enfin, les cours offrent à l'étudiant l'occasion de chercher des explications sur les difficultés qui surgiront et devraient surgir au cours de ses études.

Mais pour qu'un étudiant tire le meilleur parti possible de ses cours, plusieurs précautions sont nécessaires.

J'ai la forte impression que plus le discours est bon, en tant qu'oraison, moins il est en tant que conférence. Le flux du discours vous entraîne sans prêter attention à son sens ; on laisse tomber un mot ou une phrase, on en perd un instant le sens exact, et tandis que l'on s'efforce de se ressaisir, l'orateur est passé à autre chose.

La pratique que j'ai adoptée ces dernières années, dans mes cours aux étudiants, est de condenser la substance du discours de l'heure en quelques propositions sèches, qui sont lues lentement et notées sous la dictée ; la lecture de chacun étant suivie d'un commentaire libre, développant et illustrant la proposition, expliquant les termes et écartant toutes les difficultés qui pourraient être ainsi attaquées, par des schémas faits grossièrement et vus grandir sous la main du conférencier. De cette manière, vous garantissez en tout cas dans une certaine mesure la coopération de l'étudiant. Il ne peut pas laisser la salle de cours entièrement vide si la prise de notes est imposée, et un étudiant doit être surnaturellement ennuyeux et mécanique s'il peut prendre des notes et les entendre correctement expliquées, sans rien apprendre.

Quels livres dois-je lire ? est une question constamment posée par l'élève au professeur. Ma réponse est généralement : « Aucun ; rédigez vos notes avec soin et intégralité ; efforcez-vous de bien les comprendre ; venez me voir pour une explication de tout ce que vous ne pouvez pas comprendre, et je préférerais que vous ne distrayiez pas votre esprit en lisant. Un cours correctement composé doit contenir autant de matières qu'un étudiant peut assimiler dans le temps qu'il occupe ; et l'enseignant doit toujours se rappeler que son rôle est de nourrir, et non de bourrer, l'intellect. En effet, je crois qu'un étudiant qui acquiert au cours d'un cours la simple habitude de concentrer son attention sur une série de faits bien limités, jusqu'à ce qu'ils soient parfaitement maîtrisés, a fait un pas d'une importance incommensurable.

Mais si bonnes que soient les conférences et si étendues que soient les lectures qui les suivent, elles ne sont que des accessoires du grand instrument de l'enseignement scientifique : la démonstration. Si j'insiste inlassablement, voire fanatiquement, sur l'importance de la science physique en tant qu'agent éducatif, c'est parce que l'étude de n'importe quelle branche de la science, si elle est correctement menée, me paraît combler un vide laissé par tous les autres moyens d'éducation. J'ai le plus grand respect et le plus grand amour pour la littérature ; rien ne me chagrinerait plus que de voir la formation littéraire autre chose qu'une branche très importante de l'éducation ; en fait, j'aimerais que la véritable discipline littéraire soit bien plus soignée qu'elle ne l'est ; mais je ne peux pas fermer les yeux sur le fait qu'il existe une grande différence entre les hommes qui ont reçu une formation purement littéraire et ceux qui ont reçu une solide formation scientifique.

En cherchant la cause de cette différence, j'imagine la trouver dans le fait que, dans le monde des lettres, le savoir et la connaissance ne font qu'un, et que les livres sont la source de l'un et de l'autre ; tandis que dans la science, comme dans la vie, l'apprentissage et la connaissance sont distincts, et l'étude des choses, et non des livres, est la source de cette dernière.

Tout ce que la littérature a à offrir peut être obtenu par la lecture et par l'exercice pratique de l'écriture et de la parole ; mais je n'exagère pas quand je dis qu'aucun des meilleurs dons de la science ne peut être acquis par ces moyens. Au contraire, le grand bénéfice que procure une éducation scientifique, que ce soit en tant que formation ou en tant que connaissance, dépend de la mesure dans laquelle l'esprit de l'étudiant est mis en contact immédiat avec les faits, du degré auquel il acquiert l'habitude de faisant directement appel à la nature, et d'acquérir par ses sens des images concrètes de ces propriétés des choses, qui sont et seront toujours, mais approximativement exprimées dans le langage humain. Notre façon de regarder la nature et de parler d'elle varie d'année en année ; mais un fait une fois vu, une relation de cause à effet, une fois appréhendée de manière démonstrative, sont des possessions qui ne changent ni ne disparaissent, mais, au contraire, forment des centres fixes , autour desquels d'autres vérités s'agrègent par affinité naturelle.

Par conséquent, la grande tâche du professeur scientifique est d'imprimer les faits fondamentaux et irréfragables de sa science, non seulement par des mots sur l'esprit, mais par des impressions sensibles sur l'œil, l'oreille et le toucher de l'étudiant, de manière si complète. de manière que chaque terme utilisé, ou loi énoncée, devrait ensuite évoquer des images vivantes des faits structurels particuliers, ou autres, qui ont fourni la démonstration de la loi, ou l'illustration du terme.

Or, cette opération importante ne peut être réalisée que par une démonstration constante, qui peut avoir lieu dans une certaine mesure imparfaite au cours d'un cours, mais qui doit aussi être effectuée de manière indépendante et qui doit être adressée à chaque étudiant individuellement, le professeur s'efforçant , non tant pour montrer une chose à l'apprenant que pour lui faire voir par lui-même.

Je suis bien conscient qu'il existe de grandes difficultés pratiques lorsqu'il s'agit de démonstrations zoologiques efficaces. La dissection des animaux n'est pas tout à fait agréable et demande beaucoup de temps ; il n'est pas non plus facile d'assurer un approvisionnement suffisant en spécimens nécessaires. Le botaniste a ici un grand avantage ; ses spécimens sont faciles à obtenir, sont propres et sains, et peuvent être disséqués dans une maison privée aussi bien que partout ailleurs ; et de là, je crois, le fait que la botanique est bien plus facilement et mieux enseignée que sa science sœur. Mais, que ce soit difficile ou facile, si l'on veut étudier convenablement la science zoologique, il faut procéder à des démonstrations et, par conséquent, à des dissections. Sans cela, aucun homme ne peut avoir une connaissance vraiment solide de l'organisation animale.

On peut cependant faire beaucoup de choses, sans dissection réelle de la part de l'étudiant, en démontrant sur des spécimens et des préparations, et selon toute probabilité , il ne serait pas très difficile, si la demande était suffisante, d' organiser des collections de tels objets, suffisantes pour tous. aux fins de l'enseignement élémentaire, à un tarif relativement bon marché. Même sans cela, on pourrait faire beaucoup si les collections zoologiques, ouvertes au public, étaient organisées selon ce qu'on a appelé le « principe typique » ; c'est-à-dire que si les spécimens exposés au public étaient sélectionnés de telle manière que le public pourrait en apprendre quelque chose, au lieu d'être, comme à l'heure actuelle, simplement confus par leur multiplicité. Par exemple, la grande galerie ornithologique du British Museum contient entre deux et trois mille espèces d'oiseaux, et parfois cinq ou six spécimens d'une espèce. Elles sont très jolies à regarder et certaines vitrines sont effectivement splendides ; mais j'entreprendrai de dire que personne d'autre qu'un ornithologue de profession n'a jamais recueilli beaucoup d'informations à partir de la collection. Certes, parmi les dizaines de milliers de personnes qui ont parcouru cette galerie, aucun des dizaines de milliers de personnes qui ont parcouru cette galerie n'en savait plus sur les particularités essentielles des oiseaux lorsqu'il quittait la galerie que lorsqu'il y pénétrait. Mais si, quelque part dans cette vaste salle, il y avait quelques préparations illustrant les principales particularités structurelles et le mode de développement d'une volaille commune ; si les types des genres, les principales modifications du squelette, du plumage aux différents âges, du mode de nidification, etc., étaient affichés chez les oiseaux ; et si les autres spécimens étaient rangés dans un endroit où les hommes de science, auxquels ils sont seuls utiles, pourraient y avoir libre accès, je conçois que cette collection pourrait devenir un grand instrument d'éducation scientifique. [66]

Le dernier instrument de l'enseignant dont j'ai parlé est l'examen, un moyen d'éducation maintenant si bien compris que j'ai à peine besoin de m'y étendre. Je considère que les examens écrits et oraux sont indispensables et, en exigeant la description des spécimens, ils peuvent être faits pour compléter la démonstration.

Telle est la réponse la plus complète que le temps dont je dispose me permettra de donner à la question : comment acquérir et communiquer au mieux une connaissance en zoologie ?

Mais il y a une question préalable qui peut être déplacée et que, en fait, je sais que beaucoup sont enclins à déplacer. La question se pose alors de savoir pourquoi les maîtres de formation devraient -ils être encouragés à acquérir des connaissances dans cette branche ou dans toute autre branche des sciences physiques ? À quoi sert, dit-on, de tenter de faire des sciences physiques une branche de l'enseignement primaire ? N'est-il pas probable que les enseignants, en poursuivant de telles études, seront détournés de l'acquisition de connaissances plus importantes mais moins attrayantes ? Et même s'ils peuvent apprendre quelque chose de scientifique sans préjudice de leur utilité, à quoi bon s'efforcer d' inculquer cette connaissance à des garçons dont la véritable activité est d'acquérir la lecture, l'écriture et le calcul ?

Ces questions sont et seront très fréquemment posées, car elles proviennent de cette profonde ignorance de la valeur et de la véritable position de la science physique, qui infeste l'esprit des classes les plus instruites et les plus intelligentes de la communauté. Mais si je ne me sentais pas bien assuré qu'il est possible d'y répondre facilement et de manière satisfaisante ; qu'on leur a répondu maintes et maintes fois ; et que le temps viendra où les hommes d'éducation libérale rougiront de soulever de telles questions, j'aurais honte de ma position ici ce soir. Sans aucun doute, c'est votre grande et très importante fonction de réaliser l'enseignement primaire ; sans aucun doute, tout ce qui pourrait gêner l'accomplissement fidèle de ce devoir de votre part serait un grand mal ; et si je pensais que votre acquisition des éléments de la science physique et votre communication de ces éléments à vos élèves impliquaient une quelconque sorte d'interférence avec vos devoirs appropriés, je serais la première personne à protester contre le fait que vous soyez encouragé à faire quoi que ce soit de ce genre. le genre.

Mais est-il vrai que l'acquisition des connaissances scientifiques proposées et la communication de ces connaissances sont de nature à affaiblir votre utilité ? ou ne puis-je pas plutôt vous demander s'il vous est possible de remplir correctement vos fonctions sans ces aides ?

Quel est le but de l'enseignement intellectuel primaire ? Je comprends que son premier objectif est de former les jeunes à l'usage de ces outils avec lesquels les hommes extraient des connaissances de la succession toujours changeante des phénomènes qui se déroulent sous leurs yeux ; et que son deuxième objectif est de les informer des lois fondamentales qui ont été découvertes par l'expérience pour régir le cours des choses, afin qu'ils ne soient pas jetés dans le monde nus, sans défense et en proie aux événements qu'ils pourraient contrôler. .

On apprend à un garçon à lire sa propre langue et d'autres langues, afin qu'il puisse avoir accès à des connaissances infiniment plus vastes que celles qui pourraient jamais lui être ouvertes par des relations orales avec ses semblables ; il apprend à écrire, afin que ses moyens de communication avec le reste de l'humanité puissent être indéfiniment élargis, et qu'il puisse enregistrer et emmagasiner les connaissances qu'il acquiert. On lui enseigne les mathématiques élémentaires afin qu'il puisse comprendre toutes ces relations de nombre et de forme sur lesquelles sont construites les transactions des hommes, associés dans des sociétés compliquées, et qu'il puisse avoir une certaine pratique du raisonnement déductif.

Toutes ces opérations de lecture, d'écriture et de chiffrement sont des outils intellectuels dont l'usage doit avant tout être appris et appris à fond ; afin que le jeune puisse être en mesure de faire de sa vie ce qu'elle devrait être, un progrès continu en apprentissage et en sagesse.

Mais en outre, l'enseignement primaire s'efforce de doter l'enfant d'un certain équipement de connaissances positives. On lui enseigne les grandes lois de la morale ; la religion de sa secte ; autant d'histoire et de géographie qui lui diront où sont les grands pays du monde, ce qu'ils sont et comment ils sont devenus ce qu'ils sont.

Sans aucun doute, ce sont là des choses très appropriées et excellentes à enseigner à un garçon ; Je serais vraiment désolé d'en omettre aucun de tout programme d'éducation intellectuelle primaire. Le système est excellent en ce sens.

Mais si j'y regarde de près, une curieuse réflexion surgit. Je suppose qu'il y a mille cinq cents ans, l'enfant de tout citoyen romain aisé apprenait exactement ces mêmes choses ; lire et écrire dans sa propre langue et, peut-être, dans la langue grecque ; les éléments mathématiques; et la religion, la moralité, l'histoire et la géographie actuelles de son époque. En outre, je ne crois pas avoir tort d'affirmer que si un tel garçon chrétien romain, qui a terminé son éducation, pouvait être transplanté dans l'une de nos écoles publiques et suivre son cours d'instruction, il ne rencontrerait pas un une seule ligne de pensée inconnue ; parmi tous les faits nouveaux qu'il aurait à apprendre, aucun ne suggérerait une manière différente de considérer l'univers par rapport à celle qui prévalait à son époque.

Et pourtant, il y a sûrement une grande différence entre la civilisation du quatrième siècle et celle du XIXe, et plus encore entre les habitudes intellectuelles et le ton de pensée d'alors et d'aujourd'hui ?

Et qu'est-ce qui a fait cette différence ? Je réponds sans crainte : le développement prodigieux de la science physique au cours des deux derniers siècles.

La civilisation moderne repose sur la science physique ; enlevez ses cadeaux à notre propre pays, et demain notre position parmi les principales nations du monde disparaîtra ; car seule la science physique rend l'intelligence et l'énergie morale plus fortes que la force brute.

Toute la pensée moderne est imprégnée de science ; elle a fait son chemin dans les œuvres de nos meilleurs poètes, et même le simple homme de lettres, qui feint d'ignorer et de mépriser la science, est inconsciemment imprégné de son esprit et doit ses meilleurs produits à ses méthodes. Je crois que la plus grande révolution intellectuelle que l'humanité ait jamais connue est en train de se produire lentement grâce à elle. Elle enseigne au monde que la cour d'appel ultime est l'observation et l'expérimentation, et non l'autorité ; elle lui apprend à estimer la valeur des preuves ; elle crée une foi ferme et vivante dans l'existence de lois morales et physiques immuables, dont l'obéissance parfaite est le but le plus élevé possible d'un être intelligent.

Mais votre vieux système éducatif stéréotypé ne tient pas compte de tout cela. La science physique, ses méthodes, ses problèmes et ses difficultés rencontreront à chaque instant le garçon le plus pauvre, et pourtant nous l'éduquons de telle manière qu'il entre dans le monde aussi ignorant de l'existence des méthodes et des faits scientifiques que le jour de sa naissance. Le monde moderne regorge d'artillerie ; et nous y envoyons nos enfants pour y combattre, équipés du bouclier et de l'épée d'un ancien gladiateur.

La postérité nous criera honte si nous ne remédions pas à cet état de choses déplorable. Bien plus, si nous vivons vingt ans de plus, nos propres consciences nous crieront honte.

J'ai la ferme conviction que la seule façon d'y remédier est d'intégrer les éléments des sciences physiques à l'enseignement primaire. J'ai essayé de vous montrer comment cela peut être fait pour cette branche de la science que j'ai pour tâche de poursuivre ; et je ne peux qu'ajouter que je devrais considérer le jour où chaque maître d'école de ce pays était un centre de connaissances scientifiques authentiques, même rudimentaires, comme une époque dans l'histoire du pays.

Mais permettez-moi de vous supplier de vous souvenir de mes dernières paroles. Le simple apprentissage des sciences physiques dans les livres est une imposture et une illusion : ce que vous enseignez, à moins que vous ne vouliez être des imposteurs, vous devez d'abord le savoir ; et la véritable connaissance scientifique signifie la connaissance personnelle des faits, qu'ils soient peu nombreux ou nombreux.

NOTES DE BAS DE PAGE :

[66] Depuis que ces remarques ont été faites, la collection d'histoire naturelle du British Museum a été transférée à South Kensington, et Huxley lui-même a écrit plus tard : « Le visiteur du Musée d'histoire naturelle en 1894 n'a pas besoin d'aller plus loin que la Grande Salle pour voir la réalisation de mes espoirs par le directeur actuel.